전면개정 **제3판**

Trade Secret
Protection Law

영업비밀보호법

윤선희 · 김지영 · 조용순

法 文 社

머 리 말

　1989년 '일진 다이아몬드 사건'으로 영업비밀에 대한 국민적 관심이 고조되자, 저자는 한국발명진흥회의 요청으로 1990년부터 '발명특허'라는 잡지에 영업비밀에 대한 논문을 1년 동안 연재하였다. 이 논문의 주요내용과 각국의 영업비밀 보호에 관한 자료를 정리하여 1991년 "영업비밀개설"(서울: 법경출판사)을 출간하였다. 그러는 동안 WTO/TRIPs 협정 준비 등의 이유로 부정경쟁방지법의 개정을 통하여 영업비밀을 부정경쟁방지법에서 보호하기에 이르렀고, 1998년에는 법률의 명칭이 "부정경쟁방지 및 영업비밀보호에 관한 법률"로 바뀌었다. 그리고 2006년에는 "산업기술의 유출방지 및 보호에 관한 법률"이 제정되었으며, 그간 영업비밀보호법도 몇 차례의 개정이 있었다. 이러한 가운데 기존의 "영업비밀 개설"을 토대로 2012년 김지영 연구원과 함께 그간의 법률환경 변화와 추가된 연구를 추가하여 법문사에서 "영업비밀보호법"을 출판하였다.

　그 이후 8년이 지난 지금 그동안 영업비밀과 관련된 법률과 환경의 또다시 많이 변하였다. 그간 여러 차례의 영업비밀보호법과 산업기술보호법의 개정 그리고 그 사이에 "방위산업기술 보호법"과 "중소기업기술 보호지원에 관한 법률"이 제정되었다. 뿐만 아니라 2016년에는 미국의 "영업비밀보호법(DTSA)"의 제정과 "EU 영업비밀 보호지침"의 제정도 있었다. 그리고 최근 사회전반적으로 영업비밀 보호에 대한 인식이 점점 개선되고 있음에도 불구하고 영업비밀과 국가핵심기술 등 기술유출은 사례가 증가하고 피해는 늘어가고 있다. 이에 특허청, 국가정보원, 방위사업청, 영업비밀보호센터, 한국산업기술보호협회, 대·중소기업·농어업협력재단 등 관련 기관들이 영업비밀, 산업기술, 방위산업기술, 중소기업기술 등을 보호하기 위하여 많은 노력을 기울이고 있다. 그리고 영업비밀의 중요성이 부각되어 대학에서도 "산업보안학과"가 신설되는 등 기술보호를 위한 관련 학과도 만들어지고 있는 추세이다. 이러한 환경에서 더 이상 본서의 개정을 미룰 수 없다고 판단되어, 이번에 한세대학교 산업보안학과 조용순 교수가 공동 집필진으로 참여하여 새로운 내용으로 본서를 집필하게 되었다.

본서는 그간 미국, 유럽, 중국, 일본 등의 영업비밀 관련 법률의 최신 동향을 모두 반영하였다. 그리고 2012년 이후 2019년까지의 영업비밀보호법 개정법 내용도 충실하게 기술하였다. 특히 2019년 개정에 따른 영업비밀의 정의, 3배 손배배상제도 도입, 형사구성요건의 변경과 벌칙개정 등의 내용 또한 충실히 설명하였다. 필요한 부분에서는 그간의 연혁도 언급하고 있으며, 최신판례를 수집하여 이론적 설명과 함께 참고할 수 있도록 하여 본서의 이해도를 높이도록 고려하였다. 그리고 산업기술보호법은 그간에 개정된 정의규정과, 형사처벌규정도 많이 개정되어 이를 모두 반영하여 집필하였다. 또한 2015년 제정된 "방위산업기술 보호법"의 주요내용을 정리하였으며, 2014년 지원법에 머무르던 "중소기업 기술보호 지원에 관한 법률"이 2018년 개정되어 행정제재와 관련된 규정이 신설됨에 따라 이러한 내용을 모두 반영하여 집필하였다.

끝으로 본서의 출간을 위해 노력해주신 법문사 편집부 김제원 이사님, 기획영업부 장지훈 부장님, 김성주 대리님, 한양대학교 지적재산권법 전공자들 그리고 판례제공을 도와주신 영업비밀보호센터에게도 감사를 드린다.

2019년 7월
행당동 연구실에서
저 자 일동

차 례

[문헌약어표]

民集: 日本 最高裁判所民事判例集

刑集: 日本 最高裁判所刑事判例集

下級民集: 日本 下級裁判所民事裁判例集

高級民集: 日本 高等裁判所民事判例集

刑月: 日本 刑事判例月報

無體集: 日本 無体財産權関係民事・行政裁判例集

知裁集: 日本 知的財産權関係民事・行政裁判例集

勞民: 日本 勞動関係民事裁判例集

判例時報: 日本 判例時報

判タ: 日本 判例タイムズ

判不競: 判例不正競業法, 新日本法規出版, 1978

不競判: 古関敏正編, 不正競業法判例集, 日本 商事法務研究会, 1967

제 1 장

서론: 비밀의 보호

제 1 장　서론: 비밀의 보호

　　인간은 비밀을 간직하고 산다. 드라마 속에서 흔하게 나오는 출생의 비밀을 비롯해, 지갑 속 재무상태, 가슴 아픈 실연의 상처까지 인간이 품고 있는 비밀은 수 없이 많고 또 많은 모습을 지니고 있다. 한 개인 뿐만 아니라 모든 조직은 그 나름의 비밀을 간직하고 있다. 협상 테이블에 앉은 기업은 보다 유리한 조건으로 계약을 맺기 위해 자신의 협상 전략을 상대방에게 숨긴다. 이처럼 누군가는 비밀을 품고 있다면 한편에서 어떤 이는 그 비밀을 알려 한다. 개인적인 이유에서뿐만 아니라, 경쟁에서의 우위를 위하여 또는 영리를 목적으로 타인의 비밀을 알려 한다.

　　이와 같이 비밀을 지키려는 사람과 이를 알고자 하는 사람 사이에서 법은 대체로 그 비밀의 내용보다는 그 비밀을 지키고자 하는 자와 그 비밀을 알아내고자 하는 자의 행위에 대하여 주목한다. 예컨대 형법은 비밀침해죄를 봉함 기타 비밀장치한 사람의 편지, 문서 또는 도화를 개봉하는 행위를 처벌하고 있어, 비밀 그 자체보다는 그 비밀이 보호되고 있는 상태를 파괴하는 행위를 처벌의 대상으로 하고 있다. 이처럼 법은 비밀을 보호하고자 하는 자구행위를 인정한 가운데, 이 보호 상태를 파괴하는 행위의 비난가능성에 착안하여 제재 규정을 두고 있다.

기술정보에 있어서도 법은 기본적으로는 같은 입장을 취하고 있다. 법은 특허라는 제도를 통하여 일정 기간의 독점배타적인 권리를 부여함으로써 기술의 공개를 유도하면서도, 이러한 공개를 선택하지 않고 비밀로 유지하고자 하는 자의 선택을 존중한다. 특허권과 같이 독점배타적인 권리를 보장하기 위하여 침해 행위를 사전에 예방하고, 사후에는 침해에 따라 이용할 수 있도록 법적 장치를 두고 있는 것은 아니나, 영업비밀이라는 이름으로 영업비밀 보유자와 그 침해자 사이의 일정한 신뢰관계가 인정되거나, 침해행위의 위법성을 근거로 공개되지 않은 기술정보의 노출을 막고 있다. 즉 공개라는 일정한 사회적 기여가 인정되지 않는 기술정보에 대하여 이를 비밀로 간직하고자 했던 자의 보호비용(fence fee)을 보호해주는 태도를 취하고 있다.

그런데 최근 기업, 대학, 정부로부터의 중요한 기술정보 유출이 산업경쟁력 및 안전보장이라는 관점에서 커다란 문제가 되고 있다는 것이 지적되고 있다. 기술정보의 다양성만큼이나 그 정보의 유출은 다양한 형태로 발생한다. 불법행위로 이루어지는 것이 있는가 하면, 합법적인 거래의 형태로 이루어지는 것도 있다. 기술정보 등의 유출에 의하여 입은 손해도 기업의 경쟁력을 상실시키는 것에서부터 국가의 안전보장을 위협할 수 있는 것까지도 다양하게 있다.

국가기밀에 해당하지 않는 한 과거 기술정보는 당해 정보를 보유한 자에게 그 보호가 일임되었다. 즉 기술정보 등의 적정한 관리는 개별 기업 차원에서 이루어졌으며, 국가기밀에 해당하는 경우에 한하여 국가 차원에서의 관리가 이루어졌다. 그러나 국가의 산업경쟁력뿐만 아니라 안전보장까지 위협하는 상황에서 더 이상 기술정보의 관리를 개별 기업에게 맡기는 것은 바람직하지 않게 되었다. 이에 개별 기업 차원에서의 기술정보 보호 강화를 위하여서는 영업비밀 침해행위에 대한 형사처벌 규정을 지속적으로 강화하였으며, 2006년에는 "산업기술의 유출방지 및 보호에 관한 법률"(이하 '산업기술보호법'이라 한다)을 제정하여 산업기술의 부정한 유출을 방지하여 국내산업 경쟁력의 강화 및 국가 안전보장에 노력하고 있다.

뿐만 아니라 2014년에는 중소기업의 특수성을 고려하고 중소기업의 기술보호 역량을 강화하기 위한 기반 조성과 종합적인 지원을 위한 "중소기업기술보호 지원에 관한 법률"(이하 '중소기업기술보호법'이라 한다)이 제정되었고, 2015년에는 방위산업기술을 체계적으로 보호하고 관련 기관을 지원함으로써 국가의 안전을 보장하고 방위산업기술의 보호와 관련된 국제조약 등의 의무를 이행하여 국가신뢰도를 제고하는 것을 목적으로 "방위산업기술 보호법" 또한 제정되었다.

그러나 여전히 기술정보의 보호는 많은 논란의 여지를 갖고 있다. 먼저 특허제도와의 관계에 있어서 영업비밀 보호제도를 어떻게 설계하는가라는 문제가 있다. 즉 공개되지 않은 정보에 대하여 특허와 같은 권리를 부여한다면 특허제도를 선택할 자는 없게 된다. 국가기관에 의한 심사를 통한 기술가치의 평가와 공개를 통한 보호범위의 확정이라는 장치가 마련되지 않은 상태에서 강력하게 영업비밀을 보호하게 된다면 자유로운 기술정보의 생산과 이전이 제한될 수 있는 우려가 있다. 실제로 일정 기술분야에 있어서는 강력한 영업비밀의 보호가 오히려 기술발전을 제한한다는 결과가 검증되기도 하였다. 또한 산업기술보호법은 국가기관에 의하여 그 보호대상 기술을 지정하도록 있으나, 합법적인 기술거래를 제한할 수 있는 방안이 없다. 예컨대 국가안보 및 전략적 기간산업에 해당하는 기업에 대한 해외 자본에 의한 흡수·합병과 같은 합법적 기술취득 행위로부터 기술정보를 적절히 보호할 방법을 제공하고 있지는 않다.

이에 본서에서는 기술정보의 보호와 관련한 관련 법제를 살펴보도록 한다. 즉 기술정보 보호의 일반 형태로서 "부정경쟁방지 및 영업비밀보호에 관한 법률"(이하 '영업비밀보호법'이라 한다)에서의 영업비밀 보호를 먼저 살펴본다. 그리고 산업기술보호법에서의 산업기술 등의 기술정보를 보호하는 법체계와 주요 내용과 함께 국가안보 및 전략적 기간산업에 해당하는 기업에 대한 해외 자본의 유입 차단을 통한 기술보호 방안 등을 살펴보도록 한다. 또한 방위산업기술보호법, 중소기업기술보호법의 주요내용도 살펴보도록 한다.

제 2 장

영업비밀의 보호

제 2 장   영업비밀의 보호

제 1 절   영업비밀 보호제도 일반

I. 영업비밀 보호의 필요성

영업비밀의 보호는 무릇 최근의 문제만은 아니다. 로마 시대에도 기술 지식에 대한 부정한 거래가 빈번하였다. 이에 영업비밀을 누설하도록 노예를 유혹한 자에 대한 주인의 소권을 부여함으로써 영업비밀 침해행위에 대응하기도 하였다.[1] 길드 체제 아래 영업비밀이 통제되던 중세 시대에도 비밀 정보의 보호는 문제가 되었으나, 특히나 영업비밀의 보호가 문제가 된 것은 산업혁명 이후 기술의 발달과 노동자의 이동이 급증

---

1) 로마시대에도 염색기술이나 도자기 제조방법에 대한 영업비밀이 존재하였다. 경쟁업자의 노예들로 하여금 영업비밀을 누설하도록 유혹한 경우, 이미 비밀을 누설한 노예를 상대로 한 제소는 실익이 없었다. 이에 로마법에서는 영업비밀 위반을 유혹한 제3자의 교사범을 제소하는 소권(Actio Servi Corrupti)을 개발하였다; A. Arthur Schiller, Trade Secrets and the Roman Law: The Actio Servi Corrupti, *30 Colum. L. Rev.* 837 (1930). 반면 Alan Watson은 Actio Servi Corrupti가 영업비밀이나 기타 유사한 상업적 이익을 보호하기 위하여 사용되었을지는 모르나, 그 자체의 목적이 영업비밀의 보호에 있는 것은 아니라고 지적하고 있다(Alan Watson, Trade Secret and Roman Law: The Myth Exploded, *Tulane European & Civil Law Forum*, Vol.11(1996), p.19). 여하튼 로마시대에도 경쟁자에 의한 영업비밀 침해행위가 규제되고 있던 것을 확인할 수 있다.

하면서부터이다. 19세기 중엽 프랑스는 영업비밀을 침해하는 행위를 형벌로 규제하였으며, 이러한 입법은 많은 유럽 국가에 영향을 주었다. 영국이나 미국에서도 판례의 발전을 통하여 영업비밀을 보호하기 시작하여 현재에 이르고 있다.

이러한 영업비밀의 법적 보호에 대하여는 다양한 설명이 제시된다. 예컨대 연구개발의 결과 얻게 된 기술정보나 상당한 경험을 통해서 얻게 된 경영정보를 법적으로 보호해 줌으로써 보다 적극적으로 연구개발투자를 하도록 유도하고, 그럼으로써 기술의 발전 또는 더 나아가 산업의 발전을 유도하기 위한 것이며, 한편으로는 비밀정보를 효율적으로 보호해 줌으로써 연구개발투자를 유도하는 것이 산업 전체에 유익하다고하는 사회적 합의가 반영된 것이라 견해[2]가 있다. 영업비밀의 본질은 재산권이며 영업비밀의 보호는 타인의 영업비밀에 대한 점유를 보호하는 것이라도 견해[3]도 있다. 또한 연구개발활동의 장려, 건전한 거래질서의 확립 및 산업선진화와 국제간 공존체제의 구축이라는 정책적 배경에서 영업비밀 보호의 배경을 설명하는 견해[4]도 있다.

영업비밀보호법에 대한 법경제학적 이론 중의 하나는 영업비밀이 저작권이나 특허권이 일정 형태의 무형재산을 보호하는 방식과 같이 정보에 대한 보호를 부여함으로써 비밀정보를 생산할 인센티브를 제공한다는 것이다. 그러나 영업비밀의 보호가 연구개발투자나 혁신에 영향을 미친다는 설명은 특허법과 같은 지적재산권법에 비하여는 큰 설득력을 갖지 않는다. 즉 비밀정보의 보호는 정보의 생산을 자극할지라도, 비밀정보가 영업비밀로서 보호되지 않는다고 하여 혁신이 영향을 받는 것은

---

2) 정상조, 부정경쟁방지법 원론, 세창출판사, 2007, 93면.
3) 나종갑, "영업비밀은 상업적 모럴(Commercial Morals)의 정립인가?", 저스티스(통권 제71호), 한국법학원, 2003.2, 179면.
4) 황의창·황광연, 부정경쟁방지 및 영업비밀보호법(6정판), 세창출판사, 2011, 124-127면.

아니다. 비밀정보는 자구행위를 통하여 보호할 수 있기 때문에 당해 정보를 보호하는 법률의 존재 여부에 상관없이 기업은 정보를 생산하게 된다. 물론 이 경우 기업으로서는 정보를 보호하기 위하여 얼마나 많은 비용을 지불할 것인가란 고려를 하게 되고, 그 보호비용 내지 보호노력이 합리적인 것으로 머물 수 있도록 하는 것은 영업비밀보호법의 역할이긴 하다. 그러나 이러한 역할만으로 영업비밀보호법이 특허법과 같은 다른 지적재산권법이 혁신에 기여하는 것과 같은 평가를 할 수는 없다.

한편 어떤 정보는 공유되었을 때 보다 가치가 있기 때문에 정보의 비밀성이 기업의 이익을 최대화하지는 않는다. 예컨대 Alan Hyde는 실리콘 밸리의 경우를 들어 노동자의 이동성이 높은 분야에서는 공유 정보의 가치에 기인하여 보다 많은 혁신이 이루어진다고 주장한다.5) 이와 같은 경우에 기업은 정보를 비밀로 유지하려 하지 않을 것이므로 영업비밀보호법이 정보 생산의 동인으로 작용하지 않게 된다. 따라서 영업비밀의 보호가 혁신에 대한 인센티브가 없다고는 할 수 없지만, 모든 영역에서 언제나 혁신을 자극하는 것이라고는 할 수 없겠다.

영업비밀의 보호를 재산권의 하나로 이해하고, 이에 대한 점유를 보호하는 것이 영업비밀의 보호라는 설명이 있다. 이는 영업비밀 침해행위를 부정경쟁행위의 한 유형으로 이해하는 유럽과는 달리 보통법이나 형평법을 통하여 영업비밀 침해행위를 규제하는 미국에서 제시된 견해에 영향받은 것으로 이해된다. 즉 전통적으로 미국은 유럽의 부정경쟁행위에 대하여 알지 못한 채, 계약의무나 신뢰관계, 부당이득 등의 다양한 법 논리를 원용한 판례에 의하여 영업비밀 침해행위를 규율하였다. 그런데 이러한 규율방식에는 여러 한계가 있다는 점에서 영업비밀을 재산권

---

5) Alan Hyde, *Working in Silicon Valley: Economic and Legal Analysis of a High-velocity Labor Market*, M.E.Sharpe Inc., 2003; Lawrence Lessig, *The Future of Ideas: The Fate of the Commons in a Connected World*, New York: Random House, Inc., 2001, pp.70-71 등.

의 하나로 이해하고 보호하고자 하는 논의가 전개되고 있는데, 이에 영향받은 주장이라 할 수 있다.[6)]

영업비밀을 침해하는 행위를 부정경쟁행위의 한 유형으로 이해하던 우리의 종전 입장에서 새롭게 영업비밀의 재산성을 부각시켜 영업비밀의 본질을 설명하고, 이를 통하여 영업비밀을 보호하는 이유를 묻고자 한 견해는 한번쯤 살펴볼 가치가 있다. 다만 영업비밀 침해행위를 부정경쟁행위의 하나로 이해하는 기존의 입장이 영업비밀이 갖는 재산성을

---

6) 미국에서 영업비밀 침해행위에 대한 손해배상은 1837년에 비로서 인정되었으며(Vickey v. Welch, 36 Mass. 523, 527(1837)), 침해금지는 1866년에 인정된다(Taylor v. Blanchard, 95 Mass. 370(1866)). 19세기 법원은 종종 영업비밀을 재산권으로 언급하고 있으나, 이것이 오늘날 재산권이란 단어가 의미하는 것과 동일한 의미의 것인지는 불분명하다. 20세기 초반에는 이러한 사고는 변환된다. 즉 당사자 사이의 신뢰 관계 또는 피고의 부정 행위에 근거한 불법행위로 영업비밀 침해행위는 다루어진다. 예컨대 E.I.du Pont & Co. v. Masland, 244 U.S. 100 (1917) 사건에서 홈즈 대법관은 다음과 같이 영업비밀을 신뢰보호관계로 보았다:

> The word "property" as applied to trademarks and trade secrets is an unanalyzed expression of certain secondary consequences of the primary fact that the law makes some rudimentary requirements of good faith. Whether the plaintiffs have any valuable secrets or not, the defendant knows the facts, whatever they are, through a special confidence that he accepted. The property may be denied, but the confidence cannot be. Therefore the starting point for the present matter is not property or due process of law, but that the defendant stood in confidential relations with the plaintiffs.

이 판결에서 영업비밀은 근본적으로 법이 요구하는 것은 신뢰관계이고 이러한 신뢰관계는 재산권이 부인되는 상황에서도 유효하게 존재하는 것이라고 하면서 영업비밀은 우선적으로 신뢰관계를 보호하는 것이라고 하였다. 영업비밀보호법에 대한 이러한 기준은 1939년 불법행위 리스테이트먼트에 집적된다.

그러나 1980년대에 이르러서는 영업비밀은 계약과 재산권이 결합된 것이라는 견해가 우세하게 되었다. 예컨대 Ruckelshaus v. Monsanto Co., 467 U.S. 986 (1984) 사건에서 영업비밀도 공공수용할 경우에는 보상을 하여야 한다고 하여 영업비밀의 재산권성을 인정하였다. 이 사건에서는 Monsanto사로 하여금 영업비밀을 공개하도록 한 연방법이 수정헌법 제5조에서 규정하는 보상을 필요로 하는 재산권의 공공수용(taking of private property)에 해당하는가라는 문제를 다루게 된다. 법원은 영업비밀이 유체 재산이 갖는 많은 특질을 갖고 있으며, 양도 가능한 것, 신탁 재산에 포함되며, 파산시에는 파산관재인에게 양도된다는 것 등을 근거로 헌법상 재산권으로 보호될 수 있다고 판결한다. 또한 위 Monsanto 판결은 Masland 판결에서 홈즈 대법관은 영업비밀의 재산권성을 부인한 것이 아니라 그 사건의 판결에 관계있는 부분만 다룬 것이라고 하여 Masland 판결과 구분지었다.

부정하는 것은 아니라는 점에서 다소 무리가 있는 위의 견해를 그대로 수용하기는 힘들 듯 하다. 먼저 위의 견해는 부정경쟁행위의 금지를 통하여 보호하는 것은 영업비밀이 아닌 상업적 모럴(commercial morals)이라고 하여야 하며, 영업비밀의 재산권성을 부인하게 된다고 지적한다. 영업비밀의 법적 권리성이 부인되기 때문에 영업비밀의 본질에 대하여 그 답을 도출할 수 없거나 권리가 아닌 법으로 보호하는 사실관계로 이해하게 되는데, 권리가 아니면서 금지청구나 손해배상을 인정하는 것은 상호 모순된다고 지적한다.[7]

그러나 우리의 민법은 예컨대 일본의 경우와 같이 불법행위의 요건으로 타인의 권리를 전제하지 않는다. 우리 민법은 고의 또는 과실로 인한 위법행위, 즉 행위의 위법성이 인정된다면 불법행위가 성립할 수 있다는 입장을 취하고 있다. 따라서 영업비밀의 본질이 재산권인가라는 문제는 우리가 영업비밀 침해행위의 구제수단으로 금지청구권이나 손해배상청구권을 인정하고 있는 것과는 상관이 없다. 또한 부정경쟁행위의 한 유형으로 영업비밀 침해행위를 이해하는 견해도 영업비밀이 재산적 가치를 갖는 것임을 부정하는 것은 아니다. 다만 그것이 권리로서의 지위를 갖는가라는 점인데, 이는 어떤 아이디어가 상황에 따라서는 그 보유자의 선택에 따라 특허로서 또는 영업비밀로서 보호될 수 있다는 점에서 양자의 차이를 어떻게 설계할 것인가라는 관점에서 법이 영업비밀의 권리성 여부를 인정하고 있는가를 살펴보아야 할 것이다. 즉 공개와 심사, 등록이라는 절차를 거친 아이디어에 대하여는 특허라는 권리를 부여하는 것인데, 이러한 절차 요건을 충족하지 못하거나 특허로서의 권리 보호를 선택하지 않은 아이디어에 권리로서의 법적 지위를 법이 부여하고 있는가를 살펴보아야 할 것이다.

---

7) 나종갑, 전게서, 178면.

이에 대한 판단은 아래에서 좀 더 살펴보도록 할 것이나, 영업비밀의 보호는 소비자의 보호가 아니라 영업비밀을 점유하는 자를 보호하고 하는 것에 있으며, 상업적 모럴은 영업비밀 침해를 판단하는 하나의 기준이라고 할 수 있다는 지적한 위의 견해는 주목할 필요가 있다 생각된다. 또한 영업비밀에 대한 관심이 증가하면서 부정경쟁행위의 틀에서 벗어나 새로운 틀에서 영업비밀 보호제도를 논의하는 과정에서 참고할 만한 견해이다.

Ⅱ. 영업비밀보호법 입법배경

우리나라는 영업비밀 보호에 대한 입법 논의 과정에서 영업비밀 보호를 위한 독립한 법률을 제정한 것이 아니라, 1991년 제2차 개정법을 통하여 영업비밀보호법에서 영업비밀 침해행위를 규제하는 방식을 취하게 되었다. 이에 입법을 위한 심사 과정에서의 논의[8]를 살펴보면 다음과 같이 정리할 수 있다.

당시 영업비밀의 보호를 위한 법률의 도입과 관련하여 어떤 법리적 근거가 제시되지는 않았다. 이러한 가운데 먼저 영업비밀 보호제도의 도입과 관련하여 기술혁신의 급격한 진전과 경제사회의 정보화·서비스화 추세에 따라 영업비밀이 양산되고 있고, 그 유통량이 증가하고 있음을 지적하였다. 영업비밀을 무형의 지적재산권의 한 형태로 이해한 가운데, 영업비밀의 도용이나 무단 사용이 스스로 영업비밀을 개발·축적한 회사를 축출하게 되는 결과를 낳을 수 있고, 이는 결국 국가 전체 산업의 발전을 저해하고 산업계의 흐름을 바람직하지 못한 방향으로 흐르게 할 수 있다 하였다.

이러한 가운데 국외적인 요인에서도 입법의 필요성을 언급하고 있었

---

8) 부정경쟁방지법중개정법률안 심사보고서, 상공위원회, 1991.12, 3-6면.

다. 즉 종래 우리나라가 노하우 무임승차국으로 인식되고 있어서 선진외
국기업으로부터의 신기술 및 노하우 이전이 기피되는 사례가 적지 않으
므로, 대외적인 신뢰도를 확보하고 첨단 분야의 신기술 및 노하우의 이
전 촉진을 도모하기 위해서는 영업비밀을 적절히 보호해야 한다고 언급
하였다. 또한 1986년 7월 합의한 한·미간 통상관련 지적재산권 합의사
항에 따른 의무를 이행하는 관점에서도 영업비밀 보호제도의 도입의 요
구되었다. 이러한 입법 논의를 배경으로 영업비밀보호제도가 도입되었
다. 보다 구체적으로 영업비밀의 보호 입법 추진과정에서 당시 특허청은
영업비밀 보호의 필요성을 다음과 같이 설명하였다.[9]

1. 대내적 측면

가. 건전한 거래질서의 확립

영업비밀의 개발·축적에는 상당한 시간과 비용이 소요되고, 대부분
의 경우 많은 지적 창작 노력이 수반된다. 따라서 다른 지적 재산과 마
찬가지로 영업비밀이 적절하게 보호되지 않을 경우, 기업들은 스스로의
연구·개발노력에 의하여 영업비밀을 개발·축적하기보다는 정당한 대
가를 지불하지 않고 다른 기업의 영업비밀을 도용하거나 무단 사용하는
손쉬운 방법을 선택하게 될 것이다. 이 경우, 다른 기업의 지적 창작 노
력에 무임승차하는 기업은 연구·개발비용의 부담이 없기 때문에 스스
로 영업비밀을 개발·축적한 기업에 비하여 오히려 생산제품의 원가가
더 싸지게 되고, 따라서 기업간 경쟁에 있어서 보다 더 유리한 입장에
서게 된다. 이는 결국 다른 기업의 영업비밀을 도용하거나 무단으로 사
용하는 기업이 스스로의 연구·개발 노력에 의하여 영업비밀을 개발·
축적한 회사를 축출함으로써 악화가 양화를 구축하는 결과를 가져오게

---

9) 특허청, "영업비밀, 왜 보호하여야 하는가?", 1991, 6-10면.

될 것이므로, 이와 같이 산업계의 흐름이 바람직하지 못한 방향으로 흐르게 되는 현상을 예방하고, 기업간의 건전한 경쟁질서를 확립하기 위해서 영업비밀을 법적으로 적절하게 보호할 필요가 있다는 것이다.

나. 기업의 지적 창작 의욕 제고

영업비밀의 개발·축적에는 많은 시간과 노력과 비용이 소요된다. 특히 이 점은 생산원가 중 연구·개발비의 부담이 적었던 종래의 산업분야에서보다는 앞으로 우리의 경제 발전의 성패가 걸려 있는 첨단 기술산업분야에 있어서 더욱 그럴 것이다. 따라서 다른 지적 재산과 마찬가지로 영업비밀이 적절하게 보호되지 않을 경우, 이를 도용당한 기업이 그 개발·축적에 투입한 시간과 노력과 비용은 수포로 돌아가게 되어, 기업의 지적 창작 노력은 감퇴되고 연구·개발투자를 기피하게 될 것이다.

이는 결국 국가 전체적으로 산업의 발전을 저해하는 결과를 초래하게 되므로, 연구·개발 활동을 장려하고 투자를 유인하기 위해서도 지적 창작 노력과 연구개발의 산물인 영업비밀을 보호하는 법적 장치가 마련되어야 한다고 하였다.

2. 대외적 측면

가. 기술 노하우 도입의 촉진

우리나라 산업경제의 발전 단계에 비추어 볼 때, 이제는 선진 외국기술을 정당한 대가 지불없이 적당히 베껴 쓸 수 있다는 안일한 사고방식을 버리지 않으면 안 된다고 보았다. 즉 앞으로 치열한 경쟁을 뚫고 이겨 나가야 할 첨단 기술 산업분야에 있어서는 자기들이 애써서 개발·축적한 기술이나 노하우를 그렇게 쉽게 도용당하도록 허술하게 관리할 외국기업들도 없을 것이고, 또한 도용당할 경우에는 손해배상청구·수출입 제한조치·통상압력 등 어떠한 수단을 동원해서라도 반드시 보복조치를 취할 것으로 보여지기 때문이다. 따라서 앞으로 우리가 필요로 하는 신기술이나 노하우는 결국 정상적인 기술 도입거래에 의하여 정당한 대가(로열티)를 지급하고 도입할 수밖에 없을 것이라고 하였다.

이 점에 있어서 종래 우리나라는 노하우의 무임승차국으로 지적받아 왔으므로, 이를 개선함으로써 우리가 필요로 하는 첨단 분야의 신기술 및 노하우의 이전을 보다 촉진시킬 수 있을 것이라고 하였다.

나. 대외통상마찰의 분쟁요인 해소

입법논의 당시 미국, EC 등 선진국의 물질특허, 데이터베이스, 컴퓨터 프로그램, 반도체칩, 영업비밀 등 신지적재산에 대한 보호 열망이 높아가고 있었고, 1995년 WTO 무역관련 지적재산권 협정(TRIPs)에 영업비밀이 포함될 것이 확실시되었다. 또한 1986년 7월의 한·미간 통상관련 지적재산권 합의 사항(Memorandum of Understanding)에서도 이미 우리 정부가 영업비밀(재산적 정보자료, proprietary data)에 대하여 적절한 보호를 하도록 합의한 바 있고, 당시 말레이시아, 홍콩 등 개발도상국에서까지도 영업비밀을 보호하는 추세였다. 따라서 이와 같은 지적 재산권의 국제적인 보호추세에 부응하고, 쌍무적 합의사항을 이행하여 통상마찰을 적극적으로 해소하기 위해서는 영업비밀을 보호하기 위한 입법조치가 더 이상 외면할 수 없는 현실로 등장하고 있었다.

다. 국내 노하우의 보호

당시 우리나라의 산업 및 기술발달로 인하여 점차 우리의 기술 등에 대한 주요 교역 상대국의 인식도가 높아가고 있었으므로, 우리의 영업비밀이 외국에서 적절하게 보호받기 위해서도 내국인의 영업비밀은 물론 외국인의 영업비밀도 적극적으로 보호하여야 할 단계에 와 있다고 보았다.

Ⅲ. 영업비밀보호법 연혁 및 주요 개정 내용

위와 같이 외국의 선진기술의 도입을 유도, 국제 통상 마찰 해소, WTO 가입 대비, 한·미간 통상관련 지적재산권 합의사항에 따른 의무를 이행 필요성 등을 이유로 우리나라는 영업비밀제도의 도입이 필요하였다. 이에 1991년 12월 31일 부정경쟁방지법의 개정을 통하여 영업비밀 보호제도를 도입하게 되었다. 당시 주요내용으로는 영업비밀의 부정취득행위 등 영업비밀 침해행위의 유형을 정하고, 영업비밀 침해행위에 대한 민사적 구제수단으로 침해행위 금지·예방청구권, 손해배상청구권 및 신용회복조치청구권 등을 규정하고, 영업비밀의 선의취득자를 구제하기 위하여 특례규정을 두어 선의취득자에 대한 침해행위 금지·예방청구권등의 행사를 제한하도록 하였다. 또한 기업의 임·직원이 그 기업 특유의 생산기술에 관한 영업비밀을 제3자에게 누설하는 행위에 대하여는 3년 이하의 징역 또는 3천만원 이하의 벌금을 과할 수 있도록 벌칙을 두되, 친고죄로 하였다.

이후 1998년 "반도체기밀 유출사건"[10]을 계기로 영업비밀의 중요성과 함께 형사법적 보호방안에 관심이 집중되어, 1998년 12월 31일 개정을 통하여 「부정경쟁방지 및 영업비밀보호에 관한 법률」로 개정하여 처벌규정이 보완되었다. 개정이유도 "우리기업의 기술수준이 향상되고 국

---

10) 대법원 1999.3.12. 선고 98도4704 판결 참조. 이 사건은 삼성전자의 반도체 회사의 연구원으로 근무하던 자들이 1998년 2월 KSTC라는 유령업체를 통해 삼성전자의 첨단반도체 기술관련 비밀자료를 대만소재 NTC업체에 유출한 사건이다. 이 사건에서는 영업비밀침해혐의자들 중 2명에게만 실형이 내려지고, 1명은 무죄, 나머지 16명은 집행유예가 선고되었는데, 우리나라 첨단기술의 유출과 그 예상되는 피해 추정액에 비하여 가벼운 처벌이라는 논란이 일었다(차상육, "영업비밀의 보호 부정경쟁방지 및 영업비밀보호에 관한 법률 제2조 제3호 라.목을 중심으로-", 산업재산권(제23호), 2007, 92면).

제교류가 증대됨에 따라 핵심기술의 유출 등 영업비밀 침해행위가 증가가 우려되므로 이에 효율적으로 대처할 수 있도록 관련 규정을 보완"하기 위함을 밝히고 있다. 주요내용으로는 행위주체에 전직임직원도 포함시켰으며, 보호객체를 기업의 특유한 생산기술에서 "기업에 유용한 기술상 비밀"로 하고, 국외유출은 7년 이하의 징역 또는 1억원 이하의 벌금으로 가중처벌, 국내유출은 5년 이하의 징역 또는 5천만원 이하의 벌금으로 상향조정하였으며, 징역형과 벌금형의 병과가능 및 국가안보나 중대한 공익을 위해 필요한 경우 친고죄에 대한 예외를 인정하였다. 그리고 민사적으로는 영업비밀 침해행위로 인한 손해배상을 청구하는 경우 침해자의 이익액을 청구인의 손해액으로 추정하는 규정도 마련하였다.

2004년 1월 20일 개정을 통하여 처벌대상을 종전의 해당 기업의 전·현직 임직원에서 모든 위반자로 확대하고 보호대상 영업비밀에 경영상 영업비밀을 추가하도록 하며, 영업비밀 침해행위의 벌금과 관련하여 국외유출은 1억원 이하 또는 구갠유출은 5천만원 이하의 벌금에 처하던 것을 재산상 이득액의 2배 이상 10배 이하로 상향조정하였다. 또한 친고죄 규정을 삭제하고 미수범과 예비·음모자를 처벌하도록 하는 등 형사벌칙의 강화를 목적으로 하는 법률개정이 이루어졌다

우리나라의 반도체, LCD, 정보통신 관련 기술유출의 피해가 급증하자 2007년 12월 21일 개정을 통하여 영업비밀을 외국으로 유출하려는 자에 대한 징역형의 법정형을 최고 7년 이하에서 10년 이하의 징역으로 상향 조정하여 영업비밀의 유출방지에 대한 실효성을 강화하였다.

이후에도 해외로의 기술유출이 계속 이어지자 2009년 12월 30일 개정을 통하여 막대한 국가 이익의 손실 및 국가경쟁력 저하 방지를 위한 목적으로, 제3자에게 누설한 자만 처벌하는 한계를 극복하고자 외국에서 사용될 것임을 알면서 기업의 영업비밀을 "취득·사용"한 자에 대해서도 이를 제3자에게 누설한 자와 동일하게 처벌하도록 하였다.

2013년 7월 30일 개정을 통하여 과거 기업이 보유한 영업비밀을 유출한 자만 처벌하고, 기업 외에 개인이나 비영리기관의 영업비밀을 유출하는 자에 대해서는 형사적인 조치가 불가능하였던 것을 시정하여 기업 이외에 개인이나 비영리기관을 포함한 "영업비밀 보유자"의 영업비밀을 유출하는 자를 처벌하도록 하였다. 또한 "영업비밀 원본증명제도"를 도입하여 영업비밀 침해 관련 소송 시 영업비밀 보유사실에 대한 입증 부담을 완화할 수 있도록 하였다.

2015년 1월 28일 개정을 통하여 영업비밀의 요건중의 하나인 비밀관리성과 관련하여 비밀유지에 필요한 "상당한 노력"을 "합리적인 노력"으로 개정하고, 원본증명서를 발급받은 자는 전자지문의 등록 당시에 해당 전자문서의 기재 내용대로 정보를 보유한 것으로 추정하는 규정을 신설함으로써 중소기업의 영업비밀보호를 강화하고 영업비밀 보유자의 입증 곤란을 완화하기 위한 조치가 이루어졌다.

2019년 1월 8일 개정을 통하여 영업비밀의 요건중의 하나인 비밀관리성과 관련하여 "합리적 노력"이라는 문구를 삭제하였으며, 영업비밀의 침해행위가 고의적인 것으로 인정되는 경우에는 손해로 인정된 금액의 3배를 넘지 아니하는 범위에서 배상액을 인정할 수 있도록하는 3배 손해배상제도를 도입하였다. 그리고 영업비밀침해행위의 유형을 세분화 하여 부정한 이익을 얻거나 영업비밀 보유자에게 손해를 입힐 목적으로 '영업비밀을 지정된 장소 밖으로 무단으로 유출하는 행위', '영업비밀 보유자로부터 영업비밀을 삭제하거나 반환할 것을 요구받고도 이를 계속 보유하는 행위'도 영업비밀 침해행위로서 처벌하도록 하였다. 또한 영업비밀 침해행위에 대한 벌칙을 종전에는 원칙적으로 영업비밀을 외국에서 사용하거나 외국에서 사용될 것임을 알면서도 한 경우에는 10년 이하의 징역 또는 1억원 이하의 벌금, 그 밖의 경우에는 5년 이하의 징역 또는 5천만원 이하의 벌금으로 하던 것을, 앞으로는 각각 '15년 이하의 징역 또는 15억원 이하의 벌금', '10년 이하의 징역 또는 5억원 이하의 벌금'으로 상향하였다. 또한 영업비밀 침해 예비·음모범에 대한 벌금도 국외유출은 기존 2천만원에서 3천만원으로, 국내유출은 기존 1천만원에서 2천만원으로 각각 상향되었다.

Ⅳ. 영업비밀 보호를 위한 외국의 입법례

대체로 영업비밀에 대한 보호는 민법이나 상법 또는 형법에 기초를 두고 있는 가운데 부정경쟁법이나 계약법, 고용법 등의 법률을 통하여 이루어지고 있다. 특히 1896년 제정된 독일의 부정경쟁방지법은 유럽 국가들에게 일정 정도의 영향을 미친 것으로 보인다. 반면 캐나다, 호주, 영국 등은 보통법과 형평법에 의하여 영업비밀을 보호하고 있으며, 이와 관련한 법률 규정은 없다. 특히 영국의 경우에는 비밀정보(confidential information)의 한 형태로 영업비밀을 보호하고 있다.

1. 미 국

가. 영업비밀보호법의 전개

먼저 미국에서 영업비밀보호법의 전개를 이해하기 위해서는 다음의 사항에 유의하여야 한다. 첫째 영업비밀 보호에 관한 영미법의 전통은 소위 형평법(equity)에 기원을 갖는다.[11] 영업비밀보호의 요건이 일의적으로 명확하지 않고, 사안별(ad hoc)의 문제해결이 이루어진다는 지적은 영업비밀 보호가 형평법에 원류를 두고 있다는 점에서 그 이유를 찾을

---

11) 영업비밀법상의 보호를 받을 수 있는가는 재산적 이익이나 계약상의 권리에 따른 효과가 아니라, 긴밀한 관계(confidential relationships)에 적용되는 선의에 대한 형평법적 원칙에 따른 것이다. 즉 영업비밀의 보호는 형평법에 기인하는 것으로 영업비밀에 관한 계약이나 재산적 이익이 있는가와는 무관하다(Niemi v. NHK Spring Co., Ltd., No. 07-3536, 2008 WL 4273123(6th Cir. Sept. 19, 2008)).

수 있겠다. 둘째 미국에서 영업비밀의 보호는 원칙적으로 주법이 담당하고, 연방법에서의 보호는 몇 개의 예외를 제외하고는 이루어지지 않는다.[12] 즉 미국에서는 일상생활에 밀착한 계약, 물권, 불법행위란 민사법 영역과 형법 분야는 원칙적으로 주의 권한에 속하고, 연방의회가 할 수 있는 연방헌법에서 한정 열거된 권한에 머문다. 이에 영업비밀의 보호역시 州의 불법행위법 영역에서 발전하였으며, 이 경우에도 주의 제정법에 근거하는 것이 아니라, 전통적으로 법원이 내린 판례의 집적이라는 판례법에 의하여 이루어진다는 점에 주의하여야 한다. 또한 미국에서 영업비밀의 보호는 19세기부터 각주에서 관습법 또는 보통법(Common Law)을 중심으로 주로 민사적 구제에 따른 판례[13]를 통하여 발전·형성되어 왔다. 이와 같은 판례법을 벗어나 어느 정도 실체적인 규정을 두게 된 것은 미국법에서도 20세기 후반부터이다. 따라서 무엇이 영업비밀로써 보호되는가를 알기 위해서는 각주의 보통법을 검토하여 보아야 한다.

이러한 사항을 유념하면서 미국의 실체법 규정을 단계별로 살펴보면 아래와 같다. 먼저 제1단계는 1939년 미국 법률협회(American Law Institute: ALI)가 작성한 불법행위 리스테이트먼트(Restatement of Torts)[14]이다. 영업비밀 보호에 관한 여러 주의 판례 법원칙은 그 구제 방법등에 있어서는 다소 차이를 보이나 영업비밀 침해행위를 불공정행위(unfair conduct)의 하나로서 광범위한 불법행위법의 일부로 보았다. 이에 ALI는 1939년 불법행위 리스테이먼트를 제정하면서 영업비밀과 관련한 조문

---

12) 미국에서는 일상 생활에 밀접한 계약, 물권, 불법행위란 민사법의 영역, 그리고 형법의 분야는 원칙적으로 주의 권한에 속하고, 연방의회가 할 수 있는 것은 연방헌법에서 한정열거하고 있는 권한(enumerated powers)에 한정된다.
13) 대체로 영업비밀 관련 최초의 판결은 1837년 Vickey v. Welch 36Mass.523 판결이라고 한다.
14) 권위 있는 연구자 등이 집적된 판례에서 그 준칙을 도출하고, 조문의 형태로 기술(restate)한 것이다. 이는 제정법이 아니어서 각주의 법원을 구속하지 못하나, 보통법의 공통원칙을 표현한 것으로 높이 평가되고 있다.

(제757조~제759조)을 두었다. 특히 제757조는 일반원칙으로서 영업비밀
보호에 대한 조건과 법적 효과를 설명하고 있는데, 그 Comment (b)에
서는 영업비밀을 "한 기업에서 사용되고, 이를 알지 못하거나 사용하지
않는 경쟁자에 대하여 자사가 유리한 지위를 부여할 수 있는 모든 제법
(formula), 양식(pattern), 장치(device) 또는 정보의 편집물(compilation of
information)"이라고 정의[15]하고 있다. 이는 영업비밀에 관한 가장 포괄
적인 정의로서 연방법원의 판례나 주법원의 판례에서도 채택하고 있다.

제2단계는 1979년 통일주법위원회(National Conference of Commis-
sioners on Uniform State Laws: NCC)가 작성한 통일영업비밀법(Uniform
Trade Secret Acts: USTA)이다. 1979년에 간행된 불법행위 리스테이트먼
트에서는 영업비밀 관련 조항인 제757조·제758조 및 영업관계 침해에
관한 몇 조항들이 의도적으로 삭제되었다. 이는 영업비밀법이 불법행위
법에 전적으로 의지하는 단계를 지나, 하나의 독자적인 법 분야로 발전
됨을 의미하기도 한다. 이에 NCC에서는 미국 여러 주의 영업비밀 관련
법을 통일한 「통일영업비밀법(Uniform Trade Secrets Act, 이하 'UTSA'라고
한다)」을 제정·공표[16]하였다. UTSA는 일종의 모델법으로 각 주는 영업
비밀 보호 관련 입법시 이를 모델로 삼게 된다. 결국 미국의 여러 주에
서 영업비밀 보호에 관한 주 제정법을 정비하여, 2013년 5월 현재,
UTSA는 뉴욕 주, 노스캐롤라이나 주를 제외한 모든 주에서 채택되었다.

제3단계는 ALI이 1993년 공표한 제3차 부정경쟁 리스테이트먼트[17]에
영업비밀보호에 관한 규정(제39~45조)을 포함한 것이다. 여기에서는 영
업비밀의 개념을 사업 또는 기타 기업의 운영에 있어 이용가능하고, 타
인에 대한 현실적 또는 잠재적 우위를 가져오기 충분한 가치를 갖고 비

---

15) 이에는 화학적 합성물, 물의 제조·처리·보호법, 기계 기타의 장치 사양, 고객 리스트
 가 포함된다.
16) 1985년에는 다시 그 일부 조항(제2조 a항, 제3조 a항, 제7조, 제11조) 수정을 가한다.
17) Restatement of the Law(Third), Unfair Competition.

밀스러운 일체의 정보[18]로 정의하고 있다. 종전의 판례법의 흐름을 따르고 있어, 어떤 법 개정을 의도한 것은 아니라 보이지만, 「비밀관리성」요건과 관련하여 UTSA와는 다른 판단기준이 제시되고 있다고 지적하는 견해도 있다. 즉 영업비밀을 정의하고 있는 제39조의 주석에서는 정보의 비밀성을 유지하기 위하여 취하여진 예방책은 영업비밀로서 보호할 가치가 있는 정보인가를 결정할 때 관련성이 있다고 기술하면서도 정보의 가치와 비밀성이 명백한 경우에는 영업비밀 보유자가 강구하고 있는 특정한 예방책의 증거는 필요하지 않을 수도 있다고 기술하고 있다.[19]

제4단계는 1996년에 제정된 경제스파이법(Economic Espionage Act of 1996: EEA) 및 2016년 5월에 제정된 영업비밀보호법(Defend Trade Secret Act of 2016: DTSA)이다. EEA는 영업비밀침해행위 또는 산업스파이 행위에 대하여 연방차원의 범죄로 규정하고 강력한 형사처벌을 하도록 규정하고 있었다.[20] 대부분의 주가 UTSA를 기반으로 하여 주법을 정비하였지만, 연방수준의 민사 구제법은 없었다. 이에 EEA의 개정의 형식을 통하여 DTSA가 제정되었다. DTSA는 연방수준에서의 첫 민사상 영업비밀보호법이라고 할 수 있다. 따라서 기존의 UTSA를 기반으로 한 각 주의 영업비밀보호법 대신에 DTSA가 민사보호의 중심이 될 것으로 예상된다. DTSA는 영업비밀 및 부정사용 등에 대한 정의규정을 두고 있으며, 영업비밀 침해물의 확산을 막기 위한 압류제도, 금지청구권, 징벌적 손해배상의 청구, 공익제보자 보호규정 등의 내용을 담고 있다. 단, DTSA는 각 주의 영업비밀보호법, 기타 기존의 법을 대신하는 것이 아니며, 이들 법률은 서로 병존한다. 따라서 향후, 영업비밀의 소유자는

---

18) A trade secret is any information that can be used in the operation of a business or other enterprise and that is sufficiently valuable and secret to afford an actual or potential economic advantage over others.

19) 유용성 등과 같은 다른 요건과의 관계에서 비밀관리성 요건을 살펴보아야 한다는 점에서 비밀관리성 요건이 전혀 요구되지 않는다는 결론에 이른다고 보기는 힘들다.

20) 18 U.S.C. §1831~§1839.

타인에 의한 부정사용에 대해 DTSA와 각주의 영업비밀보호법의 차이
및 각각의 장단점을 비교 분석하여 사안에 따라 DTSA 또는 각 주법 중
어느 것에 근거한 주장을 실시해야 하는지, 그리고 다른 소송과 마찬가
지로 연방법원 또는 주(州)법원에 제소해야 할지에 대해 검토가 필요하
다.[21)

나. 영업비밀의 개념

앞에서 살펴본 바와 같이 미국에서의 영업비밀의 보호는 기본적으로
주법에 의하여 보호되도록 하는 가운데 그 모델법으로 통일영업비밀법
(UTSA)를 두고 있었으며, 연방법으로서는 영업비밀 침해행위를 일종의
절취행위(Theft of Commercial Trade Secrets)로 이해한 가운데 형법의 일
종인 경제스파이법(EEA)을 두어 영업비밀을 보호하고 있었다. 그러나
2016년 연방차원에서의 민사적 보호를 위한 영업비밀보호법(DTSA)의
제정에 따라 민사분야는 기존의 UTSA를 기반으로 한 각 주의 법과 연
방차원의 DTSA가 병존하게 되었다.

이에 각 법에서의 영업비밀에 대한 정의규정에 대해서 살펴보도록
한다. 먼저 불법행위 리스테이트먼트에서의 영업비밀 요건을 거의 받아
들은 USTA는 제1조 제4항에서 영업비밀을 다음과 같이 정의하고 있
다.[22)

---

21) 淺井敏雄, "2016 年米國連邦民事 トレードシークレット保護法の概要", パテント
(Vol.69 No.15), 2016, 98-99頁.

22) UTSA §1(4) "Trade secret" means information, including a formula, pattern,
compilation, program, device, method, technique, or process, that:
(i) derives independent economic value, actual or potential, from not being
generally known to, and not being readily ascertainable by proper means by,
other persons who can obtain economic value from its disclosure or use, and
(ii) is the subject of efforts that are reasonable under the circumstances to
maintain its secrecy.

UTSA§1(4) "영업비밀"이란 공식, 패턴, 편집물, 프로그램, 장치, 방법, 기법 또는 공정을 포함하는 다음과 같은 정보를 의미한다.

(i) 그 공개 또는 사용에 의해 경제적 가치를 얻을 수 있는 타인에게 일반적 으로 알려져 있지 아니하고 정당한 수단에 의해서는 쉽게 확인될 수 없 기 때문에 현실적 또는 잠재적인 독립된 경제적 가치를 가질 수 있는 것

(ii) 당해 상황 하에서 그 비밀을 유지하기 위해 상당한 합리적 노력을 기울 인 대상일 것

EEA은 두 개의 별개 규정을 통하여 영업비밀을 침해하는 행위를 처 벌하고 있다. 즉 제1831조에서는 외국 정부나 산업계, 의뢰인을 위하여 이루어진 영업비밀 침해행위를 대상으로 영업비밀의 침해행위를 처벌하 는 규정을 마련하고, 제1832조에서는 순전히 경제적 상업적 이점을 얻 기 위해 이루어지는 영업비밀의 상업적 절취에 관한 처벌규정을 두고 있다. 그리고 이에 보호되는 영업비밀의 개념을 제1839조 제3항에서 다 음과 같이 규정하고 있다.[23]

18 U.S.C. §1839(3) "영업비밀"이라 함은 모든 형태 및 유형의 재정적, 사

---

[23] 18 U.S.C. §1839(3) the term "trade secret" means all forms and types of financial, business, scientific, technical, economic, or engineering information, including patterns, plans, compilations, program devices, formulas, designs, prototypes, methods, techniques, processes, procedures, programs, or codes, whether tangible or intangible, and whether or how stored, compiled, or memorialized physically, electronically, graphically, photographically, or in writing if-
(A) the owner thereof has taken reasonable measures to keep such information secret; and
⟨EEA⟩
(B) the information derives independent economic value, actual or potential, from not being generally known to, and not being readily ascertainable through proper means by, the public; and
⟨DTSA⟩
(B) the information derives independent economic value, actual or potential, from not being generally known to, and not being readily ascertainable through proper means by, another person who can obtain economic value from the disclosure or use of the information

업적, 과학적, 기술적, 경제적 또는 공학적 정보로서, 유형, 계획, 편집, 프
로그램도구, 공식, 디자인, 원형, 방법, 기법, 공정, 절차, 프로그램 또는 코
드 등을 포함하며, 유무형의 여부, 물리적, 전자적, 도화적, 사진상 또는 문
서상으로 저장, 편집, 표시되었는지 여부 또는 그 형태에 관계없이 다음에
해당하는 것을 말한다.

(A) 당해정보의 소유자가 당해정보를 비밀로 유지하기 위하여 합리적인 조
치를 취할 것, 그리고,

〈EEA〉

(B) 당해정보가 공중에 일반적으로 알려져 있지 않고, 적절한 방법을 통하
여는 공중이 쉽게 확인할 수 없다는 점으로부터 현재적인 또는 잠재적인 독
립적 경제가치를 갖고 있을 것.

〈DTSA〉

(B) 당해정보가 공개 또는 사용에 의해 경제적 가치를 얻을 수 있는 타인
에게 일반적으로 알려져 있지 않고, 적절한 방법을 통하여는 공중이 쉽게
확인할 수 없다는 점으로부터 현재적인 또는 잠재적인 독립적 경제가치를
갖고 있을 것.

EEA에서의 영업비밀 개념은 종래 UTSA의 영업비밀 개념에 기초하
고 있다고 할 수 있다. 그리고 UTSA의 제정에 따라 기존의 EEA §1839
(3) (B)의 "공중(the public)"이 "정보의 공개 또는 사용으로부터 경제적
가치를 얻을 수 있는 제3자(another person who can obtain economic
value from the disclosure or use of the information)"로 개정되었다.

UTSA와 DTSA간의 영업비밀 정의규정의 차이점은 다음과 같다.
UTSA에 비하여 DTSA는 "모든 형태 및 유형의 재정적, 사업적, 과학적,
기술적, 경제적 또는 공학적 정보"라는 포괄적인 문구를 두고 있고, "유
무형의 여부, 물리적, 전자적, 도화적, 사진상 또는 문서상으로 저장, 편
집, 표시되었는지 여부 또는 그 형태에 관계없이"라고 하여 예시규정임
을 알 수 있도록 하고 있다. 또한 영업비밀에 해당되는 정보의 종류 예

시가 UTSA가 8개라면 DTSA에서는 13개 정도로 더 많은 예를 들고 있다.

또 다른 차이점은 UTSA 정의에 따르면 정보의 비밀유지를 위해 상황에 따라 합리적인 노력을 해야 하는데, 누가 그러한 노력을 수행해야 하는지를 정의하지 않고 있다. 그러나 DTSA는 정보를 비밀로 유지하기 위해 합당한 조치를 취해야 하는 자는 정보의 소유자(the owner thereof has taken reasonable measures)임을 규정하고 있다.[24]

UTSA와 DTSA상의 영업비밀에 해당하기 위해서는 ① 비밀유지를 위한 합리적인 노력 또는 조치(efforts that are reasonable, reasonable measures), ② 해당정보의 경제적 가치(independent economic value), ③ 해당정보의 비밀성(not being generally known to)이라는 3가지 요건이 요구된다.

(1) 비밀보호를 위한 합리적인 노력 또는 조치

영업비밀로 보호되기 위하여는 또한 정보의 소유자가 이를 비밀로 유지하기 위한 합리적 조치를 취할 것을 요건으로 한다. 이러한 점에서 다른 재산권과 구별되며, 이는 공중에 속하는 아이디어에 대하여는 독점권을 부여하지 않겠다는 사고가 반영된 것이다.

당해정보의 비밀성을 유지하기 위하여 이루어진 예방조치의 유무 및 정도는 당해 정보가 영업비밀로서 보호받을 자격이 있는가를 판단하는 과정에 관계하게 된다. 이때 보호조치의 정도는 절대적일 필요는 없으나, 구체적 정황을 고려할 때 합리적(reasonable)이어야 한다.[25] '합리적인 노력' 또는 '합리적인 조치'는 피용자에게 영업비밀의 존재를 고지하

---

24) James Morrison, "Comparing the Defend Trade Secrets Act and the Uniform Trade Secrets Act", *IP Intelligence*, Baker & Hostetler LLP, 2016.5.17.

25) Pioneer Hi-Bred Int'l v. Holden Found. Seeds, 35 F.3d 1226, 1236 (8th Cir. 1994).

는 것, 접근을 통제하는 것, 비밀유지각서에 서명하도록 하는 것, 영업
비밀서류를 잠가두는 것 등이다. 비밀의 소유자가 당해 정보를 라이선스
계약자, 제3자 등에게 제한된 목적을 위하여 공개한 경우에 영업비밀의
지위를 당연히 상실하는 것은 아니다. 영업비밀은 공개됨으로써 비밀의
지위를 상실한다. 예컨대 특허출원등과 같이 법적 절차를 개시한 경우,
공개회의에서 종업원이 의도적, 우연적으로 공개하는 경우 등에도 비밀
의 지위를 상실한다.

영업비밀에 대한 합리적인 보호조치를 강구함에 있어서는 영업비밀로
서 보호되는 것의 가치와 이를 절취하는 행위의 위험성을 비교하여야
한다. 즉 피해자가 사용한 보안조치가 영업비밀의 가치에 상응하는가를
판단하여야 한다. 이에 물리적 보안 및 컴퓨터 보안, 제3자와의 영업비
밀 정보 보유에 대한 회사 지침 등의 여러 보호조치 수준을 판단하여
비밀보호조치가 이루어지고 있는지 판단하게 된다.

(2) 경제성

영업비밀은 '독립적인 경제가치(independent economic value)'를 갖고
있어야 한다. 비록 그 결론을 얻기 위하여 광범위하고 과대한 비용이 든
연구의 결과라면 실패한 정보일지라도 경쟁자에게 있어서는 큰 가치가
있음을 부정할 수 없을 것이다. 한편 DTSA나 EEA는 이러한 경제적 가
치에 대하여 특정한 하한을 정하고 있지 않아, 이 요건에 있어서는 큰
어려움이 없다. 즉 정확하게 영업비밀의 가치가 증명될 필요도 없으며,
여러 다양한 방식을 통하여 판단될 수 있다. 예컨대 유사한 영업비밀의
합법적인 공개시장에서 판매되고 있다면 그 수량, 기술 이전에 대한 대
가로서 구매자가 지불하고자 하는 것에 근거한 적정한 로열티 산정, 영
업비밀 보유자가 지출한 연구 개발비, 기술교환에 따라 침해자가 실제
받은 시장 가격 등을 통하여 그 경제성을 판단할 수 있다.

(3) 비밀성(비공지성)

영업비밀은 공중에 알려져 있지 않은 것(not being generally known to)이어야 한다. 즉 영업비밀의 침해행위가 있기 이전에 당해 정보가 공중에 공개되지 않았다는 점이 인정되어야 한다. 예컨대 잡지나 기타 출판물에 공개되지 않았어야 하며, 당해 사업부문의 경쟁자들이 보유하고 있는 것이 아니어야 한다. 반면 숙련된 과학자가 출판물로부터 수집한 정보로 특정한 공식을 유출할 수 있는 경우라 할지라도, 오랜 연구와 분석을 통해야 하는 경우라면 과학자의 연구가 공중에 의한 합리적인 획득이라도 평가할 수 없다는 점에서, 이러한 출판이 곧 영업비밀로서의 보호를 부정하게 되지는 않는다.

한편 정보의 모든 부분이 완전히 비밀로 유지될 필요는 없다. 영업비밀의 요소는 공공영역에 속해 있다고 할지라도, 이들 '공공영역의 요소들을 효과적, 성공적으로 가치있게 결합한 경우'에는 영업비밀에 해당할 수 있다.[26]

그리고 영업비밀은 다만 최소한의 요건으로서 신규한 것(minimally novel)이어야 한다.[27] 즉 영업비밀은 일반적으로 알려져 있지 않고 일반적으로 알려져 있는 것과 구분되는 요소를 갖고 있어야 한다. 특히 EEA 입법 과정에서의 논의를 살펴보면, "영업비밀을 판단함에 있어 신규성이나 진보성을 엄격히 요구하지는 않으나, 정보나 지식에 대한 신규성이나 특이성의 판단은 법원이 일반 지식이나 기술 또는 경험인가를 판단케 하여야 한다"고 설명하고 있다.[28]

---

26) Buffets, Inc. v. Klinke, 73 F.3d 965, 968 (9th Cir. 1996).
27) Kewanee Oil Co. v. Bicron Corp., 416 U.S. 470, 476 (1974).
28) http://www.usdoj.gov/criminal/cybercrime/ipmanual/08ipma.htm

다. 영업비밀의 침해

DTSA는 영업비밀의 침해행위와 관련하여 제1839조 제5항에 부정사용(misappropriation)에 대하여 다음과 같이 정의하고 있다. 이와 같은 DTSA의 부정사용에 대한 정의규정은 UTSA 제1조 제2항의 부정사용에 대한 정의규정을 승계한 것으로 거의 같다고 하여도 무방하다. 다만, DTSA는 연방법이므로, 연방 차원의 부정한 사용행위 등에 대한 정의를 내리고 있다는 것에 그 의미가 있다.

제1839조 제5항[29)]에서의 부정사용(misappropriation)이란 다음을 의미함을 알 수 있다.

① 부정수단(improper means)에 의한 영업비밀의 취득
② 영업비밀이 부정수단으로 인해 얻어진 것을 알고 있는 자 또는 알게 된 자에 의한 당해 영업비밀의 취득
③ 부정수단에 의해 영업비밀을 취득한 자에 의한 해당 영업비밀의 공개

---

29) 18 U.S.C. §1839 (5) the term 'misappropriation' means –
(A) acquisition of a trade secret of another by a person who knows or has reason to know that the trade secret was acquired by improper means; or
(B) disclosure or use of a trade secret of another without express or implied consent by a person who –
(i) used improper means to acquire knowledge of the trade secret;
(ii) at the time of disclosure or use, knew or had reason to know that the knowledge of the trade secret was –
(I) derived from or through a person who had used improper means to acquire the trade secret;
(II) acquired under circumstances giving rise to a duty to maintain the secrecy of the trade secret or limit the use of the trade secret; or
(III) derived from or through a person who owed a duty to the person seeking relief to maintain the secrecy of the trade secret or limit the use of the trade secret; or
(iii) before a material change of the position of the person, knew or had reason to know that –
(I) the trade secret was a trade secret; and
(II) knowledge of the trade secret had been acquired by accident or mistake;

또는 사용

④ 영업비밀의 무단개시 또는 사용시점에서 다음의 사항을 알고 있는 자 또는 알게 된 자에 의한 해당 무단 공개 또는 사용

　가. 당해 영업비밀이 부정취득자로부터 또는 부정취득자를 통해 취득된 것

　나. 해당 영업비밀이 그 비밀유지 또는 사용제한 의무를 발생시키는 상황에서 취득된 것

　다. 당해 영업비밀이 그 보호를 요구하는 사람에 대해 비밀유지 또는 사용제한 의무를 지는 자로부터 또는 해당 의무자를 통해 취득된 것

⑤ 해당 영업비밀이 영업비밀인 점 및 그것이 사고 또는 과실로 인해 취득된 것을 알고 있는 자에 의한 해당 영업비밀의 무단 공개 또는 사용

여기에서 부정수단(improper means)이란 절취(theft), 뇌물수수(bribery), 허위표시(misrepresentation), 비밀유지의무 위반 또는 그 교사 또는 전자적 수단 혹은 다른 수단에 의한 스파이 행위 등을 말한다.[30]

결국, DTSA 및 UTSA의 영업비밀 침해행위는 부정한 영업비밀의 취득(비밀유지의무 위반을 통한 취득 포함), 부정취득자로부터 악의취득, 부정취득자의 무단 공개 또는 사용, 선의취득 후 악의적 공개 또는 사용으로 우리나라, 일본, EU 등의 영업비밀 침해유형과 실질적인 내용은 거의 같다고 할 수 있다.

라. 영업비밀의 보호

영업비밀 침해사건에 대하여 피해자는 각 주법 또는 DTSA, EEA의 민사적 수단 및 형사적 수단을 이용하여 부정사용자에 대항할 수 있

---

30) 18 U.S.C. §1839 (6) the term 'improper means' –

　(A) includes theft, bribery, misrepresentation, breach or inducement of a breach of a duty to maintain secrecy, or espionage through electronic or other means; and

　(B) does not include reverse engineering, independent derivation, or any other lawful means of acquisition; and

다. 또한 영업비밀을 부정사용한 제품이 미국에 수입될 경우 당해영업
비밀의 소유자는 미국 관세법 제337조에 의거하여 국제무역위원회(the
International Trade Commission: ITC)에 해당제품의 수입금지처분을 신청
할 수 있다.

(1) 민사적 수단에 의한 보호

UTSA 제정 전에는 영업비밀에 대한 민사적 구제수단을 규정하고 있
는 연방법은 없었으므로, 대부분의 주에서는 UTSA의 예를 따른 규정을
두거나, 보통법에 의하여 영업비밀을 보호하고 있었다. 그러나 UTSA가
제정되어 이제는 연방차원의 민사구제가 가능하게 되었다. 앞에서 언급
한 바와 같이, DTSA가 각 주 법을 대신하는 것이 아니므로 사안에 따
라 DTSA 또는 각 주의 법률 중 어느 것에 근거하여 주장 할 것인지,
주(州)법원 또는 연방법원의 제소 여부선택에 대한 검토가 필요하다.

DTSA의 적용범위와 관련하여, 미국 각 주(州) 사이의 거래(interstate
commerce) 또는 외국과의 거래(foreign commerce)에서 사용되거나 사용
되기를 의도(intended to use)하는 제품 또는 서비스에 적용된다.[31] 많은
제품과 서비스는 최소한 이러한 요건을 충족시킬 것이므로, 대부분의 영
업비밀에 관해 DTSA의 적용과 연방법원 관할을 주장할 수 있다.[32] 만
일, "사용되기를 의도(intended to use)"하는 요건이 충족되는 경우라면
회사 내부에서만 사용되고 있는 영업비밀이나 개발 중인 제품 또는 서
비스에 관한 영업비밀에 대해서도 DTSA의 적용과 연방법원의 관할을
주장할 수 있다. 또한, DTSA는, 영업비밀의 부정사용이 미국 외로 행해
졌을 때여도 그 조장 행위(furtherance of the offense)가 미국 내에서 행
해진 경우 또는 영업비밀의 부정사용이 미국 국민 또는 미국 법인에 의

---

31) 18 U.S.C. §1836(b)(1).
32) 18 U.S.C. §1836(c).

해 미국 외에 행해진 경우도 적용된다.[33][34]

(가) 피고에 대한 사전통고 없는 압류(ex parte seizure)

DTSA에서는 영업비밀이 부정사용되거나 이러한 우려가 있는 경우, 일정한 요건 하에서 법원은 피고에게 사전통고하지 않고, 영업비밀의 공개·사용 기타 확산을 방지하기 위해서 필요한 것의 압류를 명할 수 있다.[35] 이 절차는 DTSA 제정 과정에서 가장 논란을 일으킨 것으로, UTSA에는 압류제도가 없다.

(나) 부정사용에 대한 금지명령

사용금지명령은 법원이 특정인에 대하여 특정한 행위, 즉 영업비밀을 침해하거나 침해할 우려가 있는 행위를 금지하는 부작위 의무명령으로서 영미법상 형평법에서 발달된 구제수단으로, UTSA 제2조에도 규정하고 있었다.[36]

DTSA에도 법원은 영업비밀의 부정사용 또는 이러한 우려가 있는 경우 방지하기 위해 필요한 조치인 금지명령(Injunction)을 내릴 수 있도록 규정하고 있다.[37] 법원은 금지명령의 일부로서, 영업비밀 보호를 위한 피고의 적극적 행위, 예를 들어 영업비밀을 인터넷에 접속된 매체에서 제거할 것 또는 해당 매체를 인터넷에 접속하지 않는 것 등을 명령할 수도 있다.[38]

---

33) 18 U.S.C. §1837.
34) 淺井敏雄, 前揭論文, 101頁.
35) 18 U.S.C. §1836(2).
36) 사용금지명령은 그 효과에 따라 다시 위법한 행위의 사용중지를 명하는 금지적 사용금지명령(prohibitory injunction)과 부작위의무위반이 있을 경우 그것에 의해 만들어진 위법상태의 제거를 위해 적극적인 행위를 행할 것을 명하는 작위적 사용금지명령(man-datory injunction)으로 구분할 수 있다. 또한 사용중지명령은 절차상 영구적 사용중지명령(permanent injunction), 예비적 사용중지명령(preliminary injunction) 및 일시적 억제명령(temporary restraining order) 등으로 나누어진다(鈴木後祐, 「米國のトレードシークレット法に関する調査研究」, 財團法人 比較法研究センター, 1988, 34頁).
37) 18 U.S.C. §1836(b)(3)(A).
38) 淺井敏雄, 前揭論文, 102頁.

(다) 손해배상

영업비밀의 부정사용이 있을 경우에 영업비밀 보유자는 손해배상의 청구가 가능하다. 손해배상은 금지명령을 통한 구제와 동시에 손해배상을 청구할 수 있으며, 단독으로 손해배상만을 청구할 수도 있다. UTSA의 손해배상(제3조)과 DTSA의 손해배상규정의 내용은 실질적으로 같다. DTSA에서는 법원은 ① 영업비밀의 부정사용으로 발생한 현실의 손실, ② 현실의 손실의 산정상 고려되지 않은, 영업비밀의 부정사용에 기인하는 부당이득(unjust enrichment), ③ ①,②를 대체하여 부정사용자의 무단공개 또는 무단사용에 대한 합리적 사용료 상당액에 대한 손해배상청구를 인정할 수 있다.[39]

영업비밀이 부정하게 취득·사용되어도, 그 소유자는 그 사용을 방해할 수 있는 것이 아니므로, 해당 소유자의 손해를 구체적으로 인식할 수 없는 경우가 있다. 그러한 경우, 부정사용자가 영업비밀 사용에 의해 얻은 이익 등에 근거하여 계산된 합리적 사용료 상당액(③)이, 가장 신뢰할 수 있는 손해배상액의 계산 방법이 될 수 있다.[40]

그리고 고의 또는 악의(willfully and maliciously)에 의한 침해행위에 대해서는 손해배상액의 2배를 넘지 않는 범위 내에서 손해배상액을 인정하는 징벌적 손해배상제도가 있다.[41] 그리고 영업비밀이 고의 혹은 악의적으로 사용되면 원고에게 합리적인 범위 내의 변호사 비용(Attorney's Fees)에 대한 청구를 인정할 수 있다.[42]

(라) 제척기간

민사사송과 관련하여 제척기한(Period of Limitations)은 압류, 금지청

---

39) 18 U.S.C. §1836(b)(3)(B).
40) 淺井敏雄, 前揭論文, 102頁.
41) 18 U.S.C. §1836(b)(3)(C), UTSA §3.
42) 18 U.S.C. §1836(b)(3)(D), UTSA §4.

구, 손해배상청구에 관한 민사소송은 당해 소송의 대상이 된 부정사용을 발견하거나 또는 합리적 주의에 의해 발견한 후 3년이 경과 후에는 제기할 수 없다.[43]

(마) 공익제보자의 보호

DTSA는 공익제보자에 대한 보호규정을 두고 있다. 이는 UTSA에는 규정되어 있지 않은 규정이다. 영업비밀의 공개가 법령 위반 혐의의 보고 또는 조사목적으로 연방이나 주(州) 등의 직원에게 비밀로 되는 거나 해당 공개가 소송 절차 등에서 제출되는 소장 등으로 이루어지는 경우 (다만 열람 제한이 필요)에는 해당 개인이 민·민 형사 책임을 지지 않는다.[44] 이러한 법령 위반 혐의에 대한 제보행위에 대한 보복소송을 당한 자는 자기의 변호사에게 해당 영업비밀을 공개할 수 있으며, 해당 소송 절차에 이를 사용할 수 있다.[45]

(2) 형사적 수단에 의한 보호

영업비밀을 부정하게 사용하였을 경우는 연방법 또는 주법에 의해 형사적 제재를 가할 수 있다. 영업비밀을 부정사용한 경우는 각주의 형법규정에 근거하여 처벌의 대상이 되지만, 일정의 요건을 갖추면 연방법에 의한 처벌도 가능하다. 영업비밀 소유자가 주검찰관 또는 연방검찰국에 고소장을 제출하는 것으로 형사소추절차의 개시가 청구된다. 영업비밀 침해에 대한 각주의 형법의 태도는 별도의 영업비밀 절도죄를 규정하는 경우와 일반 절도죄만을 규정하는 경우 등으로 나눌 수 있으며, 유체물에 화체된 영업비밀만을 처벌하는 경우와 유체물·무체물의 구분 없이 모두 영업비밀 절도죄로 처벌하는 경우, 과학기술정보에 한정하는

---

43) 18 U.S.C. §1836(d), UTSA §6.
44) 18 U.S.C. §1833(b)(1).
45) 18 U.S.C. §1833(b)(2).

경우와 비기술정보를 포함하는 경우 등 그 입법 방식은 주(州)마다 다양하다.

미국은 연방차원의 영업비밀의 형사처벌과 관련하여서는 경제스파이법(Economic Espionage Act of 1996: EEA)에 규정하고 있으며, DTSA의 개정을 통하여 형량이 더 강화되었다. 여기에서는 외국정부 등을 위한 영업비밀의 절취 등(제1831조), 민간의 개인 · 기업에 의한 영업비밀의 절취 등(제1832조)을 연방범죄로 규정하고 있다.

먼저 제1831조와 제1832조에 열거된 영업비밀 침해행위의 예는 다음과 같다.[46]

① 영업비밀의 절취, 미허가 횡령, 취득, 운반 또는 은닉하거나 사기, 부정수단, 속임수의 방법으로 취득하는 행위
② 영업비밀의 미허가 복제, 사본제작, 스케치, 사생, 사진촬영, 다운로드, 업로드, 변경, 파기, 복사, 모사, 전송, 배달, 운송, 우편, 통신, 전달하는 행위
③ 영업비밀이 절취 또는 미허가 횡령, 취득, 부정사용된 것임을 알면서 입수, 구매 또는 소유하는 행위
④ ①~③에 규정된 범죄를 저지르기 위하여 시도하는 경우
⑤ ①~③에 규정된 범죄를 저지르기 위하여 한명 또는 그 이상의 자들과 공모하는 경우

---

46) 18 U.S.C. §1831, §1832
   (1) steals, or without authorization appropriates, takes, carries away, or conceals, or by fraud, artifice, or deception obtains a trade secret;
   (2) without authorization copies, duplicates, sketches, draws, photographs, downloads, uploads, alters, destroys, photocopies, replicates, transmits, delivers, sends, mails, communicates, or conveys a trade secret;
   (3) receives, buys, or possesses a trade secret, knowing the same to have been stolen or appropriated, obtained, or converted without authorization;
   (4) attempts to commit any offense described in paragraphs (1) through (3); or
   (5) conspires with one or more other persons to commit any offense described in paragraphs (1) through (3), and one or more of such persons do any act to effect the object of the conspiracy

위와 같은 행위를 외국정부(foreign government), 외국기관(foreign instrumentality) 또는 외국대리인(foreign agency) 등에게 이익이 될 것을 의도하거나 그것을 알면서 하는 자, 즉 외국정부 등을 위한 영업비밀의 절취에 관한 죄를 저지른 자는 50만 달러 이하의 벌금 또는 15년 이하의 징역 또는 이들을 병과할 수 있다.[47] 한편, 외국정부 등을 위한 영업비밀의 절취에 관한 죄를 저지른 자가 기업 등 조직(organization)인 경우에는 1,000만 달러 또는 침해로 인한 이익액의 3배 중 더 큰 액수의 벌금이 부과된다.[48][49]

국외유출이 아닌 민간의 개인·기업에 의한 영업비밀의 절취 등과 관련하여서는 10년 이하의 징역과 벌금(정해진 액수가 없음) 또는 이들의 병과를, 기업 등 조직(organization)인 경우에는 500만 달러 또는 침해로 인한 이익액의 3배 중 더 큰 액수의 벌금이 부과된다.[50][51]

(3) ITC에 의한 보호

관세법 제337조는 ITC에 의한 준사법권을 주어 미국에 물품수입 또는 판매하는데 있어 불공정한 경쟁방법 및 불공정한 행위가 행해지고 있지 않은가를 조사할 권한을 주고 있다. 또한 ITC의 배제명령(exclusion order)과 정지명령(cease and desist order) 그리고 가처분(temporary

---

47) 18 U.S.C. §1831(a).
48) 18 U.S.C. §1831(b).
49) 해외로의 영업비밀 유출을 타겟으로 한 산업스파이죄에 대한 처벌 수준을 대폭 강화하기 위하여 2013년 외국경제스파이범처벌강화법(Foreign and Economic Espionage Penalty Enhancement Act of 2012: EEPE)이 제정되어 미국 연방형법이 개정되었다. 산업스파이죄의 경우 벌금형이 기존의 50만 달러에서 500만 달러 이하로 10배나 상향 조정되었고, 기업 등 단체에 대해서는 기존 1,000만 달러 이하의 벌금에서 '1,000만 달러 또는 침해로 인한 이익액의 3배 중 더 큰 액수 이하'로 개정하여 경제적 처벌을 대폭 강화하였다(조용순, "영업비밀 보호를 위한 부정경쟁방지법 형사벌 관련 규정의 개정 방향에 대한 소고", 산업재산권(제49호), 한국지식재산학회, 2016.4, 297면).
50) 개정 전에는 기업 등 조직의 경우 벌금 500만 달러에만 그치고 있었으며, 이익액의 3배 관련 규정은 없었다.
51) 18 U.S.C. §1832(a)(b).

relief)에 의해 구제될 수도 있다. 배제명령은 대물적 효력(in rem)이 있어 제품의 제조자나 수입자가 누구인가는 묻지 않고 대상이 된 수입품의 통관을 배제하는 것이다.[52] 정지의 명령은 대인적 효력이 있어 특정인에 대해 수입정지를 하는 것이다.[53]

2. EU 영업비밀 보호지침

가. 제정 배경

EU 회원국들은 TRIPS 협정에도 불구하고, 영업비밀 보호와 관련하여 EU 회원국의 영업비밀의 대상, 보호방법, 수준 등은 국가마다 차이가 있으며, 대부분의 국가는 영업비밀에 관한 정의규정을 두고 있지 아니하고 있었고, 영업비밀의 불법적 취득·사용 또는 공개와 같은 행위에 대하여도 통일된 규정이 없었으므로 영업비밀의 보호범위에 대하여 회원국마다 다르다는 문제가 있었다. 또한 불법적인 영업비밀 침해에 대하여 모든 회원국에서 중지명령이 항상 가능 한 것은 아니므로 영업비밀을 불법적으로 취득·사용 또는 공개하는 경우 민사소송 절차 등에 대한 일관성이 없다는 등의 문제가 발생하였다.[54]

이에 유럽 의회와 이사회는 유럽위원회의 제안에 따라 2016년 6월 8일 EU국가들의 국가법을 표준화하는 것을 목표로 "비공개 노하우 및 영업정보(영업비밀)의 불법취득, 사용 및 공개에 대한 보호에 관한 유럽의회 및 이사회 지침(이하 'EU 영업비밀 보호지침'이라고 한다)"[55]을 채택하였다. 본 지침은 영업비밀에 대한 정의규정, 영업비밀의 불법 취득·

---

52) 19 U.S.C. 1337(d).
53) 19 U.S.C. 1337(f) (1).
54) Official Journal of the European Union, L157, Vol.59, 15.6.2016, p.2.
55) Directive (EU) 2016/943 of the European Parliament and of the Council of 8 June 2016 on the protection of undisclosed know-how and business information (trade secrets) against their unlawful acquisition, use and disclosure.

사용 또는 공개, 그리고 영업비밀 보유자의 침해에 대한 민사구제방안 관련 절차와 관련하여 규정하고 있다.

나. 영업비밀의 개념 등

EU 영업비밀 보호지침 제2조에는 영업비밀, 영업비밀보유자, 침해자에 대하여 정의하고 있다. 먼저, 지침 제2조 제1호에서는 영업비밀의 정의를 다음과 같이 규정하고 있다.[56]

"영업비밀"은 다음 사항을 모두 충족하는 정보를 의미한다.

① 해당 정보의 집합 또는 구성의 정확한 배열이나 구조가 당해 정보의 종류를 통상적으로 다루고 있는 업계의 사람들에게 일반적으로 알려져 있지 않거나 쉽게 접근될 수 없다는 의미에서 비밀인 것,

② 비밀이기 때문에 상업적 가치를 가지는 것,

③ 그 정보를 합법적으로 관리하고 있는 자에 의해서 비밀로 유지할 수 있는 환경에 있도록 합리적인 조치의 대상이 되는 것

사실 EU 영업비밀 보호지침의 정의규정은 TRIPs 협정 제39조 제2항의 미공개정보(undisclosed information)에 대한 정의규정을 그대로 수용하고 있다. 정보 대신 영업비밀이라고 명확하게 명시하고 있는 점만 다르다.[57] EU 영업비밀 보호지침의 정의규정 또한 비공지성, 경제적 유용

---

56) Article 2 Definitions
  (1) 'trade secret' means information which meets all of the following requirements:
    (a) it is secret in the sense that it is not, as a body or in the precise configuration and assembly of its components, generally known among or readily accessible to persons within the circles that normally deal with the kind of information in question;
    (b) it has commercial value because it is secret;
    (c) it has been subject to reasonable steps under the circumstances, by the person lawfully in control of the information, to keep it secret;

57) 한지영, "유럽에서 영업비밀 보호의 통일화를 위한 최신동향", 산업재산권(제53호), 한국지식재산학회, 2017.8, 443-444면 참조.

성, 비밀관리성을 요구하고 있다고 할 수 있다.

그리고 "영업비밀보유자"는 "영업비밀을 합법적으로 관리(control)하는 자연인 또는 법인"을, "침해자"는 영업비밀을 불법적으로 취득, 사용 또는 공개하는 자연인 또는 법인으로 각각 정의하고 있다(EU 영업비밀 보호지침 제2조 제2호 및 제3호).

다. 영업비밀 침해행위

영업비밀 침해행위와 관련하여서는 지침 제4조에 "영업비밀의 불법적인 취득, 사용, 공개"라는 표제로 규정하고 있는데, 제4조 제1항에서는 "회원국은 영업비밀보유자가 영업비밀의 불법적인 취득, 사용, 공개를 방지하거나 구제하기 위해서 이 지침에서 규정하고 있는 조치, 절차 및 구제수단을 가진다"고 규정하고 있다.

제4조 제2항부터 제5항까지는 불법적인 취득, 사용, 공개가 어떤 행위를 의미하는 것인지 구체적으로 규정하고 있다.

먼저, 제4조 제2항은 불법취득과 관련된 것으로, 영업비밀보유자의 동의 없이 영업비밀을 '취득(acquisition)'하는 ① 영업비밀보유자의 합법적인 관리 하에 있는 영업비밀 또는 영업비밀을 추론할 수 있는 문서, 물건, 재료, 물질 또는 전자파일을 정당한 권한 없이 접근, 도용 또는 복제하는 행위, ② 상황에 따라 성실한 상관행(honest commercial practices)에 위배되는 것으로 간주되는 기타 행위를 불법이라고 하고 있다.

제4조 제3항은 불법 사용 및 공개와 관련된 것으로, 영업비밀보유자의 동의 없이 영업비밀을 '사용(use)' 또는 '공개(disclosure)'하는 ① 불법적인 영업비밀의 취득, ② 비밀유지계약 또는 영업비밀을 공개하지 않을 기타 의무를 위반하는 행위, ③ 영업비밀의 사용을 제한하는 계약 또는 기타 의무를 위반하는 행위를 불법이라고 하고 있다.

제4조 제4항은 악의 및 과실 관련인데, "영업비밀의 획득, 사용 또는

공개 시점에, 상황에 따라 제4조 제3항의 범위 내에서 영업비밀을 불법 으로 사용 또는 공개하고 있는 제3자로부터 직접적 또는 간접적(directly or indirectly)으로 영업비밀을 취득하였다는 사실을 알고 있거나(knew) 알아야 할 의무가 있는 경우(ought)에 해당 영업비밀의 취득, 사용 또는 공개를 불법"이라고 규정하고 있다.[58]

제4조 제5항은 "침해 물품을 생산하거나 시장에 제공하는 행위, 또는 이러한 목적으로 침해 물품을 수입, 수출 또는 보관하는 행위는 이러한 행위를 하는 자가 영업비밀이 제4조 제3항의 범위 내에서 불법으로 사 용되었다는 사실을 알고 있거나 또는 알고 있어야 하는 경우에는 영업 비밀의 불법사용(unlawful use)으로 간주된다"고 규정하여, 이러한 행위 또한 불법사용이라는 점을 확인하고 있다.

라. 영업비밀의 보호[59]

EU 영업비밀 보호지침은 형사적 구제수단에 대해서는 규정하지 않고 있으며, 민사적 구제수단과 관련하여 제6조 이하에서 규정하고 있다.

특히 제9조에는 영업비밀 침해소송 절차 중에 영업비밀의 비밀유지 가 될 수 있도록 당사자, 대리인, 법관, 증인 등이 소송절차 중에 영업 비밀 유지를 요구하고 있다. 다만 소송절차 중에 해당 영업비밀이 동 지 침 제2조의 영업비밀 요건을 충족시키지 못하거나, 시간이 지남에 따라 해당 정보를 통상적으로 취급하는 사람들의 범주에 쉽게 접근할 수 있 음이 일반적으로 알려진 경우에 이러한 영업비밀유지의무가 없어진다고

---

58) 이는 영업비밀의 취득 등에 있어서 해당 영업비밀이 불법적 기원에 의거하고 있는지 여 부에 대한 주의의무이다. 즉 영업비밀의 취득, 사용 또는 공개가 불법임을 직접 알고 있거나 알고 있어야 하는, 소위 고의 또는 과실에 의한 불법행위의 책임 소재를 묻고 있으며, 더 나아가 '간접적인' 고의 또는 과실의 경우도 포함하고 있다(한지영, 앞의 논 문, 447면).

59) 이하의 내용은 특허청, 형사처벌 실효성 제고 등 부정경쟁방지법 개선방안 연구, 2015. 10, 20면 참조.

규정하고 있다.

또한 제12조에는 금지명령(Injunctions) 관련 규정이 있는데, 동 규정에 따르면 사법부가 영업비밀의 불법취득, 사용 또는 공개를 발견한 경우에 권한 있는 사법기관은 영업비밀 보유자의 요청에 따라 영업비밀 침해자에 대하여 영업비밀침해행위 금지하거나, 침해물품의 생산, 사용, 판매이나 이러한 목적으로 침해물품을 수입, 수출 또는 보관하는 행위를 금지, 또는 침해물품에 관한 적절한 대책, 예를 들면 침해선언, 시장에서 침해물품 철회, 침해물품 폐기, 영업비밀 관련 서류 폐기 등의 대책을 취할 수 있도록 명령을 내릴 수 있다고 규정하고 있다.

제14조는 손해배상(Damages)에 관한 규정이다. 동 규정에 의하면, 회원국은 권한 있는 사법기관이 영업비밀을 침해받은 영업비밀 보유자의 요청이 있는 경우에 영업비밀 침해자를 상대로 영업비밀 보유자가 입은 손해를 배상할 것을 명령하도록 할 수 있음을 규정하고 있다. 이때 손해액을 계산할 때에는 모든 적절한 요인들, 예를 들면 영업비밀 보유자가 입은 일실이익을 포함하여 경제에 미치는 부정적 영향, 침해자에 의해 야기된 모든 부당한 이익은 물론 경우에 따라서는 경제적 요소가 아닌 비경제적 요소, 즉 영업비밀 침해로 인해 영업비밀 보유자에게 발생한 도덕적 편견과 같은 측면까지도 사법부가 고려해야 한다고 규정하고 있다. 다만, 영업비밀 침해자가 해당 영업비밀을 사용한 권한을 요청하였었다면 지불했어야 할 로열티 또는 수수료를 최소한도로 하여 일괄지급(lump sum) 형태로 손해배상을 할 수 있도록 권한 있는 사법기관이 정할 수 있다고 규정하고 있다.

특히 영업비밀 침해에 대한 소송을 제기하기 위해서는 보호받을 수 있는 비밀이 존재하거나 침해사실, 피고인의 부정사용 또는 불법이용에 대한 증거를 제출해야 한다. 일반적으로 영업비밀 침해에 대한 민사소송의 경우에 유럽에서 인정되는 구제방법은 금지명령, 손해배상을 들 수 있고, 증거수집을 위한 특별절차로서 증거보전명령이나 문서제출명령이라는 방법도 있다.

3. 독 일

가. 보호체계

독일에서의 영업비밀 보호는 영업의 자유가 인정되면서 과도한 경쟁에 따른 시장 혼란을 먼저 경험한 프랑스[60]의 영향을 받았다. 이에 영업비밀이 침해된 경우에는 민법의 불법행위 책임에 근거한 민사상 구제방법을 활용할 수 있으며, 형사적 처벌 규정으로는 형법과 부정경쟁방지법(Gesetz gegen den unlauteren Wettbewerb: UWG)이 있다. 또한 영업비밀의 형태에 따라 저작권법이나 디자인보호법에 의한 보호가 가능하다.

나. 영업비밀의 개념

독일에서 영업비밀의 개념을 정의한 규정은 없다. 영업비밀(Geschäfts-geheimnissen und Betriebsgeheimnissen) 침해행위에 대한 벌칙 규정을 두고 있는 부정경쟁방지법에서도 개념을 정의하고 있지 않으며, 침해금지나 손해배상의 근거가 되는 민법 역시 영업비밀에 대한 개념 규정을 두고 있지 않다. 따라서 영업비밀의 개념은 학설과 판례에 의하여 발전되었다.[61]

---

60) 프랑스 혁명 결과, 1791년 3월 17일 법률로 프랑스 전역에서는 영업의 자유가 인정되었다. 그러나 무모한 경쟁 행위가 빈번해지면서 피해자가 속출하게 되었고, 경제분야 전반에 걸쳐 예측하지 못했던 문제들이 발생하였다. 이에 프랑스는 형법 제418조의 비밀누설죄를 통하여 영업비밀을 보호하고자 한다. 이러한 프랑스 형법 제418조 규정은 다른 유럽 국가의 입법에 영향을 미치게 된다.

61) 영미에서 사용되고 있는 영업비밀이란 용어는 독일에는 없지만, 1896년 5월 27일 제정된 부정영업방지법(Gesetz zur BeKämpfung des unlauteren Wettbewerbs)의 제9조, 제10조에 영업비밀 보호규정이 있었다. 그 후 1909년 다시 부정경쟁방지법(Gesetz gegen Unlauteren

일반적으로 영업비밀은 명백히 공지인 것이 아닌 기업의 영업활동에 관련하는 정보로 경제적 이익을 위하여 이를 보유한 기업의 명시적 의사에 따라 비밀로 유지되는 것을 의미한다고 정의된다.[62] 따라서 독일에서의 영업비밀은 다음의 4개 요소로 구성된다고 볼 수 있다. 즉 ① 기업경영과 관련이 있고, ② 제한된 사람들만이 알고 있으며, 즉 공공에 알려져(offenkundig) 있지 않으며, ③ 소유자에 의하여 비밀로 유지하려는 의사가 표시되고, ④ 비밀로 유지함에 소유자에게 정당한 이익이 있을 것이라는 요건을 충족하여야 한다.[63]

(1) 비밀성(Der Begriff des Geschäftsgeheimnisses)

영업비밀로 인정되기 위하여는 당해 정보가 공연히 알려져 있지 않아야 한다. 다만 부정경쟁방지법 제17조는 비밀 정보 그 자체를 보호하는 것이 아니라 특정한 기업과의 관계를 보호하는 것이다.[64] 따라서 어떤 정보가 알려져 있더라도, 이 정보가 특정한 기업에 의하여 사용되고 있고, 어떤 경제적 목표를 이루기 위하여 당해 정보가 이용되고 있는지 명확히 알려져 있지 않은 경우에는 영업비밀로 인정될 수 있다.[65]

또한 제한된 범위의 특정한 사람들만이 알고 있는 경우에도 당해 영업비밀은 비밀성을 유지하고 있는 것으로 본다. 다만 영업비밀 보유자는 이들을 통제할 수 있어야 하며, 경쟁자가 당해 정보를 알 수 있는 것을 배제할 수 있어야 한다.[66] 비밀유지의무를 부담하는 제3자도 제한된 범

Wettbewerb, 이하 UWG로 약칭하기로 한다)을 제정하였는데, 동법 제17조 내지 제20조에 '상업상 비밀(Geschäftsgeheimnissen)'과 '공업상 비밀(Betriebsgeheimnissen)'을 규정하였다. 2004년 새로운 부정경쟁방지법을 입법하면서 현재는 제17조에서 영업비밀과 관련한 규정을 두고 있다.

62) BGH GRUR 1955, 424, 425; GRUR 1961, 40, 43; GRUR 2003, 356, 358; RGJW 1936, 2081; 1938, 3050, OLG Stuttgart wistra 1990, 277.

63) 한상훈, "영업비밀의 형사법적 보호와 문제점 -미국, 독일의 비교법적 고찰-", 형사정책(제12권 제2호), 한국형사정책학회, 2000.12, 42면.

64) RGZ 139, 329, 332.

65) BGH, GRUR 1955, 424, 425.

위에 포함된다. 당해 영업비밀을 알고 있는 사람의 숫자가 많거나 증가하고 있다고 하여 비밀성이 상실되는 것은 아니다. 공지의 사실이란 어떠한 사실이나 정보가 일반적으로 알려져 있거나 임의의 접근에 노출되어 있어서, 이에 관심을 갖고 있는 누구나가 정당한 방법으로 큰 어려움 없이 획득할 수 있는 가능성이 있는 상태에 있는 경우에 인정된다.

반면 어떤 정보를 일반적인 방법으로 지득할 수 있고, 비밀을 포함하고 있는 제품에 접근할 수 있는 사람이라면 누구든지 알 수 있는 것이라면 당해 정보는 공지된 것이라고 보아야 한다.[67] 예컨대 그 기술분야에서 통상의 지식을 가진 사람이 특별한 어려움 없이 정당한 방법으로 획득할 수 있는 정보라면 공지된 것으로 보아야 한다.[68] 단순히 정보의 획득 가능성만이 문제가 되며, 실제로 다른 자가 당해 정보를 알고 있는가는 문제가 되지 않는다. 비밀의 보유자가 당해 정보에 대한 접근성을 책임지고 있는지 여부나 채무 불이행으로 당해 정보를 획득하였는지 여부는 이러한 판단과는 상관이 없다.

(2) 기업 활동 관련성(Beziehung zum Geschäftsbetrieb)

영업비밀에 해당하기 위하여 정보는 기업의 구체적 경영 활동과 관련된 것이어야 한다. 따라서 고용주나 종업원에게만 영향을 미치는 정보는 영업비밀에 포함되지 않는다.[69] 따라서 어떤 정보가 다른 기업이나 일반적인 시장에 이전된 경우에는 기업 활동 관련성은 상실된다. 그러나 비밀을 포함한 제품이 판매 또는 양도된 경우에는 기업 활동 관련성 내지 사업관련성을 유지한다.

---

66) Kraßer, GRUR 1977, 177, 179.
67) BGH, GRUR 2002, 91, 93.
68) BGH, GRUR 1958, 297.
69) OLG Stuttgart, GRUR 1982, 315, 316.

(3) 비밀유지의사(Geheimhaltungswille)

영업비밀로 인정되기 위하여는 당해 정보의 보유자가 이를 비밀로 유지할 의사를 갖고 있어야 하며, 이러한 의도를 전달하여야 한다.[70] 이러한 기준은 단순히 알려지지 않은 정보와 영업비밀을 구분하기 위하여 요구된다.[71] 널리 알려지지 않은 기업의 내부 정보에 대하여는 비밀로 유지하고자 하는 의사가 있는 것으로 추정할 수 있다. 그 성질상 정보가 비밀로 유지되어야 하는 경우에는 비밀유지의사가 포함된다고 할 것이다. 따라서 영업비밀은 그 보유자가 아직 인식하지 못 한 정보나 지식을 포함할 수 있다.[72] 즉 영업비밀유지의사는 모든 개별적 영업비밀에 대하여 존재할 것이 요구되지는 않고, 영업비밀 전체에 대한 의사만 있으면 족하다. 그러나 어떤 정보를 제3자에게 양도하면서 어떤 비공개 약정도 맺지 않았다면, 설령 당해 정보의 보유자가 이를 영업비밀로 다루고 있었더라도, 비밀성에 따른 이익은 인정되기 힘들다.

(4) 비밀유지에 대한 이익(Geheumhaltungsinteresse)

비밀유지의사와 함께 영업비밀 보유자는 비밀성을 유지함으로써 객관적으로 적법한 경제적 이익을 갖고 있어야 한다. 이는 통상 정보의 공개가 기업의 경쟁력에 영향을 미치는 경우에 인정된다. 객관성 기준은 자의적으로 기업주가 비밀유지를 결정할 수 있는 것을 배제하는 기능을 한다. 불법적이거나 부도덕한 상황에 대한 비밀이 실제 기업의 경쟁력에 영향을 미칠 수 있다는 점에서 기업의 불법 또는 부도덕한 정보에 대하여 적법한 이익을 인정할 것인가란 논란이 있다.

---

70) BGH, GRUR 1969, 341, 343.
71) BGH, GRUR 1964, 31, 31.
72) BGH, GRUR 1977, 539, 540.

다. 영업비밀의 침해

부정경쟁방지법에서의 영업비밀 침해행위의 유형은 다음과 같다.

① 종업원 등이 고용관계 중에 들었거나 알게 된 영업비밀을 자기 또는 제 3자의 이익을 위해 혹은 사업주에게 손해를 줄 의도 등을 갖고 공개하는 행위(제17조 제1항)

② 기술적인 수단의 사용, 비밀이 화체된 복제물의 작성, 비밀이 화체된 물건의 탈취 등에 의해 권한없이 영업비밀을 취득하는 행위(제17조 제2항 제1호)

③ 제1항 또는 제2항 제1호의 행위에 의해 취득된 영업비밀을 권한없이 사용, 공개하는 행위(제17조 제2항 제2호) 등을 들 수 있다.[73]

이러한 행위에 대해서는 금지청구권 외에 손해배상청구권이 인정되고 침해행위 자체가 형벌규정에 해당하는 경우에는 형사처벌도 가능하다.

라. 영업비밀의 보호

영업비밀의 보호와 관련하여 독일은 부정경쟁방지법이 영업비밀의 누설, 도면 등의 부정이용, 정보누설의 교사·방조 등에 관하여 형사벌을 정하고 있다. 또한 영업비밀의 침해에 대하여는 민법에 근거하여 민사상의 손해배상책임도 물을 수 있다. 손해를 입은 기업으로서는 불법행위나 부당이득 등을 이유로 손해배상을 청구할 수 있으며, 정보의 공개를 저지하기 위하여 가처분을 요구할 수도 있다. 또한 저작물이나 디자인에 해당하는 경우에는 저작권법이나 디자인보호법 등의 위반을 이유로 민

---

73) 2004년 부정경쟁방지법 이전에는 일반조항으로서 부정경쟁행위를 '경쟁의 목적으로 풍속에 반하는 행위'로 정의하고 있던 제1조의 규정을 통하여서도 영업비밀 침해행위를 규율할 수 있었다. 2004년 부정경쟁방지법의 경우에는 풍속이라는 표현은 삭제하면서 경미한 경우를 제외한다는 문구를 삽입함으로써 부정경쟁행위에 대한 새로운 개념 정의를 한다. 2010년 개정법에서는 이러한 규정도 변경하여, 부정경쟁행위는 소송의 대상임을 규정한 가운데, 경쟁행위의 개념만을 정의하고 있다.

사적 · 형사적 책임을 물을 수 있다. 영업비밀의 누설 등에 관하여는 형법상의 규정에 근거하여 책임을 물을 수 있다(형법 제201조 내지 제204조).

(1) 민사적 수단에 의한 보호

영업비밀의 침해에 대한 민사적 구제수단은 부정경쟁방지법의 형사적 처벌 규정을 근거로 동법 제3조, 제4조 제9항 · 제11항 및 제8조와 제9조의 규정이 적용될 수 있다. 또한 민법 제823조(손해배상의 의무), 제826조(공공의 정책에 반하는 고의적 손해)에 따라 사용금지청구권과 손해배상청구권이 인정된다. 즉 경쟁관계에 있는 비밀의 누설이나 부정한 이용행위에 대하여는 부정경쟁방지법의 형사처벌 규정을 기본으로, 부정경쟁방지법 제4조 제9항(복제를 위하여 요구되는 지식 또는 서류의 부정한 취득) 또는 제11항(위법)이 적용되는 경우에는 부정경쟁방지법이 규정하는 민사적 구제 수단이 적용된다. 또한 일정 상황에서는 제3자의 영업비밀 사용행위는 부정경쟁방지법 제3조, 민법 제826조 또는 제823조, 제1004조(방해배제청구권 및 부작위청구권) 등에 의한 민사적 구제수단이 활용이 될 수 있다. 또한 저작물이나 디자인에 해당하는 경우에는 저작권법이나 디자인보호법 등의 위반을 이유로 민사적 · 형사적 책임을 물을 수 있다.

(2) 형사적 수단에 의한 보호

영업비밀의 침해에 대한 독일의 형사적 처벌 규정은 부정경쟁방지법 제17조 내지 제19조이다. 이 규정은 영업비밀의 침해 행위에 대한 가장 기본적이며 직접적인 규정이며, 민사적 구제수단 등의 기초가 된다. 부정경쟁방지법 제17조 제1항에서는 종업원이 고용관계 중에 얻은 영업비밀을 경쟁의 목적에서, 자기 또는 제3자의 이익을 위해 또는 영업비밀

보유자에게 손해를 끼칠 의도로 권한없이 타인에게 전달하는 행위, 제
17조 제2항에서는 고용관계가 없는 제3자가 영업비밀을 권한없이 사용
등을 하는 행위를 규정하고 있다. 또한 동법 제18조는 거래상 위탁된
모델이나 기술적 성질의 지침서 특히 도안·모형·처방 등을 경쟁 목적
으로 또는 자기의 이익을 위해 사용·공개하는 행위를 규정하고 있다.
또한 제19조에서는 제17조 및 제18조의 부정경쟁행위를 시도 단계의 예
비적 행위에까지 확대하고 있다.

　이러한 부정경쟁방지법의 형벌 규정은 비밀 보유자와 위반자와의 관
계를 ① 고용관계인 경우, ② 업무상의 거래관계인 경우 및 ③ 제3자인
경우 등으로 나누어 규율하는 특징을 갖는다. 즉 고용관계인 경우에는
고용관계의 존재를 전제로 영업비밀의 입수 수단 및 대상을 넓게 인정
하는데 반하여, 업무상의 거래관계나 제3자인 경우에는 입수 수단, 보호
대상 등을 제한적으로 열거하고, 그 형태를 명확히 한다는 차이점을 갖
는다. 이러한 부정경쟁방지법의 규정은 피해자의 고소가 있어야 처벌할
수 있는 것이 원칙이나, 특별한 공공의 이익이 문제되는 경우에는 직권
으로 기소할 수 있다는 특징을 갖는다.

　이러한 부정경쟁방지법의 규정 이외에도 형법 제203조, 제204조에서
는 직무상 알게 된 타인의 비밀을 권한없이 누설 또는 이용한 경우에도
처벌대상이 된다고 규정하고 있다. 또한 제355조는 공무담당자로서 조
세법상의 절차에서 얻은 타인의 비밀을 권한없이 누설 또는 이용한 자
도 처벌한다. 결산검사역(Abschlu prufe)에 관해서도 같은 규정이 상법
제333조에 있다. 이런 규정은 고용관계 없이 업무상의 신뢰를 받는 자
가 악용으로 전달 또는 이용하는 것을 보호하기 위하여 있다고 볼 수
있다.

4. 영 국

가. 보호 체계

영국에서는 영업비밀에 대한 제정법이 존재하지 않으므로 영업비밀성
이 인정되기 위한 요건이 법령으로 정하여져 있지는 않다. 다만 보통법
상의 비밀유지 의무위반(breach of confidence)의 법리에 의하여, 일정의
경우에는 비밀정보를 취득한 자가 형평법상의 비밀유지 의무(equitable
duty of confidence)를 부담하게 되어, 영업비밀을 포함한 비밀정보의 누
설에 대하여 민사책임이 발생하게 된다. 즉 비밀 정보의 한 형태로 영업
비밀은 보통법에 의하여 보호되고 있으며, 비밀유지 의무 및 경업금지의
무의 내용이 판결에 의하여 구체화되고 있다.

나. 영업비밀의 개념

영국에서는 미국과 같이 독자적으로 명확한 개념으로서의 영업비밀이
형성된 것은 아니다. 상업상, 기술상의 정보만이 아니라 개인 생활상의
정보나 사회·정치에 관한 정보 등도 포함하며, 보다 넓고 다양한 개념
인 비밀정보(confidential information)의 일부로서 보호되고 있다.

영국에서 비밀법을 영국법의 한 형태로 인식하게 된 것은 Prince
Albert v. Strange 사건74)에서 그 원류를 찾을 수 있으나, 대체로 Coco
v. A.N.Clark (Engineering) Ltd. 사건75)이 비밀정보의 보호와 관련한 법
원칙을 세운 사건이라고 받아들여지고 있다. 이 사건에서는 비밀정보가
보통법상의 비밀유지의무 위반의 법리에 의하여 보호받기 위하여는 ①
당해 정보는 성질상 비밀일 것(necessary quality of confidence), ② 비밀
유지의무를 부과하도록 전달될 것, ③ 당해 정보의 전달자에게 손해를

---

74) Prince Albert v. Strange, [1849] 41 E.R. 1171.
75) Coco v. A.N.Clark (Engineering) Ltd. [1969] R.P.C. 41, Judge Megarry, J. para 11.

가져올 권한없는 이용이 있을 것 등의 3개의 요건을 충족하여야 한다고 판단하고 있다.

한편 영업비밀의 정의에 관하여는 사용자의 재산으로 볼 수 있는 정보와 종업원의 일반적인 지식의 일부가 된 정보를 구별하여야 한다. 또한 이미 공개된 정보나 공개하더라도 사용자에게 피해를 입히지 않는 정보에 대하여 사용자가 종업원으로 하여금 비밀을 유지하도록 하는 것은 부당할 수 있다. 이러한 견지에서 영업비밀의 정의에 관하여 Thomas Marshall (Exports) Ltd. v. Guinle 사건[76]에서 아래의 기준을 제시하고 있다.

① 공개가 정보의 보유자를 침해하는지 혹은 경합자 기타에게 유익하다고 보유자가 판단하고 있는 것
② 정보가 여전히 비밀이라고(즉 공지되지 않았다고) 보유자가 판단하고 있는 것
③ 상기 2점에 관한 보유자의 판단이 합리적인 것
④ 당해 특정 거래 또는 산업의 관행에 비추어 비밀정보로서 보호하여야 하는 것

또한 이 사건에서는 거래처 이름, 거래처와의 계약 내용, 교섭 수입가, 고객의 요구사항에 관한 정보, 교섭 판매가격, 사용자의 샘플, 사용자의 현재 인기상품 등이 영업비밀에 해당한다고 판단하였다.

다. 영업비밀의 보호

영업비밀의 누설에 대한 민사적 구제조치로서는 ① 영업비밀의 공개금지 가처분, ② 영업비밀의 사용금지 가처분, ③ 영업비밀을 포함한 자료 등의 폐기를 위한 인도 명령, ④ 영업비밀의 누설로 입은 손해의 배

---

76) Thomas Marshall (Exports) Ltd. v. Guinle[1978] IRLR 174, [1978] ICR 905.

상청구 및 ⑤ 영업비밀의 누설로 인하여 누설자 또는 제3자가 얻은 이익의 청구 등이 가능하다.

한편 형사적 구제조치와 관련하여서는 논란이 있다. 영업비밀의 취득과 관련하여 절도죄의 성부가 문제된 적이 있는데, Oxford v. Moss 사건[77]에서 절도죄의 성립이 부정된 바 있다. 따라서 영업비밀의 누설을 일반적으로 처벌하는 규정은 현행법상 존재하지 않는다. 다만 1997년 11월 법률 위원회(Law Commission)에서 기업비밀의 누설에 대하여 형사벌을 강구할 필요가 있다는 의견이 제출된 바 있으나, 입법상 기업비밀의 정의가 곤란하다는 것이 지적된 바 있다. 다만 1990년 컴퓨터 부정사용법에 근거하여 부정접근죄, 보통법상의 사취 공동 모의죄 등에 의하여 일정 정도의 처벌이 가능한 상태이다.

5. 프랑스

가. 보호 체계

프랑스에서 영업비밀의 보호에 관련한 문제를 다루는 독립한 법률은 존재하지 않는다. 다만 경쟁질서, 공동질서 등을 유지하기 위해 필요로 하는 경우에는 형법에 의하거나 민법의 불법행위법 또는 계약법에 근거한 판례 및 학설에 의하여 부분적으로 발전하였다.

경쟁 상대의 영업비밀을 부정하게 공개하는 행위는 부정경쟁행위로 간주된다. 따라서 영업비밀을 부정하게 취득·사용·공개 또는 이것이 부정하게 취득 또는 공개된 것을 알면서 이를 사용한 자는 프랑스 법원에 의하여 법적 책임을 묻게 된다. 부정경쟁행위에 관한 구제는 당해 불법행위의 결과로서 경제활동에 참가하고 있는 자가 입은 손실에 근거하여, 주로 판례법에 의하여 확립되고 있다. 다만 영업비밀과 관련한 판례

---

77) Oxford v. Moss[1979] 68 Cr App R 183.

가 상대적으로 적은 편이며, 이 경우에도 대체로 제한된 범위에서의 손해배상을 인정할 뿐이고 사용 금지를 인정하는 경우는 극히 드물다. 이러한 점에서 프랑스에서 영업비밀의 보호는 비교적 효과적이지 못하다는 평가를 내릴 수 있다.

한편 형사적 구제조치와 관련하여서는 특정한 경우에 한하여 사업을 보호하기 위한 형사적 제재수단을 정하고 있다. 예컨대 노동법 L.152-7조는 제조상의 비밀 공개에 대하여 형사적 제재수단을 정하고 있다.

나. 영업비밀의 개념

프랑스에서 영업비밀의 개념을 규정한 법률은 없으며, 영업비밀의 개념을 다룬 판례 역시 구체적인 상황에 따라 각기 다른 입장을 취하고 있다. 즉 기업의 비밀, 경영상의 비밀, 노하우 등을 보호하는 규정을 두고 있지 않으며, 다만 지적재산권법 제621-1조에서 제조비법에 대한 규정을 두고 있을 뿐이다. 노동법 제1227-1조에서 연원한 이 규정은 고용관계에 한하여, 임원이나 종업업의 제조비밀 공개에 대한 형사처벌 규정을 두고 있다.[78] 또한 영업비밀에 대한 일반 규정이 없는 가운데, 지적재산법전 제621-1조의 적용과 관련하거나, 제조비밀의 침해가 문제가 된 계약 분쟁의 해석 과정에서 영업비밀의 개념에 대한 판례가 축적되었다.

영업비밀 개념에 대한 최초의 언급은 형사사건에서 이루어졌다. 1931년 파기원의 형사부는 영업비밀을 "생산자가 경쟁자에게 비밀로 유지하면서 적용하는 제조비밀로 실제적이고 상업적인 이익을 가진 것"으로 정의하고 있다.[79] 이 정의는 최근까지 특별한 변화없이 유지되고 있다.

---

78) 2008년 5월부터 기존의 'secret de fabrique(영업 비밀)'이라는 표현을 'secret de fabrication(제조 비밀)'이라는 표현으로 변경함으로써 그 적용범위를 축소시키는 듯한 변화를 가져왔다.

79) Arrêt du 30 décembre 1931.

영업비밀에 대한 법원의 언급은 제조비밀에 대한 한정되고 있는데, 이는 제한적인 해석이 요구되는 형사사건의 특성에 따른 것이라 할 수 있다.

반면 민사사건에서는 보다 넓은 범위에서 영업비밀 개념을 두고 있다. 즉 제조과정에서 작용하는 영업비밀뿐만 아니라 기술적·상업적 노하우이나 소비자·공급자와의 관계에 영향을 미치는 것까지도 영업비밀에 포함시키고 있다. 이에 민사사건에서의 영업비밀은 직접적으로 접근할 수 없고 그 보유자에게 경쟁적 우위를 부여하는 지식의 실질적이고 형식화된 실체라면 보호받을 수 있게 된다.[80]

이러한 판례들에서 영업비밀은 ① 실질적이어야 하며, ② 비밀이거나, 공유되거나 부분적으로 공개되는 비밀인 것이 정당화하는 즉각적으로 공중이 접근할 수 있는 것이 아니어야 하며, ③ 경쟁적 우위를 구성하는 것이어야 한다. 따라서 영업비밀이라 함은 기업이 그 활동을 수행하기 위하여 사용하는 제조공정, 제법, 노하우, 영업에 관한 정보 등 중, 당해 기업의 경쟁에 기여하는 것이며, 비밀로 유지되는 정보를 의미하는 것으로 이해된다.[81]

다. 영업비밀의 보호

판례에 의하여 다음과 같은 행위는 금지된다. 즉 ① 기업의 임원 또는 종업원에 의한 영업비밀의 공개, ② 영업비밀이 포함된 문서의 절취, ③ 기대되지 않는 방식으로 사용하기 위하여 영업비밀이 포함된 문서의 오용, ④ 보유자가 위임한 자에 의한 영업비밀의 권한없는 사용 또는 공개, ⑤ 영업비밀을 취득하기 위한 경쟁기업 종업원의 불공정한 채용 등의 행위는 영업비밀을 침해하는 행위로 금지된다. 이와 같이 금지되는

---

80) arrêt du 1er juillet 2003.
81) 日本 經濟産業省, 東アジア大における不正競爭及び營業秘密に関する法制度の調査研究報告 第2編 營業秘密に関する法制度の運用實態, 2006, 101頁 참조.

행위에 대하여는 민형사상의 제재가 가능하다.

(1) 민사적 수단에 의한 보호

영업비밀을 침해한 경우를 특정한 법률 규정이 없기 때문에 일반법에 따른 민사상의 보호를 받을 수 있다. 즉 위법하거나 사기적 행위에 대하여는 민법 제1382조와 제1383조의 불법행위 책임을 물어 손해배상이나 침해금지를 청구할 수 있다. 계약 위반의 경우에는 계약책임을 물어 계약으로 정한 제재를 가하거나 불법행위책임에서와 같은 제재를 요구할 수 있다. 또한 고용관계에서는 종업원에게 요구되는 비밀유지의무의 위반을 이유로 손해배상의 청구나 계약관계의 해소 등을 요구할 수 있다.

(2) 형사적 수단에 의한 보호

영업비밀에 대한 형사적 처벌은 노동법 제1227-1조 또는 지적재산권법 제621-1조의 규정이 적용된다. 다만 이 규정은 제조비밀의 공개행위에 한정된다. 즉 본 규정의 적용은 고용관계에 있는 자의 위반 행위에 한정되며, 비밀 역시 경영상의 비밀을 제외한 산업적 비밀에 한정된다. 또한 침해행위는 공개 행위에 한정되고 사용 행위는 포함하지 않는다. 이외에도 절도죄(형법 제311-1조), 데이터 프로세싱 절취죄(형법 제323-1조) 또는 배임죄(형법 제314-1조) 등의 규정이 적용될 수 있다.

6. 일 본

가. 보호 체계

일본은 부정경쟁방지법을 통하여 영업비밀을 보호하고 있다. 일본은 1934년에 부정경쟁방지법을 제정하였으나, 영업비밀에 대한 보호규정은 우리나라와 마찬가지로 UR/TRIPS 협정의 진전에 따라 도입하게 된다.

즉 민법이나 상법, 형법과 같은 일반법에 의하여 영업비밀을 보호하다가 1990년 부정경쟁방지법의 개정을 통하여서야 영업비밀 보호에 관한 규정을 마련하게 되었다.

1990년 개정법에 의한 영업비밀 보호규정은 미국의 UTSA를 그대로 답습하였다는 평가와 독일의 부정경쟁방지법을 모델로 하였다는 평가 등이 있으나, 여하튼 미국이나 독일과 거의 같은 수준의 영업비밀 보호를 두게 된다. 그 이전에 일본에서의 영업비밀은 그 침해 태양에 따라 불법행위나 계약의무 위반에 대한 민사적·형사적 책임을 묻는 방식으로 보호받았다. 그러나 영업비밀은 독점배타적인 권리가 아니었기 때문에 민사적 구제는 손해배상이라는 간접적 보호에 머물렀다. 게다가 입증상의 어려움으로 민사적 구제는 실제 거의 기대하기 힘든 상황이었다.

형사적 구제 역시 제한적일 수밖에 없었다. 즉 종래 일본의 경우 기업이 보유하는 영업비밀을 침해하는 행위에 대하여는 형법의 재산범 규정을 넓게 해석하는 것으로 일정 범위에서 대응하였다. 영업비밀이 화체된 '物'자체에 대한 침해가 존재하는 경우에는 절도죄,[82] 업무상 횡령죄[83] 및 이들의 공범, 나아가 도품등에 관한 죄의 성립이 인정되었다. 예컨대 건설조사회사건은 건설조사회 사원이 동사의 기업비밀인 구매회원명부를 반출하여 복사하고, 명부자체는 원래대로 돌려놓은 사안이지만, 법원은 그러한 복사 목적에 의한 일시적 반출의 경우에도 복사를 작성하여 이를 제3자에게 양도하는 것으로 명부를 이용하는 의사로 불법영득 의사를 긍정하였다. 니카타철공사건에서도 자료를 복사하고, 이에 화체된 정보를 취득할 의사만으로 불법영득 의사를 긍정할 수 있다고 한다. 그러나 이러한 내용의 의사로 '권리자를 배제하고, 자기의 소유물

---

82) 東京地判 昭和 40.6.26. 判時 419号 14頁 [大日本印刷 事件]; 東京地判 昭和 44.2.14. 判時 957号 118頁 [建設調査会事件] 등.
83) 大板地判 昭和 42.5.31. 判時 494号 74頁 [鐘淵化学 事件]; 東京地判 昭和 60.2.13. 判時 1146号 23頁 [新潟鉄工事件] 등.

과 같이 그 경제적 용법에 따라 이용할 의사'로 하는 것에는 문제가 있다는 비판이 있었다. 또한 유체물인 재물을 객체로 하는 형법상의 재산범 규정으로는 무체물인 영업비밀이라는 정보를 부정하게 취득·사용·공개하는 행위를 처벌하는 것에는 한계가 있었다.

한편 영업비밀이 화체된 매체 자체에 대한 침해가 없는 경우에는 종업원에 의한 누설·부정사용에 대하여 배임죄의 성부를 물을 수 있는 경우도 있지만, 배임죄가 성립하기 위해서는 행위자가 '타인을 위하여 그 사무를 처리하는 자'이어야 하기 때문에 성립범위가 한정되었다. 이러한 이유에서 1974년 개정 형법 초안 318조에서는 '기업비밀누설죄'의 신설이 제안된 바 있다. 그러나 본죄의 보호객체는 기술상의 비밀에 한정되기 때문에 영업상의 비밀이 보호되지 않는다는 문제가 있었고, 노동자의 퇴직·전직의 자유를 구속하며, 비밀의 개념이 불명확하다는 여러 비판을 받았다.

사회의 정보화와 기타 아시아 국가의 경쟁력 신장과 함께 일본국의 산업 경쟁력 저하를 우려하는 목소리가 제기되었다. 우수한 발명등의 지적재산을 전략적으로 창조, 보호, 활용하고, 부가가치가 높은 경제·사회 시스템을 구축해 갈 필요성이 제기되었다. 이에 2002년에는 총리가 주최하는 지적재산전략회의에서 지적재산전략대강이 제정되는데, 부정경쟁방지법에 관한 과제로서 영업비밀의 형사적 보호가 제기되었다. 또한 2001년 실시된 경제산업성의 설문조사에서 응답 기업의 20%가 자사의 영업비밀에 관하여 분쟁을 경험하였으며, 약 80%의 기업이 영업비밀의 형사적 보호에 찬성하는 것으로 나왔다. 이러한 상황을 배경으로 2003년 일본은 영업비밀에 대한 형사적 보호를 부정경쟁방지법에 포함하게 된다.

또한 2005년 개정에서는 퇴직자에 의한 영업비밀 부정사용·공개행위에 대한 벌칙을 신설하고 법인처벌 규정을 강화하였으며, 해외에서 영업비밀을 사용·공개하는 행위를 새로이 벌칙 대상으로 하고 있다. 특히 2009년 개정법에서는 종전의 '부정경쟁의 목적'이라는 목적 요건을 '부정한 이익을 얻을 목적으로 또는 그 보유자에게 손해를 가할 목적'으로 변경하였으며, 사기등 행위 또는 관리침해행위에 의한 영업비밀의 부정한 취득을 그 방법에 상관없이 형사벌 대상으로 하고, 영업비밀 관리자가 영업비밀 관리에 관한 임무에 배신하여 일정한 방법으로 영업비밀을 영득하는 행위를 새롭게 형사벌 대상으로 하였다.

2015년 개정에서는 벌금 액수의 인상 및 범죄 수익 환수 등의 조치를 강구하여, 영업비밀을 해외에서 사용하거나 이를 목적으로 영업비밀을 취득·누설하는 행위에 대해서는 가중처벌하도록 하였다. 또한, 영업비밀 침해품의 양도·수출입 등을 금지하고 금지청구 등의 대상과 함께 형사처벌의 대상으로 확대하였다. 그리고 영업비밀 침해죄를 우리나라와 같이 비친고죄화 하기로 하였으며, 영업비밀 침해의 미수 행위도 처벌 대상에 추가하였다. 한편, 범죄 수익 환수와 관련하여 몰수 규정(개인, 법인) 및 관련 절차 규정(보전 절차 등)을 마련하였다.[84][85]

나. 영업비밀의 개념

일본 부정경쟁방지법 제2조 제6항에서는 영업비밀을 "비밀로서 관리되는 생산방법, 판매방법 기타 사업활동에 유용한 기술상 또는 영업상의 정보로, 공연히 알려지지 않은 것"으로 정의하고 있다. 따라서 일본의 영업비밀 역시 우리의 영업비밀과 같이 ① 비공지성, ② 비밀관리성, ③ 경제적 유용성을 그 구성요건으로 한다.

---

84) 조용순, "일본 부정경쟁방지법의 영업비밀 침해행위 형사처벌 관련 규정 개정 주요내용과 함의점", 한국산업보안연구(제8권 제1호), 한국산업보안연구학회, 2018.6, 14면.
85) 經濟産業省, 逐條解說 不正競爭防止法 -平成27年改正版-, 2016, 22頁.

다. 영업비밀의 보호

일본에서 영업비밀의 보호는 부정경쟁방지법에 의한다. 영업비밀은 계약법, 불법행위법, 형법, 상법 등에 의하여 보호될 수 있으나, 부정경쟁방지법에 영업비밀 관련 규정이 도입되면서 이들 법률의 역할이 차지하는 비중은 작아졌다.

일본에서 영업비밀은 재산적 가치를 갖는 것이나 재산권으로는 이해되지 않는다. 부정경쟁방지법에 영업비밀 관련 규정이 도입되기 이전의 판결[86]이나 제3자의 영업비밀 침해와 관련된 사건에서 침해금지가 인정되지 않았으며, 영업비밀 보호규정이 도입된 이후에도 영업비밀은 배타적 권리로 인식되고 있지는 않다. 즉 불법이 큰 일정한 행위를 부정경쟁행위로 금지하고, 이에 대한 구제 수단을 제공하고 있다.

(1) 민사적 수단에 의한 보호

부정경쟁방지법은 영업비밀 침해행위에 대하여 침해금지청구권(제3조)과 손해배상청구권(제4조)을 인정하고 있다. 영업비밀 보유자는 통상의 민사소송이나 침해금지 가처분 신청을 통하여 침해행위의 금지를 청구할 수 있다. 다만 가처분 신청의 경우에는 피신청인의 법원 출석이 요구되며, 통상의 민사소송에 비하여 빠르게 진행되나 대체로 결정까지는 몇 개월 정도의 기간이 소요된다.

손해배상을 청구하는 경우 손해액은 영업비밀 침해로 발생한 일실이익을 근거로 산정한다. 다만 손해액을 산정하는 작업의 어려움을 고려하여 부정경쟁방지법은 손해액 추정 규정을 두고 있다(제5조).

(2) 형사적 수단에 의한 보호

영업비밀 보유자는 영업비밀 침해에 대하여 형사적 구제수단을 이용

---

86) 東京高決 昭和 41.9.5. 下民 17卷 9 = 8号 729頁.

할 수 있다. 영업비밀 침해에 따른 형사벌은 부정경쟁방지법이 개정된 이래로 강화되고 있으며, 2015년 개정되어 10년 이하의 징역형 또는 국내유출은 2천만엔, 국외유출은 3천만엔 이하의 벌금형이 부과 또는 병과된다(제21조 제1항). 단, 국외유출의 경우에는 3천만엔 이하의 벌금이 부과된다(제21조 제3항). 한편, 일본은 우리나라와 달리 법인의 경우 가중처벌하고 있다. 즉, 법인의 대표자, 또는 법인 또는 자연인의 대리인, 사용인 기타 종업원이 그 법인 또는 자연인의 업무에 관하여 영업비밀을 침해한 경우에는 국내유출은 5억엔, 해외유출의 경우 10억엔 이하의 벌금이 각각 당해 법인 또는 자연인에게 부과한다(제22조 제1항).[87]

한편, 영업비밀침해 행위를 처벌한다고 해도 그 침해 행위로 벌어들인 이익이 벌금 또는 기업의 손해액을 상회한다면 침해행위의 억제 효력이 없다. 이에 일본은 영업비밀 침해에 의해서 얻은 범죄 수익을 필요적으로 몰수·추징 등의 근거를 신설(제21조 제10항부터 제12항까지)하고, 몰수·추징 등을 위한 절차에 관한 규정도 도입하였다. 그리고 사이버 공격 등에 의한 정보 절취에서 기업이 큰 피해를 받는 경우가 증대하고, 기술이 현저하게 고도화하고 일단 정보가 유출되면 즉각 전 세계로 확산되는 것은 매우 쉬우므로 영업비밀 침해 행위에 착수 단계도 처벌할 필요성이 높아짐에 따라 사용·공개 등의 '미수'를 처벌하는 규정이 신설되었다(제21조 제4항). 또한 일본도 우리나라와 같이 영업비밀침해죄를 '비친고죄'로 규정하였다(제21조 제5항).[88]

---

87) 조용순, 앞의 논문, 24면 참조.
88) 특허청, 전게서, 2015, 143면 참조.

7. 중 국

가. 보호체계

전통적으로 중국에서 영업비밀은 국가비밀로 취급되어 왔다. 즉 영업비밀에 대한 법적 보호는 국가비밀보호법이나 형법에 의존하였으나, 시장 경제가 도입되면서 영업비밀에 대한 태도도 변화를 겪게 된다. 기업 간 경쟁이 가속되면서 보다 많은 기업들이 이익이나 경쟁상의 우위를 차지하기 위하여 영업비밀을 이용하게 되었다. 기술상·경영상 비밀이 기업의 발전뿐만 아니라 생존 전략의 중요한 요소로 자리를 잡게 되었다. 한편 이윤을 추구하는 과정에서 영업비밀의 위법한 사용이나 절취 행위 등이 횡행하였으며, 고용 시스템의 변화로 노동자의 이동성이 높아지게 되었다. 이러한 상황 속에서 영업비밀 침해 관련 분쟁이 빈번하게 되었다. 이에 중국은 1993년 9월 2일 제8회 전인대 상위회의 제3차 회의에서 반부정당경쟁법을 통과시켜 영업비밀을 보호하고 있으며, 2017년 반부정당경쟁법을 24년 만에 개정하야 2018년 1월 1일부터 시행하고 있다.

이와 같이 중국에서 영업비밀은 기본적으로 반부정당경쟁법을 통하여 보호되며, 이와 관련하여 하위 규정인 '영업비밀 침해행위를 금지하는 것에 관한 약간규정'이 함께 보조적인 역할을 하고 있다. 또한 국가비밀의 범위, 비밀보호 절차 및 법적 책임 등을 정하고 있는 '국가비밀보호법'에서 과학기술에 관한 비밀사항도 역시 국가비밀이 될 수 있다는 입장이므로 경우에 따라서는 국가비밀보호법에 의하여 영업비밀이 보호되기도 한다.

나. 영업비밀의 개념

반부정당경쟁법 제10조에서 영업비밀을 "공중에게 알려지지 않고, 경제적 가치가 있으며 권리자가 상응한 보호조치를 취한 기술정보와 경영 정보"로 정의하고 있다. 이는 2017년 법 개정에 따른 것이다. 개정 전에 는 영업비밀의 정의를 "공중에게 알려지지 않고, 권리자에게 경제적인 이익을 줄 수 있고, 실용성을 갖춘 권리자가 비밀유지조치를 강구하고 있는 기술정보 및 경영정보"로 규정하고 있었다. 기존의 영업비밀 구성 요건 중 '경제적 이익 및 실용성'은 즉시 발생할 이익이 있을 것을 전제 하기 때문에 실현되지 않은 아이디어, 성공에 바탕이 되는 실패한 기술 경험 등을 영업비밀로 보호하기 어려웠다. 영업비밀의 정의를 수정하여 '경제적 이익 및 실용성'을 '가치성'이라는 용어로 대체함으로써 권리자 의 잠재적 이익을 포함하게 되었다고 할 수 있다.[89] 따라서 중국법상의 영업비밀은 ① 비공지성, ② 경제적유용성, ③ 비밀관리성을 요건으로 한다. 이러한 반부정당경쟁법상의 영업비밀 개념은 '영업비밀 침해행위 를 금지하는 것에 관한 약간규정' 제2조나 중국 형법 제219조의 영업비 밀침해죄에서도 채용되고 있다.

다. 영업비밀의 보호

영업비밀이 침해된 경우에 대한 구제조치로서는 민사적 구제 조치로 서는 반부정당경쟁법 제17조에 따른 손해배상책임을 물을 수 있으며, 민법통칙 제118조에 근거한 금지 조치도 가능하다. 또한 반부정당경쟁 법 제22조의 행정상의 구제 조치로서 영업비밀을 침해한 경우 감독검사 기관은 위법행위의 정지를 명하여야 하고, 침해의 경중에 따라 10만 위 안 이하의 과태료를 부과할 수 있으며, 특히 사안이 엄중한 경우, 50만 위안 이상 300만 위안 이하의 과태료를 부과할 수 있다.[90] 또한 부정하

---

89) 김송이, "중국 반부정당경쟁법 개정의 특징과 시사점"(심층분석보고서 2017-13), 한국 지식재산연구원, 2017.12, 8면.
90) 王瑞賀, 中华人民共和国 反不正当競爭法释义, 法律出版社, 2017, p.68.

게 취득한 영업비밀 관련 자료나 데이터의 반환, 이들 영업비밀을 사용하여 생산·판매한 제품의 폐기 의무가 부과되고 있다.

한편 형사적 조치로서 중국 형법 제219조에서는 영업비밀침해죄를 규정하고 있으며,[91] 국가비밀에 해당하는 영업비밀을 침해한 경우에는 동법 제31조에 의하여 형법 제111조의 처벌을 받게 된다.

8. 대　만

가. 보호체계

대만에서 영업비밀은 1996년부터 시행되고 있는 영업비밀법에 의하여 주로 보호되고 있다. 영업비밀의 보장, 산업윤리와 경쟁질서의 유지, 사회의 공공이익의 조화를 입법목적으로 하는 영업비밀법에서는 영업비밀의 정의(제2조) 이외에 귀속(제3조), 양도·공유·허락(제6, 7조), 침해(제10조) 및 침해에 대한 구제조치(제11~13조) 등을 규정하고 있다.

영업비밀법이외에도, 공평교역법 제19조 제5항에서 협박, 이익에 의한 유인 또는 기타 부정당한 방법으로 다른 사업자의 제조판매의 비밀,

---

91) 중국형법 제218조 ① 아래와 같은 영업비밀을 침해하는 행위 중 하나에 해당하고, 영업비밀의 권리자에게 중대한 손실을 조성한 경우, 3년 이하의 유기징역 또는 구역에 처하며, 벌금을 병과 또는 단독으로 부과할 수 있다. 특별히 엄중한 손해를 발생시킨 경우, 3년 이상 7년 이하의 유기징역에 처하고 벌금을 부과한다.
1. 절취, 뇌물, 사기, 협박 또는 기타 부정한 수단으로 권리자의 영업비밀을 취득하는 행위.
2. 제1호의 수단으로 취득한 권리자의 영업비밀을 공개, 사용 또는 타인에게 사용을 허가하는 행위.
3. 약정 위반 또는 권리자의 영업비밀 유지 요구에 위반하여 자신이 알게 된 영업비밀을 공개, 사용 또는 타인에게 사용을 허가하는 행위
② 제3자가 영업비밀의 권리자의 직원, 전 직원 또는 기타 단위와 개인이 전항의 위법행위를 하는 것을 알거나 또는 알았어야 했음에도 불구하고 여전히 해당 영업비밀을 취득, 공개, 사용하거나 또는 타인에게 사용하게 하는 행위는 영업비밀침해로 간주한다.
③ 동법상 영업비밀이란 공중에게 알려져 있지 않고, 경제적 가치를 가지며, 또한 권리자가 상응한 보호조치를 취한 기술정보와 경영정보를 말한다.
④ 동법에서의 권리자란 영업비밀의 소유자와 영업비밀의 소유자가 허락한 영업비밀의 사용자를 말한다.

거래 상대방의 정보 또는 기타 기술상의 비밀을 취득하는 행위는 부정
경쟁행위로서 금지된다. 또한 형법에 의한 형사벌이 부과되는 경우가 있
으며, 중국 대륙으로의 기술유출을 방지하기 위한 "대만지구와 대륙지구
인민관계조례(臺灣地區與大陸地區人民關係條例)"를 두고 있다. 특히 최
근에는 산업기술의 유출방지에 관하여 "민감(敏感)과학기술보호법"의 입
법화를 검토하고 있다.

나. 영업비밀의 개념

영업비밀법 제2조에서 규정하고 있는 영업비밀의 개념은 다음과 같
다. 방법, 기술, 제조공정, 배합, 프로그램, 설계 또는 기타 생산, 판매
또는 경영의 정보에 사용되는 것으로, ① 이들 종류의 정보에 관한 일
반인에게 알려져 있는 것이 아닌 것, ② 그 기밀성에 의하여, 실재적 또
는 잠재적 가치를 갖는 것인 것, ③ 보유자에 의한 비밀보호를 위한 합
리적인 조치가 이루어지고 있는 것으로 정의하고 있다.

판례상, 영업비밀은 관리, 판매, 생산, 시장, 재무에 관한 자료를 포
함한다. 또한 영업비밀에 해당하는지의 판단기준은 상업적 가치 또는 경
제적 가치의 유무, 경쟁에 사용할 가능성의 유무 및 회사의 인적 자원에
속하는 것인지 여부라는 관점에서 판단되고 있다.[92]

다. 영업비밀의 보호

구제수단과 관련하여서는 민사적 구제수단과 행정적 구제수단 및 형
사적 구제수단 등이 인정된다. 다만 민사소송의 경우에는 영업비밀의 누
설에 의한 피해의 회복을 의도하는 경우, 당사자주의 원칙에 따라 피해
자가 영업비밀의 누설 및 피해 등에 대하여 입증책임을 진다. 영업비

---

92) 日本 經濟産業省, 東アジア大における不正競爭及び營業秘密に關する法制度の調
査硏究報告 第2編 營業秘密に關する法制度の運用實態, 2006, 23頁 참조.

의 누설 입증이 곤란하다는 점에서 일반적으로는 고소 및 수사기관에
의한 강제 수사라는 형사절차를 진행하면서 형사재판 과정에서 부대하
여 민사소송을 제기하여 손해배상을 청구하고 있다.

　민사적 구제수단으로는 영업비밀법에 의한 구제조치와 공평교역법에
의한 구제조치가 가능하다. 영업비밀법에서는 침해의 배제·예방청구 및
침해행위로 작성되거나 침해행위에 제공된 것의 폐기 처분 등의 청구권
을 인정하고 있으며, 손해배상청구권과 관련하여서는 형사범죄에 의한
피해자에 대한 청구권 등을 함께 규정하고 있다. 우리의 영업비밀보호법
에 해당하는 공평교역법에서는 부정경쟁행위의 배제 및 예방 청구 및
손해배상청구 등을 규정하고 있다.

　형사적 구제수단과 관련하여서 영업비밀법에서는 형사벌 규정을 두고
있지 않으며, 형법(제317조 및 제342조)에 의하여 규율하고 있다. 공평교
역법의 경우에는 동일 또는 유사한 위반행위가 반복된 경우에 한하여
형벌을 정하고 있다. 행정적 구제수단은 공평교역법 제19조 제5항을 위
반한 경우 제41조에 근거하여 공평교역위원회가 위반사업자에 대하여
기한을 정하여 행위의 정지, 개선 또는 그 시정에 필요한 조치를 명하
고, 함께 일정 금원의 과료를 부과할 수 있다.

V. 영업비밀 보호제도의 특성(특허제도와의 비교)

　일반적으로 지적재산권의 보호는 공개를 전제로 한다. 특허권이나 실
용신안권, 디자인권과 같은 산업재산권은 물론 저작권과 같이 창작행위
를 보호하는 법률은 그 권리자에게 공개라는 절차를 요구하고 그에 상
응하여 일정 기간 동안 당해 창작 행위에 따른 결과물에 독점적·배타
적인 권리를 부여한다.

　반면 영업비밀의 보호는 공개되지 않고 비밀로 관리되는 것을 그 핵

심으로 한다. 즉 영업비밀의 보호는 영업비밀에 대하여 그 자체를 하나의 권리로 이해하기보다는 사실상의 재산(de facto assets)로 파악하고, 비밀로 관리되고 있는 사실 상태를 보호하고자 하는 것이다. 따라서 영업비밀의 보호 판단에 있어서는 특허권 등과 같이 절대적·배타적인 권리의 침해 여부라는 관점보다는 당해 영업비밀을 침해하는 행위의 형태가 갖는 비난가능성에 착안하여 불공정한 경쟁행위를 어떻게 억제할 것인가 하는 관점에서 그 판단이 이루어져야 한다. 이러한 점에서 영업비밀의 보호입법이 영업비밀을 지적재산권의 일종으로서 보호하는 방법이 아닌 부정경쟁방지법에 포함한 것이라 할 수 있다.[93] 이에 아래에서는 영업비밀과 지적재산권으로서의 특허를 비교하여 영업비밀 보호제도의 특성을 설명하도록 한다.

1. 목 적

특허법 제1조는 "이 법은 발명을 보호·장려하고 그 이용을 도모함으로써 기술의 발전을 촉진하여 산업발전에 이바지함을 목적으로 한다"라고 규정하고 있다. 즉 특허법은 산업정책입법화로 새로운 기술을 공개한 자에게 그 대가(對價)로 일정기간 독점적 권리를 부여하고 제3자에게는 불가침의무를 과하고 그 대신 공개된 발명을 이용할 수 있는 기회를 줌으로써 기술의 발전을 촉진하고 더 나아가 궁극적으로는 산업발전에 기여하는 것을 그 목적으로 한다.

반면 영업비밀보호법 제1조는 "이 법은 국내에 널리 알려진 타인의 상표·상호 등을 부정하게 사용하는 등의 부정경쟁행위와 타인의 영업비밀을 침해하는 행위를 방지하여 건전한 거래질서를 유지함을 목적으로 한다"라고 규정하여 영업상의 비밀을 타인의 침해로부터 보호하여

---

93) 특허청, "영업비밀, 왜 보호하여야 하는가?", 1991, 21-23면.

건전한 거래질서를 유지하는 것을 그 목적으로 한다.[94]

2. 보호대상

특허법은 제2조 제1항 제1호에서 "발명이라 함은 자연법칙을 이용한 기술적 사상의 창작으로써 고도한 것을 말한다"라고 규정하고 있으므로 자연법칙이나 원리·기술에 관한 것만이 그 보호대상이 된다. 즉 특허법이 요구하는 등록요건을 충족한 발명에 해당하여야 특허로서 보호받을 수 있으며, 이러한 요건을 충족하지 못하면 특허로서 보호받을 수 없다. 예컨대 *In Re Schrader*사건[95]에서는 특허 출원인은 일정 형태의 경매에서 경락인을 산출하는 방법을 개발하였다. 이에 대하여 연방항소법원(The Federal Circuit Court of Appeals: CAFC)은 이러한 발명은 아무리 새로운 것이라도 수학적 알고리즘에 불과하므로 특허를 받을 수 없다고 판결하였다.

반면 영업비밀보호법상의 영업비밀에는 그와 같은 제한은 없다. 따라서 특허로서의 등록요건을 충족하지 못하는 어떤 기술, 아이디어라도 경영상 도움이 된다면 영업비밀로 보호할 수 있다는 점에서 기업으로서는 이를 개발할 인센티브를 갖게 된다. 다만 영업비밀보호법 제2조 제2호의 정의 규정에 비추어 공공연하게 알려진 것, 영업활동에 유용하지 않은 것, 비밀로서 관리되지 않은 것은 보호대상에서 제외된다.[96]

3. 등 록

특허는 법정요건을 구비하였는가의 여부를 심사한 후에 배타적인 권리를 인정할 것인가를 결정하며 등록에 의해 처음으로 배타적인 권리가

---

94) 윤선희, 지적재산권법(17정판), 세창출판사, 2018, 540면.
95) 22 F.3d 290(Fed. Cir. 1994).
96) 윤선희, 영업비밀개설, 법경출판사, 1991, 40면.

발생한다. 반면 영업비밀은 이러한 절차가 요구되지 않으므로 일정한 요
건을 갖춘 때에는 보호받을 수 있다.

4. 비밀성

특허는 발명 공개의 대상으로서 독점적·배타적인 권리를 인정하게
되는 것이므로 공표하지 않으면 안 된다. 반면 영업비밀은 비밀이 생명
이므로 누구에 의해서든 간에 그 비밀이 공개되었다면 그의 영업비밀성
은 소멸한다.

5. 신규성

특허법에서는 특허출원 전에 국내 또는 국외에서 공지되었거나 공연
히 실시된 발명, 특허출원 전에 국내 또는 국외에서 반포된 간행물에 기
재된 발명은 특허를 받을 수 없다고 규정하고 있어(특허법 제29조 제1항)
특허의 요건으로서 신규성을 요구하고 있다. 이때 신규성 판단의 기준이
되는 공지상태의 의미에 관하여는 학설의 대립이 있으나 불특정인에게
객관적으로 인식가능한 상태에 있으면 충분하고(객관적 기준) 불특정 다
수인이 그것을 현실적으로 인식하였는지의 여부는 문제되지 아니한다고
하는 것이 다수설[97]이며 판례[98]도 같은 취지이다. 따라서 특허법의 해석
으로는 비밀유지의무를 부담하지 않는 자가 당해 정보를 알고 있으면
공지상태가 인정된다.

그러나 영업비밀은 특허권과 같이 배타적인 권리로서 인정되는 것이
아니라 비밀이라는 사실 상태에 대한 보호이므로 영업비밀에서의 비공
지 개념을 특허법에서와 같이 엄격하게 해석할 필요는 없다. 따라서 특

---

97) 송영식 외, 전게서, 125면.
98) 대법원 1971.6.8. 선고 70후57 판결.

정한 자가 영업비밀 보유자에 대하여 비밀유지의무를 부담하고 있지 않더라도 사실상 비밀상태를 유지하고 있거나, 보유자 이외의 제3자가 동종의 영업비밀을 독립적으로 개발한 경우 당해 발명자가 비밀로 관리하고 있다면 영업비밀은 비공지 상태에 있다고 할 수 있다.

6. 진보성

특허를 받기 위해서는 어떤 발명이 단지 종래에 없었던 것이라는 신규성만으로는 충분하지 않으며, 당해 발명이 출원시의 기술수준에서 동업자가 용이하게 생각할 수 없는 정도의 것(특허법 제29조 제2항)이라는 진보성을 갖춘 것이어야 한다. 반면 영업비밀의 경우에는 어느 정도의 진보성이 필요하다고는 보지만 그 정도는 불명확하다. 즉 영업비밀은 그 비밀성이 유지됨으로써 독립한 경제적 가치를 가질 것을 요구한다. 이러한 점에서 당해업자가 용이하게 생산할 수 있는 것이라면 영업비밀로서 보호될 수 없다. 이러한 점에서 특허와 같은 엄격한 진보성은 아닐지라도 독립적 경제적 가치가 인정될 수 있을 만큼의 진보성이 인정되어야 한다.

7. 보호기간

영업비밀과 특허의 큰 차이점 중에 하나는 그 보호기간이다. 특허권은 출원일로부터 20년이 되는 날까지 존속한다(특허법 제88조 제1항). 출원은 대체로 출원일로부터 1년 6개월이 경과한 때 공개되므로(특허법 제64조 제1항) 경쟁자로서는 특허를 침해하지 않는 별도의 기술을 개발할 시간을 확보할 수 있게 된다.

반면 영업비밀은 그 비밀성이 유지되는 한 영구히 보호될 수 있다. 그 결과 상대적으로 짧은 기간 동안 특허권이라는 배타적 권리를 갖는 것이 오랜 기간동안 활용할 수 있는 영업비밀로 관리하는 것보다 유리한가를 판단하게 된다. 우선 발명을 비밀로 유지할 수 있는지가 고려된다. 쉽게 그 기술 내용을 파악할 수 있는 발명이라면 영업비밀로 보호할 가능성은 떨어지게 된다. 또한 장래 타인이 독립하여 동일한 발명을 할 가능성뿐만 아니라 특허를 획득할 가능성 등을 고려하게 된다. 만약 타인이 동일한 발명을 할 가능성이 높다면 그 만큼 영업비밀로서의 수명은 짧아지게 된다. 반대로 발명을 비밀로 유지할 수 있다면 그 만큼 발명가는 자신의 발명을 특허 출원하려 하지 않게 된다.[99] 만약 어떤 혁신이 그 일부는 특허를 받을 수 있고, 또 일부는 비밀을 유지할 수 있는 경우라면 기업으로서는 영업비밀로 관리되는 비공개 노하우 등을 특허와 적절히 결합하는 전략을 구사하게 된다.

8. 한 계

특허법은 기술적 노하우에 한하여 특허를 받을 수 있으며 영업적 노하우, 즉 판매방법, 고객리스트, 거래정보, 가격설정정보, 원가표 등의 영업정보는 특허대상에서 제외된다. 또한 전자의 기술적 노하우 중에서도 특허요건을 갖추지 못한 발명은 보호를 받지 못한다. 따라서 어떤 경제적 가치가 있는 발명을 특허출원하여 그 발명이 특허로서 등록이 되면 배타적인 권리를 인정받게 되지만 그 발명이 심사결과 특허등록이 되지 않는다면 그 발명은 특허로서는 물론 그 발명이 공개되었으므로 영업비밀로서의 보호도 받지 못한다.

---

99) 예컨대 Anton과 Yao는 논리적으로 발명자는 작은 혁신은 특허를 통하여 보호하려는 반면, 큰 혁신은 비밀로 유지하려고 한다고 예측하였다(James J. Anton and Dennis A. Yao, Little Patent and Big Secrets: Managing Intellectual Property, *RAND Journal of Economics*, vol.35 no.1, 2004). 반면 실제 통계에서는 그 반대의 결과를 보여주고 있다. 즉 1851년 영국의 예를 보면 높은 수준의 전시품 중의 15%가 특허를 받은 것에 비하여 평균 수준의 전시품은 11%만이 특허를 받았다(Peter Moser, Innovation without Patents-Evidence from World Fairs, *Stanford and NBER*, April 15, 2011).

특허법은 공개된 발명을 누구나 이용할 수 있도록 함으로써 기술의 진보를 촉진하고 나아가 궁극적으로는 산업발전에 이바지하는 것을 목적으로 한다. 반면 영업비밀은 비공개를 원칙으로 하는바 기술이 비닉화(秘匿化)됨으로써 기술의 진보를 촉진시키지 못함은 물론 산업발전에도 크게 이바지하지 못하는 한계가 있다. 그리고 비밀성에 대해서도 완전비밀이란 있을 수 없으므로 어느 정도의 비밀까지를 보호하는지 그 한계가 불분명하다.[100)]

VI. 다른 법률과의 관계

1. 지적재산권법과의 관계

지적재산은 인간의 지적 활동에 따른 산물에 대하여 재산적 권리·이익으로서의 지위를 부여한 것으로 이러한 지적재산의 대표적인 예로는 특허발명과 저작물을 들 수 있다. 이를 보호하는 법률로는 특허법과 저작권법이 있으며, 이들은 다시 지적재산권법 내지 지적재산법 제도로서 인식되고 있으며, 유체물을 대상으로 하는 다른 재산법 제도와는 구분되는 특유의 법 원리 아래 발전되어 왔다.

영업비밀은 인간의 지적 활동에 따른 산물이라는 점에서 지적재산의 한 형태로 이해할 수 있다. 그러나 영업비밀보호법은 지적재산권법과는 다른 특징을 갖는다. 즉 지적재산권법은 공개를 대가로 창작의 산물에 대해 일정 기간 독점배타적인 권리를 부여한다는 특징을 갖는다. 즉 지적재산권법은 기술이나 문화적 산물이라는 창작의 산물을 공개라는 기제를 통하여 사회적 공유와 일정 기간 동안의 독점배타적 권리라는 개인적 독점이라는 두 가지 축을 기조로 한다. 반면 영업비밀은 비밀성을

---

100) 윤선희, 전게서, 43-45면 참조.

특징으로 하며, 영업비밀보호법은 이러한 영업비밀의 비밀성을 보호하고
자 한다. 따라서 영업비밀보호법은 다른 지적재산권법에서와 같은 공개
를 통한 사회적 공유라는 기제는 없다. 영업비밀보호법은 영업비밀을 보
호하고자 하는 비밀 보유자의 자구행위를 일정한 범위 내에서 보호하고,
이를 통하여 보호되는 범위 내에서 영업비밀 보유자는 독점적인 지위를
얻게 된다.

가. 산업재산권법과의 관계

산업재산권법은 새로운 기술적 사상 내지 창작이 법이 요구하는 일
정한 등록 요건을 충족하고 있는지에 대하여 심사를 하고, 이를 등록하
는 공시제도를 두고 있다. 이때 요구되는 등록 요건은 대체로 새로운 것
으로, 기존의 것과는 구별되는 진보한 것 내지는 비자명한 것이어야 한
다. 반면 영업비밀은 반드시 새롭거나 기존의 것과 분별되는 것일 필요
는 없다. 산업재산권법과는 달리 독립하여 동일한 정보를 개발한 경우에
는 영업비밀로서 보호를 받을 수 있다. 다른 형태의 산업재산권법과는
달리 영업비밀은 그 침해행위가 절취나 계약위반과 같은 부정한 수단에
의한 경우에 한하여 보호가 인정된다.

영업비밀의 생명은 비밀성이다. 따라서 공개된 정보는 영업비밀에 해
당하지 않으며, 산업재산권으로서의 권리를 획득하기 위하여 공개된 정
보는 영업비밀에 해당하지 않는다. 그러나 출원하였으나 특허거절이 되
었더라도 아직 공개되지 않은 상태라면 여전히 영업비밀로서 보호될 수
있다.

> 당장 활용 가능한 제품을 생산할 수 없다 하더라도 그 취득이나 작성을
> 위해 상당한 비용이나 노력이 필요하고 그 정보의 보유로 경쟁업체와의 경
> 쟁관계에서 독립한 경제적 가치가 있는 것이고, 영업상 비밀로서 유지, 관
> 리되는 것으로서 키트의 유용한 기술상의 영업비밀이라고 할 것이고, 위 자

료들 중 특허출원 관련서류가 공개를 예정하고 있다고 하더라도 일단 출원 공개가 이루어지지 아니한 이상 특허출원 사실이나, 특허거절되었다는 사정만으로 비밀성을 포기하거나 비공지성이 상실되었다고 볼 수 없을 것이다 (서울고등법원 2002.7.9. 선고 2001노1861 판결).

특허에서의 산업적 이용가능성이나 상표에서의 사용과 같이 영업비밀은 다른 사람에게 알려지지 않음으로써 독립적인 경제적 가치를 갖는다는 보호 요건을 충족하여야 한다. 그러나 이러한 요건의 충족 정도는 상대적으로 낮은 것이며, 대체로 보호를 위하여는 최소한의 '이마의 땀 (sweat of the brow)'으로 충분하다.[101]

산업재산권은 등록을 요건으로 한다. 상표법의 경우에는 예외적으로 등록되지 않은 상표에 대한 보호규정을 두고 있으나, 여전히 원칙적으로 산업재산권은 등록이라는 절차를 통하여 발생한다. 반면 영업비밀은 그러한 등록 절차는 없으며, 등록을 위한 심사 절차도 없다.

나. 저작권법과의 관계

영업비밀보호법과 특허법이 일정 형태의 아이디어를 보호하는 반면, 저작권법은 아이디어의 특정한 표현이 복제되는 것을 방지한다. 이러한 점에서 이론적으로 영업비밀보호법의 영역과 저작권법의 영역은 공존할 수 있다. 즉 아이디어 단계의 것이라면 영업비밀로서, 그리고 이것이 표현된 상태에서는 저작물로서 보호될 수 있다. 예컨대 컴퓨터 소프트웨어 소스 코드의 경우에는 저작권법뿐만 아니라 영업비밀보호법으로도 보호될 수 있다. 따라서 혁신이라는 관점에서 저작권법이 제공하는 인센티브는 영업비밀보호법이 제공하는 일체의 인센티브와는 별개로 작용하게 된다. 그러나 보다 면밀히 살펴보면 몇 개의 예외가 존재한다.

---

101) Alex Foods, Inc. v. Metcalfe, 290 P.2d 646, 654(Cal. Ct. App. 1955).

아이디어나 사실과 같은 일정 형태의 정보는 저작권을 받을 수 없다. 추상적인 아이디어는 저작권으로 보호받을 수 없으며, 표현만이 저작권으로 보호받을 수 있다. 또한 정보를 수집하기 위하여 많은 노력이 소요되었다고 하여도 표현이 비창조적인 것이라면 저작권으로 보호되지 않는다. 반면 영업비밀보호법은 독립적인 경제적 가치를 갖는 정보라면 표현되지 않은 것이라도 보호를 받을 수 있으며, 비창조적인 것이라도 영업비밀로서 보호될 수 있다. 이러한 점에서 저작권으로 보호되지 않는 것이라도 영업비밀로서 보호될 수 있다.

한편 컴퓨터프로그램의 경우에는 표현된 것이라는 점에서 그 존재 여부는 파악할 수 있으나, 그 기술적 요소·상황은 파악할 수 없는 경우가 있다. 또한 특허발명에서와 같이 프로그램을 구성하는 소스파일이 어느 정도 공개되어 있더라도, 이를 수정·조합한 상태의 프로그램이 존재할 수 있다. 이러한 경우 특허로서의 보호는 인정되지 않을 수 있다. 반면 이에 대하여 컴퓨터프로그램저작권이 인정될 수 있으며, 나아가 여전히 비밀로서 유지되는 경우에는 영업비밀로 보호받을 수 있다. 즉 컴퓨터프로그램과 같이 일정 형태의 저작물은 저작권뿐만 아니라 영업비밀로서도 보호를 받을 수 있다.

인터넷상 프로그램을 구성하는 소스파일이 어느 정도 공개되어 있다고 하더라도 공개된 소스파일들을 이용목적에 맞게끔 수정·조합하여 회사의 시스템에 맞게 구현하는 것이 기술력의 중요한 부분인 점, 이 사건 소스파일들은 외국상품 구매대행 온라인 쇼핑몰 업체라는 피해 회사의 업무특성에 맞추어 여러 직원들의 아이디어, 회사에서의 영업회의과정, 실제시행에 따른 수정과정을 거쳐 상당한 시간과 비용, 노력을 기울여 다시 피해 회사의 이용 목적에 맞게 개별적으로 다시 제작된 점, 피해 회사 웹사이트의 관리자 모드를 구성하는 소스파일들 자체는 인터넷상 전혀 공개되어 있지 아니하고, 이러한 소스파일들이 보관되어 있는 피해 회사의 서버는 IP주소, 아이다, 비밀번호 등을 입력하여야 접근할 수 있는 점, 피고인 역시 외국 온라인 쇼핑몰에서 판매하는 상품들의 재고·수량·가격 등을 실시간으로 조회하는 파일과 회원을 구매경력에 따라서 등급을 나눠서 자동으로 할인혜택을 차별적으로 주도록 되어 있는 파일 및 피해 회사에서 판매되는 상품과 경쟁사에서 판매되는 상품의 가격을 비교해 주는 파일 등은 피해 회사의 독자적인 영업비밀로 보호받아야 할 중요한 소스파일이라고 진술하고 있는 점 등을 종합하여 피고인이 사용한 피해 회사가 운영하는 웹사이트상 <u>관리자모드를 구성하는 소스파일들은 공연히 알려져 있지 아니하고 독립된 경제적 가치를 가지며 상당한 노력에 의하여 비밀로 유지된 피해 회사의 영업비밀에 해당한다</u>(대법원 2008.7.24. 선고 2007도11409 판결).

<u>공개된 소프트웨어를 기반으로 개발된 것이라 하더라도 중요한 기능이 개량 내지 향상되었을 뿐 아니라, 비밀로 유지·관리되고 있는 기술상의 정보로서 일반적으로 알려져 있지 아니한 것임이 분명하고, 영업비밀로 보호받을 독립된 경제적 가치 또한 충분히 인정된다</u>(서울중앙지방법원 2005.9.8. 선고 2005고단2806 판결).

저작권법이 표현만을 보호하는 가운데, 특허와는 달리 독립적인 창작 표현 활동을 저지하지 않는다는 점에서 독립적인 활동을 통하여 서로 다른 보유자에 의한 영업비밀을 영업비밀보호법이 인정한다는 점에서 양자는 유사하다.

2. 형법과의 관계

가. 형법에서의 비밀 보호

형법에서도 영업비밀보호법에서와 같이 일정 형태의 비밀을 보호하는 규정을 두고 있다. 예컨대 공무상 비밀의 경우에는 공무원 또는 공무원이었던 자에게 직무상의 비밀을 지키도록 요구하고 있으며(형법 제127조), 공무원이 그 직무에 관하여 봉함 기타 비밀장치한 문서 또는 도화를 개봉한 자, 또는 그 내용을 알아낸 자는 그 신분에 상관없이 처벌하고 있다(형법 제140조 제2항·제3항). 또한 봉함 기타 비밀장치한 사람의 편지, 문서 또는 도화를 개봉하는 행위 역시 비밀침해죄로 처벌하고 있다(형법 제316조). 나아가 일정 신분자에게는 업무처리 중 지득한 타인의 비밀을 누설하는 행위를 업무상 비밀누설죄로 처벌하고 있다(형법 제317조).

다만 형법에서 규정하는 비밀은 영업비밀보호법에서 규정하는 비밀과는 구별된다. 즉 공무상 비밀누설죄의 경우 그 보호대상인 비밀은 법령에 의한 직무상의 비밀이므로 영업비밀보호법에서 보호하고자 하는 영업비밀에는 해당하지 않는다.

비밀침해죄의 경우에는 봉함 기타 비밀장치한 문서 등을 개봉한 행위 또는 그 내용을 알아낸 행위를 처벌한다는 점에서 당해 문서 등의 내용이 영업비밀에 해당하는 경우에는 영업비밀보호법과 경합할 수 있다. 즉 영업비밀을 보호하기 위한 보호 장치를 침해하는 행위를 규율하기 위한 규정으로 작용할 수 있다.[102]

나. 형법에 의한 영업비밀의 보호

영업비밀보호규정이 부정경쟁방지법에 도입되기 이전까지 영업비밀은 다른 법익의 보호에 부수하여 간접적으로 보호되어 왔다. 예컨대 주거침입죄나 재물손괴죄 등의 형사벌에 부수한 것으로 인식되었다. 그러나 영업비밀보호법이 규정된 현재에도 형법에 의하여 영업비밀이 보호될 여지는 여전히 존재한다. 예컨대 영업비밀보호법은 일정 신뢰관계를 전제로 한 자의 영업비밀 공개 행위나, 영업비밀을 취득하기 위한 일정 행위의 비난가능성에 착안하여 영업비밀 침해행위를 정의하고 있다. 이와 같

---

102) 한편 재물손괴죄는 영업비밀이 기재된 매체에 대한 보호규정으로 평가할 수 있다.

이 규정된 영업비밀 침해행위는 형법에서 정하는 일정 범죄 유형에 해당할 수 있다. 예컨대 신뢰관계를 배신하여 영업비밀을 침해하는 경우에는 배임죄에 해당할 수 있으며, 영업비밀을 절취한 행위는 절도죄에 해당할 수 있다.

배임죄와의 관계에 있어 많은 하급심에서는 종업원이 자료를 유출한 행위와 관련하여 당해 정보가 영업비밀에 해당하지 않는다는 이유로 배임죄의 성립을 인정하지 않고 있다. 그러나 배임죄에 있어서의 배임행위는 본인과의 신임관계를 저버리는 일체의 행위로, 그 행위가 법률상 유효한가 여부를 따져볼 필요가 없다. 따라서 배임행위가 되기 위하여 그 행위가 영업비밀보호법상의 비밀침해행위에 해당할 필요는 없으며, 나아가 영업비밀에 해당하지 않는 정보라도, 영업상 주요한 자산인 경우에는 업무상 배임죄가 성립할 수 있다.[103]

절도죄와의 관계에 있어 영업비밀 침해와 함께 절도죄를 주장하는 경우가 있다. 침해행위의 대상이 된 정보가 영업비밀에 해당하지 않는 경우라도 침해행위에 대하여 절도죄가 인정될 수 있기 때문이다. 즉 영업비밀의 침해여부와 절도죄의 성립 여부는 별도로 판단되며, 영업비밀 침해를 다투지 않는 경우에도 절도죄가 성립할 수 있다. 또한 영업비밀이 기재된 서류등을 절취한 경우, 영업비밀성이 인정되면 영업비밀침해죄와 절도죄가 성립하며, 이때 양자는 실체적 경합관계에 있다.

이외에도 영업비밀을 취득하기 위하여 타인의 주거, 관리하는 건조물 등에 침입한 경우에는 주거침입죄(형법 제319조 제1항)에 해당할 수 있으며, 타인의 재물, 문서 또는 전자기록 등 특수매체기록을 손괴 또는 은닉 기타의 방법으로 그 효용을 해한 행위는 재물손괴죄(형법 제366조)에 해당하므로, 영업비밀이 기록되어 있는 문서 또는 전자기록 등의 특수매

---

103) 대법원 2008.4.24. 선고 2006도9089 판결.

체기록을 손괴 또는 은닉하는 행위를 하였다면 본죄에 의하여 규제할 수 있다. 또한 영업비밀을 침해하는 과정에서 컴퓨터 등 정보처리장치 또는 전자기록 등 특수매체기록을 손괴하거나 허위의 정보 또는 부정한 명령을 입력하거나 기타 방법으로 정보처리에 장애를 발생하게 하여 업무를 방해한 때에는 업무방해죄(형법 제314조)가 성립할 수도 있다.

3. 민법과의 관계

영업비밀을 보유한 자는 일정한 자에게 비밀유지의무를 부담하도록 약정하면서, 이들에 한하여 영업비밀에 접근하도록 허락하는 경우가 있다. 이러한 비밀유지 계약을 위반한 경우에는 계약불이행 책임을 이유로 손해배상을 청구할 수 있다(민법 제390조). 배상액을 예정한 경우에는 그 예정한 금액을 배상하여야 한다(민법 제398조).

영업비밀이 침해된 경우 침해자를 상대로 그 피해자는 자신에게 발생한 손해의 배상을 청구할 수 있다. 이때 피해자는 영업비밀의 침해행위라는 위법행위를 이유로 민법상의 손해배상을 청구할 수도 있으며(민법 제750조), 영업비밀보호법상의 손해배상을 청구할 수 있다(영업비밀보호법 제11조). 이때 영업비밀보호법은 불법행위법의 특별법이라 이해할 수 있으며, 손해의 범위나 구제절차 등의 구체적인 내용은 민법상의 규정을 따르게 된다.

제 2 절 영업비밀의 개념

Ⅰ. 영업비밀 개념의 의의

'비밀'이라는 용어는 형법이나 민법의 분야에서도 사용되고 있지만 통일적으로 통용되는 정의는 존재하지 않는다. 법률 용어로서가 아니라 일반적으로 비밀이라는 용어가 사용되는 때에는 극히 광범한 의미로서 사용되는 경우도 있다. 예를 들면 '우주의 비밀'과 같이 정말 알지 못하는 것도 비밀이라고 한다. 그러나 이러한 비밀은 법적 질서와는 아무런 관계가 없다. 즉 이러한 비밀은 '절대적 비밀'이라고 하는 것인 반면, 법률상의 비밀은 '상대적 비밀'로서 충분하다.[104] 영업비밀보호법에서의 비밀도 보유자의 관리 아래 있는 가운데 이외에서는 일반적으로 입수할 수 없는 상태인 것으로 충분하다.[105]

영업비밀보호법 제2조 제2호는 영업비밀에 관한 입법적 정의를 내리고 있고 있으며, 이에 의하면 영업비밀이란 "공연히 알려져 있지 아니하고 독립된 경제적 가치를 가지는 것으로서, 비밀로 관리된 생산방법, 판매방법 기타 영업활동에 유용한 기술상 또는 영업상의 정보"를 말한다. 이러한 우리 법의 규정은 미국 UTSA 제1조 제4항 제1·2호 및 DTSA 제1839조에서 정하는 영업비밀의 개념요소, 즉 비공지성·경제성·비밀관리성 등의 요건과 대체로 부합하며, 일본 부정경쟁방지법 제2조 제6항이 정하는 것과도 그 내용이 대체로 일치한다. 다만 일본법은 우리 법과는 달리 경제성의 요건을 별도로 언급하지 아니하고 있다. 한편, 비밀관리성과 관련하여 2015년 개정을 통하여 '상당한 노력'이 '합리적인 노력'으로 개정되었으며, 2019년 개정을 통해서는 '합리적 노력'이란 문구가 삭제되었다.

1. 영업비밀 관련 용어의 정리

영업비밀이라 함은 어떤 영업주체가 비밀로 보유하고 있는 기술상·

---

104) 小野昌延, 營業秘密の保護, 有信堂, 1968, 529頁; 小野昌延編, 「註解 不正競爭防止法」, 靑林書院, 1990, 193頁 이하 참조.
105) 日本 通産省 知的財産政策室監修, 營業秘密, 有斐閣, 1990, 60頁.

경영상 정보로서 재산적 가치를 갖는 것을 총칭한다. 이러한 점에서 영업비밀은 기업비밀(산업기밀), 트레이드 시크리트(trade secret), 노하우(know-how), 재산적 정보 등의 여러 용어로 다양하게 불리기도 하며, 위의 용어들과는 다른 개념의 것으로 구분하여 사용되기도 한다. 이에 여기서는 영업비밀과 관련한 각 용어를 살펴보고자 한다.

가. 기업비밀(산업기밀)

영업비밀과 기업비밀을 구분하는 견해[106]는 기업비밀은 넓은 의미로는 산업비밀을 말하며, 좁은 의미로는 영업비밀을 뜻한다고 본다. 즉 영업비밀은 일종의 기업비밀이며, 기업비밀의 일부를 구성하고 있는 정보라고 본다. 이에 영업비밀이 영업비밀보호법 제2조 제2호 소정의 요건을 구비하는 정보인데 반하여, 기업비밀은 이러한 요건을 반드시 만족시키지 않더라도 기업의 비밀에 속하는 정보이면 무엇이든지 포함하는 인상을 주는 용어로 이해한다. 따라서 기업비밀은 영업비밀이나 트레이드 시크리트, 재산적 정보 등과는 다른 개념으로 비경제적 정보, 반사회적 정보, 반윤리적 정보, 단일 또는 일시적인 사건에 관한 단순한 정보 등을 포함하게 된다.[107]

그러나 그 용어에서 본다면 반드시 기업비밀이 영업비밀보다 광의의 개념이라 파악되지는 않는다. 예컨대 비밀의 보유자가 법인이 아닌 소상인과 같은 자연인이라면 영업비밀이라고는 할 수 있을지라도 기업비밀이라고는 할 수 없을 것이다. 따라서 기업비밀은 영업비밀을 포함하는 개념이라는 위 견해는 긍정하기 힘들다.

한편 법이 대상으로 하는 어떤 개념이 있을 때 그 개념은 관련 사회

---

106) 황선열, "산업기밀보호와 기업의 국제경쟁력", 산업기밀보호를 위한 민·관의 대응, 대한상공회의소, 1995, 99면.
107) 황의창·황광연, 전게서, 154면.

현상을 모두 내포하는 것은 아니다. 예컨대 어떤 표지가 상품의 출처를
표시하는 것으로 사용되었을 때 그것이 상표법상의 상표개념을 충족하
지 못하는 것이라 하여 상표이외의 다른 용어로 칭하지는 않는다. 이처
럼 사회현상으로서 어떤 자가 영업과 관련한 비밀을 갖고 있을 때 그것
을 법이 보호받을 때에는 영업비밀이라고 하고, 법의 보호를 받지는 못
하나 영업자가 그를 비밀로서 갖고자 할 때에는 기업비밀이라고 구분할
큰 실익은 없다고 할 수 있다.

나. 트레이드 시크리트(trade secret)

영업비밀과 트레이드 시크리트를 구분하는 견해[108]는 트레이드 시크
리트는 미국 보통법(Common Law)상의 법리로 확립된 개념으로 단순히
보호의 객체를 의미하는데 그치지 않고, 비밀의 침해·신의 위반 또는
의무불이행(breach of confidence) 등의 법리를 함께 인정하는 개념이라
고 본다. 이에 영업비밀에 대한 보호체제를 중립적으로 검토해야 하는
상황에서 미국에서의 트레이드 시크리트는 그 보호 법리 개념이 너무
엄격하기 때문에 적절하지 못하다고 설명하고 있다.

그러나 우리 법원이 영업비밀 침해행위를 판단하면서 신뢰위반, 계약
위반과 같은 법리에 따른 근거를 제시하고 있다는 점에서 트레이드 시
크리트와 영업비밀이 구별되는 개념인지는 의문이다. 또한 위의 설명 역
시 구체적으로 트레이드 시크리트와 영업비밀이 어떻게 구별되는가에
대한 설명은 하지 못하고 있다. 따라서 트레이드 시크리트와 영업비밀을
구별할 실익은 없다고 할 수 있다.

---

108) 황의창·황광연, 전게서, 154-155면, 157면.

다. 노하우(know how)

노하우와 영업비밀의 관계를 설명하는 견해[109] 역시 노하우 개념의 모호성을 지적하며 영업비밀의 개념과 다르다고 단정하기는 어렵하고 지적하고 있다. 다만 노하우는 경험축적의 총체로서 트레이드시크리트 중 기술적 정보만을 지칭하며, 반드시 비밀성을 요소로 하지 않는 것이라고 설명한다.

라. 재산적 정보(Proprietary Information)

재산적 정보란 'proprietary information'의 번역어로, 1986년부터 시작된 GATT/UR TRIPs 협상과정에서 사용된 용어이다. 우루과이 라운드 초반인 1987년 미국의 제안으로 논의되기 시작한 영업비밀의 보호는 유럽 등의 찬성 의견과 브라질, 인도 등의 반대 의견이 대립하게 된다.[110] 협상이 진행되고 있던 중인 1988년 6월 미국의 지적재산권협회(Intellectual Property Committee: IPC), 일본 경단련(經團聯), 유럽산업연맹(the Union of Industrial and Employer's Confederation of Europe: UNICE)은 지적재산권문제에 관하여 민간경제단체의 입장을 정리한 '지적재산권에 관한 GATT협상의 기본적 윤곽(Basic Framework of GATT Provisions on Intellectual Property)'이라는 공동문서를 발표한 바 있는데, 그 내용은 다음과 같이 정의하고 있는 재산적 정보(proprietary information)라는 용어를 사용하고 있다.

---

109) 황의창·황광연, 전게서, 155-156면.
110) 우루과이 라운드 초반 영업비밀은 미국의 1987년 10월 28일 제안에서 처음 언급되고, 유럽과 스위스의 제안이 잇따랐다. 브라질, 인도 등은 의제에 영업비밀이 포함되는 것에 반대하였다. 1989년 인도 정부는 영업비밀은 지적재산의 한 형태가 아니며, 재산적 정보를 라이선싱하는 것은 라이선스 계약이 아니라는 예를 제시한다. 또한 파리협약 제10조의2 부정경쟁에 대한 보호규정으로 충분하며, 민법에 의한 계약으로 보호하는 것이 지적재산 보호법리에 의하는 것보다 바람직하다는 주장을 하게 된다. 그러나 이러한 주장은 받아들여지지 않고 TRIPs 협정 제39조에 포함되게 된다.

① 기업 혹은 개인에 의해 창출된 정보로서 정부에 의해 타사에의 공개를 요구받은 정보
② 제품등록의 요건으로서 정부에 공개된 정보
③ 비밀인 유·무형의 기술적 노하우와 유형물에 기록된 비밀의 경영 정보를 포함한 기밀정보

이러한 공동문서상의 재산적 정보는 TRIPs 최종 협정문에서도 상당 부분 수용되게 된다. 또한 제39조 제3항의 미공개정보 보호규정에서 "신규의약품 또는 신규화학물질을 이용한 농약품의 제조허가요건으로 상당한 노력이 소요된 미공개테스트 또는 기타 데이터의 제출을 요구할 때 그와 같은 데이터를 부정한 영업적 사용으로부터 보호하여야 한다"고 규정한 바와 같이 일정한 조건하에 '비공지성'이라는 종래의 요건 중의 일부를 완화하고 있다. 이러한 점에서 영업비밀이라는 용어 대신 재산적 정보라는 포괄적 용어를 사용한 것이라고 설명하는 견해[111]도 있다.

그러나 TRIPs협정의 '재산적 정보'는 영업비밀 이외에도 의약품이나 농약 등의 제품등록을 위하여 정부 또는 제3자에게 제출하거나 제시하는 재산적 가치가 있는 미공개정보 등을 포괄하는 개념이다. 따라서 영업비밀의 요건 중 '비공지성'의 요건이 완화된 것은 곧 재산적 정보라는 견해는 긍정하기 어렵다 하겠다.

2. 영업비밀의 유형

영업비밀에 해당되는 정보로서 거론되는 것은 매우 다양하며 그 내용 또한 풍부하다. 예컨대 영업비밀보호법은 영업비밀을 기술상의 정보와 경영상의 정보로 나누고 생산방법과 판매방법을 각각 그 예로써 제시하고 있다. 흔히 기술상의 정보는 특허등록 가능성이 있는 반면 영업

---

111) 김문환·정병두, "산업기밀 관련법제의 국제화", 산업기밀 보호를 위한 민·관의 대응, 대한상공회의소, 1995, 34면.

상의 정보는 그러한 특허등록 가능성이 없다고 하나, 기술상의 정보 역
시 특허등록 가능성이 있는 발명에 속하지 않는 것을 포함할 수 있다.
나아가 현실적으로 양자의 구별이 항상 가능한 것도 아니며 엄격히 구
별할 실익도 없다고 하겠다. 기술상의 정보로는 성분, 처방(formula), 제
조방법, 복합방법, 제조공정, 훈련방법, 청사진, 도면, 검사방법, 시험 및
실험방법, 편집기술, 미공표된 신제품의 정보, 기계의 사양, 조리법, 디
자인, 기법, 프로그램, 코드 등을 들 수 있으며(미UTSA 제1조 제4항,
DTSA 제1839조 제3항), 경영상의 정보로는 고객명부, 대리점 명부, 재료
의 구입처, 가격표, 입찰계획, 판매계획, 판매통계, 미발표의 대차대조표
및 재산목록, 합병계획, 광고계획 등을 들 수 있다.

　종전에는 형사처벌이 기술상 정보에 한정된 경우에는 기술상 또는
경영상 정보의 구분을 두고 있었다. 그러나 실제 기술상 정보와 경영상
정보의 구분이 모호하다는 점에서 기소 단계에서 고민하는 경우가 많았
다. 또한 기술정보와 경영정보의 보호 가치에 차이가 없다는 점에서 기
술정보에 한하여 형사처벌은 인정하는 입법 방식에는 문제가 있었다. 그
러나 현재에는 기술정보 내지 경영정보에 상관없이 형사처벌의 대상이
된다는 점에서 그 구별의 실익은 사라졌다. 기술상 정보에는 생산 및 제
조공정, 제조방법 등을 포함하게 되며, 경영상 정보에는 마케팅 전략,
고객 리스트, 기업의 기본계획 등을 포함하게 된다.[112]

　영업비밀은 시각적으로 관찰할 수 있거나 물품 등으로 구체화한 유
형적 정보와 기능이나 작용과 같은 무형적 정보로 나눌 수 있다. 특히
무형적 정보에 대하여는 영업비밀보호법 제10조에 의거한 금지청구권의
행사와 관련하여 그 비밀정보가 항상 특정한 매체를 통해 고정됨으로써
법적 보호의 객체가 된다는 견해가 있다.[113] 그러나 영업비밀보호법의

---

112) 중소기업 기술유출 대응 매뉴얼, 한국산업기술진흥협회, 2007.12, 55면 참조.
113) 황의창·황광연, 영업비밀, 육법사, 1992, 38면.

취지는 정보를 고정하는 수단이나 매체 그 자체를 보호하기 위한 것이
아니라 비밀로 관리되는 정보에 대한 부정한 취득이나 사용을 금지하는

표 1 기술상의 영업비밀

대 상	설 명
시설 및 제품 설계도	중요 공장의 설계도면, 기계장치의 배치도, 제품 생산라인의 설계도, 공정 설계도
물건의 생산·제조방법	제품의 생산, 가공, 조립 또는 제조방법으로 비법이거나 미공개된 것
물질의 배합방법	물질을 생성하는 반응순서, 원료의 배합순서, 배합비율, 시차 등으로서 공개되지 않고, 역설계로 알아낼 수 없는 것
연구개발 보고서 및 데이터	연구개발과정, 결과 보고서 및 연구에 사용된 데이터
실험 데이터	개발 중인 시제품 또는 시제품의 성능 실험, 의약품의 효능 시험, 기계장치의 시운전 데이터 등
시설, 기계설비, 장비	기업이나 개인이 독자적으로 개발하여 보유하고 있는 시설, 특수 장비와 설비 등

표 2 경영상의 영업비밀

대 상	설 명
각종 주요계획	경영전략, 신규 투자계획, 신제품 개발/생산계획, 마케팅/판매계획, 인력수급계획 등
고객명부	지역별 고객리스트, 연령별 또는 직업별 분류표 및 대리점/영업점의 제반 영업자료 등
관리정보	원가분석, 마진율, 거래처 정보, 인사/재무관리 및 경영분석 정보 등
매뉴얼 등 중요자료	그 기업의 기술과 경험을 바탕으로 한 방법 기술 서류 그 회사만의 독특유한 방법이나 기법을 담고 있는 매뉴얼 등

데 있다. 따라서 일정한 매체를 통해 유형화되지 아니한 정보 그 자체도 법적 보호의 대상이 될 수 있다.

영업비밀은 인적 기업비밀, 물적 기업비밀 및 재무적 기업비밀로 구분하기도 한다. 인적 기업비밀은 최고 매니지먼트로서의 경영관리층, 중간 매니지먼트로서의 일반관리층, 그 외 모든 종업원의 인사자료에서 인사분배 계획까지의 인사관리상의 노무관리를 포함하는 것으로 연구개발, M&A, 분리 등 기업의 조직 변동을 담당하는 부서의 업무 내용도 포함한다. 물적 기업비밀은 기업시설이나 중요한 서류, 문서, 견본품 등에 관한 비밀, 생산기술이나 연구개발 등에 관한 비밀, 판매계획, 고객리스트 등이 있다. 재무적 기업비밀로는 기업의 자금·자산·설비투자나 예산분배 등의 계획 등이 포함된다.[114]

Ⅱ. 영업비밀의 법적 성질

영업비밀보호제도는 영업비밀 보유자에게 특정 형태의 권리를 적극적으로 부여하여 보호하는 것이 아니라, 비밀로 관리되고 있는 타인의 경영상 또는 기술상 유용한 정보를 부정하게 접근하여 이용하고자 하는 행위를 규제하는 특징을 갖는다. 이러한 영업비밀의 보호를 이해하기 위한 설명으로는 다음의 두 가지가 있다. 첫째는 공리론에 입각하여 재산적 정보의 절취를 방지하는 것이 이러한 정보에 대한 투자를 장려한다는 견해로, 영업비밀을 재산권을 한 형태로 보는 방식이다. 둘째는 위법한 행위의 제지를 강조하는 견해로 불법행위론으로 이해되는 것이다. 여기서 영업비밀보호법의 목적은 위법한 행위를 처벌·방지하고, 상업적 행위의 합리적 기준을 세우는 것이 된다. 이러한 불법행위론은 명시적으로 투자의 장려를 다루지 않으나, 위법한 행위를 제지하는 결과의 하나

---

114) 윤선희, 전게서, 14-15면.

로 영업비밀에 대한 투자가 장려될 것은 명백하다. 따라서 개념적 차이에도 불구하고, 불법행위론과 전자의 재산적 접근방식은 많은 면에서 같은 지향점을 갖고 있다. 이에 아래에서는 두 견해의 장단점을 살펴본다.

1. 불법행위론

영업비밀을 보호하는 것은 상거래상의 경쟁질서 또는 상업적 모럴 (commercial morality)을 유지하기 위한 것이라는 견해이다. 이는 영업비밀 침해행위를 부정경쟁행위의 한 유형으로 이해한 가운데 영업비밀보호법을 불법행위법의 특별법으로 보는 우리의 전통적인 입장에 상응하는 설명이라 할 수 있다. 우리 영업비밀보호법의 모델이 되었던 일본 부정경쟁방지법의 경우 영업비밀에 관한 제규정의 보호법익은 사업자의 영업상의 이익 및 공정한 경쟁질서의 유지라고 밝히고 있다[115]는 점에서도 이러한 이해가 합리적이라 하겠다.

우리의 법원이 영업비밀을 재산권의 한 형태로 이해하고 있는가에 대한 입장은 아직 확인이 되고 있지 않으나, 외국의 재판례에서는 영업비밀이 재산권에 해당하지 않는다는 것을 확인할 수 있다. 예컨대 일본의 경우 부정경쟁방지법에 영업비밀 관련 규정이 도입되기 이전의 판결[116]이나 제3자의 영업비밀 침해와 관련된 사건에서 침해금지가 인정되지 않았으며,[117] 영업비밀 보호규정이 도입된 이후에도 영업비밀은 배

---

115) 日本 通産省 知的財産政策室 編著, 逐條註解不正競爭防止法(平成 15年 改正), 2003, 144頁.

116) 東京高決 昭和 41.9.5. 下民 17卷 9 = 8号 729頁 [ワウケシャ事件].

117) 일본에서의 견해 중에는 지적재기본법을 통하여 영업비밀이 지적재산권으로서의 지위를 획득하였다는 주장이 있다. 즉 일본 지적재산기본법에서는 지적재산권을 특허권, 실용신안권, 육성자권, 의장권, 저작권, 상표권 기타 지적재산에 관하여 법령에 의하여 정하여진 권리 또는 법률상 보호되는 이익에 관한 권리로 정의하고 있는데, 영업비밀은 법률상 보호되는 이익에 관한 권리로서 지적재산권으로서 인식되게 되었다는 주장도 있다(石田正泰, "知的財産としての營業秘密", 特許硏究(第42号), 日本 工業所有權情報·硏修館, 2006.9, 2頁.).

타적 권리로 인식되고 있지는 않다. 미국의 경우에도 E.I. du Pont de Nemours Powder Co. v. Masland 사건에서 이러한 입장을 채택하였으며, 이는 20세기 영업비밀과 관련한 미국 판례의 태도를 지배하였다.

미국의 경우 영업비밀 침해행위에 대한 불법행위로서의 접근 방식은 Masland 사건에 일부 영향을 받았으며, 한편으로는 재산권 개념의 변환에도 그 원인을 찾을 수 있다. 1939년 미국 법률협회는 영업비밀 침해행위를 불법행위로 분류하고, 이를 불법행위 리스테이트먼트에 포함시켰다.[118] 1984년 Ruckelshaus 사건[119]을 통하여 영업비밀을 재산권으로 인정하게 되었으나, 여전히 미국의 일부 학자들은 불법행위설에 근거하여 영업비밀보호법을 정당화하고 있으며,[120] 불법행위론에 근거한 접근 방식이 영업비밀보호법의 범위를 제한하는 것에 도움이 될 것이라고 믿고 있다.[121]

다만 이러한 불법행위론은 어떠한 행위가 잘못된 것인가란 실질적인 정의를 제시하지 못 한다는 약점을 갖고 있다. 예컨대 상거래상의 경쟁질서라든지 상업적 모럴[122]이라든지 하는 기준을 제시하기도 하나, 이역시도 영업비밀 침해행위를 판단하기 위한 구체적인 기준을 제시하는 것으로 보기는 힘들다. 또한 Masland 사건에서와 같이 많은 영업비밀 관련 사건은 기술 라이선스나 고용 계약에서와 같이 계약에서 명시적으로

---

118) Restatement of Torts §§ 757-58(1939). 1979년 미국 법률협회는 2차 리스테이트먼트를 발행하면서 영업비밀보호법을 더 이상 불법행위법의 일반 원칙에 의지하지 않고 독립한 법률 형태로 개발하고자 종전의 입장을 버린다.

119) Ruckelshaus v. Monsanto Co. 81 L.ed. 815.

120) James W. Hill, Trade Secrets, Unjust Enrichment, and the Classification of Obligations, *4 VA.J.L. & TECH.*2(1999), p.2; Lynn Sharp Paine, Trade Secrets and the Justification of Intellectual Property: A Comment on Hettinger, *20 Phil. & Pub. Aff.* 247, 249(1991) 등

121) Pamela Samuelson, Privacy as Intellectual Property?, *52 Stan. L. Rev.* 1125, 1153(2000).

122) 미국의 경우 상업적 모럴과 관련한 설명은 불법행위론과는 별개의 것으로 분류된다. 상업적 모럴이라는 개념은 부정경쟁이나 부당이득이라는 것과 별다를 바 없는 규범적 내용을 갖는 것으로 불법행위론에 포함시켜도 무방하리라 생각된다.

규정한 의무과 관련하여 문제가 되었다. 그러나 만약 이러한 행위가 잘
못된 것이라면, 영업비밀보호법은 계약법과 다를 바 없게 된다.

이러한 문제는 부적절한 수단에 의하여 정보를 취득하는 행위가 영
업비밀 침해행위라고 하는 설명에서 더욱 드러난다. 이는 정보를 취득하
기 위하여 부적절하게 행동해서는 안 된다는 말과 다를 바 없다. 만약
절취나 불법침입과 같이 이미 위법한 행위를 부적절한 수단으로 이해한
다면 영업비밀보호법은 기존의 법리에 어떠한 것도 추가하는 것이 없게
된다.[123] 그럼에도 불구하고 사람들은 부적절한 수단에는 보다 많은 것
이 포함되는 것으로 기대하고 있다. 예컨대 E.I. du Pont de Nemours
Powder Co. v. Christopher 사건[124]에서 법원은 피고가 어떠한 법률을
위반하지 않았음에도 불구하고, 특별히 명백한 기준을 제시하지 않은 채
항공촬영을 통하여 영업비밀을 취득한 행위가 부적절하다고 판단하였
다.[125] 이 사건에서 법원은 보호와 첩보 행위 사이의 상대적 비용이라는
기준을 제시하고 있으나, 이는 예측가능하거나 쉽게 이행할 수 있는 것
이라 할 수 없다.

불법행위의 기준으로 특정 행위를 부정경쟁 또는 무임승차로 정의하
기도 한다. 그러나 이 경우에도 공정한 상거래 관행을 보호한다는 명목
아래 공격적 경쟁행위를 처벌한다는 원칙을 사용하면서 부정경쟁이라는
단어를 불필요하게 사용하는 경향이 있다. 그 결과 비밀성에 대한 불법
행위론은 경쟁적 정보의 수집 행위에 대한 판단으로 논의의 중심이 옮

---

123) Robert G. Bone, A New Look at Trade Secret Law: Doctrine in Search of
Justification, *86 Cal. L. Rev.* 241, 298-299(1988).
124) 431 F.2d 1012(5th Cir. 1970).
125) 이에 대하여 사실상 불법침입(trespass) 개념을 확장한 것으로 볼 수 있다는 설명도
있다. 즉 제4 수정헌법(수색과 체포)과 관련한 사건에서 도청장치가 범죄 혐의자 거주
지 외부의 전화선에 부착되기 때문에 엄격히 따지면 어떠한 불법침입도 없지만 도청을
불법 수색의 한 유형으로 분류하고 있는 것과 비슷하다는 설명도 있다; William M.
Landes, Richard A. Posner, *The Economic Structure of Intellectual Property Law*,
Harvard University Press, 355(2003).

겨져 가고 있다. 이에 법원으로서는 어떤 법리적 근거 없이 피고의 의도를 근거로 개별 판단을 하고 있다. 결국 이러한 불확실성은 부정한 경쟁행위로 취급될 수 있다는 우려로 기업의 활발한 경쟁행위를 위축시킬 가능성이 있다. 또한 이는 이직을 생각하는 종업원에게도 부정적인 영향을 미칠 수 있다. 즉 영업비밀보호법을 정당화하기 위하여 이직하는 종업원에게 보다 많은 의무를 부과하거나 부정하게 행동했다고 생각되는 것들에 대한 처벌을 강화할 우려가 있다.

2. 재산권론

대부분의 국가에서 영업비밀의 보호는 적극적으로 영업비밀을 이용하는 권능을 부여하는 것이 아니라, 타인의 부정이용행위를 금지하는 형태를 취하고 있다. 그러나 미국의 경우에는 영업비밀을 하나의 재산권으로 보는 견해가 유력하다. 영업비밀을 재산권의 하나로 이해하는 입장은 Ruckelshaus v. Monsanto Co. 사건에서 확인할 수 있다.[126] 이 사건에서 법원은 연방법이 Monsanto사로 하여금 영업비밀을 공개하도록 요구하는 것이 보상을 요하는 재산권의 수용에 해당하는가라는 문제를 다루게 된다. 이에 법원은 영업비밀은 유체 재산권이 갖는 많은 특성을 갖고 있으며, 양도가 가능하고, 신탁 재산을 형성하며 파산시 파산관재인에게 이전된다는 점 등을 근거로 영업비밀이 헌법에서 보호하는 재산권일 수 있다고 판단한다. 또한 많은 학자들은 UTSA가 영업비밀을 재산권으로 보는 입장의 도래를 알리는 것이라 평가하였다.[127]

---

126) 이미 19세기 미국 재판례에서도 영업비밀을 재산권으로 칭하는 것들이 있었다. 그러나 이 당시 재판례에서 사용하는 재산권의 의미는 현재의 그것과는 다른 의미를 갖는 것으로 형평법상의 금지권으로 보호되는 권리를 의미할 뿐이었다. 20세기 불법행위론에 자리를 내주었던 재산권론은 Monsanto 사건을 통하여 다시 유력한 지위를 차지하게 된다.

127) Lyn C. Tyler, Trade Secrets in Indiana: Property v. Relationship, *31 Ind.L.Rev.* 339, 339(1998).

그러나 영업비밀을 재산권으로 다루는 것은 왜 정부가 그러한 재산권을 만들어 내었는가란 문제를 도외시하고 있다. 즉 모든 비밀이 태고부터 보호되지는 않았다. 경쟁적으로 소비되는 것이 아니므로, 법적 보호 장치가 없다면 보호의 기초가 되는 정보는 남용될 것이다.[128] 이에 법원으로서는 기존의 재산권과는 다른 형태의 보호를 부여하게 된 것이다. 이때 법원은 비밀성을 보호의 요건으로 하였지만, 이 비밀성 역시 완전한 것일 필요는 없다. 영업비밀이 포함한 제품을 시장에 내놓을 수 있으며, 금전적 이득을 취하여 위하여 그 자체로 다른 사람에게 공개할 수도 있다. 다만 이 재산권은 단순히 그 권리자의 독점적인 점유를 통하여 타인을 배제하는 권리가 아니라, 실제 또는 잠재적으로 타인이 가질 수 있는 정보에 대한 접근, 사용 및 공개를 제한할 수 있는 권리를 의미하게 된다. 따라서 영업비밀보호법에서의 재산권은 부동산이나 동산에 대한 재산권이 아닌 지적재산권을 의미하게 된다. 이와 같이 영업비밀을 재산권으로 이해하는 견해는 다음의 세 가지로 세분된다.

가. 배타론(Exclusivity Theory)

배타권이 재산권에 대한 유일한 요건이라고 믿는 자도 영업비밀이 재산권인가에 대하여는 동의하지 않는다. 예컨대 Frank Easterbrook 판사는 지적재산권은 부동산이나 인격권과 같이 배타권을 포함해야 한다고 주장하였으며,[129] Ruckelshaus v. Monsanto Co. 사건은 이러한 주

---

128) Garrett Hardin, The Tragedy of the Commons, 162 Science 1243(1968) 참조. 일부 학자는 정보의 가치는 비밀성에 의존하므로, 정보는 공공재가 아니며 따라서 공유지의 비극이 발생할 수 있다고 주장한다(Amitai Aviram & Avishalom Tor, Overcoming Impediments to Information Sharing, 55 ALA. L. Rev. 213, 234-35 (2004)). 그러나 이 견해도 개인적인 가치를 갖는 정보의 본질적 가치와 특성은 당해 정보를 비밀로 보호하겠다는 법적 판단에 기인한다는 것을 인정한다.

129) Frank H. Easterbrook, Intellectual Property Is Still Property, 13 Harv. J.L. & Pun. Pol'y 108, 112(1990).

장을 채택하게 된다. 즉 타인을 배제하는 권리는 재산권으로 특징지어지는 다발의 권리 중 가장 필수적인 것이다. 이러한 주장의 문제는 영업비밀이 실제 배타적이지 않다는 것이다. 영업비밀 보유자는 부적절한 수단에 의한 비밀의 유용과 부적절하게 취득한 비밀의 사후 사용 또는 공개로부터 보호받을 뿐이다. 역공정(reverse engineering)과 같이 영업비밀을 획득·사용할 수 있는 다양한 적법 수단이 있다. 그러나 일부는 이 쟁점에 대한 Thomas Jefferson의 분석[130])에 주목한다.

이러한 주장의 한계는 이러한 권리의 규범적 근거에도 불구하고, 부동산에조차 법률적으로 집행 가능한 배타권은 언제나 사회의 의지와 편의에 의하여 규정된다는 것이다. 부동산 주인이 직접 우리를 세울 수 있음에도 불구하고 부동산 소유자가 배타권을 가져야 하는 근거를 제시하지 못 한다. 그 대신 법은 우리가 없는 경우에도 부동산 소유자에게 배타권을 부여하고 있다. 아이디어, 부동산, 인격적 재산권 그리고 기타 유형 또는 무형의 자산은 언제나 법률이 부여하는 법적 권리를 갖고 있다. 주요한 차이점은 집행의 어려움이다. 예컨대 부동산과 인격적 재산권은 점유를 통하여 배타권을 부여하는 특징을 갖는 반면, 기술은 머리에서 아이디어를 제거하는 것을 허용하지 않는다. 따라서 배타권이 영업비밀을 재산권으로 만드는지, 이러한 배타권의 부족이 영업비밀을 재산권에서 제외되도록 하는 것인지에 대하여는 명확하지 않다.

나. 통합론(Integrated Theory)

배타성에 주목하기보다는 통합론자는 어떻게 자산이 획득, 사용, 처

---

130) Letter from Thoma Jefferson to Isaac McPherson(Aug. 13, 1813). 발명은 본질상 재산권의 대상이 될 수 없다. 유용성을 만드는 사람들이 추구하는 것을 장려하기 위하여 사회는 발명으로부터 발생하는 이익에 대하여 배타적인 권리를 부여할 수 있다. 그러나 어떤 자의 요구나 불평이 없다면, 사회의 의지와 편의에 따라 이루어질 수도 이루어지지 않을 수도 있다.

분되는가에 주목한다.[131] 이들은 재산권을 정의하는 것에 있어 배타성은
충분하지도 필요하지도 않다고 주장한다. Adam Mossoff는 영업비밀은
이를 보유한 자의 행위에 의하여 취득된 것이므로 재산권이라고 주장한
다. 정보를 발견한 자는 당해 정보가 비밀이기 때문에 이를 스스로 사용
할 수 있으며, 당해 정보를 출판이나 이전을 통하여 어떻게 처분할지를
결정할 수 있기 때문이다.[132] 그러나 이 견해는 어떻게 서로 다른 두 사
람이 동일한 영업비밀을 취득하고, 사용할 수 있는지, 그리고 왜 모든
사람이 자유로이 발견할 수 있는 아이디어를 취득·사용하는 것에 보호
를 인정하여야 할 것인가라는 질문에는 답을 제시하지 못한다.

Pamela Samuelson은 그 반대로 주장한다. 비록 정보는 획득, 사용,
이전될 수 있으나, 영업비밀 침해행위를 신뢰관계의 위반이나 기타 부적
절한 수단의 사용이라는 관점을 제시한 Masland 사건에 의지한다. 이에
영업비밀은 재산권이 아니라 사회적 가치의 집행이라고 한다.[133]

다. 다발론(Bundle Theory)

마치 저작권과 같이 영업비밀은 권리의 다발로, 영업비밀권은 단순히
사회적 권리와 의무의 결합이라는 견해[134]이다. 이 견해의 문제점은 재
산권이라는 단어가 더 이상 어떤 실질적 의미도 갖게 되지 않는다는 것
이다.[135] 즉 어떤 다발이 재산권의 조합인지, 어떤 다발이 재산권이 아
닌 권리의 조합인지를 판단할 수 없기 때문이다.

---

131) Adam Mossoff, What Is Property? Putting the Pieces Back Together, *45 Ariz. L. Rev.* 371, 405-06(2003).

132) *Id.* at 418.

133) Pamela Samuelson, Information as Property: Do Ruckelshaus and Carpenter Signal a Changing Direction in Intellectual Property?, *38 Cath. U.L.Rev.* 365, 374-375(1989).

134) Wesley N. Hohfeld, Fundamental Legal Conceptions as Applied in Judicial Reasoning, *26 Yale L.J.* 710(1917).

135) Thomas C. Grey, The Malthusian Constitution, *41 U.Miami L. Rev.* 21, 30(1986).

3. 기 타

영업비밀의 보호와 관련하여는 위의 불법행위론과 재산권론이 대표적인 것이라 하겠다. 이 외에도 영미법 국가에서는 계약이론(Cotract Theory), 신뢰관계론(Confidential Relationship Theory) 등의 다양한 이론이 제시되고 있다.

가. 계약이론

이 이론은 영업비밀에 관한 소송이 일반적으로 명시적 계약에 기초하고 있다는 점을 근거로, 영업비밀보유자가 비밀을 지키기 위해 종업원 등과 비밀유지에 관한 명시적 계약을 맺고 있지 않다면 영업비밀로서 보호할 수 없다는 이론이다.[136] 이 견해는 계약법의 기초원칙을 적용하는 것으로 계약관계에 있는 자가 계약을 위반하여 영업비밀을 사용하거나 제3자에게 공개한 경우 영업비밀 보유자는 그 상대방에 대하여 계약위반 책임을 물어 영업비밀을 보호하게 된다. 뿐만 아니라 계약 관계가 없는 제3자가 타인이 비밀로 하는 영업비밀을 알면서 또는 과실로 이러한 사실을 모르고 허락없이 영업비밀을 사용하거나 그 비밀을 누설한 경우 일종의 부정경쟁행위로 취급하여 규제하게 된다.

그러나 이 견해는 기본적으로 제3자와의 관계를 설명하지 못한다는 한계를 갖는다. 즉 제3자가 부적절한 수단을 통하여 영업비밀을 취득한 경우뿐만 아니라 우연 또는 실수로 영업비밀을 취득한 경우를 설명할 수 없다. 또한 침해 책임이 영업비밀 보유자와 관계를 맺는 자에 한하는지 아니면 이들과 거래하는 자를 포함할 것인지를 설명하지 못한다. 따라서 계약이론은 영업비밀보호법의 일부만을 설명할 수 있을 뿐이다. 또한 계약이론은 영업비밀 침해행위에 대하여 형사처벌이 규정되어 있는

---

136) Melvin F. Jager, *Trade Secrets Law*, 2007, §4:1.

것과 같이, 영업비밀 보유자에게 강력한 구제 수단을 부여하는 이유를 설명하지 못 한다.

나. 신뢰관계이론

신뢰관계이론은 명시적인 약정이 없는 경우에도 당사자 사이의 신뢰관계에서 영업비밀 보호의 근거를 찾고자 하는 견해이다. 주로 고용자와 피용자 사이에서 신뢰관계가 발생할 수 있는데, 고용관계에 명시적인 약정이 없는 경우라도 경업에 있어서 신의성실의 법리에 의하여 신뢰관계가 발생할 수 있다고 주장한다. 이에 타인을 신뢰하여 영업비밀을 알려 준 당사자는 그 신뢰에 반하여 영업비밀이 누설되었을 때 그 신뢰관계를 배신한 행위에 근거하여 구제를 요청할 수 있다는 견해[137]이다.

이 견해는 영업비밀 자체를 보호하려는 것이 아니라 위탁자와 수탁자 사이의 신뢰관계를 보호하게 된다. 일정한 정보를 비밀로 유지할 수 있는 권리를 부여하는 것이 아니다. 따라서 신뢰에 반하여 영업비밀을 취득한 제3자는 신뢰관계의 위반을 인식하였거나 사후에 인식한 경우에만 수탁자와 동일한 지위로 평가하게 된다. 즉 비밀을 유지할 신뢰의 의무를 부담하지 않는 경우나 제3자가 부정하게 영업비밀을 취득한 경우에는 영업비밀의 침해를 인정할 수 없다는 한계를 갖는다.

---

137) Margaret Jackson, "Keeping Secrets: International Developments to protect Undisclosed Business Informations and Trade Secrets", *Information Communication and Society*, Vol.1, No.4(1998), p.470.

Ⅲ. 영업비밀의 요건

1. 영업비밀의 요건요소에 대한 입법례

가. 미 국

미국 UTSA에서는 영업비밀을 "공식, 패턴, 편집물, 프로그램, 장치, 방법, 기법 또는 공정을 포함하는 정보로서, ① 그 공개 또는 사용에 의해 경제적 가치를 얻을 수 있는 타인에게 일반적으로 알려져 있지 아니하고 정당한 수단에 의해서는 쉽게 확인될 수 없기 때문에 현실적 또는 잠재적인 독립된 경제적 가치를 가지며, ② 당해 상황 하에서 그 비밀을 유지하기 위해 상당한 합리적 노력을 기울인 대상일 것"으로 규정하고 있다(UTSA 제1조 제4항).

그리고 2016년 제정된 DTSA에서는 영업비밀을 "모든 형태 및 유형의 재정적, 사업적, 과학적, 기술적, 경제적 또는 공학적 정보로서, 유형, 계획, 편집, 프로그램도구, 공식, 디자인, 원형, 방법, 기법, 공정, 절차, 프로그램 또는 코드 등을 포함하며, 유무형의 여부, 물리적, 전자적, 도화적, 사진상 또는 문서상으로 저장, 편집, 표시되었는지 여부 또는 그 형태에 관계없이, ① 당해정보의 소유자가 당해정보를 비밀로 유지하기 위하여 합리적인 조치를 취할 것, 그리고, ② 당해정보가 공개 또는 사용에 의해 경제적 가치를 얻을 수 있는 타인에게 일반적으로 알려져 있지 않고, 적절한 방법을 통하여는 공중이 쉽게 확인할 수 없다는 점으로부터 현재적인 또는 잠재적인 독립적 경제가치를 갖고 있을 것"으로 규정하고 있다(18 U.S.C. 제1839조 제3항).

결국, UTSA와 DTSA상의 영업비밀에 해당하기 위해서는 ① 비밀유지를 위한 합리적인 노력 또는 조치(efforts that are reasonable, reasonable measures), ② 해당정보의 경제적 가치(independent economic value), ③

해당정보의 비밀성(not being generally known to)이라는 3가지 요건이
요구된다.

나. 독 일

독일 부정경쟁방지법에서는 영업비밀에 대응하는 개념으로서 영업상
비밀(사업 비밀: Geschäftsgeheimnis)과 기술상 비밀(제작 비밀: Betriebs-
geheimnis)을 규정하고 있으나, 이에 관한 개념 규정을 두고 있지는 않
다. 이에 연방최고재판소(BGH) 판례에서 제시하고 있는 영업비밀의 구
성요소를 살펴보면 다음과 같다.[138]

① 사업활동에 관한 것일 것
② 엄격히 한정된 범위의 자에게만 알려지고 그 이외의 자에게는 알려지지
   않을 것(Nichtoffenkundigkeit: 비공지성)
③ 영업자의 명확한 의사에 의해 비밀로 되어 있을 것(Geheimhaltungswille:
   秘匿의 意思)
④ 영업자가 비밀유지에 의해 이익을 가질 것(Geheimhaltungsinteresse:
   秘匿의 利益)

다. 일 본

일본 부정경쟁방지법에서는 영업비밀을 "비밀로 관리되고 있는 생산
방법, 판매방법 기타 사업활동에 유용한 기술상 또는 경영상의 정보로서
공연히 알려져 있지 않은 것"이라고 정의하고 있다. 따라서 일본의 영업
비밀 역시 뒤에서 설명하게 될 우리의 영업비밀과 같이 ① 비밀관리성,
② 경제적 유용성, ③ 비공지성 등을 그 개념요소로 하고 있다.

---

138) 한상훈, 전게서, 42면.

라. 중 국

중국은 반부정당경쟁법 제10조에서 영업비밀을 "공중에게 알려지지 않고, 경제적 가치가 있으며 권리자가 상응한 보호조치를 취한 기술정보와 경영정보"로 규정하고 있다. 2017년 반부정당경쟁법 개정을 통하여 기존의 영업비밀의 정의에 있었던 '경제적 이익 및 실용성'을 '가치성'이라는 용어로 대체함으로써 권리자의 잠재적 이익을 포함하게 되었다고 할 수 있다.[139] 결국 중국법상의 영업비밀도 ① 비공지성, ② 경제적 유용성, ③ 비밀관리성을 요건으로 한다.

마. TRIPs 및 EU 영업비밀 보호지침

TRIPs협정 제39조에는 미공개정보(undisclosed information)의 보호에 대하여 규정하고 있으며, 2016년 제정된 EU 영업비밀 보호지침 제2조는 TRIPs 협정 제39조 제2항의 미공개의 정의규정을 사실상 그대로 수용하고 있으며, TRIPs의 미공개정보와 관련된 정의규정에서의 '정보'를 '영업비밀'로 규정한 것 이외에는 차이가 없다.

TRIPs 협정 제39조 제3항의 '미공개정보' 그리고 EU 영업비밀 보호지침 제2조의 '영업비밀'의 정의규정을 살펴보면 다음과 같다.

① 해당 정보의 집합 또는 구성의 정확한 배열이나 구조가 당해 정보의 종류를 통상적으로 다루고 있는 업계의 사람들에게 일반적으로 알려져 있지 않거나 쉽게 접근될 수 없다는 의미에서 비밀인 것
② 비밀이기 때문에 상업적 가치를 가지는 것
③ 그 정보를 합법적으로 관리하고 있는 자에 의해서 비밀로 유지할 수 있는 환경에 있도록 합리적인 조치의 대상이 되는 것

따라서, TRIPs 협정에서의 '미공개정보'와 EU 영업비밀 보호지침의

---

139) 김송이, 전게 보고서, 8면.

'영업비밀'의 정의규정 또한 ① 비공지성, ② 경제적 유용성, ③ 비밀관리성을 요구하고 있다고 할 수 있다.

2. 영업비밀보호법상의 영업비밀

영업비밀보호법 제2조 제2호에서는 영업비밀을 "공공연히 알려져 있지 아니하고 독립된 경제적 가치를 가지는 것으로서, 비밀로 관리된 생산방법, 판매방법, 그 밖에 영업활동에 유용한 기술상 또는 경영상의 정보"로 정의하고 있다. 따라서 영업비밀은 ① 공공연히 알려져 있지 아니한 것(비밀성), ② 독립된 경제적 가치를 가지는 것(독립적 경제가치성 또는 경제적 유용성) 및 ③ 비밀로 관리된 것(비밀관리성)으로, ④ 생산방법, 판매방법, 그 밖에 영업활동에 유용한 기술상 또는 경영상의 정보를 의미한다. 특히 분쟁 과정에서는 ① 비밀성(비공지성), ② 독립적 경제가치성 및 ③ 비밀관리성 등의 쟁점을 중심으로 논의가 전개된다.[140]

가. 비밀성(비공지성)

(1) 의 의

용어에서도 알 수 있듯이 영업비밀은 비밀이어야 한다. 즉 영업비밀보호법상의 영업비밀은 '공연히 알려지지 않은' 상태의 것이어야 한다. 영업비밀의 경제적 가치는 그것의 공개 또는 사용을 통해 경제적 이득을 얻을 수 있는 자에게 일반적으로 알려져 있지 않기 때문에 정보를

---

140) 대부분의 견해가 영업비밀의 성립요건을 비밀성, 비밀관리성, 경제성(유용성) 등으로 설명하고 있는 가운데, 일본 부정경쟁방지법과의 차이를 들어 유용성 요건과 독립된 경제적 가치성 요건을 별도의 것으로 구분하여야 한다는 견해(김국현, 영업비밀보호법 실무, 세창출판사, 2010, 13-19면 참조)도 있다. 법문의 차이에 주목한 점에서는 이 견해는 그 가치를 인정할 수 있겠다. 그러나 실제 유용성 요건에 대한 설명과 독립된 경제적 가치성 요건에 대한 설명이 크게 구분되고 있지 않다는 한계가 있다. 또한 판례 역시 유용성과 독립된 경제적 가치성을 구분하고 있지 않으며, 실제 이를 구분할 실익도 없다는 점에서 본서에서는 통설의 견해를 따라 영업비밀의 구성요건을 3분한다.

보유하는 자가 보다 유리한 입장에서 경제적인 경쟁에 임할 수 있다는 점에서 기인한다. 따라서 사업자가 특정한 정보를 비밀로 유지, 관리하더라도 그것이 이미 당해 산업내에서 공연히 알려져 있거나(공지의 사실이나 상식의 경우) 특히 경쟁사업자가 이를 알고 있거나 제한없이 입수할 수 있다면 그 정보는 영업비밀로서의 적격을 이미 상실한 것이다.

공연히 알려져 있는 정보에 대하여는 보호를 인정하지 않고, 비공지 상태의 것에 한하여 보호를 인정하는 것은 경쟁질서의 보호라는 측면에서도 당연한 것이다. 즉 비록 경제적 가치가 있고 그 보유자에 의하여 비밀로서 관리되고 있다 할지라도, 공연히 알려진 정보는 특허법 등의 지적재산권법으로 보호되지 않는 한, 법적 보호의 대상이 되어야 하는 것은 아니다. 가령 어떤 정보가 특정인에게 유래한 것이었다고 하더라도 일단 공지되었다면 이러한 정보에 대하여 일정의 권리행사를 인정하고, 보호하는 것은 불필요하다. 재산적 정보로서 보호하여야 하는 이익이 인정되기 위하여는 일반적으로 알려져 있지 않은 정보인 것이 필요하다. 누구나 용이하게 접근하여 지득할 수 있는 정보라면 그 이용은 원칙적으로 자유로우며 그러한 이용이 타인의 권리·이익을 침해하는 것도 아니기 때문이다.

나아가 원래의 보유자에게 배타적인 권리를 부여하는 등 당해 정보를 보호하는 것은 정당한 수단에 의해 이를 지득·사용하는 자에게 불측의 손해를 주어 역으로 사회적인 혼란을 일으킬 수도 있다. 이에 법은 영업비밀이 '공연히 알려지지 않은' 즉 비공지 상태의 것일 것을 요구하고 있다.

구 부정경쟁방지 및 영업비밀보호에 관한 법률(2007. 12. 21. 법률 제8767호로 개정되기 전의 것) 제2조 제2호의 '영업비밀'은 공연히 알려져 있지 아니하고 독립된 경제적 가치를 가지는 것으로서, 상당한 노력에 의하여 비밀로 유지된 생산방법, 판매방법 그 밖에 영업활동에 유용한 기술상 또는 경영상의 정보를 말하는 것인데, 여기서 '공연히 알려져 있지 아니하다'는 것은 정보가 간행물 등의 매체에 실리는 등 불특정 다수인에게 알려져 있지 않기 때문에 보유자를 통하지 아니하고는 정보를 통상 입수할 수 없는 것을 말한다(대법원 2011.7.14. 선고 2009다12528 판결).

"영업비밀"이란, 공연히 알려져 있지 아니하고 독립된 경제적 가치를 가지는 것으로서, 상당한 노력에 의하여 비밀로 유지된 생산방법·판매방법 기타 영업활동에 유용한 기술상 또는 경영상의 정보를 말하고, 여기서 공연히 알려져 있지 아니하다고 함은 그 정보가 간행물 등의 매체에 실리는 등 불특정 다수인에게 알려져 있지 않기 때문에 보유자를 통하지 아니하고는 그 정보를 통상 입수할 수 없는 것을 말한다(대법원 2008.4.10. 선고 2008도679 판결).

(2) 상대적 개념의 비밀성

'비밀'이라는 용어는 형법이나 민법 분야에서도 사용되지만, 통일적으로 통용되는 정의가 존재하는 것은 아니다. 법률용어로서가 아니라, 일반적으로 비밀이란 용어가 사용되는 경우에도 이는 매우 넓은 의미로 사용된다. 예컨대 '우주의 비밀'이라고 한다면 누구도 알지 못하는 것이라는 의미를 갖는다. 그러나 이러한 비밀은 법적 질서와는 관련하지 않는 것이다. 이러한 비밀을 '절대적 비밀(absolute Geheimnis)'이라 한다면, 법률상 비밀은 '상대적 비밀(relative Geheimnis)'로 충분하다. 영업비밀보호법상의 비밀 역시 보유자의 관리 이외에서는 일반적으로 입수할 수 없는 상태인 것으로 충분하다.[141]

영업비밀보호법상의 비밀은 상대적 개념이므로 동일한 대상에 대하여 복수의 자가 독자적으로 동시에 복수의 비밀 상태를 형성할 수 있다. 따라서 비밀보유자에 의하여 일정하게 한정된 인적 범위가 형성되고, 비밀

---

141) 橋本勇, "トレードシークレットの保護と不正競争防止法の改正", 中山信弘 編, 知的財産權研究 II, 東京布井出版, 1991, 160頁.

대상이 공개되지 않은 한 이러한 인적 범위가 확대되더라도 비밀은 지속된다. 그러나 업계에 종사하는 자는 많이 알고 있지만, 신규 참여자만이 모르는 사항 등은 비밀이 아니다.

> 원고 회사는 공장 내에 별도로 연구소를 설치하여 관계자 이외에 출입할수 없도록 하는 한편 직원들에게는 그 비밀을 유지할 의무를 부과하고 연구소장으로 하여금 이 사건 기술정보를 엄격하게 관리하게 하는 등으로 비밀관리를 하고 있으므로, 이 사건 기술정보는 상당한 노력에 의하여 비밀로유지되고 있는 원고 회사의 영업활동에 유용한 기술상의 정보, 즉 "영업비밀"이라 하겠다. 뿐만 아니라 <u>영업비밀은 절대적인 비밀을 뜻하는 것이 아니고 일부 또는 일정범위의 사람들이 알고 있다고 하더라도 비밀로서 유지되고 있으면 영업비밀에 해당될 수 있고</u>…"(서울고등법원 1996.2.29. 선고 95나14420 판결).

> 절대적인 비밀성을 의미하는 것이 아니라 <u>상대적인 것으로서 비밀을 지킬 의무가 있는 사람들로서 제한 상태가 유지되고 있는 한 비밀성이 있다고</u> 보아야 하고, 다른 사람들이 그 정보의 대체적인 윤곽을 알고 있더라도 구체적인 상세 정보를 갖지 못했다면 역시 비밀성이 있다(인천지방법원 2005. 12.22. 선고 2005노257 판결).

(3) 비밀성과 신규성

영업비밀의 비공지성과 관련하여서는 "당해 정보가 보유자의 관리이외에서는 일반적으로 입수할 수 없는 상태에 있는 것"이라고 발명의 특허요건을 참조할 수 있다.[142] 이에 상당수의 미국 판결례는 영업비밀을 공지의 지식으로부터 준별하는 이 요건을 신규성(novelty)으로 설명하고있다. 특히 "신규성이 전혀 없다면 일반적으로 알려질 것이므로 최소한

---

142) 특허법은 ① 특허출원 전에 국내 또는 국외에서 공지되었거나 공연히 실시된 발명 또는 ② 특허출원 전에 국내 또는 국외에서 반포된 간행물에 게재되거나 대통령령이 정하는 전기통신회선을 통하여 공중이 이용가능하게 된 발명된 발명은 보호되지 않는다.

의 신규성을 내포한다"고 판시하고 있다.[143)

보호가치 있는 정보는 일반적으로 알려진 정보와 구별되는 것이고, 이러한 구별은 상업적인 가치와 직결된다. 즉 알려져 있지 않다고 하는 것이 상업적 가치를 낳는 것이다. 이때의 알려져 있지 않다고 하는 것은 전혀 새로운 것을 의미하기도 하고, 새롭지는 않으나 다른 이가 그 기술 여부를 파악하지 못함을 의미하기도 한다.[144) 따라서 영업비밀은 경우에 따라서는 신규성을 요구하게 되기도 한다.

다만 영업비밀에 있어서의 신규성은 사회의 일반적인 기술수준과 비교하여 어느 기술의 신규성 여부를 판단하는 특허법적 의미의 그것과는 다르다. 즉 특허권은 엄격한 심사를 거친 후 등록에 의하여 성립하는 것이며, 그 효력은 실시를 독점한다고 하는 일반적인 배타적 효력을 갖는 것이다. 반면 영업비밀은 보유자의 비밀관리라고 하는 사실에 의해 보호되고, 보유자로부터 유출한 정보의 사용, 공개 등만을 제한하는 것에 불과하기 때문에 특허법에 있어서의 공지성 개념과 전적으로 같게 이해하여서는 아니 된다. 따라서 다수의 개별 정보를 수집하여 정리한 영업비밀을 부정하게 취득·사용하는 행위는 비록 그 정보가 그 기술분야에서 통상의 지식을 가진 일부의 사람에게 다소간 알려져 있는 경우일지라도, 모든 개별 정보를 수집하는 노력이나 기간, 비용 등을 절약한다는 이익을 부당하게 인정할 수는 없을 것이다. 예컨대 공지기술이나 이를 조합한 것은 특허를 받을 수 없다. 반면 개별 고객에 대한 정보는 영업비밀에 해당하지 않을 수 있으나, 이를 목록화한 정보는 영업비밀로서 보호받을 수 있다.

---

143) Kewanee Oil Co. v. Bicron Corp., 416U.S.470,476, 181USPQ673, 676(1974).
144) 물론 어느 산업내의 일반적인 공정에 대한 단순한 변경은 만일 그것이 종래의 기술을 진보시킨 바가 전혀 없다면 영업비밀로서 보호될 수가 없다.

(4) 비공지의 정도[145]

다른 경쟁사에 대하여 알려지지 않아 경쟁에 우위성을 유지하고 있는 경우에는 비공지성의 요건이 충족된다. 이에 공지 정보의 조합일지라도 그 조합이 알려지지 않았기 때문에 재산적 가치를 상실하지 않는 것은 비공지성 요건을 충족한다. 따라서 고액소득자, 로터리클럽, 라이온스 클럽, 의사회 등의 명부에서 수집한 인명, 주소, 전화번호일지라도, 이들 200만명에 대한 통신판매 결과를 토대로 추출·정리된 3만명 정도의 고객 정보는 영업비밀에 해당하며,[146] 판매비용을 절약하여 영업의 효율화를 달성하는 가치가 있다는 점에서 200여명의 고객을 정리한 고객 명부 역시 비공지라고 할 수 있다.[147]

비밀관리체제를 파괴하는 행위를 이용하지 않으면 정보를 알 수 없는 경우에는 또한 비공지성 요건을 충족한다. 특정한 자에게 알려져 있는 정보라도 그 자에게 비밀을 유지할 의무가 부과되어 있는 경우에는 비밀관리성과 함께 비공지성 요건도 충족된다. 또한 당해 정보를 이용하여 제조된 시판 제품을 분석하는 수단에 의해 당해 정보를 탐지하는 것이 가능한 경우에도 비공지성 요건이 부정되는 것은 아니다. 즉 특수한 기능을 가진 자가 아니어도 용이하게 단기간 내 영업비밀 정보를 유추할 수 있는 경우에는 시장에 출시된 때 내지는 분석에 필요한 상당한 기간이 경과한 후에 비공지성이 상실되나, 그 완전한 분석이 고도의 전문적 지식과 기술을 갖추어도 상당히 곤란하고 장기의 연구를 요하는 경우에는 비공지성 요건이 충족된다.[148] 판례 역시 다른 업체들이 기능이 유사한 제품들을 생산하고 있다거나 타 회사 제품의 데이터시트

---

145) 윤선희, "영업비밀에 있어서의 경영상 정보", 창작과 권리(제39호), 세창출판사, 2005. 6, 88-89면.

146) 大阪高判 昭和 58.3.3. 判時 1084号 122頁 [通信販賣カタログ二審].

147) 大阪地判 平成 9.8.28. 判不競 1250ノ204 29頁 [中小公務顧客目錄 事件].

148) 奈良地判 昭和 45.10.23. 下民 21券 10号 1369頁 [フォセコ·ジャパン 事件].

(datasheet) 등에 극히 개략적인 회로도가 공개되어 있다고 하더라고, 상당한 시간과 비용을 들여 연구개발한 이상 해당 회로도 또는 회로도 파일 등의 기술정보들은 영업비밀에 해당한다고 판단하고 있다.[149] 또한 원고의 각종 도면, 작업표준서, 제작기준서 등이 공지내용을 기초로 하였더라도 원고의 노하우가 접목되어 별개정보로 보이고, 그 대략적인 내용이 카탈로그에 공개된 경우라도 세부적 치수가 비밀로 유지된 사안에서 위 도면 등에 대하여 영업비밀성을 인정한 사례도 있다.[150]

> 회로도 또는 회로도 파일, 레이아웃 도면 파일, 공정관련 설계자료집 파일 및 양산관련 '조립규격' 파일 등은 비메모리 반도체집적회로의 설계 및 판매 전문회사인 공소외 주식회사가 상당한 시간과 비용을 들여 연구 개발한 것으로서 공소외 주식회사의 영업에 있어 핵심적인 요소 중의 하나일 뿐만 아니라, 외부로 유출될 경우 경쟁사, 특히 후발경쟁업체가 동종 제품을 개발함에 있어 기간 단축의 효과를 가져올 수 있고, 그 내용이 일반적으로 알려지지 아니함은 물론 공소외 주식회사가 이를 비밀로 관리해왔으므로, 위 기술정보들은 모두 공소외 주식회사의 영업비밀에 해당하고, 위 <u>회로도에 표시된 소자의 선택과 배열 및 소자값 등에 관한 세부적인 내용이 공연히 알려져 있지 아니한 이상</u>, 다른 업체들이 공소외 주식회사 제품과 기능이 유사한 제품들을 생산하고 있다거나 타 회사 제품의 데이터시트(datasheet) 등에 그 제품의 극히 개략적인 회로도가 공개되어 있다는 등의 사정만으로 이와 달리 볼 수 없다(대법원 2009.10.29. 선고 2007도6772 판결).

> 피고들은 ① 이 사건 도면이 후성정공 주식회사의 자료를 참고하여 작성된 것인 점, ② 배관재가 국제규격화 된 제품인 점, ③ 원고의 카탈로그나 사양서가 빈번히 외부에 제공된 점 등을 들어 이 사건 도면 등을 원고의 영업비밀이나 영업용 주요한 자산으로 볼 수 없다고 주장한다.

> 그러나 피고들의 주장대로 ① 이 사건 도면이 처음에는 ㅇㅇ주식회사의

---

149) 대법원 2009.10.29. 선고 2007도6772 판결.
150) 춘천지방법원 원주지원 2017.12.7. 선고 2015가합5640 판결.

자료를 기초로 제작되었더라도 그 후 원고의 수년간의 시행착오로 축적된 설계 노하우 등이 접목되어 별개의 도면으로 발전되었다고 할 수 있는 점, ② 배관재가 국제규격화되어 있더라도 국제규격의 범위 내에서 개별 제품의 세부적인 모양과 치수는 각각의 제조사별로 달리 구성·제작되어 온 것으로 보이는 점, ③ 원고의 카탈로그나 사양서가 빈번히 외부에 제공되었더라도 그와 같은 카탈로그나 사양서에는 제품의 세부적인 수치가 아닌 대략적인 모양과 크기만이 기재되어 있을 뿐인 점 등에 비추어 보면, 원고의 이 사건 도면 등이 원고의 영업비밀이나 영업용 주요한 자산에 해당한다는 것을 부정할 수 없으므로, 피고들의 주장은 받아들이기 어렵다"(춘천지방법원 원주지원 2017.12.7. 선고 2015가합5640 판결).

반면 일반적으로 접근할 수 있는 정보는 비공지라고 할 수 없다. 예컨대 특허출원이 공개된 경우, 당해 경쟁업자라면 용이하게 입수할 수 있는 잡지 기사에 게재된 경우[151]나 묘석의 모델을 표시하는 도면이나 묘석의 원가표[152]에 대하여 기재된 사항의 내용, 성질에 따라 비공지라고는 할 수 없다고 한 판결도 있다. 그러나 공장 견학자나 납품처 사원이 작업을 견학하였지만 구체적인 가공방법을 아는 것이 곤란한 경우에는 영업비밀이 부정되는 것은 아니다.[153]

  '공연히 알려져 있지 아니하다'고 함은 그 정보가 간행물 등의 매체에 실리는 등 불특정 다수인에게 알려져 있지 않기 때문에 보유자를 통하지 아니하고는 그 정보를 통상 입수할 수 없는 것을 말하고, 보유자가 비밀로서 관리하고 있다고 하더라도 당해 정보의 내용이 이미 일반적으로 알려져 있을 때에는 영업비밀이라고 할 수는 없다. 그런데 특허출원을 하기 위한 특허출원서에는 발명의 명세서와 필요한 도면 및 요약서를 첨부하여야 하고 발명의 상세한 설명에는 그 발명이 속하는 기술분야에서 통상의 지식을 가진 자

---

151) 東京地判 平成 10.11.30. 判不競 1250ノ200 24頁 [ダブルライニング工法 事件].

152) 東京地判 平成 12.11.13. 判時 1736号 118頁 [來山者名簿 事件].

153) 大阪地判 平成 10.12.22. 知裁集 30巻 4号 1000頁 [フッ素樹脂シート溶接技術 事件].

가 용이하게 실시할 수 있을 정도로 그 발명의 목적, 구성 및 효과를 기재 하여야 하며, 특허청구범위에는 발명이 명확하고 간결하게 그 구성에 없어 서는 아니 되는 사항을 기재하여야 하므로 결국 그 기술분야에서 통상의 지 식을 가진 자라면 누구든지 공개된 자료를 보고 실시할 수 있다. 따라서 특 허출원된 발명에 대하여 영업비밀을 주장하는 자로서는 그 특허출원된 내용 이외의 어떠한 정보가 영업비밀로 관리되고 있으며 어떤 면에서 경제성을 갖고 있는지를 구체적으로 특정하여 주장, 입증하여야 하고(대법원 2004. 9.23. 선고 2002다60610 판결 참조), 이는 실용신안출원의 경우에도 마찬가 지이다(대전지방법원 2017.12.5. 자 2017카합50303 결정).

음료나 맥주의 용기에 내용물의 온도를 확인할 수 있는 열감지테이프나 열감지잉크 등의 온도감응수단을 부착하는 아이디어는 원고가 실용신안등록 을 출원하고 피고 회사에 이를 제안하기 이전에 국내에서 사용된바 없다 할 지라도 국외에서 이미 공개나 사용됨으로써 위 아이디어의 경제적 가치를 얻을 수 있는 자에게 알려져 있는 상태에 있었다 할 것이므로, 원고의 온도 테이프를 부착한 맥주 용기에 관한 아이디어는 위 부정경쟁방지법에서의 영 업비밀이라고 볼 수 없다(서울지방법원 1997.2.14. 선고 96가합7170 판결).

범죄일람표 순번 9 문서는 공소외 2 주식회사가 개발한 휴대전화기용 미 들웨어인 '임베디드 게임 기어(Embedded Game Gear)'의 설명문으로서 위 회사가 그 해외마케팅 대행사인 피해 회사에 거래처 배포용 등으로 제공한 것으로 보이는바, 위 문서는 그 내용 중 일부가 피해 회사의 웹사이트에 공 개되어 있었고, 위 문서의 내용은 미들웨어에 관하여 기술적으로 중요한 정 보가 기재되어 있거나 그 보유자가 경쟁상의 이익을 얻을 수 있는 정보를 담고 있다기보다는 미들웨어의 구성과 기능상의 특징에 관하여 간략히 개괄 하고 있는 것에 불과하므로, 위 법리에 비추어 볼 때 위 문서는 공연히 알 려져 있는 것이거나 독립된 경제적 가치를 가진다고 할 수 없는 것이어서 영업비밀에 해당하지 아니한다(대법원 2009.4.9. 선고 2006도9022 판결).

(5) 비밀성의 입증책임

원칙적으로 비밀성의 입증을 침해를 주장하는 자, 영업비밀 보유자가 증명하여야 한다. 그러나 비공지성의 입증책임을 엄격하게 원고에게 부과하면 불합리한 결과를 낳을 가능성이 높다. 왜냐하면 원고로서는 당해 정보가 미공개·미공표된 것, 원고 이외의 제3자 전원이 당해 정보를 알지 못한 것 등의 모든 사실을 입증할 필요가 있어, 이른바 「없는 것의 증명」을 강요당하게 된다. 이에 원고로서는 통상 일반인은 당해 정보에 대하여 접근할 수 없는 것을 합리적인 범위 내에서 입증하면, 일응 비공지 사실이 추정되고, 이를 복멸하기 위하여는 역으로 피고측에서 당해 정보가 공지된 것이란 반증하여야 한다.[154)]

나아가 비공지성의 입증책임은 피고에게 있다고 해석해야 한다고 하는 견해[155)]도 있다. 즉 비밀관리성이나 영업비밀의 부정한 침해행위 존재의 입증책임이 원고에게 있는 이상, 이 사실이 입증된 경우에는 피고측에서 이용한 정보가 공지인 것을 입증하지 않으면, 청구를 기각할 수 없다고 한다. 한편 법원은 "특허출원된 발명에 대하여 영업비밀을 주장하는 자로서는 그 특허출원된 내용 이외의 어떠한 정보가 영업비밀로 관리되고 있으며 어떤 면에서 경제성을 갖고 있는지를 구체적으로 특정하여 주장·입증하여야 할 것이다"고 판단[156)]하였다.

나. 독립된 경제적 가치성(경제적 유용성)

(1) 의 의

영업비밀은 '독립된 경제적 가치'를 갖고 있어야 한다. 이때 '독립된 경제적 가치'란 '그 정보의 보유자가 그 정보의 사용을 통해 경쟁자에

---

154) 大阪辯護士会, 不正競爭關係判例と實務, 民事法硏究会, 2003, 58-59頁.
155) 田村善之, 不正競爭法槪說, 有斐閣, 2003, 334-335頁.
156) 대법원 2004.9.23. 선고 2002다60610 판결.

대하여 경쟁상의 이익을 얻을 수 있거나, 또는 그 정보의 취득이나 개발을 위해 상당한 비용이나 노력이 필요하다는 것'을 의미한다. 즉 영업비밀의 보유자가 그 정보를 사용함으로써 생산비를 절감하거나 판매를 보다 효과적으로 수행하는 등의 경제적인 이익을 얻거나 혹은 상대방 경쟁자에 대하여 자신의 경쟁상의 지위를 제고함에 도움이 될 때, 또는 그 정보의 취득·사용에 있어 대가나 사용료를 지급하거나 혹은 그 정보의 독자적인 개발을 위해서 상당한 노력과 비용이 필요할 때, 문제의 정보는 경제성이 있다고 일단 말할 수 있다. 물론 어느 정보의 개발을 위하여 비용이나 시간이 소요되었다는 사실이 영업비밀 보호를 위한 전제조건은 아니지만, 비용과 노력이 지출되었다는 사실은 그 정보가 상업적인 가치를 지닌다는 증거 또는 손해배상을 위한 기초가 될 수 있는 것이다. 한편, 관련 정보가 이미 공개된 것인 경우에는 정보의 형성에 오랜 기간 동안의 상당한 비용과 인력이 투입되었다는 자체만으로는 영업비밀성이 인정되지는 않는다.[157)

채권자가 수년에 걸쳐 인원과 자금을 투입하여 시행착오 끝에 만들어 냈을 뿐만 아니라 이를 이용하여 제작한 권선기(捲線機)의 권선을 감는 속도가 국내는 물론이고 외국회사의 권선기에 비하여도 월등히 빠른 등 독립된 경제적 가치를 가지고 있다(대구고등법원 2001.9.28. 선고 2000나2291 판결).

기술정보는 원고 회사의 영업에 있어 핵심적 요소로서 원고 회사는 그 개발을 위하여 오랜 시간동안 막대한 비용과 노력을 들여 기술이전과 개발을 하였을 뿐만 아니라, 이와 같은 정보의 보유로 인하여 경쟁업체와 경쟁관계에 있어 유용하게 활용할 수 있으므로 독립된 경제적 가치로서 경제적

---

157) 서울고등법원 2000.3.14. 선고 99나36121 판결. 이 판결은 영업비밀의 요건으로서의 비공지성 내지 신규성을 갖지 못한 것이라는 이유로 영업비밀에 해당하지 않는다고 판단하였다. 그런데 유용성과 경제성을 구분하는 견해는 이 판결을 유용성과 경제성을 영업비밀을 구성하는 별개의 요소로 판단한 것이라는 소개하고 있다.

유용성이 있다(서울고등법원 2001.10.16. 선고 2001나1142 판결).

2년여의 기간 동안에 시행착오를 겪으면서 많은 실험과 평가과정의 반복을 통하여 이 사건 기술정보인 도금조건을 선정하는 등 그 선정에 상당한 노력, 비용과 시간을 들인 것으로서 독립된 경제적 가치도 가지고 있다(서울중앙지방법원 2004.5.14. 선고 2002가합10672 판결).

이 사건 기술·경영상 정보가 영업비밀의 요건으로서 비공지성 또는 신규성을 갖추고 있는 것인지에 관하여 보건대, 2 롤러 타입(2 Rollers Type)의 코팅기와 캐리어는 1991년 이전부터 미국, 대만의 업체에 의해 개발된 사실 및 이 사건 RPA모델 코팅기의 기술적 특징인 2롤러 타입과 캐리어에 관한 정보가 이미 공개되고 또한 경쟁업체에서 이를 생산하고 있으며, 이 사건 RPA모델 코팅기에 대한 고객정보나 판매정보 역시 각종 무역관련자료를 통해 공개되어 있다면, 비록 신청인회사가 이 사건 RPA모델 코팅기의 개발을 위하여 상당한 시간과 비용 및 노력을 들여 위 대덕전자에 투자하였을 뿐만 아니라 위 대덕전자가 부도가 난 이후에 금형과 제품 외에 의장권 등 각종 영업상 권한까지 양수하였고, 또한 해외영업부를 편성하여 각종의 해외전시회에 참가하는 등 오랜 기간 동안 상당한 비용과 인력을 투입하여 해외고객을 발굴해왔다 하더라도, 이 사건 기술·경영상의 정보는 영업비밀의 요건으로서의 비공지성 내지 신규성을 갖지 못한 것이라고 볼 수밖에 없을 것이다(서울고등법원 2000.3.14. 선고 99나36121 판결).

경제적 유용성을 의미한다는 점에서 설령 비밀일지라도 경제적 관점에서의 가치가 없는 것은 영업비밀에 해당하지 않는다. 예컨대 종교적인 교의를 담은 비밀문서는 순전히 영적인 가치와 결부되므로 영업비밀로서의 경제적 가치는 없다. 또한 전혀 실현가능성이 없는 정보도 마찬가지이다. 또한 이러한 경제적 유용성은 보유자의 주관에 따라 인정되는 것이 아니며, 객관적으로 그 유용함을 판단하게 된다. 또한 여기서의 '유용하다'고 함은 경쟁우위의 원인이 되는 경우를 포함해서 그 정보가 사업 활동에 사용되거나 또는 그 정보를 사용함으로 인하여 비용 절약,

경영 효율의 개선 등에 도움이 되는 것을 의미한다. 또한 소극적인 정보
라도 사업활동의 효율을 높일 수 있다면 영업비밀에 해당한다.

소극적인 정보, 즉 장기간에 많은 비용이 소요된 연구 및 실험결과를 통하
여 어떤 공정이 유용하지 않다는 정보 역시 실패를 반복하지 않고, 그 실험
을 생략하여 연구개발비를 절약하는 등으로 사업활동의 효율을 높일 수 있으
므로 영업비밀에 해당한다(서울지방법원 2002.10.1. 선고 2000가합54005 판
결).

부정경쟁방지법에 정해진 영업비밀은 '영업활동에 유용한 정보'에 해당할
것을 그 요건으로 하는데 이와 같은 '유용성'은 보유자의 주관에 따라 인정
되는 것은 아니고 그 정보가 객관적으로 유용할 때 인정되는 것이다. 또한
여기서의 '유용하다'고 함은 경쟁우위의 원인이 되는 경우를 포함해서 그 정
보가 사업 활동에 사용되거나 또는 그 정보를 사용함으로 인하여 비용 절
약, 경영 효율의 개선 등에 도움이 되는 것을 의미한다(서울중앙지방법원
2007.12.13. 선고 2007가합14136 판결).

한편 영업비밀이 일반인들이 쉽게 접근할 수 있는 인터넷의 유·무
료 사이트를 통하여 수집된 것이고, 그러한 자료수집방법이 경쟁관계에
있는 다른 인력 관리 업체들도 널리 사용하는 것으로 특별히 이 사건
회사의 정보력이나 노하우가 사용되지는 않았으며, 수집된 각 자료에 원
고 및 이 사건 회사 직원의 가공행위가 특별히 부가되어 원자료와 독립
된 경제적 가치가 발생하거나 증가한 것은 아닌 사실은 영업비밀의 경
제적 독립성을 부정하게 한다.[158]

(2) 영업비밀의 독립성

'독립된 경제적 가치를 가지는 것'이라 함은 그 영업비밀이 공연히
알려져 있지 아니한 것이기 때문에 영업비밀 보유자만이 독자적으로 향

---

158) 부산지방법원 2006.6.22. 선고 2005가합2591 판결.

유할 수 있는 경제적 가치를 가진다는 의미한다. 즉 정보가 독립된 경제
적 가치를 가진다는 것은 그 정보의 보유자가 그 정보의 사용을 통해
경쟁자에 대하여 경쟁상의 이익을 얻을 수 있거나 또는 그 정보의 취득
이나 개발을 위해 상당한 비용이나 노력이 필요하다는 것을 의미한
다.[159)]

이때 영업비밀이 독립된 경제적 가치를 가진다는 것은 영업비밀 그
자체가 경제거래의 대상이 되는 독립적인 경제적 가치를 가진다는 것을
의미하지는 않는다. 즉 영업비밀의 보호요건으로서 독립적 경제적 가치
는 원칙적으로 비밀성으로부터 유래하는 것으로 그 공개 또는 사용에
의하여 경제적 가치를 얻을 수 있는 자에게 일반적으로 알려져 있지 않
고 또 정당한 수단에 의해서는 쉽게 알 수 없기 때문에 현실적이건 잠
재적이건 경제적 가치를 가지게 되며, 법률상 정당한 이익을 가져야 한
다는 의미이며, 정보 그 자체가 경제거래의 대상이 되는 독자적·금전적
값어치를 가져야 한다는 의미는 아니다.[160)] 따라서 바로 영업활동에 이
용될 수 있을 정도의 완성된 단계에 이르지 못한 것이라도 영업비밀이
되는 것에는 문제가 없다. 예컨대 바로 영업활동에 이용될 수 있을 정도
의 완성된 단계에 이르지 못하였거나, 실제 제3자에게 아무런 도움을 준
바 없는 것이라도 영업비밀로서의 독립된 경제성을 인정할 수 있다.

이때 정보가 '독립된 경제적 가치를 가진다'는 의미는, <u>그 정보의 보유자
가 그 정보의 사용을 통해 경쟁자에 대하여 경쟁상의 이익을 얻을 수 있거
나, 또는 그 정보의 취득이나 개발을 위해 상당한 비용이나 노력이 필요하
다는 것인바,</u> … 어떠한 정보가 위와 같은 요건을 모두 갖추었다면, 위 정
보가 바로 영업활동에 이용될 수 있을 정도의 완성된 단계에 이르지 못하였
거나, 실제 제3자에게 아무런 도움을 준 바 없거나, 누구나 시제품만 있으

---

159) 대법원 2008.2.15. 선고 2005도6223 판결.
160) 송영식·이상정·황종환, 지적소유권법(하)(제9판), 육법사, 2005, 459-460면.

면 실험을 통하여 알아 낼 수 있는 정보라고 하더라도, 위 정보를 영업비밀로 보는 데 장애가 되는 것은 아니다(대법원 2008.2.15. 선고 2005도6223 판결).

회로도란 부품의 배열, 부품의 연결, 부품의 규격과 전기적 수치 등을 공인된 기호를 사용하여 단면에 표시한 도면으로서 회로도를 설계함에 있어 가장 중요한 부분은 소자의 선택과 소자의 배열 등이고, 향후 제품에서 실현할 구체적 기능 구현을 완성하기 위해서는 주어진 규격에 따른 성능 테스트 등을 통하여 세부 규격을 정하는 과정을 거쳐야만 하므로, 설령 회로도에 담긴 추상적인 기술사상이 공지되었다고 하더라도 위와 같은 과정을 거쳐서 완성되는 회로도의 독립된 경제적 가치를 부정할 수는 없다(대법원 2008.2.29. 선고 2007도9477 판결).

'독립된 경제적 가치를 가지는 것'이라 함은 그 영업비밀이 공연히 알려져 있지 아니한 것이기 때문에 영업비밀 보유자만이 독자적으로 향유할 수 있는 경제적 가치를 가진다는 의미이지 영업비밀 자체가 독립적인 경제적 가치를 가져야만 한다는 것은 아닌 것으로 해석될 뿐만 아니라, … 사건에서 각 회로도에 부품배치 등에 관한 노하우가 들어간 이상 유출된 회로도 2장만으로 휴대폰을 바로 제조할 수는 없다고 하여도 그것의 경제적 가치나 영업비밀성이 부정되는 것은 아니다(서울중앙지방법원 2006.5.12. 선고 2006고합246 판결).

(3) 진보성과 영업비밀의 경제성

영업비밀은 그 내용이 경쟁재산적 가치가 있으면 충분하고, 특허와는 달리 신규성이나 진보성이라는 요건을 충족할 필요는 없다.[161] 즉 특허에서와 같은 진보성이 인정되는 경우에는 영업비밀로서의 경제적 유용성이 인정될 가능성이 높지만, 그러나 반드시 특허법상의 신규성 내지

---

161) 정진근, "공개소프트웨어의 영업비밀성과 보호범위", 정보법학(제10권 제1호), 한국정보법학회, 2006.7, 65면.

진보성을 요건으로 하지는 않는다.

영업비밀로 인정되기 위하여 특별한 고유성이나 진보성을 요하는 것은 아니다. 비록 이전의 프로그램과 유사하거나 그에 기초하여 개발한 것이라 하더라도, 피해회사가 그 개발과정에 있던 그 일련의 프로그램들을 비밀로서 관리하고 있었고, 관련 업계에서조차 취득할 수 없을 정도로 공연히 알려져 있지 아니하였을 뿐만 아니라, 그 정보를 취득함에 따라 관련 프로그램의 개발 가능 여부가 결정될 정도로 중요한 경제적 가치가 있다(서울남부지방법원 2007.10.5. 선고 2004노1493 판결).

(4) 역설계와 경제성

그 영업비밀을 보유하는 자가 그 정보의 사용을 통하여 상대방 경쟁자에 대하여 경쟁상의 이익을 얻을 수 있거나 그 정보의 취득이나 개발을 위하여 상당한 비용이나 노력이 들어야 한다. 즉 영업비밀의 보유를 통하여 경쟁에서의 우위를 점할 수 있어야 하며, 별다른 시간이나 노력 없이도 그 정보를 육안으로나 간단한 분해분석으로도 손쉽게 확인할 수 있다면 독립적 경제성을 갖고 있다고 인정할 수 있는 영업비밀에 해당하지 않는다.

반면 영업비밀은 특허 발명과는 달리, 독자적인 개발이나 역설계와 같은 합법적인 방법에 의하여 그 영업비밀을 취득할 수 있다. 즉 영업비밀은 역설계에 의한 취득이 가능하며, 이러한 역설계가 가능하다고 하여 영업비밀성이 부정되는 것은 아니다.

영업비밀이라 함은 일반적으로 알려져 있지 아니하고 독립된 경제적 가치를 가지며, 상당한 노력에 의하여 비밀로 유지·관리되는 생산방법, 판매방법 기타 영업활동에 유용한 기술상 또는 경영상의 정보를 말하고, 영업비밀 보유자가 직원들에게 비밀유지 의무를 부과하는 등 기술정보를 엄격하게 관리하는 이상, 역설계가 가능하고 그에 의하여 기술정보의 획득이 가능하더라도, 그러한 사정만으로 그 기술정보를 영업비밀로 보는 데에 지장이 있다고 볼 수 없다(대법원 1999.3.12. 선고 98도4704 판결).

경제성이라 함은 영업비밀의 보유자가 그 정보의 사용을 통하여 상대방 경쟁자에 대하여 경쟁상의 이익을 얻을 수 있거나 그 정보의 취득이나 개발을 위하여 상당한 비용이나 노력이 든 경우를 말한다. 따라서 별다른 시간이나 노력 없이도 그 정보를 육안으로나 간단한 분해분석으로도 손쉽게 확인할 수 있다면 다른 경쟁업체와의 관계에서 비밀로 유지할 정도로 경제적 가치가 있는 기술상 또는 경영상의 정보라고 보기 어렵다(대구지방법원 2006.9.14. 선고 2005노4282 판결).

(5) 위법한 영업비밀의 보호

영업비밀보호법이 보호하고자 하는 영업비밀은 정당한 것이어야 한다. 따라서 원칙적으로 위법한 정보는 보호하지 않으며, 기업이 보호하고자 한다고 하여 모든 정보를 영업비밀로 보호하는 것은 아니다. 예컨대 뇌물정보와 같이 기업의 불법 사실이나 사주의 스캔들과 같은 개인적인 사항은 비록 기업 차원에서 비밀로 보호한다고 하여, 법률이 그 보호를 인정하는 것은 아니다.

다만 그러한 위법성이 직접적으로 판단되지 않는 경우가 있다. 예컨대 타인의 영업비밀을 침해하여 지득한 기술정보를 영업비밀로서 보호할 수 있는가가 문제되는 경우이다. 이에 대하여 법원은 그 책임은 별도로 하고, 영업비밀로서의 보호를 주장할 수 있고 판단한다. 즉 영업비밀의 위법이 분명하지 않는 한 영업비밀로서의 보호가 부정되지는 않는다.

피해회사의 초창기 프로그램이 이전의 그것과 유사한 것으로서 이전 회사의 영업비밀을 침해하여 취득한 것이라고 하더라도, 영업비밀로 인정되기 위한 요건으로 고유성이나 진보성을 요하는 것이 아닌 이상 피해회사가 제3자에 대하여 영업비밀 침해에 관한 별도의 책임을 짐은 별론으로 하고, 그

<u>와 같은 사정만으로 위 정보 자체가 영업비밀에 해당하지 않게 되는 것은
아니다</u>(서울남부지방법원 2007.10.5. 선고 2004노1493 판결).

한편 실패한 연구데이터와 같은 소극적 정보(negative information)의
경우에는 직접 그 정보를 사용할 수 없을지라도, 당해 정보를 이용하여
연구의 실패를 피할 수 있고, 이를 통하여 비용을 절감하고 보다 효율적
인 연구를 진행함으로써 연구개발비용을 절감할 수 있다는 점에서 경제
적 가치를 인정할 수 있다.

이 사건 기술상 정보를 토대로 한 원고의 이 사건 특허는 외부의 에너지
공급없이 지속적으로 원적외선을 발생시키는 것을 내용으로 하는데, 이러한
원리는 에너지 보존법칙이라는 자연법칙에 위배되는 것으로 보이기는 하
지만, 경쟁 업체로서는 독자 적인 연구와 실험을 거치지 않고 이 사건 나머
지 기술상 정보를 알아낸다면 <u>비록 실패한 기술이라 하더라도 시행착오를
줄일 수 있고, 자신의 제조 공정 등과 비교·보완함으로써 공정한 경쟁자보
다 유리한 출발을 하거나 시간 절약을 할 수 있을 것으로 보이는 점 등에
비추어 보면 이 사건 기술상 정보는 영업비밀로서의 비공지성 및 경제적 유
용성을 갖추었다고 봄이 상당하다</u>(서울중앙지방법원 2015.2.5. 선고 2011가
합117339 판결).

다. 비밀관리성

(1) 의 의

영업비밀은 비밀로 '관리'되어야 한다. 전통적으로 비밀로 관리된다는
의미는 "그 정보가 비밀이라고 인식될 수 있는 표시를 하거나 고지를
하고, 그 정보에 접근할 수 있는 대상자나 접근 방법을 제한하거나 그
정보에 접근한 자에게 비밀준수의무를 부과하는 등 객관적으로 그 정보
가 비밀로 유지·관리되고 있다는 사실이 인식 가능한 상태인 것"을 말
한다.[162)]

영업비밀을 부정이용행위로부터 보호하는 취지는 연구 성과에 대한 인센티브를 보장하기 위하여, 영업활동상의 정보를 비밀로 하는 것으로 다른 경쟁업자에 대하여 우위를 점하려는 기업의 행동을 법적으로 지원하는 것에 있다. 비밀로서 관리되지 않는 정보는 빠르든 느리든 타인에게 알려지게 되며, 해당 정보를 보유함으로써 차지하게 되는 기업의 우위성은 상실된다. 또한 정보는 관리되지 않으면 자유롭게 유통되는 성질을 가지며, 그 과정에는 형태조차도 최초의 모습을 유지하지 못하고, 다른 정보와 혼재되어 돌아다니게 되고, 결국 그 출처조차도 불명하게 되는 경우가 적지 않다. 이러한 성질을 갖는 정보에 관하여 어떤 법적 보호를 부여하고자 한다면 보호를 받을 수 있는 정보와 받을 수 없는 정보로 구별하는 것이 필요하다. 그렇지 않다면 무엇이 이용해도 좋은 정보인지, 무엇이 이용하여서는 안 되는 정보인지가 불명하게 되고, 이러한 불확실성은 오히려 정보의 자유로운 이용을 저해할 수 있기 때문이다. 또한 비밀로 관리되지 않는 정보의 경우 그 정보에 접근하는 자에게 자유롭게 사용하거나 공개할 수 있는 정보라는 인식 줄 수 있는 개연성이 높기 때문에 비밀로 관리되지 않은 정보까지도 보호하는 것은 정보거래의 안정성을 저해하기 때문이기도 하다.[163]

여기에서 법은 법적 보호를 원하는 자에게 비밀로서 관리하는 '자구노력을 촉구'하면서, '보호되어야 하는 정보를 다른 그러하지 않은 정보와 구별'하여 법적 보호를 원하는 것을 명시케 하기 위하여 보호요건으로서 비밀관리성을 요구하였다. 비밀관리가 이루어진다면 정보가 다른 정보와 혼재되는 것이 없고, 또한 다른 자로부터 법적 보호를 받는 것을 원하고 있는 것이 명백하다. 거꾸로 비밀로서 관리할 수 없는 정보는 보유자가 아무리 법적 보호를 받고 싶다고 해도 비밀정보로서의 보호를

---

162) 대법원 2008.7.10. 선고 2008도3435 판결.

163) 小野昌延·松村信夫, 新·不正競爭防止法槪說(第2版), 靑林書院, 2015, 324頁.

받을 수 없다.[164]

'상당한 노력에 의하여 비밀로 유지된다'는 것은 그 정보가 비밀이라고 인식될 수 있는 표시를 하거나 고지를 하고, 그 정보에 접근할 수 있는 대상자나 접근 방법을 제한하거나 그 정보에 접근한 자에게 비밀준수의무를 부과하는 등 객관적으로 그 정보가 비밀로 유지·관리되고 있다는 사실이 인식 가능한 상태인 것을 말한다. 직원들이 취득·사용한 회사의 업무 관련 파일이 보관책임자가 지정되거나 보안장치·보안관리규정이 없었고 중요도에 따른 분류 또는 대외비·기밀자료 등의 표시도 없이 파일서버에 저장되어 회사 내에서 일반적으로 자유롭게 접근·열람·복사할 수 있었던 사안에서, 이는 상당한 노력에 의하여 비밀로 유지된 정보라고 볼 수 없다(대법원 2008.7.10. 선고 2008도3435 판결).

(2) 비밀관리의 정도

한편, 비밀관리와 관련하여 어느 정도의 비밀관리가 필요한지 문제될 수 있다. 1992년 영업비밀 보호제도를 도입할 당시에는 비밀관리의 정도가 "상당한 노력에 의하여 비밀로 유지"되는 정도였다. 그리고 자금사정이 좋지 않은 중소기업은 영업비밀 보호를 위한 충분한 시스템을 구비하지 못하여 영업비밀로 보호받지 못하는 사례가 발생하고 있다는 이유로 2015년 1월 28일 영업비밀보호법의 개정을 통하여 비밀관리의 정도가 "상당한 노력"에서 "합리적인 노력"으로 되었다. 한편, 2019년 1월 8일 개정을 통해서는 합리적인 노력이 없더라도 비밀로 유지되었다면 영업비밀로 인정받을 수 있도록 "합리적 노력"이라는 문구 자체도 삭제하여 "비밀로 관리된"으로 바뀌었다.

영업비밀보호법 개정취지와 관련하여 특허청은 영업비밀의 인정요건을 "완화"한다는 취지로 설명을 하고 있다. 그러나 "합리적인 노력"이라

---

164) 윤선희, 전게서, 90-91면.

는 문구가 삭제되었다고 하여 영업비밀에 대한 관리를 하지 않아도 된다는 의미는 아니다. 즉, "비밀로 관리"라는 문구가 여전히 존재하고 있기 때문에 여전히 영업비밀보유자의 비밀관리 행위가 필요하다. 따라서 비밀관리의 정도와 관련한 법원의 판단기준은 기존과 크게 달라질 수는 없을 것이다. 다만, 그 세부적 판단 기준, 요소 등에 대해서는 앞으로의 많은 판례의 축적이 필요하다고 할 것이다.

> 영업비밀로 보호되기 위한 '상당한 노력'의 의미에 관하여, 법원은 '비밀이라고 인식될 수 있는 표시를 하거나 고지를 하고, 정보에 접근할 수 있는 대상자나 접근 방법을 제한하거나 정보에 접근한 자에게 비밀준수의무를 부과하는 등 객관적으로 정보가 비밀로 유지·관리되고 있다는 사실이 인식 가능한 상태'를 의미한다고 판시하여 왔다(= 접근 제한 + 객관적 인식가능성). 그런데 특정한 정보에 대한 접근 제한은 해당 정보가 비밀로 유지·관리되고 있다는 사실을 인식하게 하는 측면이 있기 때문에 접근 제한과 객관적 인식가능성이라는 두 요소는 독립적, 개별적이 아니라 상호보완적으로 심사되게 되었고, 그 결과 ① 물리적, 기술적 관리가 행하여졌는지 여부, ② 인적·법적 관리가 행하여졌는지 여부, ③ 조직적 관리가 행하여졌는지 여부가 '상당한 노력'의 유무를 심사하는 구체적인 기준으로 제시되게 되었다. 한편 일부 판결에서는 기업의 규모, 종업원의 수 등에 대하여도 고려가 이루어졌으나 이와 같은 요소들은 ① 물리적, 기술적 관리, ② 인적, 법적 관리, ③ 조직적 관리와 같은 기준에 비해 상대적으로 부차적인 것으로 취급되어 왔다. (중략) 위와 같은 개정 경위에 비추어 볼 때 비밀로 유지하기 위한 '합리적인 노력'을 기울였는지 여부는 해당 정보에 대한 접근을 제한하는 등의 조치를 통해 객관적으로 정보가 비밀로 유지·관리되고 있다는 사실이 인식 가능한 상태가 유지되고 있는지 여부(= 접근 제한 + 객관적 인식가능성)를, 해당 정보에 대한 ① 물리적, 기술적 관리, ② 인적, 법적 관리, ③ 조직적 관리가 이루어졌는지 여부에 따라 판단하되, 각 조치가 '합리적'이었는지 여부는 영업비밀 보유 기업의 규모, 해당 정보의 성질과 가치, 해당 정보에 일상적인 접근을 허용하여야 할 영업상의 필요성이 존재하는지

여부, 영업비밀 보유자와 침해자 사이의 신뢰관계의 정도, 과거에 영업비밀을 침해당한 전력이 있는지 여부 등을 종합적으로 고려해 판단해야 할 것이다(의정부지방법원 2016.9.27. 선고 2016노1670 판결).

비밀관리성을 충족한 상태란 정보에 접근하는 자에게 객관적으로 비밀로 관리되고 있고 있다고 인정되고 있는 상태를 이른다. 일반적인 관리방법으로는 ① 객관적인 인식가능성과 ② 접근 제한이 거론된다.[165] 그러나 객관적이란 문언은 다의적으로 평가되는 것이며, 또한 누구에게 객관적이라고 할 수 있는가는 대체로 논의되지 않았다.

비밀관리 요건의 취지가 정보의 이용자에 대하여 보호되고 있는 정보의 식별을 용이하게 하는 것에 있는 이상, 이 요건의 충족 유무를 판단함에 있어서는 부정 수단을 이용하여 비밀을 취득하고자 하는 자나 미리 공개를 받은 자 내지는 비밀을 유지할 의무를 부담하는 자가 비밀이라는 것을 인식할 정도로 관리되고 있는지 여부를 기준으로 하여야 할 것이다. 따라서 비밀관리라고 하는 요건은 상대적인 개념이다. 창으로 들어간 침입자에 대하여는 정보를 기재한 서류를 책상 서랍에 넣어 두는 정도로서도 비밀이 관리되고 있다고 할 수 있지만, 통상은 서류를 자유로이 열람하는 사내의 종업원에 대하여는 그 정도로는 부족하고, 서류에 비밀 표시를 붙여 두든지, 사물함 내에 잠금장치를 하고 보관하는 것이 필요하다.[166]

---

165) 竹田稔, 知的財産權侵害要論[不正競業編](改訂版), 發明協会, 2006, 148頁; 松村信夫, 不正競爭訴訟の法理と實務(第4版), 民事法硏究会, 2004, 381頁; 小野昌延, 新・註解不正競爭防止法, 靑林書院, 2000, 513頁 등.

166) 田村善之, 不正競爭法槪說(제2판), 有斐閣, 2003, 330頁 등. 이 견해에 의하면 비밀관리는 상대적인 개념이며, 관리방법에 대하여 통일적인 기준이 있는 것이 아니라 개별 사안별로 판단하게 된다. 한편 현행 일본에서 운영하고 있는 「영업비밀관리지침 개정판」에 의하면 비밀관리성이 인정되기 위하여는 사업자가 주관적으로 비밀로서 관리하고 있는 것만으로는 부족하고, 객관적으로 보아 비밀로서 관리되고 있다고 인식할 수 있는 상태에 있는 것이 필요하다고 기술하고 있다. 따라서 객관적인 인식가능성을 요구하고 있는 것으로 변화하고 있다.

또한 법원은 영업비밀 침해 기업의 규모 등을 비밀관리성을 판단하는데 고려하고 있다. 즉 기업규모에 비추어 과도한 정도의 비밀관리 노력을 요구하는 것은 아니며, 그 반대로 감당할 수 없는 비용이 요구되는 것이라고 보기 어려운 비밀 관리 노력조차도 취하지 않았다면 비밀 관리 노력이 부정될 수 있다. 한편, 중소기업의 경우에는 대기업의 경우에 비하여 비밀관리에 있어 어려움이 있으므로 비밀관리성에 대한 판단이 보다 완화된 기준 아래에서 이루어질 필요가 있으며, 일부 하급심에서는 이와 같은 판단이 이루어지고 있다.

> 공소외 1 주식회사와 같은 규모의 중소기업은 자금력의 한계 등으로 인하여 대기업과 같은 수준으로 영업비밀을 완벽하게 유지·관리하는 것이 사실상 불가능하다. 이와 같은 상황에서 대기업과 같은 수준의 비밀 유지·관리를 요구한다면, 중소기업은 영업비밀에 대한 보호를 받기 어려울 것이다. 따라서 비밀 유지·관리에 일부 미흡한 부분이 있다 하더라도, 다른 요건들을 모두 충족하는 것을 전제로, 기업의 규모, 자금력 등에 비추어 영업비밀을 유지·관리하기 위한 노력을 게을리하지 않았음이 인정되는 경우, 「부정경쟁방지 및 영업비밀보호에 관한 법률」상 영업비밀로 인정할 수 있다(서울중앙지방법원 2009.4.23. 선고 2008고합1298, 2009고합32(병합) 판결).

(3) 비밀관리의 의사

비밀로서 관리된다고 말할 수 있기 위하여는 당해 정보의 보유자에 대하여 비밀로 관리하는 의사가 있고 당해 정보에 대하여 대외적으로 누설시키지 않기 위한 객관적으로 인식할 수 있는 정도의 관리가 이루어질 필요가 있다.[167] 즉 비밀관리성이 인정되기 위해서는 사업자가 주

---

167) 大阪地判 平成 11.9.14. 判不競 1250 ノ186 22頁[会計事務所顧客名簿 事件]; 이 사건은 종업원이 일반적으로 공인회계사법, 세무사법등의 규정에 의하여 수비의무를 부담하면, 그 결과 동기업이 관리하는 정보가 "법률상 수비의무가 부과되는 정보인 것

관적으로 정보를 비밀로서 관리하고 있는 것만으로 충분하지 않고, 그 정보가 비밀로서 관리되고 있다고 객관적으로 인식할 수 있는 상태에 있음이 필요하다. 보다 구체적으로, 정보에 접근할 수 있는 사람을 제한하여 특정하고 동시에 정보에 접근한 사람이 그 정보가 비밀이라고 인식할 수 있어야 한다.

> 영업비밀보호법이 보호하는 영업비밀이 되기 위해서는 <u>사업자가 어떤 정보를 비밀로 생각하는 것으로는 충분치 않고, 객관적으로 그 정보가 비밀로 유지·관리되고 있으며 또 제3자가 그 비밀성을 객관적으로 인식할 수 있어야</u> 하는데, 원고가 비교적 규모가 적은 중소기업인 점을 감안한다 하더라도 서약서를 받는 외에 핵심기술을 문서화하여 그 접근을 제한하거나, 연구소에 관계자 외에는 출입하지 못하도록 하는 등 기술정보를 엄격하게 관리하였다는 사정이 보이지 않고, 오히려 연구실 관계자들에게 연구결과 등이 모두 공개되고 별다른 접근제한조치가 없었던 것으로 보아 기술정보가 객관적으로 영업비밀로 유지·관리되어 왔다고 보기 어렵다(대구지방법원 2007. 2.13. 선고 2004가합10118 판결).

영업비밀 보유자로서는 그 정보를 비밀로 유지하고 관리하는 데 필요한 노력을 의도적으로 기울일 필요가 있다. 예컨대 단순히 취업규칙에서 직원들이 업무상 취득한 비밀을 누설하는 것을 금지하고 원고가 직원들로부터 업무상 취급하는 정보와 그 밖에 알게 된 일체의 정보를 누설하거나 이용하지 않겠다는 서약을 받은 것만으로는 영업비밀을 관리하고 있다고 주장할 수 없다. 즉 이러한 행위는 단지 종업원에 대하여 일반적인 영업비밀 누설금지의무를 정한 것에 불과하며, 실제로 영업비밀 여부가 다투어지는 정보에 대한 관리 여부를 판단하게 된다.[168] 또한 '무단복사, 전제금지', '이 문서에 대한 모든 책임은 출력자에게 있습니

임에도 불구하고, 보유자가 현실로 비밀로서 관리하지 않는다면 당해 정보는 비밀성이 없다"고 한 경우이다.
168) 서울중앙지방법원 2007.12.13. 선고 2007가합14136 판결.

다', '社外秘(Confidential)' 등을 기재하여 놓은 사실만으로는 기술 정보를 비밀로 유지하려는 노력을 기울였다고 인정하기에는 부족하고, 오히려 위 기술 정보에 관한 문서나 설계도면 등을 개발자들의 책꽂이에 바인더로 꽂아 놓고 회사 밖으로도 가지고 나갈 수 있도록 한 사실을 인정하면서 비밀로서 관리하지 않은 것으로 보인다고 법원은 판단하고 있다.[169]

프로그램 소스코드와 같은 정보가 <u>상당한 노력에 의하여 비밀로 유지·관리되었다고 하기 위해서는</u> 그 프로그램 소스코드에 접근하는 직원들에게 <u>단순히 영업비밀 준수 서약을 받는 것만으로는 부족하고</u>, 회사의 규모 등에 비추어 감당할 수 없는 비용이 소요되는 경우가 아닌 한 예를 들어 직원들에게 각자 그 접근 권한에 따라 고유의 식별번호(ID)와 비밀번호 등을 부여하고 그 식별번호와 비밀번호를 입력하는 경우에만 접근 및 복제가 가능하도록 하는 한편 접근이나 복제가 이루어진 경우에는 그 로그(log) 기록을 남겨 누가 언제 접근해서 어떤 작업을 하였는지를 사후에라도 추적할 수 있도록 하거나, 보안관리 전담 직원을 두어 그 담당자의 사전 허락에 의한 접근만 허용하는 등의 추가적인 보안 조치가 필요하다. 비밀준수 서약서를 징수하는 이외에는 별다른 추가적인 보안조치를 취한 바가 없어, 직원들은 언제든지 회사 컴퓨터에 접속하여 이 사건 소스코드와 같은 개발관련 자료에 접근할 수 있고 필요한 경우에는 개인용 저장장치에의 복제도 자유롭게 허용되었던 사실을 인정할 수 있는바, <u>단순하게 비밀준수 서약서를 징수하는 이외에 위에서 예시한 바와 같은 추가적인 보안 조치를 취하는 것이 피해 기업규모에 비추어 감당할 수 없는 비용이 요구되는 것이라고 보기도 어려운 점 등을 아울러 고려하면 상당한 노력에 의하여 비밀로서 유지·관리된 것이라고 보기는 어렵다</u>(서울중앙지방법원 2008.1.24. 선고 2006고단4808 판결).

일본의 재판례에서도 비밀관리성을 당해 정보 이용자와의 관계에서

---

169) 수원지방법원 2007.11.9. 선고 2006가합17631 판결.

상대적으로 판단하는 것이 아니라, 물리적 관리를 엄격하게 요구하고 비밀관리성을 결론으로 부정하는 것이 빈번해지고 있다. 피고의 부정이용 행위를 인정하면서도, 영업비밀을 보관하는 장소가 개별 담당자에게 임의로 맡겨져 있고, 둔 장소도 책상, 사물함 등 제각각인 상태에서, 수납물에 외부 비밀표시도 없고, 외부 전문가에게 맡길 때에도 비밀유지계약이 체결되지 않았던 것에서 객관적으로 인식할 수 있는 비밀관리가 이루어지고 있다고 할 수 없다고 판단한 재판례[170]가 있다. 또한 비밀유지의무를 부담하는 판매 담당자에게게만 정보가 공개되었지만, 영업책임자인 피고의 근무상 경험에서 영업비밀인 것을 당연 인식할 수 있다는 것만으로는 불충분하므로 비밀관리성이 부정된 판결,[171] 정보가 극히 중요하고, 성질상 기밀에 해당하는 것만으로는 충분하지 않고, 원고가 현실적으로 정보가 기밀에 해당한다는 것을 객관적으로 인식할 수 있도록 관리하고 있을 필요가 있다고 하여 비밀관리성을 부정한 사건[172]도 있다.

(4) 비밀관리성 인정을 위한 조치

영업비밀로서 보호되기 위하여서는 당해 정보는 '비밀로 관리된' 것이어야 한다. 이러한 비밀관리 여부는 영업비밀 보유자의 단순한 주관적 의지만으로 부족하고, 객관적으로 그 비밀관리여부가 표출되어야 한다. 즉 영업비밀은 객관적으로 당해 정보에 대하여 접근한 자에게 당해 정보가 영업비밀인 것을 인식시킬 수 있도록 관리되어야 하며, 또한 당해 정보에 접근할 수 있는 자가 한정되어야 한다는 객관적인 요건과 함께

---

170) 京都地判 平成 13.11.1 判不競 1250ノ174, 22頁 [人工齒事件].
171) 名古屋地判 平成 11.11.17 平成10(ワ)933 判決 [コンベヤーライン事件]; 이 사건에서는 원고가 제조하는 승강기의 판매처 및 판매금액에 관한 정보에 대하여 비밀 표시도 없고 반출 행위에 대한 감시도 이루어지지 않았다.
172) 大阪地判 平成 12.7.25 平成11(ワ)2913 判決 [人材派遣業社員名簿 1審事件]; 이 사건은 퇴사한 영업과장이 정보를 반출한 것이 문제가 된 사건으로, 파견종업원에 관한 정보가 보관장에 수납되어 있고, 사원이라면 누구나 관람할 수 있었다.

이러한 객관적인 사실은 영업비밀 보유자가 이를 '비밀로 관리하고자 한다는 의사'가 표시된 것이어야 한다. 그리고 이와 같이 비밀로 관리하고자 한다는 의사를 표시하기 위한 조치를 취하여야 하며, 그러한 조치가 없다면 영업비밀로서 보호받을 수 없게 된다. 이때 영업비밀에 대한 관리조치는 대인적 조치와 대물적 조치로 나누어 볼 수 있다.

(가) 대인적 조치

영업비밀에 대한 대인적 조치를 취하여야 한다. 영업비밀에 대한 대인적 조치란 영업비밀에 대한 접근과 취급 등에 인적 범위를 설정하고, 인적 관리를 취하는 것이다. 예컨대 종업원으로 하여금 회사의 영업비밀에 대하여 비밀을 유지하도록 요구하거나, 그 취급 등에 대하여 보안 교육 등을 실시하는 것을 들 수 있다. 먼저 취업규칙이나 고용계약 등에서 영업비밀 유지의무 조항을 두어, 종업원에게 일반적인 영업비밀 유지의무를 부과할 수 있으며, 보안규정 등의 마련도 고려할 수 있다. 그리고 영업비밀로서 보호하고자 하는 정보와 관련하여서 구체적으로 그 비밀 관리를 위한 조치를 강구할 수 있다. 일정한 자에 한하여 영업비밀에 접근하거나 이를 취급할 수 있도록 하며, 그 접근·취급이 인정되는 경우에도 그 권한 범위를 차별할 수 있다. 또한 권한 부여 및 정보에 대한 접근 과정에서 별도의 비밀유지 서약서를 받을 수 있다.

한편 비밀정보 관리 대장을 만들어, 영업비밀에 대한 인적 접근 상황을 체크하도록 한다. 또한 사원을 대상으로 영업비밀보호에 관한 교육을 정기적으로 실시하며, 퇴사자로부터 비밀유지 서약서를 받도록 한다.

직원들을 대상으로 공장의 기계 배치, 생산량, 부품의 규격 등을 포함하여 그 생산공정에 대한 비밀을 유지하도록 하는 계약·각서·취업규칙을 작성하거나 이에 대한 보안교육을 시키는 등으로 생산공정을 비밀로 유지하기 위한 관리 노력을 행한 적이 없다면 영업비밀로서 관리한 것이 아니다

(대법원 2003.1.24. 선고 2001도4331 판결).

직원들을 대상으로 제품의 회로도를 비밀로 유지, 관리하도록 하는 계약서, 각서, 취업규칙 등을 작성하거나 이에 대한 보안교육을 실시하는 등으로 비밀로 유지하기 위한 별도의 노력을 행한 적이 없는 점 등에 비추어 보면 피해회사의 회로도는 부정경쟁방지법상의 영업비밀에 해당한다고 인정하기에 부족하다(서울남부지방법원 2005.11.25. 선고 2005노244 판결).

피고인이 A 회사를 퇴사하면서 스스로 작성한 영업비밀등보호서약서에서 위 각 모델 관련자료들을 영업비밀로 기재한 후 재직중 관리하고 있던 영업비밀 관련 자료를 퇴직원 제출 즉시 회사에 반납하고 어떠한 형태의 사본도 개인적으로 보유하지 않겠다고 서약한 점, B에서는 위 각 자료들을 영업비밀로서 관리하여 왔고, A 역시 B와의 기밀누설방지협정에 따라 직원들에게 영업비밀로 관리하도록 교육하여 온 점 등을 비추어 볼 때 각 자료들은 휴대폰 업계에 공연히 알려져 있지 아니하고 비밀로서 관리되는 것이다(서울중앙지방법원 2007.1.11. 선고 2006고단1831 판결).

(나) 대물적 조치

영업비밀에 대한 대물적 조치를 취하여야 한다. 영업비밀에 대한 대물적 조치란 영업비밀의 물적 범위를 확정하고, 이에 대한 관리 상태를 객관화하는 조치이다. 예컨대 특정한 구역을 설정하거나, 접근 통제 수단을 설정함으로써 영업비밀로서 보호되는 정보를 그 외의 정보와 구분하여야 한다. 그 예로는 출입통제시스템, CCTV, 컴퓨터 접속 및 자료유출 기록 프로그램, 나아가 보안인식강화를 위한 홍보물, 사진촬영금지 표시 등도 이에 해당될 수 있다. 정보보안 등의 기술이 필요한 사안에 지문인식 출입통제만 하는 경우에는 비밀관리성이 부정되는 사례도 있다.[173] 따라서 보호하여야 할 객체에 따라서 대물적조치의 적절성이 고

---

173) 서울중앙지방법원 2017.11.3. 선고 2016가합552517 판결.

려될 필요가 있다.

또한 영업비밀로서 보호하고자 하는 대상 정보를 특정하며, 이에 대하여 '대외비' 표시 및 비밀등급을 표시할 필요가 있다. 이러한 표시를 통하여 그 정보가 영업비밀임을 객관적으로 상대방에게 인식시킬 수 있는 것이다.

신청인 회사는 별도로 연구소를 설치하여 관계자 이외에 출입할 수 없도록 하는 한편, 직원들에게는 그 비밀을 유지할 의무를 부과하고 이 사건 기술정보를 엄격하게 관리하는 등으로 비밀관리를 하고 있으므로, 이 사건 기술정보는 상당한 노력에 의하여 비밀로 유지(秘密維持)되고 있는 신청인 회사의 영업활동에 유용한 기술상의 정보, 즉 '영업비밀'이라 하겠다(대전고등법원 2002.5.9. 선고 2002라2 판결).

금형을 개발, 보관하는 금형개발실을 통제구역으로서 관리하여 책임자만이 출입할 수 있도록 하고, 금형수불과 관련하여도 장부를 엄격하게 관리함으로써 금형의 외부유출을 엄격히 통제하는데 필요한 제반 조치를 취함으로써 금형에 대하여 부정한 수단에 의하지 않으면 접근할 수 없을 정도로 충분히 관리하여 왔으며, 이 사건 제조기계도 피고 회사 내부에서만 사용한 사실이 인정되는바, 이러한 사실을 종합하여 보면, 이 사건 금형과 제작기계는 상당한 노력에 의하여 비밀로 유지된 생산방법으로서 영업비밀에 해당한다(인천지방법원 2003.10.17. 선고 2000가합1798 판결).

ERP시스템은 원래 기업 내 생산, 물류, 재무, 회계. 영업과 구매, 재고 등 경영 활동 프로세스들을 통합적으로 연계해 관리해주며, 기업에서 발생하는 정보들을 서로 공유하고 새로운 정보의 생성과 빠른 의사결정을 도와주는 시스템으로, 담당 부서간 필요한 정보의 공유에 그 주된 목적이 있는 프로그램으로 영업비밀보호를 위한 것으로 보기는 어렵다(서울고등법원 2018. 2.8. 선고 2017나2042188).

지문인식에 의한 업체의 출입 통제는 업체 유지를 위해 절도나 무단 출입을 방지하기 위한 일반적인 조치일 뿐, 이 사건 도면 및 원가자료는 컴퓨터 파일 형태로 존재하고 있었던 것으로 보이는데, 그 파일에 접근하는 것을 막기 위한 접근제한장치를 두었거나, 전산보안을 위한 조치를 취했다는 점에 관한 주장, 증명은 없는 상태다. 그 밖에 이 사건 도면과 원가자료를 원고가 직접 관리했다는 진술서 기재, 피고 B가 원고 업체 퇴사 직전에 영업을 위해 필요하다고 하면서 원고의 결재를 얻어 이 사건 도면을 공유했다는 취지의 진술서 기재만으로는 원고가 이 사건 도면 및 원가자료를 합리적인 노력에 의해 비밀로 유지·관리했다고 인정하기에는 부족하다(서울중앙지방법원 2017.11.3. 선고 2016가합552517 판결).

한편, 중소기업이 취해야 할 대인적 조치와 대물적 조치에 대하여 하급심에서 판단한 사례가 있다. 여기에서는 대인적 조치로서 영업비밀 보호를 위한 규정제정 및 운영, 보안책임자 운영, 대외비 표시, 보안교육, 보안서약서 징구, 대물적 조치로 출입통제, 보안홍보물, CCTV, 정보보안 프로그램 가동 등의 사례를 들고 있다.

다음과 같은 사정들을 종합적으로 고려하면, 공소외 1 주식회사는 영업비밀을 유지·관리하기 위한 노력을 게을리하지 않았다고 봄이 상당하다. ① 공소외 1 주식회사는 영업비밀의 보호에 관하여 점차 규정을 세분화하고 전산시스템의 적용을 확대해 나가는 등 회사의 성장에 따라 영업비밀에 대한 관리를 점차 강화하고 있었다. ② 보안관리에 관한 규정들이 체계적으로 정리되어 있지 않았고, 엄격하게 적용되었다고 보기도 힘들지만, 공소외 1 주식회사는 2003.경부터 사내보안규정을 마련하여 운영하여 왔고, 2008. 1.경부터 그 규정을 보다 세분화하여 별도의 전산보안규정을 마련하여 운영하여 왔다. ③ 공소외 1 주식회사는 위 규정에 따라 보안책임자를 두었고, 일부 문서들은 적색 도장으로 '대외비'라는 취지를 표시하기도 하였다. ④ 직원들을 상대로 정기적으로 보안교육을 실시하였던 것으로는 보이지 아니하지만, 공소외 1 주식회사는 2007. 10.경부터 온·오프라인을 통하여 직원들에게 보안의 중요성을 강조하여 왔다. ⑤ 공소외 1 주식회사는 모든 신입사원들로부터 '서약서'를 징구하였고, 퇴사하는 피고인 1로부터 '퇴직시 기업비밀유

지 등에 관한 서약서'를 징구받았으며, 협력업체인 공소외 10 주식회사 등
으로부터 '기술자산 및 비밀보증 동의서'를 징구하는 등 영업비밀이 외부로
유출되지 않도록 관리하여 왔다.

⑦ 공소외 1 주식회사는 출입카드와 지문인식장치를 설치하여 직원 이외
의 외부인들의 출입을 통제하였고, 회사 곳곳에 보안에 관한 홍보물, 출입
금지 및 사진촬영금지 표시등을 부착해 놓았다. ⑧ 또한 회사 곳곳에
CCTV를 설치하였고, 2008. 1.경부터 컴퓨터 접속 및 자료 유출 기록 등을
파악할 수 있는 세이프피씨라는 컴퓨터 프로그램을 가동하기 시작하였다(서
울중앙지방법원 2009.4.23. 선고 2008고합1298, 2009고합32(병합) 판결).

제 3 절   영업비밀 침해행위

영업비밀을 이용하는 행위가 모두 부정경쟁행위에 해당하는 것은 아
니다. 비밀관리라는 성과개발 인센티브를 보장한다는 영업비밀 보호법제
의 취지에서, 비밀의 관리체계를 파괴하는 행위 내지는 그러한 파괴행위
를 이용하는 행위만을 규제하며, 당해 정보를 독자적으로 취득한 자에
대하여는 규율이 미치지 않는다. 또한 정보의 자유로운 유통을 방해하지
않기 때문에 비밀의 관리체제를 파괴하는 행위를 이용하는 행위라도, 어
떤 주관적 요건이 있을 때만 비로소 부정경쟁행위가 된다. 즉 영업비밀
보호법 제2조 제2호에서 정한 영업비밀에 대하여, 동조 제3호에서 규율
하고자 하는 부정경쟁행위로서의 영업비밀 침해행위를 정하고 있다. 이
에 아래에서는 일반적으로 접근할 수 있는 영업비밀 침해행위와 함께
법에서 정하고 있는 부정경쟁행위로서의 영업비밀 침해행위에 대하여
살펴보도록 한다.

Ⅰ. 영업비밀의 침해

영업비밀의 침해는 그 침해자를 기준으로 내부인에 의한 침해, 외부인에 의한 침해, 내부인과의 공모에 의한 침해, 라이선스의 계약 상대방에 의한 침해, 하청에 의한 침해 등으로 나눌 수 있다. 그 침해행위의 양태에 따라 다시 절도·횡령·사기·협박 등의 부정한 수단에 의해 영업비밀을 취득하는 행위와 부정한 목적으로 사용·공개하는 행위로 나눌 수 있을 것이다.

1. 내부인에 의한 침해

내부인에 의한 침해행위는 재직 중의 침해행위와 퇴직 후의 침해행위로 나눌 수 있다. 재직 중인 자에 의한 침해는 다시 부정한 수단에 의해 취득하는 행위와 부정한 방법으로 공개하는 행위로 나눌 수 있겠다. 다만 재직 중인 자에 의한 침해로서 부정한 수단에 의해 취득하는 행위보다는 부정한 방법으로 공개하는 행위가 문제가 되는 경우가 대부분이다. 또한 재직 중인 자에 의한 침해행위는 내부인 단독으로 하는 경우와 외부인이 함께 하는 경우가 있다.

국내에서 재직 중인 자에 의한 영업비밀 침해가 문제된 사건은 대체로 형사 사건에 집중된다. 이 경우 영업비밀보호법이 적용되는 예가 있을 뿐만 아니라, 형법상의 절도죄, 배임죄, 정보통신망 이용촉진 및 정보보호 등에 관한 법률(이하 '정보통신망법'이라 한다) 등이 적용되는 경우도 있다. 특히 부정경쟁방지법이 1991년 개정을 통하여 영업비밀 보호 규정을 두기 이전부터 법원은 영업비밀이 기재된 서류나 저장매체 등을 절취한 행위에 대하여 절도죄를 적용한 바 있으며, 종업원의 비밀누설 행위나 경업행위에 대하여 배임죄를 인정하고 있었다. 특히 종업원이 유출한 자료가 영업비밀에 해당하지 않는 경우에도 배임행위가 본인과의 사이에서 존재하는 신임관계를 저버린 경우에는 배임죄가 성립한다고 판단하였다.[174]

피고인이 피해자 A 경영의 사업체인 B의 전무로 재직하면서 직원의 통솔, 거래처의 관리, 물품의 발주와 수금 등 영업 전반에 관한 업무를 관장하고 있었다면 피고인은 위 A를 위하여 성실히 근무하고 사업비밀을 유지하며, 경업을 하여서는 아니 될 업무상의 임무가 있다 할 것이고, 따라서 피고인이 그의 독자적인 계산아래 별도의 업체를 만들어 위 A의 업체와 비슷한 상호를 사용하여 같은 거래업체에다 동일한 물건을 납품한 판시 소위는 위 A와의 신임관계를 저버리는 행위로서 업무상 배임죄가 성립된다(대법원 1988.4.25. 선고 87도2339 판결).

종업원이 자료를 유출한 경우 업무상 배임죄가 성립하기 위하여는 그 자료가 영업비밀에 해당하여야 할 필요는 없고, 영업비밀에는 해당하지 않는다고 하더라도 그 자료가 불특정 다수의 사람에게 공개되지 않았고, 사용자가 상당한 시간, 노력 및 비용을 들여 제작한 설계도면 등을 담은 컴퓨터 파일과 같은 영업상 주요한 자산인 경우에는 이를 유출한 행위도 업무상 배임죄를 구성한다(대법원 2008.4.24. 선고 2006도9089 판결).

피고인은 피해자의 피용자로서 위 피해자의 지시를 받아 원심 판시 자료들에 대한 사실상의 지배를 해 온 사실을 알 수 있으므로, 위 피고인의 소지는 피해자의 점유에 종속하는 점유기관으로서의 소지에 지나지 않으며, 위 피고인이 권리자인 피해자를 완전히 배제하여 그 경제적 이익을 보유하려는 의사로 원심 판시 자료들을 위 피고인의 승용차에 싣고 나와 이를 절취하였음이 명백한 이 사건에서 위 피고인에게 불법영득의사가 없었다고 볼 수는 없다(서울지방법원 2001.1.17. 선고 2000노8561 판결).

그러나 이러한 모든 영업비밀 침해행위가 형법의 적용을 받는 것은

174) 대법원 2005.7.14. 선고 2004도7962 판결.

아니다. 예컨대 절도죄는 그 객체를 '타인의 재물'로서 한정하고 있는바 영업비밀 자료를 자신의 카메라로 찍어서 회사 밖에서 현상할 경우나 그 영업비밀을 기억하는 행위를 부정경쟁행위로 처벌할 수는 없겠다. 따라서 재직 중의 종업원에 대하여는 비밀유지의무를 부과하여 영업비밀의 보호를 도모하는 것이 타당하다.

절도죄의 객체는 관리가능한 동력을 포함한 '재물'에 한한다 할 것이고, 또 절도죄가 성립하기 위해서는 그 재물의 소유자 기타 점유자의 점유 내지 이용가능성을 배제하고 이를 자신의 점유하에 배타적으로 이전하는 행위가 있어야만 할 것인바, 컴퓨터에 저장되어 있는 '정보' 그 자체는 유체물이라 고 볼 수도 없고, 물질성을 가진 동력도 아니므로 재물이 될 수 없다 할 것 이며, 또 이를 복사하거나 출력하였다 할지라도 그 정보 자체가 감소하거나 피해자의 점유 및 이용가능성을 감소시키는 것이 아니므로 그 복사나 출력 행위를 가지고 절도죄를 구성한다고 볼 수도 없다(대법원 2002.7.12. 선고 2002도745 판결).

퇴직한 자에 의한 침해행위는 대부분 영업비밀에 해당하는 정보를 취득한 시점에는 그 행위가 정당하였으나, 퇴직과 동시에 정당하게 얻은 영업비밀을 부정하게 사용하거나 제3자에게 공개·전달 등을 하는 행위가 이에 해당한다.

(1) 산업스파이에 의한 침해

처음부터 경쟁업체의 정보를 얻기 위하여 위장 취업하는 경우로 산업스파이 사건으로 그 사례로는 대일본인쇄산업 스파이 사건,[175] 카네카(鐘淵) 화학산업 스파이 사건,[176] 동양레이온산업 스파이 사건,[177] 신약비밀자료 유출사건,[178] 니가타(新潟) 철공사건[179] 등이 일본에서 유명한

---

175) 東京地判 昭和 40.6.26. 判時 419号 14頁 [大日本印刷事件].
176) 大阪地判 昭和 42.5.31. 判時 494号 74頁 [天化糖事件].
177) 神戶地判 昭和 56.3.27. 判時 1012号 35頁 [東洋レーヨン事件].

판결이고, 독일의 판결에서는 Betribsspionage[180]사건 등이 선진국의 산업스파이 사건의 유형으로 볼 수 있다.

(2) 헤드 헌터(Head-hunter)에 의한 침해

퇴직자에 의한 영업비밀 침해행위의 전형적인 유형으로는 헤드 헌터 (Head-hunter)를 들 수 있다. 원칙적으로 헤드 헌팅은 기업경쟁상 허용된다고 볼 수 있으나, 영업비밀을 부정하게 빼낼 의도로 한 헤드 헌팅 행위는 부정경쟁행위에 해당할 수 있다. 이러한 헤드 헌팅 행위는 선진국이나 기술축적이 많은 기업도 경쟁력을 높이기 위해서 할 수 있는 유형이나 대체로 영업비밀이 축적되어 있지 않은 후진국이나 기업에서 많이 이루어지는 침해 형태라 할 수 있다.

(3) 전직에 의한 침해

영업비밀 침해의 대부분이 전직에 의한 것이다. 이러한 침해유형도 각양각색이지만, 여기서는 전직하기 전 회사의 지위에 따라 임원이었던 경우와 일반 직원이었던 경우로 나눌 수 있다. 일반 직원이었던 자가 침해한 경우에는 상법 제198조의 경업금지에 저촉될 수 있는 반면, 임원이었던 자가 침해한 경우에는 상법 제198조의 경업금지 및 제382조의 4의 비밀유지의무에 저촉될 수 있다. 특히 임원의 경우에는 선관의무[181]와 충실의무[182]를 부담하며, 직위에 상관없이 고용관계의 종료 이후에도 일정 기간 경업피지의무를 내용으로 하는 계약을 맺는 것이 일반적인

---

178) 東京地判 昭和 59.6.15. 判時 1126号 3頁 [新藥データ刑事事件].

179) 東京地判 昭和 60.2.13. 判時 1146号 23頁 [新潟鐵工事件].

180) GRUR 1973, 484(1973. 3. 16 BGH Urt. v.); 이 판결에서 법원은 "목적을 불문하고 경쟁자에 의한 스파이의 잠입은 질서에 반하는 것으로 용인할 수 없으며, 이는 스파이가 구체적인 위임을 받지 않고 무엇이 경쟁사에게 도움이 되는가를 알고 비밀을 탐지하여 제공하는 것에 대해 보수를 지불하는 경우에도 해당된다"는 요지의 판단을 하고 있다.

181) 민법 제681조와 상법 제382조가 적용된다.

182) 상법 제17조.

모습이라는 점에서 계약상의 의무 역시 문제가 된다. 내부인에 의한 경우에 있어서와 같이, 영업비밀보호법, 형법, 정보보호법 등에 의한 형사처벌도 문제된다.

> 피고인이 피해회사를 퇴직하면서 가지고 나온 판시 각 문서들은 피해회사의 직원들이 피해회사의 목적 달성을 위하여 작성한 피해회사의 소유로서 피해회사가 그 목적달성을 위하여 이용하는 한도에서 피고인에게 그 소지 및 사용을 허락하였을 뿐, 피해회사가 피고인에게 그 소유권까지 이전하지는 아니하였으며, … 피고인의 위 행위는 절도죄에 해당한다(대법원 2008.2. 15. 선고 2005도6223 판결).

> 회사직원이 영업비밀을 경쟁업체에 유출하거나 스스로의 이익을 위하여 이용할 목적으로 무단으로 반출하였다면 그 반출시에 업무상 배임죄의 기수가 되고, 영업비밀이 아니더라도 그 자료가 불특정 다수의 사람에게 공개되지 않았고 사용자가 상당한 시간, 노력 및 비용을 들여 제작한 영업상 주요한 자산인 경우에도 그 자료의 반출행위는 업무상 배임죄를 구성하며, 회사직원이 영업비밀이나 영업상 주요한 자산인 자료를 적법하게 반출하여 그 반출행위가 업무상 배임죄에 해당하지 않는 경우라도 퇴사시에 그 영업비밀 등을 회사에 반환하거나 폐기할 의무가 있음에도 경쟁업체에 유출하거나 스스로의 이익을 위하여 이용할 목적으로 이를 반환하거나 폐기하지 아니하였다면, 이러한 행위가 업무상 배임죄에 해당한다고 보아야 한다(대법원 2008. 4.24. 선고 2006도9089 판결).

2. 외부인에 의한 침해

외부인에 의한 침해 형태는 내부인과의 공모에 의한 침해와 외부인에 의한 침해로 나눌 수 있다. 외부인만에 의한 영업비밀 침해행위는 영업비밀을 보유하고 있는 자가 유지하고 있는 영업비밀 보호상태를 파괴하거나 파괴하고자 하는 행위의 비난가능성에서 부정경쟁행위성을 찾을 수 있다. 즉 비밀관리라는 성과개발 인센티브를 법적으로 담보하기 위하

여 영업비밀의 비밀관리성을 요구한다는 점에서, 이러한 비밀관리체제를
파괴하고자 하는 외부인의 행위 양태가 문제가 된다.

특히 영업비밀성 유지의 필요성이나 영업비밀 특정의 어려움에서 외
부인만에 의한 영업비밀 침해행위가 문제가 되는 경우에는 대체로 영업
비밀성 판단보다는 침해행위의 위법성이 다루어지게 된다. 즉 영업비밀
에 접근하는 과정에서 이루어지는 주거침입이나 영업비밀이 포함된 서
류 등에 대한 절도 행위가 외부인만에 의한 영업비밀 침해행위가 다루
어지게 된다.

한편 외부인만에 의한 영업비밀 침해행위의 경우에 비하여 내부인과
의 공모에 의하여 영업비밀 침해행위가 이루어지는 경우에는 정보의 영
업비밀성과 함께 내부인의 영업비밀 침해행위성이 문제가 된다. 즉 외부
인이 직접 영업비밀에 위법하게 접근하지 않고, 영업비밀에 대한 정당한
접근 권한을 갖고 있는 내부인에게 부정한 사용·공개를 하도록 하거나
권한없는 내부인이 부정한 취득·사용·공개 등을 하도록 한 경우에는
일차적으로 당해 정보의 영업비밀성과 이에 접근한 내부인의 행위가 문
제가 된다. 이에 내부인의 행위가 영업비밀 침해행위에 해당하는지 여부
에 따라 외부 공모인의 행위가 영업비밀 침해행위성이 판단되게 된다.

3. 라이선스 및 기타 계약 관계자에 의한 침해

기술이전 계약을 맺거나 영업비밀 라이선스 계약을 맺은 경우, 또는
하청업체의 경우에는 영업비밀 보유자로부터 정당한 권원에서 영업비밀
을 취득·사용하게 된다. 이 경우에 영업비밀 보유자는 라이선시 또는
하청업체에게 영입비밀을 보호하도록 요구하고, 이에 따른 계약상의 의
무를 라이선시 또는 하청업체는 부담하게 된다. 이러한 계약상의 의무를
위반하여 제3자에게 영업비밀을 공개하거나 사용하도록 하는 경우 또는

영업비밀을 적절히 비밀로 관리하지 못하여 제3자에게 노출된 경우, 당해 영업비밀의 보호가 문제가 될 수 있다. 즉 전자의 경우에는 부정경쟁행위에 해당할 수 있겠으나, 후자의 경우에는 영업비밀 보유자가 아닌 라이선시의 비밀관리 노력이 영업비밀 해당성을 좌우할 수 있게 된다. 또한 라이선시나 하청업체 등에 대한 영업비밀 보유자의 관리 감독 여부에 따라 영업비밀 보유자 자체의 비밀관리 노력 역시 문제가 될 수 있다. 한편 계약이 종료한 이후에도 당사자들 사이에서는 일정 기간 비밀을 유지하도록 하도록 약정을 맺게 되는데, 이 경우에도 여전히 같은 문제가 발생할 수 있다.

이와 같이 성공적으로 체결된 기술이전 관계 또는 종료한 계약 관계에서뿐만 아니라 이러한 계약 관계를 준비하는 단계에서도 영업비밀의 보호가 문제가 될 수 있다. 기술의 이전은 당해 기술정보를 갖고 있는 자와 갖고 있지 않는 자와의 사이에서 이루어진다. 이러한 점에서 라이선시는 계약을 체결하기 전에 제공되는 기술이 어떠한 것인지를 알려고 하고, 반면 라이선서는 계약이 체결되기 전까지는 그 이전 대상이 되는 기술 내역의 공개에 소극적인 입장을 취하게 된다. 특히 대부분의 경우 기술이전은 특허로 공개된 기술뿐만 아니라 이와 관련한 영업비밀을 포함하게 되는데, 특허의 경우에는 청구항 등을 통하여 그 기술범위를 특정할 수 있는 반면 영업비밀의 경우에는 그 범위를 확정할 수 없다는 어려움이 따르게 된다. 특히 기술이전을 위한 계약이 체결되지 못하고 실패한 경우에는 분쟁의 가능성이 높아지게 된다. 예컨대 독점적 판매위탁계약을 맺을 의사도 없으면서 계약을 제안한 후, 관련 제품을 받아 분해하여 기술을 습득한 후 계약을 맺지 않겠다고 통지하는 경우를 상정할 수 있다. 이 경우에는 영업비밀 보유자로서는 관련 기술정보 내지 영업비밀을 노출하게 되었을 뿐만 아니라, 본인이 직접 생산 판매하거나 다른 위탁판매인을 선정할 수 있는 기회를 빼앗김으로써 영업상의 이익을 상실하게 된다. 이러한 점에서 계약을 준비하는 단계에서도 영업비밀 침해행위가 인정될 수 있으며, 따라서 계약 체결을 준비하는 단계에서 당사자는 영업비밀 내지 기술정보에 대한 비밀유지의무과 이의 위반에 따른 손해배상 등에 대한 관계를 예정하도록 하여야 한다.

Ⅱ. 영업비밀보호법상의 침해

영업비밀에 관한 침해행위의 규정 방식으로는 예컨대 독일의 경우[183] 와 같이 일반조항에 의하는 경우와 미국의 UTSA나 일본의 부정경쟁방 지법과 같이 개별적으로 열거하는 경우가 있다. 일반조항에 의한 규정 방식은 다양한 침해행위에 유연한 대응을 할 수 있다는 장점이 있다. 그 러나 우리나라는 일정한 행위를 영업비밀 침해행위로 규정하는 방식을 채택하였다. 이는 영업비밀 침해행위에 대하여 확립된 학설이나 판례가 없는 상태에서 그 금지 대상이 되는 행위를 일반조항으로 처리한다면 자칫 영업비밀에 대한 경제활동의 위축을 초래할 수 있다는 우려에 따 른 입법이다.

영업비밀보호법의 6개 침해행위유형은 (가)목의 절도 등 부정한 수단 으로 영업비밀을 취득·사용·공개하는 행위(부정취득행위: 탐지형)와 (라)목의 계약관계 등에 의하여 영업비밀을 비밀로서 유지하여야 할 의 무가 있는 자가 부정한 이익을 얻거나 보유자에게 손해를 가할 목적으 로 영업비밀을 사용·공개하는 행위(비밀유지의무위반행위: 누설형)를 기본

---

183) 종전의 독일 부정경쟁방지법 제1조에서는 "업무상 거래에 있어서 경업의 목적으로 선 량한 풍속에 반하는 행위를 하는 자에 대하여 중지 및 손해배상 등의 구제청구가 가 능하다"고 일반규정을 두고 있었다. 2004년 개정법 제3조에서는 "경업자, 소비자 기타 시장참가자의 불이익이 되는 형태로 경쟁을 경미하지 않은 정도로 침해할 우려가 있는 부정경쟁은 금지된다"고 규정하였으며, 현행법에서는 "부정한 거래상의 행위는 경업자, 소비자 또는 기타 시장참가자의 이익을 지각 가능한 정도로 저해하는 것인 경우에는 위법이다"고 규정하고 있다. 특히 현행법에서는 부정한 거래상의 행위를 규정한 가운 데, 제4조에서 부정경쟁행위의 예를 들고 있다.

표 3   영업비밀 침해행위의 유형

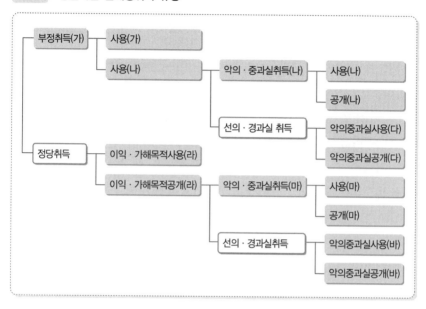

유형으로 하고, 이 기본유형에 따른 사후적 관여행위 두 가지를 각각 추가하여 규정하고 있다. 즉 제3자가 부정취득행위나 비밀유지의무위반 행위가 있었다는 사실을 취득 당시에 알거나 중대한 과실로 알지 못하고 당해 영업비밀을 취득·사용·공개하는 행위를 각각 (나)목과 (마)목에 규정하고, 부정취득행위나 비밀유지의무위반행위를 취득당시에는 알지 못하였으나 취득 후 알게 되거나 중대한 과실로 알지 못하고 당해 영업비밀을 사용 또는 공개하는 행위를 각각 (다)목과 (바)목에서 규정하고 있다.

1. 부정취득행위

절취·기망·협박 기타 부정한 수단으로 영업비밀을 취득하는 행위 또는 그 취득한 영업비밀을 사용하거나 공개하는 행위는 영업비밀 침해 행위에 해당한다(제2조 제3호 (가)목). 즉 비밀로 관리되고 있는 영업비밀 을 취득하는 과정에 절취·기망 등의 불법한 행위가 개입한 경우에는 그 행위의 비난가능성에 착안하여 영업비밀 침해행위로 보고 있다. 이는 영업비밀보호법이 정당한 수단에 의하여 영업비밀을 입수할 지위에 있 지 않은 자가 절취·기망·협박 기타 형벌법규에 위반되는 것과 같은 위법한 수단을 사용하여 취득하는 행위를 기본으로 다시 이와 같이 취 득한 정보를 스스로 사용하여 경쟁상의 이득을 얻거나 특정한 타인 또 는 불특정 다수인에게 그 비밀을 전득·공개하는 행위를 금지하고 있는 것으로 평가할 수 있다.

부정경쟁행위의 한 유형으로 영업비밀 침해행위를 규율하고 있다는 점에서, 영업비밀 침해행위 여부는 건전한 거래질서의 유지 내지 공정한 경쟁의 이념이라는 관점에서 접근하여야 한다. 따라서 법에서 규정한 '절취, 기망, 협박'은 부정수단의 예시에 불과한 것이며, '그 밖의 부정한 수단'으로는 강도, 폭행, 주거침입, 횡령, 배임, 장물에 관한 죄 등 형벌 법규에 해당하는 행위뿐만 아니라 사회통념상 이와 동등한 위법성을 가 진다고 판단되는 행위, 즉 사회질서에 반하는 행위(미인계, 도청, 매수, 위 장취업)도 포함한다고 해석된다. 이에 ① 영업비밀 그 자체인 유체물(비 밀의 촉매나 신제품 등)이나 영업비밀이 기재되어 있는 유체물(설계도나 고 객명부 등) 등(이하 '영업비밀의 매체물'이라 한다)을 절취하거나 사기, 협박 기타의 부정한 수단에 의해 취득하는 행위뿐만 아니라, ② 영업비밀의 매체물이 보관되어 있는 장소에 무단으로 침입하거나 영업비밀의 매체 물을 보관하고 있는 책상, 금고, 봉투, 플로피 디스크 등을 무단으로 개 봉하거나 사용하여 안에 들어 있는 영업비밀을 기억하거나 복제하는 행 위, 그리고 ③ 영업비밀을 기억하고 있는 사람으로부터 사기, 협박, 도 청 등의 수단에 의해 영업비밀을 취득하는 행위 등은 부정취득행위에

해당한다.[184)]

판례 역시 부정한 수단이라 함은 절취·기망·협박 등 형법상의 범죄를 구성하는 행위뿐만 아니라 비밀유지의무의 위반 또는 그 위반의 유인 등 건전한 거래질서의 유지 내지 공정한 경쟁의 이념에 비추어 위에 열거된 행위에 준하는 선량한 풍속 기타 사회질서에 반하는 일체의 행위나 수단을 말한다고 판시하고 있다.

> 부정경쟁방지법 제2조 제3호 (가)목 전단에서 말하는 '부정한 수단'이라 함은 절취·기망·협박 등 형법상의 범죄를 구성하는 행위뿐만 아니라 비밀유지의무의 위반 또는 그 위반의 유인 등 건전한 거래질서의 유지 내지 공정한 경쟁의 이념에 비추어 위에 열거된 행위에 준하는 선량한 풍속 기타 사회질서에 반하는 일체의 행위나 수단을 말한다(대법원 1996.12.23. 선고 96다16605 판결; 대법원 2011.7.14. 선고 2009다12528 판결).

이러한 법원의 태도는 부정경쟁행위의 한 유형으로 영업비밀 침해행위를 이해하고 있으며, 이에 영업비밀 침해행위 여부를 건전한 거래질서의 유지 내지 공정한 경쟁의 이념이라는 관점에서 접근하여야 한다는 것으로 이해할 수 있다.

본 규정은 정당한 수단에 의하여 영업비밀을 입수할 지위에 있지 않은 자가 절취·기망·협박 기타 형벌법규에 위반되는 것과 같은 위법한 수단을 사용하여 취득하는 행위를 기본으로 다시 이와 같이 취득한 정보를 스스로 사용하여 경쟁상의 이득을 얻거나 특정한 타인 또는 불특정 다수인에게 그 비밀을 전득·공개하는 행위를 금지하는 것이다.

가. 부정한 취득행위

영업비밀을 침해하는 행위는 영업비밀의 취득 단계와 사용·공개 단

---

184) 日本 通産省 知的財産政策室, 前揭書, 77-79頁; 田村善之, 不正競爭防止法槪說, 有斐閣, 1994, 241頁.

계에서 각각 인정될 수 있다. 먼저 영업비밀을 취득하는 단계에서 절취, 기망, 협박, 그 밖의 부정한 수단으로 영업비밀을 취득하는 행위는 부정취득행위로서 영업비밀을 침해하는 행위이다. 영업비밀의 부정이용에 관한 여러 행위유형 중, 가장 위법성이 강한 것이라 평가할 수 있다. 반면 계약관계 등에 따라 영업비밀을 비밀로서 유지하여야 할 의무가 있는 자의 영업비밀 취득 행위 자체는 부정한 취득행위에 해당하지 않는다.

영업비밀보호법은 영업비밀의 부정취득 행위만으로도 불법행위가 된다. 즉 부정한 취득행위 이후에 별도의 사용·공개 행위를 요구하지 않고, 부정한 취득행위만으로도 독립한 불법행위가 된다.

> 영업비밀이나 영업상 주요 자산인 자료 등(이하 '영업비밀 등'이라 한다)을 부정취득한 자는 그 취득한 영업비밀 등을 실제 사용하였는지 여부와 관계없이 부정취득 행위 자체만으로 영업비밀 등의 경제적 가치를 손상시킴으로써 영업비밀 등 보유자의 영업상 이익을 침해하여 손해를 입힌다고 봄이 타당하다(대법원 2011.7.14. 선고 2009다12528 판결 참조)(대법원 2017.9.26. 선고 2014다27425 판결).

영업비밀의 취득이란 영업비밀에 해당하는 문제의 정보를 입수 또는 확보하는 것을 의미한다. 이는 비밀이 화체된 문서 기타의 매체 그 자체에 대한 권한없는 점유취득 뿐만 아니라 영업비밀을 기억하는 등의 방법으로 권한 없이 문제의 정보를 확보하는 일체의 행위를 포함한다. 따라서 회사 밖으로 반출하는 것이 금지되어 있는 사무책상 서랍 속의 잡지구독회원명부를 종업원이 회사 밖에 갖고 나가 복사하고 2시간 후에 원본을 원래의 장소에 갖다 놓았다고 해도 이는 영업비밀 침해행위가 되며,[185] 고객명부가 입력되어 있는 자기테이프를 아무런 권한이 없는 직원이 복사하여 복제물을 가지고 나가는 행위[186]도 마찬가지다.

---

185) 東京地判 昭和 55.2.14. 判時 957号 118頁 [建設調査会 事件] 참조.
186) 東京地判 昭和 62.9.30. 判時 1250号 144頁 [京王百貨店 顧客名簿刑事 事件] 참조.

영업비밀의 '취득'은 문서, 도면, 사진, 녹음테이프, 필름, 전산정보처리조직에 의하여 처리할 수 있는 형태로 작성된 파일 등 유체물의 점유를 취득하는 형태로 이루어질 수도 있고, 유체물의 점유를 취득함이 없이 영업비밀 자체를 직접 인식하고 기억하는 형태로 이루어질 수도 있고, 또한 영업비밀을 알고 있는 사람을 고용하는 형태로 이루어질 수도 있는바, 어느 경우에나 사회통념상 영업비밀을 자신의 것으로 만들어 이를 사용할 수 있는 상태가 되었다면 영업비밀을 취득하였다고 보아야 하므로, 회사가 다른 업체의 영업비밀에 해당하는 기술정보를 습득한 자를 스카우트하였다면 특별한 사정이 없는 한 그 회사는 그 영업비밀을 취득하였다고 보아야 한다(대법원 1998.6.9. 선고 98다1928 판결).

부정취득의 구제에 있어 영업비밀의 부정취득행위가 계속해서 되풀이되는 때에는 취득행위 그 자체에 대한 금지청구가 가능하겠으나, 일회적으로 취득이 종결되는 경우에는 취득의 예방청구가 주로 문제된다. 이미 영업비밀의 취득이 이루어진 경우에는 강제집행이 불가능하지만, 영업비밀을 취득한 상태가 물적 상태로 존재하고 있는 경우에는 부작위채무의 채무명의에 의하여 집행하며, 의무위반물 제거명령의 수권결정을 얻어 영업비밀을 실체법상의 이익으로 하는 대체집행이 가능하다(민사집행법 제260조, 민법 제389조 제3항).

나. 부정한 사용행위

사용행위란 영업비밀을 그 고유의 용도 내지 사용목적에 따라 활용하는 행위를 말한다. 다만 취득자로부터 비밀을 전득한 자의 사용은 (나)목 또는 (다)목 소정의 구성요건에 해당하는바, 본목의 사용은 부정한 수단으로 영업비밀을 취득한 자 자신이 그 비밀을 이용하는 때에 한한다.

영업비밀의 '사용'은 영업비밀 본래의 사용 목적에 따라 이를 상품의 생산·판매 등의 영업활동에 이용하거나 연구·개발사업 등에 활용하는 등으로 기업활동에 직접 또는 간접적으로 사용하는 행위로서 구체적으로 특정이 가능한 행위를 가리킨다고 할 수 있다(대법원 1998.6.9. 선고 98다1928 판결).

사용행위는 다시 타인의 기술상의 노하우를 이용하여 제품을 생산하거나 고객명부 또는 자금조달처에 관한 정보를 이용하여 상품을 판매하고 금융을 얻는 것과 같이 생산 또는 판매 등의 영업활동에 직접적으로 이용하는 직접적 사용과 다른 기업이 실패한 연구실험자료(negative information)를 토대로 불필요한 연구실험과정을 생략함으로써 비용을 절감하거나 다른 기업의 판매데이터와 재고관리정보를 참조하여 자신의 판매계획을 수립하는 경우 등과 같은 간접적 사용으로 구분된다.[187]

개량된 생산기술, 추가 편집된 고객명부 등과 같이 취득한 영업비밀이 그대로 사용(이용)되지 않고 변형된 경우에도 그 동일성이 인정되는 경우에는 사용행위가 인정된다. 개량된 생산기술, 변경된 설계도, 추가 편집된 고객명부, 원재료 구입처의 조정 리스트, 개량된 판매매뉴얼 등 개량행위에 의하여 작성된 정보의 사용행위는 원래의 영업비밀의 사용행위에 해당하지 않으며, 실질적으로 원래의 영업비밀을 사용하는 것으로 판단되는 경우에 한하여 원래의 영업비밀의 사용행위에 해당한다는 견해[188]도 있다. 그러나 부정하게 취득한 영업비밀을 그대로 사용하는 경우는 드물며, 자신의 영업과 관련하여 사용하는 경우에는 변형, 개량하는 것이 일반적인 모습이다. 따라서 개량등의 행위를 통하여 별도의 경제적 유용성이 발생하는 것이 아닌 한 종전의 것과 동일한 것이라도 보아야 할 것이다.

---

187) 정호열, 전게서, 266면.
188) 황의창·황광연, 전게서, 203면.

한편 제품을 생산하는 행위가 사용행위로 특정될 수 있는 경우에도 그 영업비밀을 사용하여 만든 제품의 판매행위는 영업비밀의 사용행위에 해당되지 않는바, 이에 대한 폐기 청구는 별론으로 하고 금지청구는 인정되지 않는다.

다. 부정한 공개행위

공개행위란 영업비밀을 불특정인에게 공공연히 알리거나, 또는 그 비밀성을 유지하면서 특정인에게 매각하거나 알려주는 것을 말한다. 예컨대 절취한 주문서를 산업스파이에게 인도하는 행위 또는 절취한 공사견적서등의 기밀서류를 경쟁회사의 종업원에게 판매하는 행위[189] 등이 있다. 또한 영업비밀을 부정공개행위로부터 보호하는 바는 통상 입수할 수 없는 비밀, 지식 등을 제3자가 입수하는 것을 금지하는 데 있으므로 영업비밀의 전부뿐만 아니라 그 일부만을 알 수 있게 한 경우도 부정공개행위에 해당한다.

다만 영업비밀을 부정한 상대방이 이미 그 영업비밀을 알고 있는 경우에도 부정한 공개행위에 해당하는가에는 의견이 나누어진다. 즉 영업비밀을 부정공개한 상대방이 이미 그 영업비밀을 알고 있는 경우에도 부정공개행위가 성립한다고 하는 견해[190]와 이 경우에는 부정공개행위에 대한 금지청구의 실익이 없을 뿐 아니라 공개되어 버린 경우에도 손해의 인정이 곤란하여 손해배상청구가 인용될 가능성도 거의 없으므로 법적인 의미는 별로 없다는 견해[191]이다.

영업비밀의 보호는 비밀 상태의 보호라는 의미와 함께 영업비밀 침해행위에 대한 제재의 의미를 갖는다. 따라서 부정공개의 상대방이 영업

---

189) 東京地判 昭和 40.6.26. 判時 419号 14頁 [大日本印刷 事件] 참조.

190) 小野昌延, 營業秘密의 保護, 有信堂, 1968, 583頁.

191) 강영수, "영업비밀의 민사적 보호에 관한 연구", 서울대학교 대학원 석사학위논문, 1993, 41면.

비밀을 이미 알고 있는가는 크게 문제되지 않으며, 판단되어야 할 사항
은 공개행위의 부정성이라 하겠다. 따라서 공개의 상대방이 이미 영업비
밀을 알고 있다 하여 부정공개의 성립이 부정되지는 않을 것이다. 재판
례 역시 이미 영업비밀에 대하여 알고 있더라도 공개 행위의 대상이 되
는 제3자에 해당한다고 판시[192]하고 있다.

> 피고인들은 피해회사로부터 퇴직하여 별도의 A법인을 설립하고 피해회사
> 로부터 취득한 영업비밀을 A법인의 직원들에게 공개하여 위 영업비밀을 사
> 용하여 방향제를 생산하였는바, 직원들이 이미 위 영업비밀에 대하여 알고
> 있었다고 하더라도 위 영업비밀의 보유자인 피해회사와는 다른 법인격이며
> 동종의 업체인 A 및 A의 직원들은 영업비밀에 대하여 비밀로 유지하여야
> 할 제3자에 해당한다(인천지방법원 2005.12.22. 선고 2005노257 판결).

영업비밀보호법 공개행위는 구두·서면뿐만 아니라 도면·모형의 전
시에 의해서도 가능하며 제3자가 영업비밀을 알려고 하는 것을 막지 않
는 형태의 부작위에 의한 공개행위도 인정된다. 이때 공개행위의 유상성
을 요건으로 하지 않으며, 선의 여부 역시 문제되지 않는다.

라. 기타의 부정한 수단

(가)목에서 열거한 '절취·기망·협박'은 영업비밀의 부정취득행위의
전형적 수단의 예시이고, '기타의 부정한 수단'에 의한 취득 또는 사용,
공개가 이루어진 경우에도 (가)목의 위반이 성립한다. 이는 법이 예시한
행위뿐만 아니라 형법상 범죄를 구성하는 행위, 기타 사회상규에 반하는
수단에 의하여 이루어지는 영업비밀 취득행위를 금지하고, 또한 그렇게
취득한 영업비밀을 사용·공개하는 행위도 불법행위의 결과물에 대한
사용·공개 행위로서 평가하여 금지하는 것이다.

---

192) 인천지방법원 2005.12.22. 선고 2005노257 판결.

예컨대 협박 이외 폭행에 의하여 보유하고 있는 영업비밀을 입수하는 것도 (가)목에 해당하며, 신의성실에 반하는 수단에 의하여 영업비밀을 입수하는 것도 포함된다고 본다. 따라서 고객을 가장한다거나 종업원을 상대방의 기업(공장)에 들어가게 하는 경우가 이에 해당한다. 다만 영업비밀을 이용하여 제조된 시판 제품을 분석하는 수단으로 상대의 영업비밀에 관한 정보를 탐지하는 행위는 절취·기망·협박 등의 부정한 수단을 이용한 행위가 아니기 때문에 본목에서 말하는 부정경쟁행위에 해당하지 않는 것으로 본다.[193]

2. 부정취득자로부터의 악의취득행위

영업비밀에 관하여 부정취득행위가 개입된 사실을 알거나 중대한 과실로 알지 못하고 그 영업비밀을 취득하는 행위 또는 그 취득한 영업비밀을 사용하거나 공개하는 행위는 영업비밀 침해행위가 된다(영업비밀보호법 제2조 제3호 (나)목). 본목의 규정은 (가)목에서 규정된 부정취득행위를 전제로 당해 영업비밀의 유통과정에서 부정취득이 개입된 사실에 관하여 알고 있거나 중과실로 알지 못한 상태에서 이를 전득하는 경우를 금하고 있는 것으로, (가)목의 부정취득행위를 본범이라면 본목은 장물범적 위치에 있다고 설명하기도 한다.[194]

동산 등의 물건에 있어서는 일물일권(一物一權)의 요청상 하나의 물건 위에 그 내용이 서로 용납되지 않는 소유권과 같은 물권이 병존할 수 없다. 반면 정보는 동시에 복수의 자에 의한 보유가 가능하므로 타인이 영업비밀을 부정하게 취득하였거나 타인에게 부정하게 공개된 후에

193) 鎌田薫, "財産的情報の保護と差止請求權(5)", Law & Technology(11号) 民事法硏究會, 1990, 41頁; 田村善之, 前揭書, 242頁 참조; 小野昌延, 不正競爭防止法槪說, 有斐閣, 1994, 210頁.
194) 황의창·황광연, 전게서, 208면.

도 여전히 영업비밀 보유자는 그 영업비밀의 사용등에 관한 이익을 상실하지 않는다. 이에 법은 영업비밀 보유자가 갖는 이익 상태를 보호하기 위하여 전득자에 의한 영업비밀취득등의 행위를 영업비밀 침해행위로 규제하고 있는 것이다.

본목의 영업비밀 침해행위는 취득자가 자기의 직접 전자로부터 영업비밀을 취득하는 수단 그 자체는 정당한 것에 한한다. 따라서 영업비밀의 부정취득자로부터 다시 이를 부정한 수단으로 취득할 경우에는 원래의 보유자에 대한 부정취득행위, 즉 법 제2조 제3호 (가)목에 해당한다.

'부정취득행위가 개입된 사실'이란 영업비밀의 정당한 보유자로부터 자신의 앞선 자에게 이르는 영업비밀의 유통과정 중에 부정한 수단에 의한 취득이 개입된 것을 의미한다. 비록 그것이 라이선스 계약등의 어떤 권원에 근거하여 특정인에게 권리를 인정할지라도 그것은 본원적 영업비밀 보유자의 권원 아래에서 인정되는 것이다. 즉 그 비밀성이 유지되는 한 영업비밀과 관련한 일체의 행위는 당해 정보의 개발·형성에 기여한 자, 즉 본원적 보유자의 권원 아래에서 인정되는 것이다. 따라서 설령 취득자의 상대방이 부정한 수단으로 취득한 것이 아니라도 그 전 단계에서 부정한 수단에 의한 취득이 있었고, 이를 알았다면 본목에 해당한다.

본목은 단순히 영업비밀 부정취득행위가 개입된 사실을 인식하면서 또는 인식하지 못한 것에 중대한 과실이 있으면서 영업비밀을 취득하거나 그것을 사용, 공개하는 행위로 족하다. 공시성이 없어 보호대상이 명확하지 않은 영업비밀을 다루면서 매번 정보의 출처를 조사하도록 요구하는 것은 무리이다. 따라서 본 행위유형에서는 일반 경과실에 대하여는 규정하지 않고, 고의 또는 중과실을 요건으로 하고 있다. 주관적인 요건으로서 악의 이외에 '중대한 과실'을 포함한 이유는 소송 중에 있어서 주관적 요건인 악의의 증명이 곤란하므로 행위자로서 조금만 주의를 기울였더라면 당연히 알 수 있었을 객관적 상황을 증명하면 중과실로 보아 악의와 동일시하려는 것이다.

이 때 주관적 요건의 입증책임은 구제를 청구하는 영업비밀 보유자가 부담한다. 이 점에서 동산의 선의취득에 있어서 무과실은 추정되지 않고 선의취득을 주장하는 자가 무과실을 입증하여야 하는 것과 구별된다.[195]

본목의 주관적 요건 판단의 기준이 되는 시점은 영업비밀 취득당시이다. 이 점에서 (다)목의 사후적 악의자에 의한 영업비밀 침해행위가 취득당시에는 선의·무중과실이었다가 취득한 이후 사용·공개할 당시에는 악의 또는 중과실로 전환된 것을 의미하는 것과 구별된다.

3. 사후적 관여행위

가. 의 의

영업비밀을 취득한 후에 그 영업비밀에 대하여 부정취득행위가 개입된 사실을 알거나 중대한 과실로 알지 못하고 그 영업비밀을 사용하거나 공개하는 행위는 영업비밀을 침해하는 행위가 된다(영업비밀보호법 제2조 제3호 (다)목). 본목도 (나)목과 같이 가목의 부정한 행위에 의해 직접적으로 영업비밀을 취득한 자로부터의 영업비밀의 재전득(再轉得)을 한 자에 대한 규정이나, 사후에 악의가 된 자에 대한 규정이라는 점에서 (나)목과 구별된다. 즉 본목의 규정은 당해 영업비밀을 취득할 때에는 선의·무중과실이었으나 이후 악의 또는 중과실이 인정되는 사후적 악의자에 대하여 당해 영업비밀의 사용 등을 영업비밀의 침해행위로 보아 제한하는 것이다.

본목의 행위는 (가)목·(나)목과 달리 영업비밀을 취득한 후의 행위

---

195) 대법원 1962.3.22. 선고 4294민상1174 판결.

이므로 당연히 영업비밀의 사용과 공개 행위만이 영업비밀 침해행위가
되며 취득행위는 규정하고 있지 않다. 예컨대 영업비밀을 부정하게 취득
한 자가 전직한 회사에서 해당 정보를 이용하여 제품을 개발하거나 목
록을 작성하는 경우, 해당 행위가 영업비밀 침해행위에 해당한다면, 설
령 입사 과정에서 그 사실을 몰랐더라도 전직 이전의 회사와 종업원이
분쟁이 발생하고, 그 과정에서 전직한 회사를 상대로 한 경고 또는 통보
가 있다면, 이러한 경고 등을 받은 전직 회사 역시 본목에 해당할 수
있다.

취득당시에는 부정취득의 개입 여부에 관하여 선의, 무중과실이었던
자가 영업비밀의 보유자로부터 경고 또는 통보를 받거나 금지청구의 소
장 송달을 받게 되면 사후적 악의자가 된다. 그리고 보유자등으로부터
경고나 소장의 송달을 받지 못했더라도 약간의 주의로 부정취득이 개입
되었음을 알 수 있었던 경우에는 사후적 중과실이 인정된다.[196]

나. 선의자의 보호

거래에 의하여 영업비밀을 정당하게 취득한 자가 그 거래에 의하여
허용된 범위 내에서 그 영업비밀을 사용하거나 공개하는 행위는 금지청
구, 손해배상청구, 신용회복조치청구의 대상이 되지 않는다(영업비밀보호
법 제13조 제1항). 즉 법은 선의자에 대한 특례를 두어 영업비밀 취득시
에 그 영업비밀의 부정공개사실 또는 부정취득행위나 부정공개행위가
개입된 사실을 중대한 과실 없이 알지 못하고 거래에 의하여 당해 영업
비밀을 취득한 자가 그 거래에 의하여 허용된 범위 안에서 그 영업비밀
을 사용하거나 공개하는 행위에 대하여는 영업비밀 침해행위로 보지 않
는 것으로 하여 법 제2조 제3호 (다)목의 범위를 한정하고 있다.

---

196) 정호열, 전게서, 271-272면.

정보라고 하는 것은 자유롭게 유통되는 반면, 당해 정보가 영업비밀에 해당하는가를 확인할 수 있는 방법은 없다. 즉 특허와 같은 공시제도도 없는 상태에서, 정보의 거래에 있어 당해 정보가 영업비밀에 해당하는가를 확인하도록 요구하는 것은 정보 거래를 제한하게 될 수 있다. 이러한 한계를 갖고 있는 상태에서 대가를 지불하고 타인의 정보를 취득한 자가 당해 정보가 영업비밀에 해당한다는 주장을 받게 되면, 예상하지 못했던 불이익을 입게 된다. 즉 취득당시에는 부정취득의 개입 여부에 관하여 선의, 무중과실이었던 자라도 영업비밀의 보유자로부터 경고 또는 통보를 받거나 금지청구의 소장 송달을 받게 되면 사후적 악의자가 되며, 당해 정보를 사용, 공개하는 행위는 금지되게 된다. 이와 같이 영업비밀이라는 이유로 관련 정보를 사용·공개하는 것이 금지된다면 정보 거래의 안전이 훼손될 가능성이 있다. 즉, 거래가 자유로운 정보와 그렇지 않은 영업비밀을 구분하기 어렵다는 점에서 단순히 영업비밀에 한하여 거래의 제한되는 것뿐만 아니라, 일반 정보의 거래마저 위축될 수 있다. 이에 법은 선의 무과실 취득자가 그 후에 악의·중과실이 되었다고 하여도, 거래의 권원 범위에서 영업비밀을 사용, 공개하는 행위를 허락하는 취지를 정하고 있다.

본조의 선의자 특례는 '거래에 의한' 영업비밀 취득의 경우에만 적용된다. 여기서의 '거래'에는 매매 기타의 양도계약, 라이선스계약, 증여계약, 대물변제 등에 의한 경우를 모두 포괄하며,[197] 법률상의 전형적인 거래뿐만 아니라 비전형적인 사실상의 거래를 포함한다.[198] 반면 상속이나 합병에 의한 취득과 같이 법률의 규정에 의한 그 취득의 효과가 발

---

197) 通商産業省知的財産政策室 監修, 營業秘密−逐條解說 改正 不正競爭防止法, 有斐閣, 1991, 115頁.

198) 同條의 '거래'속에 고용계약도 비전형적인 사실상의 거래에 포함되는지의 문제가 제기되는데, 만약에 포함이 된다면 인간도 古代의 노예제도와 같이 상거래의 대상물이라는 뜻을 포함하기 때문에 헌법의 기본적 인권의 문제가 발생할 것이다. 따라서 본규정의 '거래에 의하여'라는 표현은 부적당하다.

생하는 경우에는 적용이 없다. 거래의 유상을 요하지도 않는다. 따라서 무상의 증여계약에 의한 취득의 경우에도 본조의 적용이 있다.

종업원이나 임원이 전직하면서 맺게 되는 고용계약은 일반적으로는 영업비밀 관련 정보를 취득하는 거래로는 해석하기 힘들다. 다만 정보의 취득을 목적으로 한 경우라면 예측가능성을 보호할 필요가 있다는 점에서 본조를 적용할 수 있다는 견해[199]도 있다. 그러나 종업원등이 부담하는 비밀유지의무등에 대하여 취득시에 이미 악의 내지 중과실일 가능성이 높다는 점에서 실제 본조의 적용을 받기 힘들 것이다.

'영업비밀을 정당하게 취득한 자'라 함은 영업비밀을 취득할 당시에 그 영업비밀이 부정하게 공개된 사실 또는 영업비밀의 부정취득행위나 부정공개행위가 개입된 사실을 중대한 과실 없이 알지 못한 자를 말한다. 여기의 선의, 무중과실에 관하여는 영업비밀의 보유자가 아니라 선의자의 특례적용을 주장하는 자인 제3취득자가 입증책임을 진다.

선의자로서의 보호를 받는 경우, 당해 선의자는 예컨대 라이선스 계약에서 정한 사용료를 라이선서인 부정취득자에게 지급하여야 하는지, 아니면 원래의 영업비밀 보유자에게 지급하여야 하는가란 문제가 있다. 라이선서가 부정취득자나 악의 내지 중과실취득자라는 점에서 선의자에게 영업비밀을 사용하도록 하는 행위는 부정한 공개행위에 해당하므로, 영업비밀 보유자는 당래 라이선서에게 영업비밀 침해행위를 근거로 손해배상을 청구할 수 있다. 그러나 선의자의 행위는 영업비밀 침해행위에 해당하지 않으므로 이에 대하여 손해배상을 청구할 수는 없다. 또한 영업비밀 침해행위에 근거한 부당이득반환청구권도 인정되지 않는다. 결국 영업비밀 보유자는 부정취득자인 라이선서에 대하여는 손해배상을 청구

---

199) 鎌田薫, "財産的情報の保護と差止請求權(6)", Law & Technology(12号), 民事法研究会, 1991, 12頁; 澁谷達紀, "營業秘密の保護", 法曹時報(45卷 2号), 法曹会, 1993, 371-372頁 등.

할 수 있으나, 선의자에 대하여는 채권자대위권(민법 제404조)을 행사할 수 있다.[200)]

다만 영업비밀이 전전유통되면서 라이선서가 부정취득자가 아닌 선의자에 해당하는 경우라면 라이선서에 대한 손해배상청구 역시 인정되지 않게 되며, 라이선시 역시 선의자로서 보호를 받게 된다. 이러한 점에서 입법론으로 본조가 사용뿐만 아니라 공개행위도 허용하는 것은 문제라는 지적도 고려할 필요가 있겠다. 즉 일정 수준이상의 공개행위가 이루어진 경우에는 영업비밀의 비공지성이 상실되게 되고, 그 결과 당해 정보가 영업비밀이 아니게 되고, 영업비밀 보유자는 다른 이용자에게 대하여 금지청구권도 행사할 수 없다는 불이익을 입게 될 수 있다. 선의자의 이익을 중시하여 영업비밀 보유자에게 그러한 불이익까지도 인수하도록 하는 것은 불합리하다고 평가할 수도 있겠다.

4. 부정공개행위(비밀유지의무위반행위)

계약관계등에 의하여 영업비밀을 비밀로서 유지하여야 할 의무가 있는 자가 부정한 이익을 얻거나 그 영업비밀의 보유자에게 손해를 가할 목적으로 그 영업비밀을 사용하거나 공개하는 행위는 영업비밀 침해행위이다(제2조 제3호 (라)목). 본 규정은 영업비밀의 정당한 보유자로부터 정당하게 영업비밀을 취득한 자가 비밀유지의무를 부담하고 있음에도 불구하고 부정한 목적을 가지고 위 의무에 위반하여 당해 정보를 사용 또는 공개라는 행위를 규제하고자 하는 것이다.

본목의 의의와 관련하여서는 영업비밀을 공개한 상대방과의 사이에 비밀을 유지하도록 하는 약정을 명시적으로 하지 않은 경우에, 상대방의 일정한 주관적 의사에 의한 영업비밀 이용행위를 금지할 수 있는 것에

---

200) 이 경우 부정취득자에 대한 영업비밀 보유자의 손해배상청구권에서, 부정취득자가 선의자에게 받은 사용료를 손해배상액을 산정할 때 고려하는 자료로 고려할 수 있겠다.

있다고 설명하는 견해[201]도 있다. 즉 영업비밀을 공개하는 경우, 상대방과의 사이에 비밀을 유지할 의무나 일정 범위를 넘어 비밀을 사용하여서는 안 된다는 의무를 명시적으로 약정하는 경우가 많은데, 이 경우 영업비밀 보유자로서는 굳이 부정한 이익을 얻거나 손해를 입힐 목적이라는 주관적 요건을 입증하지 않으면 안 되는 본목의 청구보다도, 계약상의 의무 이행으로서 금지를 청구한다든지, 채무불이행으로서 손해배상을 청구하는 편이 간편하다. 따라서 본목의 규정은 그러한 명시적 약정이 없는 경우라든지, 계약체결에 이르지 못한 경우에 묵시의 약정을 입증할 것 없이, 일정 행위를 영업비밀 침해행위로 규정하도록 한 것이라고 설명하기도 한다.

본목의 영업비밀 침해행위는 ① 계약관계 등에 의하여 영업비밀을 비밀로서 유지하여야 할 의무가 있는 자가 ② 부정한 이익을 얻거나 그 영업비밀의 보유자에게 손해를 가할 목적으로 ③ 그 영업비밀을 사용하거나 공개하는 행위를 한 경우에 인정된다.

가. 계약 등에 의하여 영업비밀을 비밀로서 유지하여야 할 의무가 있는 자

본목의 의무에 반하여 비밀을 공개·사용하는 자는 당해 비밀을 정당하게 보유자로부터 취득한 자이어야 한다. 따라서 영업비밀 원래의 귀속주체가 사용 또는 공개하는 행위는 본목의 부정공개등에 해당되지 아니하며, 부정하게 이를 알게 된 자는 (가)목의 부정취득행위자가 된다.

우리의 규정에 해당하는 일본 부정경쟁방지법 제2조 제1항 제7호의 경우에는 '영업비밀을 보유하는 사업자로부터 그 영업비밀을 공개받은 경우'로 정의하고 있어서 종업원이 재직 중에 개발한 노하우라든지, 본

---

201) 鎌田薫, 財産的情報の保護と差止請求權(5), Law & Technology(11号), 民事法研究会, 1990, 42頁.

인이 직접 수집한 고객정보는 기업이 종업원에게 공개한 것이 아니므로 영업비밀로 관리되는 것일지라도 당해 정보에 대한 종업원의 이용행위를 규율할 수 없게 된다. 반면 종업원이 직접 개발한 정보에까지 비밀로 유지할 의무를 부과하고, 이를 위반한 종업원의 행위를 형사처벌이 가능한 영업비밀 침해행위로 평가하는 것이 정당한가라는 판단은 별론으로 하고, 적어도 우리 법에서는 단지 계약관계 등에 따라 영업비밀을 비밀로서 유지하여야 할 의무가 있는 자로 규정하고 있어서 일본법에서와 같은 논의의 여지는 없어 보인다.

한편 이와 관련하여 영업비밀의 귀속이라는 문제가 발생할 수 있다는 것을 지적하는 견해가 있다. 즉 어느 기업의 종업원이 업무상으로 기술적인 노하우를 개발했을 때 이 비밀의 소위 본원적 보유자가 그 기업인가 혹은 종업원인가의 문제가 야기될 수 있다. '직무발명(발명진흥법 제10조)'이나 '업무상 저작물의 저작자(저작권법 제9조)'라 하여 특허법·저작권법은 그 규정을 두고 있으나 영업비밀보호법은 영업비밀의 귀속주체에 대하여는 명문의 규정을 두고 있지 않다. 이에 영업비밀이 사용자든지, 종업원이든 어느 한쪽에게 귀속하는가는 특허법이나 저작권법 등 각 지적재산권법의 취지에 비추어 판단하여야 한다는 견해[202]가 있다. 이 견해에 의하면 어떤 비밀이 발명의 성격을 갖는다면 특허법의 규정을 유추하고,[203] 저작물의 성격을 갖는 경우라면 저작권법을 유추하여 그 권리 귀속을 정하게 된다. 이들 법률에 의하여 당해 정보가 기업에 귀속하는 경우에는 이를 개발한 종업원이라도 본목의 규제를 받게 된다고 설명한다.

이에 영업비밀의 귀속은 거래통념 내지 건전한 상식을 기준으로 당해 영업비밀의 성격, 종업원의 비밀개발에 대한 기여도, 비밀의 개발경

---

202) 鎌田薫, 上揭書, 43-45頁.
203) 우리의 경우라면 발명진흥법이 되겠다.

과, 비밀개발에 지출한 비용의 부담자, 비밀의 귀속과 관련되는 제반사
정을 고려하여 개별적으로 판단하게 된다.[204] 즉 종업원에 의하여 영업
비밀이 개발된 경우일지라도 사용자가 종업원을 특정개발업무에 종사하
도록 상당 정도의 지원을 하고 감독하는 경우에는 종업원에게 그 연구
성과의 사용 및 공개를 금지하는 신뢰관계가 발생한다 하겠다. 그러나
종업원이 창조, 혁신, 개발에 주도권을 갖는 가운데 영업비밀이 발생한
경우에는 신뢰관계는 발생하나, 적어도 사용자에 필적할 만한 이익을 종
업원도 갖게 된다. 특히 그 개발이 종업원이 지니고 있는 기술적용의 성
과에 불과하고, 사용자의 정보, 많은 비용, 감독과 같은 어떠한 원조도
없을 경우에는 그 종업원은 개발된 영업비밀을 사용·공개할 수 있는
무제한의 권리를 지닌다 하겠다. 이에 종업원은 고용관계 중에 취득한
비밀정보를 사용자의 이익에 반하여 사용·공개할 수 없다는 명시적인
계약상의 의무가 없으면 그 후 고용활동에서 자유롭게 사용·공개할 수
있다.[205]

일본의 판결[206] 역시 "본건 장치의 기본적 시스템은 이미 이튼 시스
템에 의해 공연히 알려져 있었고, 개량부분 중 신규의 고안이라 보여지
는 점은 피고가 생각한 것으로 특별한 사정도 없이 피고에 대하여 본건
장치 납입 후까지 비밀유지를 요구하는 것은 근거가 없다"고 하고 "비
밀유지계약이 명시적·묵시적으로도 체결된 사실이 없을 뿐만 아니라
본건 제작물 공급계약에 대하여도 비밀유지의 약정도 없이 비밀유지의
무를 내포한다고는 볼 수 없다"하여 원고의 청구를 기각하고 있다.

그러나 지적재산권별로 권리 귀속에 대한 태도가 다르다는 점에서,

---

204) 정호열, 전게서, 277면.
205) Structural Dynamics Research Corp. v. Engineering Mechanics Research Co. et
al.(Michigan 1975) 401 F.Supp.1102.
206) 순환식 반송장치사건(大阪地判 1986.10.30. 判決); 황의창·황광연, 전게서, 403-404
면 재인용.

이 견해에 따라 영업비밀 침해행위에 해당하는가를 판단하는 것은 불명확할 수 있다. 즉 특허법의 경우에는 원칙적으로 종업원이 특허를 받을 수 있는 권리를 갖는 것을 전제로 하여, 계약등에 의하여 당해 권리가 사용자에게 이전하도록 되어 있다. 반면 저작권법의 경우에는 종업원이 업무상 작성한 저작물을 사용자가 자신의 명의로 공표한 경우에는 계약 또는 근무규칙 등에서 별도로 정한 것이 없는 한 사용자를 저작자로 하고, 원시적으로 저작권을 취득하도록 정하고 있다. 실제 이론적으로 특허법은 아이디어를, 저작권법은 표현을 표현한다는 점에서 양자가 중복되는 경우는 없겠으나, 실제 영업비밀은 발명과 저작물로서의 성격을 함께 갖는 경우가 적지 않다. 이러한 상황에서 그 입장을 달리하는 특허법과 저작권법에 의하여 영업비밀의 권리 귀속을 정하도록 하는 것은 불명확한 상황을 초래할 수 있다. 나아가 우리 영업비밀보호법의 규정은 영업비밀의 권리 귀속에 상관없이 당해 정보를 비밀로 유지할 의무를 부담하는가를 문제로 하고 있다. 따라서 영업비밀의 귀속여부는 본목의 해석에 큰 영향을 미치지 않는다.

본목의 판단과 관련하여 영업비밀의 귀속을 다루는 견해는 종업원이 전직하여 자신이 개발한 정보를 사용하는 경우에, 이러한 사용행위를 금지할 수 있는 권능을 기업에게 인정하여야 한다는 가치판단을 보여주는 것이라 하겠다. 하지만 설령 종업원에게 영업비밀이 귀속하는 경우에도 당해 영업비밀에 대하여 기업은 비밀유지의무를 약정할 수 있으며, 이에 따른 의무의 위반을 근거로 본목의 적용이 가능하다고 할 수 있다.207)

법은 부정공개자가 비밀유지의무를 부담하는 근거에 관하여 '계약관

---
207) 다만 계약상의 의무를 위반하여 자신이 개발한 정보를 사용하는 행위를 형사처벌이 가능한 영업비밀 침해행위로 판단할 것인가는 의문이다. 즉 단순한 계약 위반 행위에 대하여 본목을 적용하여 형사처벌이 가능하도록 하는 것이 정당한지, 아니면 계약 위반의 책임만을 물어 민법상의 일반 원칙에 따라 금지청구 또는 채무불이행에 따른 손해배상만을 허용하는 것이 정당한지는 논의가 필요한 부분이라 생각된다.

계 등'으로 표현하고 있는데, 이는 법률상의 관계뿐만 아니라 보호가치가 인정되는 사실상의 신뢰관계를 포함한다.[208] 이와 관련하여 비밀유지의무가 반드시 계약 등과 같은 일정한 형식에 의해서만 발생하는가 아니면 사용자와 종업원간의 신뢰관계에 의해서도 발생하는가에 따라 계약관계설, 신의관계설 및 절충설 등으로 견해가 나누어지고 있다는 설명[209]도 있다. 그러나 우리나라에서 그러한 논의의 대립이 있는지 의심스러우며, 법문 역시 비밀유지의무의 발생 원인을 한정하는 것으로 보기 힘들다. 이러한 신뢰관계 내지 비밀을 지켜야 할 관계는 기업체와 그 종업원, 회사와 그 임원, 조합계약의 당사자들 및 기업체와 기업체 사이에서 광범위하게 존재할 수 있다.

(1) 고용관계에 있어서의 비밀유지의무

재직 중의 종업원에 대해서는 고용당시의 고용계약, 회사의 취업규칙 등에 명시적으로 비밀유지의무에 관한 규정을 두는 경우가 많다. 또한 종업원의 지위에 근거하여 영업비밀을 알게 된 경우에는 계약상의 명시적인 비밀유지특약이 없어도 고용계약의 부수적 의무로서 종업원은 업무상 지득한 영업비밀을 사용자의 동의없이 사용·공개하면 안 되는 의무를 진다고 할 것이다(묵시의 비밀유지의무). 특히 재직 중의 임원은 상법상 선관의무, 충실의무, 경업금지의무를 부담하므로 일반 종업원에 비해서 비밀유지의무가 용이하게 인정될 수 있다.

(2) 라이선스 및 기타 계약관계에서의 비밀유지의무

비밀유지의 신뢰관계는 라이선스 계약 또는 사업의 매매 등의 계약 체결을 위한 준비단계에서도 인정될 수 있다. 물론 분쟁예방을 위해 사전에 당사자간에 비밀유지의무를 부과한 후에 교섭하는 것이 바람직하

---

208) 동지 정호열, 앞의 부분.
209) 황의창·황광연, 전게서, 218-226면.

겠지만, 그러한 조치가 이루어지지 않은 경우에도 당해 영업비밀이 계약체결이라는 일정한 제한된 목적을 위하여 제공되었으며, 통상의 경우에는 공개되지 않는다는 사실이 객관적으로 인정될 때에는 교섭 당사자는 당해 영업비밀에 관해 사용·공개하지 않아야 한다는 신의칙상의 묵시적 비밀유지의무를 진다고 할 것이다.

비밀유지의무나 경업금지의무가 라이선스 계약등 계약상 명시적으로 규정되어 그 계약관계가 계속 되고 있는 경우에는 계약해석 및 그 유효성의 문제에 귀착하게 된다. 물론 명문의 규정이 없는 경우에도 신의칙상의 비밀유지의무를 인정할 수 있을 것이다. 이러한 주된 계약관계가 종료한 경우에도 법률상 유효한 명시의 계약으로 비밀유지의무의 존속을 약정할 수 있다. 한편 전형적인 라이선스 계약에 있어서는 영업비밀의 사용·공개금지의무를 포함한 상세한 내용의 계약을 하는 것이 일반화되어 있다. 따라서 전형적인 라이선스 계약에서는 계약상 명기되지 않은 의무는 인정되지 않는다는 것이 일반적인 해석이므로 묵시적인 비밀유지의무의 존재를 문제삼을 여지는 없을 것이다. 다만 전형적인 라이선스 계약이외의 형태로 영업비밀에 관한 계약이 체결되는 경우에 있어서는 명시적 계약이 없는 경우에도 계약 중에 형성된 신뢰관계를 근거로 묵시적인 비밀유지의무를 인정할 수 있을 것이다.

(3) 경업금지의무에 따른 비밀유지의무

재직 중 종업원이 알게 된 사용자의 영업비밀에 관해서 사용자와 퇴직하는 종업원간에 명시적이고 유효한 비밀유지계약이 체결되어 있는 경우에는 퇴직한 종업원이 당해 영업비밀을 사용·공개하는 행위가 금지되는 것은 당연하다. 그러나 퇴직한 종업원이 새로운 직장에서 기존의 직장에서 습득한 영업비밀을 불가피하게 공개한 경우에는 비밀유지계약이나 영업비밀보호법상의 구제수단이 불충분한 경우가 있다. 이에 종업원의 경업 행위 자체를 금지하여 영업비밀의 유실을 막고자 하는 경우가 많아지고 있다. 즉 퇴직 종업원이 일단 기억한 정보를 없애는 것이 불가능한 것과 함께 만약 종업원이 정보를 분할한다고 하는 특별한 능력을 갖고 있지 않는 한, 전직 이전의 사용자가 보유한 영업비밀에 어쩔 수 없이 의거하면서 새로운 사용자 아래 근무할 수밖에 없다는 이유에서 경업행위 자체를 금지하고, 이를 통하여 영업비밀을 보호하려고 한다. 대법원 역시 '계약관계 등에 의하여 영업비밀을 비밀로서 유지해야 할 의무'는 계약관계 존속 중 및 종료 후라도 반드시 명문계약으로 비밀유지의무의 약정한 경우 이외에도 인적 신뢰관계의 특성 등에 비추어 신의칙상 또는 묵시적으로 그러한 의무의 약정을 포함한다고 해석한다.[210]

영업비밀을 가지고 있는 자로 하여금 동종 업체에 전직하는 것 자체를 금지시키는 것은 영업비밀 침해행위에 대한 금지 또는 예방 청구권의 범위를 넘는 것으로서 영업비밀을 보호하기 위한 적절한 조치라고 볼 수 없을 뿐만 아니라 영업비밀을 가지고 있는 자의 인격을 과도하게 침해하는 결과로 되어 헌법상 직업선택의 자유에 대한 본질적인 침해가 될 것이나, 영업비밀보호법상의 영업비밀에 관한 규정의 취지 및 내용, 영업비밀을 보호할 필요성이 있는 상태에 있고 영업비밀을 보호하기 위하여 많은 노력을 기울인 점, 영업비밀을 가지고 있는 자가 동종 업체에서 동종 제품 제조 등 업무에 종사하는 것을 금지하지 않고서는 영업비밀을 보호할 수 없는 점 등에 비추어 보면, 영업비밀을 보호하기 위하여 영업비밀을 가지고 있는 자를 경쟁 동종 업체의 동종 제품 제조·판매 및 그 보조업무에 종사하지 못하게 하는 것이 헌법상 직업선택의 자유를 본질적으로 침해하는 것이라고 볼 수 없다(서울중앙지방법원 1995.3.27. 자 94카합12987 결정).

한편 경업금지계약은 퇴직 종업원의 경제활동의 자유를 제한하여 종

업원의 생존권을 위협할 우려가 있다는 점에서 과도한 경업금지의무의 부과는 바람직하지 않다. 이에 아래에서는 경업금지의무에 따른 비밀유지의무를 살펴보도록 한다.

(가) 경업금지의무의 의의

'경업(競業)'이라 함은 "근로자가 어떤 회사를 퇴직한 후에 경쟁적 성격을 가진 유사, 동일 업종의 다른 회사로 입사하거나 또는 스스로 경영하는 회사를 설립하는 등 종전 회사에 재직 중 획득한 지식·기술·기능·인간관계를 이용하여 경쟁적 성격을 갖는 직업 활동에 종사하는 것"을 말한다. 그리고 이러한 경쟁적 성격을 갖는 취업과 직업 활동에 종사하지 않게 하는 부작위 의무를 '경업금지의무(또는 경업피지의무)'라고 한다.[211] 즉 '경업금지의무'라 함은 근로자가 사용자의 이익에 현저히 반하여 경쟁 사업체에 취직하거나 경쟁 사업체를 경영하지 않을 의무를 말한다.[212]

구체적으로 '경업금지의무'라 함은 본래적으로는 현재 내지 과거의 사용자가 운영하는 사업과 경업관계에 있는 기업에 취직하거나 경업관계[213]에 있는 사업을 스스로 경영하는 근로자의 의무를 말한다. 이를 협의로 파악하면 사용자와 경업관계를 생기는 취직·영업행위('본래적인 경업행위')를 하지 않는다고 하는 '계약상의 부작위 의무'를 말한다. 그러나 경업관계에 있는 근로자와 사용자 사이의 분쟁을 야기하는 근로자의 행위는 이러한 취직·영업행위 그 자체에 한정되지 않고, 영업비밀의 누설 및 고객탈취, 사용자의 다른 종업원의 스카우트(전직의 권유) 등 이것

---

211) 판례에서는 '경업금지의무'라고 하고 있다(대법원 1997.6.13. 선고 97다8229 판결).
212) 근로자 경업금지의무에 관한 간략한 외국 입법례는 신권철, "근로자의 경업금지의무", 노동법연구(2005년 상반기 제18호), 서울대노동법연구회, 2005.6.30, 224~232면 참조; 이승길, "미국의 근로계약상의 경업금지의무에 관한 개관", 노동법률(제14권), 중앙경제, 2005, 107~115면 참조.
213) 경업관계란 상품으로서 제공하는 재 및 서비스에 관해 고객과 관계해 상호 경합하는 관계를 말한다.

에 부수 내지 인접한 행위도 포함되며, 넓은 의미에서는 경업행위에 포함시킬 수 있다.[214) 또한 이와 같은 넓은 의미의 경업행위에 대한 법 규제는 근로계약상의 부작위 의무에 한정되는 것이 아니라, 다양한 법원·법제도에 따라 추가할 수도 있을 것이다.[215)

이러한 경업금지의무는 상법에서 그 규정을 찾을 수 있다. 즉 상법 제17조 제1항에 의하면 "상업사용인(商業使用人)은 영업주의 허락없이 자기 또는 제3자의 계산으로 영업주의 영업부류에 속한 거래를 … 하지 못한다"고 규정하고 있다. 상업사용인이 동 조항에 위반한 때에는 영업주는 그 거래를 자신의 것으로 하거나, 아니면 상업사용인에게 이로 인한 이득의 양도를 청구할 수 있고, 아울러 사용인에 대하여 계약을 해지 또는 손해배상의 청구를 할 수 있다(제17조 제2항·제3항).[216) 다만 동 규정에 따르면 경업금지의무를 부담하는 자는 상업사용인[217)뿐이며, 근로관계가 존속 중인 때에만 사용자의 영업부류에 속하는 거래를 하지 못하도록 규정하고 있다.[218) 대법원도 경업금지계약을 "근로자가 사용자

---

214) 이와 같이 경업행위의 범위를 널리 파악하고자 하면, 일반적으로 '비밀유지의무'에 의한 규제 대상으로서 정리된다. 영업비밀·노하우 등의 이용·공개 행위도 넓은 의미에서의 경업행위의 하나이다.

215) 본고에서는 이러한 다양한 법원·법제도에 근거한 넓은 의미의 경업행위에 대한 전체적인 법 규제를(광의의) 경업금지의무라는 관점에서 검토할 대상으로 삼고 있다.

216) 김형배, 노동법(신판, 보정판), 박영사, 2005, 283면.

217) '상업사용인'이란 특정한 상인에 종속되어 대리권을 수여받아 영업상의 업무에 종사하는 자를 말한다. 상법은 상업사용인의 종류를 지배인(제11조: 지점장·영업부장 등), 부분적·포괄적 대리권을 가진 사용인(제15조: 부장·차장·계장·주임 등) 그리고 기타의 사용인(제16조: 물건판매 점포의 사용인)으로 구분하고 있다. 따라서 경영상의 노무가 아닌 비경영적 노무에 종사하는 자, 예컨대 기사·직공·운전기사·배달원·수위·사환 등은 상업사용인이 아니다.

218) 상법상 주식회사의 이사는 이사회의 승인이 없으면 … 동종(同種) 영업을 목적으로 하는 다른 회사의 무한책임사원·이사가 되지 못한다(상법 제397조). 이사의 경업금지의무는 그 정신에 있어서 상업사용인(제17조), 대리상(제19조), 합명회사의 사원(제198조), 합자회사의 무한책임사원(제269조) 및 유한회사의 이사(제564조 3항, 제567조)의 경업금지의무와 같으나, 상업사용인은 이종(異種) 영업을 목적으로 하는 회사의 무한책임사원이나 이사까지도 되지 못하는 점이 다르다. 다만 전자의 규정은 임의규정이므로 정관의 규정에 의하여 이와 달리 정할 수도 있다.

와 경쟁관계에 있는 업체에 취업하거나 스스로 경쟁업체를 설립, 운영하는 등의 경쟁행위를 하지 아니할 것을 내용으로 하는 약정"이라고 판단하고 있다.[219]

(나) 경업금지의무의 법적 성질

근로자의 경업금지의무의 법적 성질과 관련해서는 그 발생원인에 따라 근로계약상의 부수의무, 경업금지계약에 따른 의무, 부정경쟁방지법상의 영업비밀침해금지청구에 따른 수인의무 등으로 나누어 살펴볼 수 있다.

첫째, 경업금지계약[220]이 없는 경우에는 이에 대한 법규정이 없어 경업금지의무는 계약법리로 취급된다. 보통 근로관계 존속 중에는 근로자는 근로계약에 의한 민법의 신의칙상의 부수의무로서 사용자의 정당한 이익을 부당하게 침해하지 않아야 하고, 따라서 경업금지의무가 있다고 해석된다.[221] 그러나 근로관계 종료 후 근로자는 근로관계에서 습득한 지식·기능·경험 등을 이용하지 않으면 생활을 유지할 수 없고, 헌법

---

219) 대법원 2003.7.16. 자 2002마4380 결정.

220) 경업금지계약이라 함은 "근로자가 사용자와 경쟁관계에 있는 업체에 취업하거나 스스로 경쟁업체를 설립·운영하는 등의 경쟁행위를 하지 아니할 것을 내용으로 하는 약정"이다(대법원 2003.7.16. 자 2002마4380 결정). '경업금지약정' 또는 '경업금지특약'이라고도 한다. 통상 근로계약이나 단체협약, 취업규칙 등에 경업금지의무 규정이 있다면 이를 '경업금지조항(non-competition clause)'이라고도 한다. 이 조항은 '유인금지조항(non-solicitation clause)', '영업비밀유지조항(non-disclosure or confidentiality clause)'과 구분된다. 전체적으로 '제한 조항(restrictive clause)'이라 한다. '유인금지조항'은 사용자의 고객을 빼오거나 고객과의 거래를 제한하는 '거래금지조항(non-dealing clause)'과 사용자의 다른 종업원을 빼오는 것을 금지하는 '스카우트금지조항(non-poaching clause)'이라 함)이라고 한다(신권철, 근로자의 경업금지의무, 서울대 대학원 석사학위논문, 2005, 71-72면 참조; 신권철, "근로자의 경업금지의무", 노동법연구, 서울대노동법연구회, 2005년 상반기 제18조(2005.6.30), 239-240면 참조).

221) 근로자 재직 중의 경업금지의무에 대해서는 민법 신의칙에 의해 발생하는 것으로, 이 것을 인정하는 것에 대해서는 특히 문제라는 의견은 없다. 이러한 근로자의 재직 중 경업금지의무에 대하여 예를 들어 「근로자는 경업피지의무를 진다」는 형태로 명확화 하는 것은 의문이며, 신의칙 등의 기본적인 룰을 정해 차후에 노사 운영에 맡겨야 한 다고 생각할 수도 있다. 이에 근로자 재직 중 경업금지의무는 민법의 일반원칙에 맡기고, 특별한 규정의 설정이 바람직하다.

상 직업 선택의 자유와 관련해 근로자는 근로관계 중에 습득한 지식·경험 등을 자신의 생활을 위해 자유롭게 이용할 수 있다. 결국 근로관계 종료 후 경업금지의무는 소멸하고, 근로자는 특약이 없다면 경업적인 기업활동에 종사할 수 있다고 해석된다.[222]

이때 퇴직 후의 경업금지의무는 우선, 근로자에게 퇴직 후에도 경업금지의무를 지운다면 노사 당사자간의 서면에 의한 개별 합의, 취업규칙 또는 단체협약에 의한 근거가 필요함을 법률로 명확화하는 것이 바람직하다. 계약을 근거로 한 퇴직 후 경업금지의무를 제한없이 인정하게 되면 교섭력이 약한 근로자가 지나친 의무를 지게 되는 경우가 있을 수 있다. 그러나 반대로 경업금지의무를 인정하지 않으면 경업하지 않는 것을 대가로 사용자가 금전을 지급하는 계약을 맺을 수도 없게 되고, 이는 근로자의 입장에서도 불이익할 수 있다. 이에 '경업이 사용자의 정당한 이익을 침해하는 것' 및 '침해된 근로자의 이익과 경업금지의무를 부과할 필요성과의 사이의 균형이 도모되고 있을 것'을 요건으로 퇴직 후의 경업금지의무의 설정을 내용으로 하는 계약을 인정할 수 있다. 이때 계약의 유효성을 고려하기 위해서는 위의 경업금지의무의 필요성 이외에도 업종, 직종, 기간, 지역, 대상의 유무 및 그 정도를 들 수 있다.

둘째, 경업금지계약이 있을 경우[223]에는 그 약정 내용의 유효성 여부 및 해석이 문제가 된다. 판례는 특별한 사정이 없다면 경업금지계약의 유효성을 인정하고 있다. 퇴직 후의 경업금지의무를 부과하기 위한 경업금지계약을 맺을 때에는 경업금지의무의 대상 업종, 직종, 기간, 지역 등을 명확히 하여야 하며, 이를 서면으로 명시하여야 한다. 여기서 사용자가 해당 사항을 명시하지 않는 경우의 효과에 대하여 검토가 필요하

---

222) 菅野和夫, 이정 역, 勞動法(제5판 보정판), 한국경영자총협회, 2004, 87면.
223) 근로기준법상 근로자로 규정짓는 여러 요소 중 하나로 경업금지계약도 들 수 있는데, 그 이유는 근로자의 실질적 사용종속관계를 보여주는 약정이기 때문이다: 대법원 2002. 10.11. 선고 2002다40487 판결(공보 미게재).

다. 예컨대 어떤 경우에는 해당 경업금지의무를 부과하는 합의 등을 무효로 하고 근로자는 퇴직 후 경업금지의무를 없거나, 경업금지의무의 대상이 불명확한 것으로 추정하여 사용자가 명확성을 입증하지 않은 한 근로자는 퇴직 후 경업금지의무를 지지 않는 것으로 하는 것 등을 생각할 수 있다. 근로자 스스로가 어떠한 경업금지의무를 지고 있는지를 모르면, 필요 이상으로 취업을 억제할 수 있으므로 퇴직 후의 경업금지의무의 범위를 사용자가 퇴직시에 서면으로 명시하지 않았던 경우에는 퇴직 후의 경업금지의무는 즉시 무효로 해야 한다고 생각할 수도 있다. 그러나 경업금지의무의 대상은 어느 정도 그 범위가 명확하다고 하더라도 퇴직할 때 명시가 없어도 근로자가 그 범위를 알고 있던 경우도 있다. 따라서 퇴직할 때 서면 명시가 없는 경우에 퇴직 후 경업금지의무를 바로 무효로 하는 것은 지나치다. 다만 그 경업금지기간이 길거나 무기한이라면 근로자의 직업선택의 자유 및 근로권 등을 고려해 민법 제103조(공서양속 및 사회질서) 위반으로 경업금지계약의 금지기간을 줄일 수 있다.

셋째, 사용자에 대한 근로자의 영업비밀 침해행위라는 불법행위에서 근로자의 경업금지의무가 발생한다. 원칙적으로 영업비밀침해가 불법행위로 손해배상청구권을 발생시켜도 그러한 금전 채권을 근거로 피해자가 불법행위자에게 경업금지를 구할 권리를 주지 않지만, 영업비밀보호법은 영업비밀 보유자가 영업비밀 침해 행위자(또는 침해하고자 하는 자)에게 그 침해를 배제·예방금지청구권[224]을 주고 있다. 위 금지청구로 근로자의 부작위 의무의 내용으로 영업비밀의 사용 및 공개금지,[225] 관련 업무분야 종사금지[226]가 인정된다. 그러나 창업·취업금지, 전직회사

---

224) 부정경쟁방지법 제10조 제1항, 제2항.
225) 인천지방법원 2004.9.14. 자 2004카합1189 결정.
226) 서울남부지방법원 2004.8.4. 자 2004카합1246 결정.

에서의 퇴사명령까지 위 부정경쟁방지법상의 금지청구권으로 인정 여부가 문제된다.

위에서 살펴본 것처럼 근로자의 경업금지의무는 ① 근로계약상의 부수의무의 한 내용, ② 경업금지계약의 의무, ③ 부정경쟁방지법의 금지청구권 행사로 인한 수인의무로서 각각 그 법률적 성질이 다르다. ① 및 ②는 계약법 면에서 경업금지의무를, ③은 불법행위 면에서 다루고 있다. 실무상 사용자측에서 경업행위를 방지하기 위한 가처분 또는 근로자의 경업행위로 인한 손해배상을 청구할 때, 대체로 ① 경업금지계약 또는 근로계약상의 의무위반(채무불이행)을 이유로 하는 경우, ② 영업비밀 침해행위(불법행위)를 이유로 하는 경우를 양분해 판단하고 있다. 그러나 사실상 두 청구권이 경합되거나 청구기초도 동일한 경우가 많다. 경업금지 계약의 유효성을 판단하기 위해서는 영업비밀 보호목적 또는 침해 태양 등도 함께 고려해야 하기 때문에 사용자 측에서 소송제기시 이를 혼돈해 청구하는 사례도 많다.

(다) 경업금지의무와 영업비밀보호

근로자는 근로관계 존속 중에 사용자에 대하여 부수의무로서 비밀유지의무를 부담하고 있으므로 특별한 약정이 없더라도 근로관계 존속 중인 근로자는 동법 제2조 제3호 라목의 계약관계 등에 의하여 영업비밀을 비밀로서 유지해야 할 의무가 있는 자로 해석된다.[227] 그런데 퇴직자도 이에 해당하는지가 문제되는데, 비밀유지의무를 인정하는 견해는 이에 포함시키고 있다.

우리나라 대법원은 '계약관계 등에 의하여 영업비밀을 비밀로서 유지해야 할 의무'는 계약관계 존속 중 및 종료 후라도 반드시 명문계약으로 비밀유지의무의 약정한 경우이외에도 인적 신뢰관계의 특성 등에 비추

---

227) 정상조, "부정경쟁방지법상 종업원의 비밀유지의무", 법학(제36권 제1호), 서울대학교 법학연구소, 1995, 167면.

어 신의칙상 또는 묵시적으로 그러한 의무의 약정을 포함한다고 해석된다.[228) 다만 이는 퇴직 종업원의 경제활동의 자유를 제한하여 종업원의 생존권을 위협할 우려가 있으므로 재직 중에 영업비밀 유지의무를 설정할 때 보다 비밀유지의무의 대상인 영업비밀의 범위를 명확히 해야 할 필요가 있다. 따라서 비밀유지의무의 대상이 되는 영업비밀이 지나치게 추상적으로 규정되어 있거나 광범위하게 규정되어 있을 경우에는 계약 자체가 무효가 될 경우도 있다.

이와 관련하여 경업의 제한에 대한 합리적 범위를 확정함에 있어서는 제한의 기간, 장소적 범위, 제한의 대상이 되는 직종의 범위, 대상의 유무 등에 대하여 채권자의 이익(영업비밀의 보호), 채무자의 불이익(전직·재취업의 부자유) 및 사회적 이해(독점·집중의 우려 및 그에 따른 일반 소비자의 이해)의 3가지 관점에서 신중히 검토하여야 한다는 판례[229)가 있다. 나아가 계속된 계약관계에서는 그 계약의 종료이후에도 신의칙상 상대방에게 부당한 손해를 주지 않도록 배려할 의무가 인정된다고 할 것이므로 위와 같은 명시적 계약이 인정되지 않는 경우라도 비밀유지의무를 인정할 수 있을 것이다(신의칙상의 묵시적 비밀유지의무). 다만 재직 중의 종업원의 경우와는 달리 퇴직 종업원의 영업비밀 사용·공개행위의 판단에 있어서는 종업원 개인의 일반적 지식·경험·기능 등의 활용 보장, 종업원의 생존권 보장 등 종업원의 이익을 신중히 고려되어야 하며, 함께 영업비밀의 부당한 독점 제한에 의한 자유경쟁의 촉진이라는 공공의 이익에 대한 배려도 고려되어야 할 것이다.

이에 반하여 퇴직자의 경업금지의무는 반드시 명시적인 계약에 의해서만 발생한다고 보는 것이 최근 판례의 경향이고 통설이라고 설명하는 견해[230)가 있다. 그러나 판례는 인적 신뢰관계의 특성에 비추어 신의칙

---

228) 대법원 1996.12.23. 선고 96다16605 판결.
229) 奈良地判 昭和 45.10.23. 下民 21券 10号 1369頁 [フォセコ·ジャパン事件].

상 또는 묵시적으로 그러한 의무를 부담하기로 약정하였다고 보아야 할 경우를 포함한다고 본다.231) '계약관계 등에 의하여 영업비밀을 유지할 의무'라 함은 계약관계 존속 중은 물론 종료 후라도 또한 반드시 명시적으로 계약에 의하여 비밀유지의무를 부담하기로 약정한 경우뿐만 아니라 인적 신뢰관계의 특성에 비추어 신의칙상 또는 묵시적으로 그러한 의무를 부담하기로 약정하였다고 보아야 할 경우를 포함한다고 판시232) 하고 있다.

> '계약관계 등에 의하여 영업비밀을 비밀로서 유지할 의무'라 함은 계약관계 존속 중은 물론 종료 후라도 또한 반드시 명시적으로 계약에 의하여 비밀유지의무를 부담하기로 약정한 경우뿐만 아니라 인적 신뢰관계의 특성 등에 비추어 신의칙상 또는 묵시적으로 그러한 의무를 부담하기로 약정하였다고 보아야 할 경우를 포함한다(대법원 1996.12.23. 선고 96다16605 판결).

부정경쟁행위로서의 영업비밀 침해행위 판단은 당해 행위를 허용하였을 때 야기되는 거래질서에의 영향을 고려하여야 할 것이다. 이러한 점에서 퇴직자가 종전의 회사에서 지득한 정보를 사용하거나 공개하는 행위를 부정경쟁행위로 인정하기 위하여는 당해 행위가 거래질서에 미치는 영향을 판단하여야 한다. 한편 영업비밀의 보호는 비밀관리라는 성과 개발의 인센티브를 법적으로 담보한다는 의의를 갖는다. 따라서 명시적 경업금지계약의 유무 여부와 상관없이 당해 정보가 영업비밀로 관리되고 있었는가라는 측면에서 퇴직한 직원이 고용관계 중에 당해 정보가 영업비밀로 관리되고 있던 것을 알고 있으며, 이 정보를 영업비밀로 비밀로 유지할 의무를 부담하고 있었는가라는 관점에서 판단하여야 한다.

230) 황의창·황광연, 전게서, 216면.
231) 대법원 1996.12.23. 선고 96다16605 판결; 인천지방법원 2004.11.19. 선고 2001가합 2507 판결 등.
232) 대법원 1996.12.23. 선고 96다16605 판결.

그리고 이러한 점에서 고용관계 중 지득한 정보를 퇴직 후 당해 정보를 사용·공개하는 행위가 영업비밀 침해행위에 해당하는가의 여부가 명시적 비밀유지의무 내지 경업금지의무의 유무에 구속받아야 하는 것은 아니다.

영업비밀 보유자에게 퇴직자가 부담하는 비밀유지의무 내지 경업피지의무는 영업비밀 보유자가 당해 정보를 비밀로 관리하고 있었는가라는 관점에서 판단하여야 한다. 따라서 퇴직자의 경업금지의무가 반드시 명시적인 계약에 의해서만 발생한다고는 볼 수 없다 하겠다. 다만 영업비밀이라는 이유로 퇴직자에게 보장되는 직업선택의 자유가 제한되어서는 안 된다. 즉 명시적인 계약이 없는 경우에는 퇴직자가 사용·공개한 정보를 영업비밀로 관리하고 있었는가에 대한 판단이 엄격하게 이루어져야 할 것이다.

한편 사용자가 영업비밀의 보호를 도모하려는 경우 비밀유지계약을 체결하는 것이 일반적이지만 비밀의 특정이 곤란한 경우에는 보다 포괄적인 경업금지계약을 이용하여 비밀유지의무를 부과하는 경우가 있다. 이 경우에는 사용자가 명시적으로 비밀유지의무를 인정할 때보다 더욱 신중하게 영업비밀의 범위를 특정화하여 관리하는 노력이 필요하다.

영업비밀 보유자는 영업비밀 침해행위에 대하여 정지청구권과 예방청구권을 행사할 수 있다. 이러한 금지청구권의 행사로 영업비밀 침해행위를 하거나 할 우려가 있는 근로자에게는 부작위 의무가 부과된다. 일반적으로 사용자는 영업비밀보호법의 금지청구권으로 퇴직자를 상대로 전직회사에서 종전 회사의 영업비밀을 사용·공개의 금지를 청구하기도 하지만, 나아가 ① 영업비밀과 관련된 일정 업무의 금지, ② 전직회사에 취업 금지(전직금지), ③ 전직회사로부터 퇴사 명령 등까지 확대될 수 있는지가 문제된다. 일반적으로 이러한 것은 영업비밀보호법이 규정하는 금지청구권의 범위에는 포함되지 않는다. 그렇다면 이러한 금지를 경업금지계약이나 비밀유지약정으로 종업원에게 부과하는 것이 타당한가라는 문제가 남게 된다.

(라) 경업금지의무에 관련된 판례 동향

① 퇴직 후 경업금지계약의 존재 및 유효성 여부, 경업금지기간

실제로 경업금지계약이 존재하는지 여부에 대해 대법원은 "근로자가 사용자와 경쟁관계에 있는 업체에 취업하거나 스스로 경쟁업체를 설립·운영하는 등의 경쟁행위를 하지 아니할 것을 내용으로 하므로 직업선택의 자유를 직접적으로 제한할 뿐만 아니라, 자유로운 경쟁을 저해하여 일반 소비자의 이익을 해칠 우려도 적지 아니하고, 특히 퇴직 후의 경쟁업체로의 전직금지약정은 근로자의 생계와도 직접적인 연관이 있으므로 사용자와 근로자 사이에 전직금지약정이 있는지에 관하여는 이를 엄격하게 판단해야 한다"고 판시[233]하고 있다.

하급심 판결례도, ① 회사에 입사할 당시 "회사의 승인 없이 타사에 복수로 취업하거나 다른 회사 영업에 관계하지 않겠다"는 내용의 경업금지계약이 포함된 '비밀유지 서약서'를 작성·제출한 사건에서, 위 약정을 확대 해석하여 퇴직 후에도 경쟁업체에 취직하지 않기로 한 약정이라고 해석할 수는 없다고 판결하였으며,[234] ② 다른 근로자들과 경업금지계약이 체결되었다는 사정만으로 당해 근로자도 또한 사용자와 경업금지계약이 있었다고 추정될 수는 없다고 판결하였다.[235] 또한 ③ 명시적인 약정이 없는 한 근로계약이 종료된 후 경업금지의무는 원칙적으로 근로계약이 종료된 후의 신의칙상의 의무로 인정할 수 없다[236]고 판

---

233) 대법원 2003.7.16. 자 2002마4380 결정(근로자가 전직한 회사에서 영업비밀과 관련된 업무에 종사하는 것을 금지하지 않고서는 회사의 영업비밀을 보호할 수 없다고 인정되는 경우 특약이 없는 경우에도 전직금지가처분을 인정한 사례이다).

234) 인천지방법원 2004.9.14. 자 2004카합1189 결정.

235) 서울남부지방법원 2004.8.4. 자 2004카합1246 결정; 수원지방법원 성남지원 2002.5.8. 자 2001카합428 결정 및 이 결정의 항고심인 서울고등법원 2002.11.12. 자 2002라 313 결정.

단하고 있다.

이와 같이 법원은 퇴직 후 경업금지 계약 자체의 존재 여부에 대하여는 엄격한 입증을 요구하고 있다. 약정을 확대 해석하거나 간접사실로 퇴직 후 경업금지계약이나 경업금지의무를 인정하는 것을 부인하고 있다.[237] 또한 퇴직 후 경업금지계약은 기본적으로 근로자의 직업선택의 자유와 근로권을 제한하는 약정이므로 근로자의 실질적인 의사와의 합치가 반드시 필요하다고 볼 것이다. 따라서 사용자의 일방적인 지시에 의한 각서 등은 경업금지의무에 대한 근로자의 실질적인 의사의 유무가 문제될 수 있다.

한편 퇴직 후 경업금지계약이 존재한다고 인정되는 경우에는 그 계약의 유효성 여부에 관하여 대법원은 먼저 유효하다고 전제하고,[238] 하급심도 특별한 사정이 없는 한 이를 유효한 약정으로 판단하고 있다.

하급심 판결례 중에는 ① 경제적 약자의 지위에 있는 근로자는 회사의 대표이사가 직접 나서 경업금지 계약서의 작성요구를 계속 거부하기는 어려웠을 것으로 보이나, 이를 가지고 궁박·경솔·무경험 상태에서 불공정하게 작성된 약정서로 무효로 볼 수는 없으며,[239] ② 전직금지 약정은 일종의 경업금지계약으로 그 체결된 배경, 내용 및 기간에 합리

---

236) 수원지방법원 2004.12.30. 선고 2002가단44492 판결; 대전고등법원 2004.10.6. 선고 2003나4370 판결.

237) 나아가 근로계약의 관점에서 계약이 종료하고 있음에도 불구하고 근로자에게 경업금지 의무를 부과하기 위하여는 이 근거와 범위를 규정할 필요가 있다는 의견도 있었다(이 승길, 전직제한 관련 입법사례 및 판례연구, 국가정보원 산업기밀보호센터, 2007, 96면 재인용).

238) 대법원 1997.6.13. 선고 97다8229 판결(약정금 사건): 대법원은 회사가 다이아몬드공구의 제조공정에서 일반적 지식 또는 기능이라고 할 수 없는 특수한 기술상의 비밀정보를 가지고 있고 이러한 비밀정보는 일종의 객관화된 지적재산이므로, 퇴직사원의 영업비밀 침해행위에 대하여 회사와의 사이에 침해행위 중지 및 위반시 손해배상약정금을 정한 합의가 이루어진 경우, 그 합의서의 내용을 회사의 영업비밀을 지득하는 입장에 있었던 사원들에게 퇴직 후 비밀유지의무 내지 경업금지의무를 인정하는 것으로 해석하는 것이 직업선택의 자유에 관한 헌법규정에 반하지 않는다고 판시하였다.

239) 부산지방법원 2004.12.4. 자 2004카합1783 결정.

성이 인정되는 경우 헌법에 보장된 직업선택의 자유를 침해하지 않는 것으로서 공서양속 위반으로 볼 수 없다[240]는 취지로 근로자의 경업금 지계약에 대한 무효 항변을 배척하고 있다. 또한 ③ 경업금지에 대한 대상조치가 적정하다고 인정된다면 그 유효성을 인정할 수 있다. 이 경우에는 업종,[241] 근로자의 종전 직책, 경업금지의 기간, 지역적 제한, 대상조치의 내용과 정도 등을 종합해 판단해야 할 것이다.[242]

하급심 판결례는, 경업금지계약이 일반적으로 사용자와 비교해 경제 약자인 근로자에 대하여 헌법상의 직업선택의 자유 및 영업의 자유를 제한하고 그 생존을 위협할 우려가 있다. 특히 쉽게 다른 직종으로 전직 할 수 있는 별다른 기술지식이 없는 근로자는 종전의 직장에서 배우고 익힌 바를 이용하는 업무에 종사하지 못하게 될 경우 그 생계에 상당한 위협을 받을 수 있다는 사정을 고려하여, 경업금지 의무는 우선 영업비 밀을 보호하기 위한 목적의 범위 내로 한정되며, 경업금지계약의 당사자 인 근로자가 사용자 회사에서의 지위, 직무의 내용, 경업금지기간·지 역·대상직종, 경업금지의무에 대한 대상조치 유무에 따라 그 효력의 유효 여부가 결정된다고 보고 있다.[243]

대체적인 하급심 판결례의 태도는 경업금지계약의 그 유효성을 인정 하고 있다. 그러나 약정된 경업금지 기간이 장기간이라고 판단되면 그 기간을 일정한 범위로 제한하고, 제한된 금지기간을 넘는 부분은 민법

---

240) 서울남부지방법원 2004.5.25. 자 2004카합474 결정; 서울지방법원 1997.6.17. 자 97카 합758 결정.
241) 대법원 1997.6.13. 선고 97다8229 판결.
242) 김유성, 노동법 Ⅰ, 법문사, 2005, 344면. 당사자의 특약이 있고 또 제한이 필요성과 범위(기간, 활동범위 등)에 비추어 근로자의 직업선택의 자유를 부당하게 침해하지 않 는 범위 안에서 근로계약 종료 후에도 미친다는 견해도 있다(임종률, 노동법(제4판), 박영사, 2004, 322면).
243) 서울동부지방법원 2003.7.4. 선고 2002가합5338 판결; 서울중앙지방법원 2002.10.1. 선고 2000카합3352 판결; 서울중앙지방법원 2002.10.1. 선고 2000가합54005 판결; 부 산지방법원 동부지원 2002.8.27. 선고 2002가단5288 판결 등.

103조 위반(공서양속 및 사회질서 위반)으로 보아 무효로 판단하고 있다. 경업 금지기간의 제한 근거는 개별 약정에 의한 전직금지의무는 결국 근로자가 취득한 사용자의 영업비밀을 보호하려고 한다. 그 약정의 유효성은 영업비밀을 보호하려는 목적 범위 내로 한정해야 하고[244], 그 기간의 초과 부분은 헌법상 보장된 근로자의 직업선택 및 영업활동의 자유, 근로권 등의 지나친 제한으로 민법 제103조 위반[245]이라고 판단하고 있다.

이에 대하여 하급심 판례로서 폭넓게 전업금지 약정의 문언이 근로자에게 미치는 위축적인 효과를 막기 위하여 합리성을 인정해야 한다면 원칙적으로 그 전부를 무효로 해야 하고, 법원이 사인간의 계약을 수정하여 다시 작성하는 것과 같은 일은 예외적으로 허용되는 점 등을 들어 경업금지 계약의 전부가 무효라고 판시한 사례도 있다.[246]

일부 하급심 판결은, 경업금지계약이 체결되었지만, ① 근로자의 경업을 금지함으로서 보호할 사용자의 보호가치 있는 이익이 없고, 반대급부없이 사용자의 일방적 지시로 경업금지계약이 체결되고, 동종 및 유사업체로의 전직금지기간 및 그 약정 내용이 불명확하며, 동종 및 유사업체로까지 전직을 금지할 경우 생계에 어려움을 겪을 수 있다는 사정을 들어 경업금지계약에 의한 경업금지청구권이 발생하지 않는다는 사례,[247] ② 경업금지계약의 내용이 "재직시 습득한 제반 지식 및 기술을 이용해서 경업행위를 하지 않는다"라고 규정하여 금지기간, 금지지역, 금지대상 직종 등이 전혀 특정되지 아니하여 근로자에게 지나친 부담을 지우고, 영업사원으로 다른 생계유지 수단이 없어 경업이 금지될 경우 생계에 막대한 지장을 받고, 사용자가 대상 조치를 전혀 취하지 않은 사

---

244) 서울남부지방법원 2003.2.17. 자 2003카합43 결정.
245) 서울남부지방법원 2002.10.11. 자 2002카합1269 결정.
246) 서울동부지방법원 2002.4.10. 자 2002카합1353 결정.
247) 수원지방법원 2004.8.13. 자 2004카합704 결정.

정을 들어 경업금지 계약이 무효라고 판단하는 사례[248] ③ 동종 업체에의 전직 자체를 모두 금지시키는 내용의 특약은 영업 기밀을 보호하기 위한 적절한 조치로 볼 수 없고, 근로자의 헌법상 직업선택의 자유를 침해할 우려가 있기 때문에 그 효력을 인정할 수 없다는 사례[249]가 있다.

'경업금지기간'이라 함은 근로자가 퇴직 후 사용자와의 경업을 금지하는 기간을 의미한다. 대법원은 퇴직자의 경업금지의무는 종전 직장의 영업비밀을 보호하기 위한 것이므로 특별한 사정이 없는 한 영업비밀의 존속기간을 넘는 기간까지 전직을 금지할 수는 없다는 태도이다.[250]

경업금지계약에 의한 퇴직자의 경업금지의무의 기산점은 특별한 사정이 없는 한 '퇴직시'[251]이다. 이로써 영업비밀 유지약정에 의한 영업비밀 유지의무의 기산점[252] 및 그 금지기간과는 원칙적으로 구분된다. 대법원은 경업금지기간에 대해 별도로 언급한 것은 없다. 다만, 영업비밀보호법에 의하여 보호되는 영업비밀의 시간적 범위는 공정하고 자유로운 경쟁의 보장 및 인적 신뢰관계의 보호 등의 목적을 달성하는데 필요한 시간적 범위 내로 제한된다고 판시[253]하였다.

> 영업비밀 침해행위를 금지시키는 것은 침해행위자가 침해행위에 의하여 공정한 경쟁자보다 유리한 출발 내지 시간절약이라는 우월한 위치에서 부당하게 이익을 취하지 못하도록 하고, 영업비밀 보유자로 하여금 그러한 침해가 없었더라면 원래 있었을 위치로 되돌아갈 수 있게 하는 데에 그 목적이 있으므로 영업비밀 침해행위의 금지는 공정하고 자유로운 경쟁의 보장 및

---

248) 서울남부지방법원 2003.2.17. 자 2003카합43 결정; 같은 취지 부산지방법원 동부지원 2002.8.27. 선고 2002가단5288 판결 등.
249) 서울지방법원 1995.3.27. 자 94카합12987 결정.
250) 대법원 2003.7.16. 자 2002마4380 결정.
251) 대법원 2003.7.16. 자 2002마4380 결정.
252) 영업비밀 침해금지를 구하는 경우에는 근로자가 영업비밀 취급업무에서 이탈한 시점을 기준으로 영업비밀 침해금지기간을 산정함이 타당하다고 대법원은 판시하고 있다(대법원 2003.7.16. 자 2002마4380 결정 참조).
253) 대법원 1998.2.13. 선고 97다24528 판결.

인적 신뢰관계의 보호 등의 목적을 달성함에 필요한 시간적 범위 내로 제한
되어야 하고, 그 범위를 정함에 있어서는 영업비밀인 기술정보의 내용과 난
이도, 영업비밀 보유자의 기술정보 취득에 소요된 기간과 비용, 영업비밀의
유지에 기울인 노력과 방법, 침해자들이나 다른 공정한 경쟁자가 독자적인
개발이나 역설계와 같은 합법적인 방법에 의하여 그 기술정보를 취득하는
데 필요한 시간, 침해자가 종업원(퇴직한 경우 포함)인 경우에는 사용자와
의 관계에서 그에 종속하여 근무하였던 기간, 담당 업무나 직책, 영업비밀
에의 접근 정도, 영업비밀보호에 관한 내규나 약정, 종업원이었던 자의 생
계 활동 및 직업선택의 자유와 영업활동의 자유, 지적재산권의 일종으로서
존속기간이 정해져 있는 특허권 등의 보호기간과의 비교, 기타 변론에 나타
난 당사자의 인적·물적 시설 등을 고려하여 합리적으로 결정해야 한다(대
법원 1998.2.13. 선고 97다24528 판결).

하급심들도 위와 같은 취지로 퇴직 후 경업금지계약에 의해 약정된
금지기간을 합리적인 범위 내로 제한하는 경우가 많다. 그 유형을 구분
해 보면, ① 약정된 금지기간이 적정하다고 보아 전부 유효[254], ② 약정
된 금지 기간이 적정하지 않다고 보아 일부만 유효,[255] ③ 금지기간을
별도로 정하지 않아 전부를 무효로 보는 경우[256] 등이다.

위와 같이 경업금지계약에서 정한 경업금지기간은 퇴직시를 기산점으
로 하여 통상 1년 내지 5년 정도이다. 그러나 법원에서 유효성을 인정

---

[254] 서울남부지방법원 2004.5.25. 자 2004카합474 결정(경업금지기간 2년 인정); 수원지방
법원 2003.6.3. 자 2003카합569 결정(경업금지기간 1년 인정); 서울고등법원 2001.10.
16. 선고 2001나1142 판결(경업금지기간 3년 인정).

[255] 부산지방법원 2004.12.4. 자 2004카합1783 결정(약정기간 1년을 6개월 정도로 제한);
서울남부지방법원 2004.8.4. 자 2004카합1246 결정(약정기간 3년을 1년 6월로 제한);
서울남부지방법원 2003.2.17. 자 2003카합43 결정(약정기간 5년을 9개월 정도로 제
한); 서울남부지방법원 2002.10.11. 자 2002카합1269 결정(근속년수에 따른 6월, 9월,
1년의 각 약정기간을 4월, 6월, 8월 등으로 제한); 서울북부지방법원 2004.1.20. 자
2003카합1429 결정(약정기간 3년을 1년으로 제한); 수원지방법원 2004.12.3. 선고
2003가합15221 판결(약정기간 3년을 1년으로 제한).

[256] 서울동부지방법원 2002.4.10. 자 2002카합1353 결정; 부산지방법원 동부지원 2001.12.
11. 자 2001카합620 결정.

하는 기간은 사안별로 6개월에서 3년 이내로 다양하게 판단되고 있다. 그 중에서는 1년정도를 인정하는 판례가 가장 많으며, 국가핵심기술 관련 영업비밀은 2년도 가능하다고 하는 판례도 있다.[257] 경업금지가처분을 사용자가 구하는 경우에는 가처분을 결정할 당시를 기준으로 퇴직 후 약정된 경업금지기간이 넘지 않았더라도 법원이 판단하기에 가처분 결정시에는 합리적 경업금지기간이 지났다는 이유로 사용자의 청구를 기각하는 경우도 있다.[258] 법원의 판례는 검토해 보면, 퇴직 후 경업 금지계약에 대하여 대체로 특별한 사정이 없는 한 그 유효성을 넓게 인정하고 있다. 다만 경업금지기간은 약정된 기간보다 감축시켜 그 효력을 제한하는 방식을 취하고 있다. 이는 경업금지계약의 유효성을 넓게 인정해 근로자의 불이익을 경업금지기간의 조절을 통하여 줄이려는 태도로 판단된다.

② 영업비밀보호법상 금지청구권과의 관계

영업비밀보호법상 금지청구권(제10조)의 범위에 대해 영업비밀 침해 행위의 금지, 더 나아가 ① 영업비밀 관련 업무 종사금지, ② 취업·전직금지, ③ 전직회사에서의 업무수행금지나 퇴사명령 등을 할 수 있는지가 문제된다.

경업금지계약에 의한 금지청구의 내용으로는 경쟁업체로의 취업·전직의 금지, 창업의 금지, 취업시 관련 업무수행의 금지 등을 들 수 있다. 한편 영업비밀보호법 제10조에서는 영업비밀 침해행위를 하거나 하려는 자에 대하여 그 행위에 의하여 영업상의 이익이 침해되거나 침해될 우려가 있는 경우에는 법원에 그 행위의 금지 또는 예방을 청구할

---

257) 의정부지방법원 고양지원 2018.5.21. 자 2018카합5039 결정.
258) 부산지방법원 2004.12.4. 자 2004카합1783 결정(경업금지기간이 퇴직 후 1년이었으나, 퇴직 후 6개월이 지난 후 법원이 가처분결정을 하면서 합리적인 경업금지기간은 도과 되었다는 취지로 판단하였다).

수 있다고 규정하고 있다. 이에 영업비밀보호법이 규정하는 금지청구권의 행사를 통하여 금지할 수 있는 행위 범위와 경업금지계약을 통하여 금지할 수 있는 행위 내용과의 관계를 살펴보아야 할 것이다.

하급심은 ① 영업비밀보호법 제10조에 의하여 침해행위의 금지 또는 예방 및 이를 위하여 필요한 조치로서, 영업비밀관련 업무 및 그 보조업무에 종사하는 것을 금지시킬 수 있다고 보는 경우,259) ② 근로자에 대하여 구체적인 전직금지약정이 존재하지 않는 경우에 근로자에 대한 전직금지는 필연적으로 헌법상 보장된 근로자의 직업선택의 자유를 제한하는 측면이 있음에 비추어 전직회사에서의 영업비밀 관련 업무에 종사하는 것을 금지하지 않고서는 회사의 영업비밀을 보호할 수 없다는 점에 대한 소명이 없는 한 위 법 규정만을 근거로 전직금지를 구할 수 없다고 한 경우,260) ③ 영업비밀보호법을 경업금지가처분의 실정법상 근거 규정으로 볼 수 없다고 판단한 경우261) 등으로 다양한 입장을 취하고 있다.

이에 대하여 대법원은 "근로자가 전직회사에서 영업비밀과 관련된 업무에 종사하는 것을 금지하지 않고서는 회사의 영업비밀을 보호할 수 없다고 인정되는 경우에는 구체적인 전직금지약정이 없다고 하더라도 부정경쟁방지법 제10조 제1항에 의한 침해행위의 금지 또는 예방 및 이를 위하여 필요한 조치 중의 한 가지로서 그 근로자로 하여금 전직회사에서 영업비밀과 관련된 업무에 종사하는 것을 금지하도록 하는 조치를 취할 수 있다"고 판시262)하고 있다. 즉 대법원은 영업비밀보호법상의 금지청구를 관련 업무의 수행까지 확대하고 있다. 이는 금지청구권의 실효

---

259) 인천지방법원 2000.12.5. 선고 2000가합658 판결.
260) 인천지방법원 2004.9.14. 자 2004카합1189 결정; 같은 취지의 서울고등법원 2002.11. 12. 자 2002라313 결정.
261) 부산지방법원 동부지원 2001.12.11. 자 2001카합620 결정.
262) 대법원 2003.7.16. 자 2002마4380 결정.

적인 기능을 확보하기 위한 것이라 이해된다.

③ 종업원과 경업회사와의 관계

퇴직한 종업원이 경업회사를 설립하거나 취직하면 경업회사는 종전 사용자에게 어떠한 책임을 지는지가 문제된다. 예컨대 근로자가 경업회사를 설립한 경우 종전 사용자가 경업회사를 상대로 근로자와의 경업금지계약에 의한 경업금지 청구, 경업회사가 영업비밀의 획득을 위해 부당한 인력 스카우트를 한 경우 영업비밀사용금지나 손해배상청구의 가능여부가 문제된다.

첫째, 영업양수인인 원고가 경업금지계약을 위반해 새로운 경쟁회사를 설립한 영업양도인 퇴직자에게 영업양도 계약의 해제 및 양도대금의 반환을, 신설 경쟁회사에게 영업금지 및 경업금지계약 위반으로 손해배상을 청구한 사안이 있다. 이에 대하여 하급심 법원은 신설 경쟁회사는 원고와 경업금지계약을 체결하지 않았고, 영업양도인 개인이 경쟁회사의 대주주라도 독립된 법인격의 주장이 권리남용이 아니므로 경쟁회사에 대한 청구를 배척하였다.[263]

둘째, 경쟁회사가 영업비밀유지의무가 있는 다른 회사의 근로자를 스카우트(적극적인 퇴직 및 전직 권유를 하는 행위[264])를 해오는 경우 영업비밀보호법상의 영업비밀 부정취득 행위인지 여부가 문제된다. 대법원은 경쟁회사의 근로자를 스카우트하면서 그가 지득한 일반 지식·기술·경험 등을 활용하기 위해 그를 고용한 것이 아니라, 경쟁회사로부터 습득한 특별한 지식·기술·경험 등을 사용하기 위해 그를 고용하여 이러한

---

263) 서울동부지방법원 2002.9.26. 선고 2001가합91 판결(영업금지 등 사건).
264) 여기서 책임질 수 있는 적극적인 전직권유행위인지 여부는 사회통념상으로 전직한 근로자가 종전 회사에서 차지하고 있던 직책이나 지위, 대우, 대상 근로자의 수, 전직이 종전 회사에 미치는 영향, 퇴직시기를 종전회사에 고지하였는지 여부, 비밀스럽게 이루어 졌는지 여부, 계획적으로 이루어졌는지 여부 등 전직권유의 방법과 태양, 전직권유행위를 한 자의 회사내의 지위나 직책 등을 종합적으로 고려하여 판단해야 할 필요가 있을 것이다.

비밀을 누설하도록 유인하는 등 부정한 수단으로 다른 회사가 보유하는 기술정보를 취득하는 경우에는 영업비밀보호법 제2조 제3호 (가)목 전단 소정의 '영업비밀 침해행위(기타 부정한 수단으로 영업비밀을 취득하는 행위)'의 유형에 해당한다고 판단하고 있다.

또한 하급심 판례도 부정경쟁방지법상의 영업비밀 침해금지청구로서 퇴직자를 스카우트한 경업회사에 대하여 영업비밀 침해행위가 인정될 경우 ① 영업비밀의 취득·사용·공개의 금지,[265] ② 경업회사가 스카우트된 근로자로 하여금 관련 업무 및 보조 업무에 종사토록 하는 것을 금지[266]하는 내용을 결정하고 있다.

나. 부정한 이익을 얻거나 그 영업비밀의 보유자에게 손해를 가할 목적

본목의 영업비밀 침해행위가 성립하기 위하여는 비밀의 본원적 보유자로부터 넘겨받은 영업비밀에 관하여 비밀을 유지해야 할 의무에 반하여 이를 공개하거나 사용한다는 객관적 요건이외에도 '부정한 이익을 얻거나 그 영업비밀의 보유자에게 손해를 가할 목적'이라는 주관적 요건의 존재를 요한다. 따라서 명정(酩酊) 상태에서 무심결에 영업비밀을 누설한 종업원의 행위는 부정목적의 존재를 인정할 수 없으므로 본목의 영업비밀 침해행위에 해당되지 않는다.

여기에서 '부정한 이익을 얻거나'란 비밀유지의무를 위반하여 이익을 얻는 행위를 말하며, 비밀유지의무 위반자가 이익을 얻는 경우뿐만 아니라 제3자가 이익을 얻도록 하는 경우도 포함한다. '손해를 입힐 목적으로'란 영업비밀보유자의 실제 손해발생여부와 관계없이 손해를 입힐 의

---

265) 인천지방법원 2004.9.14. 자 2004카합1189 결정.
266) 부산고등법원 2004.9.21. 자 2004라16 결정; 인천지방법원 2000.11.14. 선고 2000가합 658 판결; 서울지방법원 2002.5.31. 선고 2000가합22473 판결.

도로 영업비밀을 사용하거나 공개하는 행위이어야 한다. 재판례에서는 부정한 이익을 얻거나 손해를 입힐 목적을 구분하기보다는 일괄적으로 판단하고 있다. 즉 종전보다 높은 보수나 기술제공에 따른 대가를 약정한 행위에 대하여는 부정한 이익을 얻을 목적을, 영업비밀의 제공으로 인한 경쟁사의 경쟁력 강화 및 이에 따른 이익감소분의 발생을 예상할 수 있는 경우에는 손해를 입힐 목적이 있다고 인정한다.

　　피고가 원고 회사에 입사하면서 원고 회사의 업무상 기밀 등을 누설하지 않기로 서약한 점 등 원고 회사와 피고와의 사이의 인적 신뢰관계의 특성, 그 동안 이 사건 제조방법이 영업비밀로서 원고 회사에 의하여 엄격하게 관리되어 온 경위 및 원고 회사와 피고와의 사이의 이익교량 등의 제반 사정을 고려하면 피고는 계약관계 및 신의성실의 원칙상 원고 회사에서 <u>퇴사한 후에도 상당 기간 이러한 비밀유지의무를 부담함에도 불구하고, 피고 회사로부터 고액의 급여와 상위의 직위를 받는 등의 이익을 취하는 한편 피고 회사로 하여금 유성잉크를 제조함에 있어 이 사건 제조방법에 의하여 시간적·경제적인 면에서 이익을 얻게 하기 위하여 피고 회사에게 제조방법을 공개하고 스스로도 피고 회사에서 유성잉크를 개발함에 있어 원고 회사가 보유하는 이 사건 제조방법을 사용하였으므로, 이러한 행위는 선량한 풍속 기타 사회질서에 반하여 부정한 이익을 얻거나 그 영업비밀의 보유자에게 손해를 가할 목적으로 행하여진 것이라 할 것이어서 부정경쟁방지법 제2조 제3호 (라)목 소정의 영업비밀 침해행위에 해당한다</u>(서울지방법원 남부지원 1995.2.22. 선고 94가합3033 판결).

　　종전 직장보다 약 2배 정도 많은 보수를 받기로 하면서 회사를 만들고, 퇴사할 당시 반출하여 온 영업비밀을 기술이전계약을 체결한 대만업체에 소정의 기술협력대가를 받기로 하고 누설한 이 사건에서, 종전보다 많은 보수 또는 자신의 것이 아닌 타인의 기술을 제공한 대가를 받으려는 목적이 있었다고 보아야 할 것이고 또한 그러한 영업비밀 누설행위로 인하여 경쟁사의 제품개발 및 양산시기 단축으로 인한 경쟁력 강화와 그로 인하여 생길 공급 과잉으로 인한 이익감소분 상당의 손해를 입게 될 것이라는 사정을 충분히 예상할 수 있었다고 할 것이므로 위 피고인들에게는 부정한 이익을 얻거나 그 기업에 손해를 가할 목적이 있었다(서울고등법원 1998.11.24. 선고 98노 2124 판결).

영업비밀을 적어도 간접적으로 이용하여 종전보다 많은 보수를 받으려는 목적이 있었다고 보아야 할 것이고, 또한 그러한 영업비밀 사용행위로 인하여 경쟁사의 경쟁력 강화와 그로 인하여 생길 경쟁업체들의 가격경쟁력 향상으로 그 이익감소분 상당의 손해를 입게 될 것이라는 사정을 충분히 예상할 수 있었다면, 부정한 이익을 얻거나 그 기업에 손해를 가할 목적이 있었다고 할 것이다(서울중앙지방법원 2007.2.8. 선고 2004고단7664 판결).

그러나 이직 과정에서 종전보다 높은 보수를 받는 것이 일반적인 상황에서 단순히 종전에 비해 보수가 높다는 이유만으로 부정한 이익을 얻고자 하는 의사를 인정하는 것은 불합리하다. 즉 경력직 사원을 스카우트하는 경우 종전에 비하여 높은 보수를 약정하는 것이 일반적이고, 일정 수준의 경험과 지식을 갖춘 경력직 사원을 원하는 것이 일상이라는 점에서 단순히 높은 보수를 받기로 약정한 것만으로 부정한 이익을 얻고자 하는 의사가 있었다고 판단하는 것은 오히려 자유로운 직업선택의 자유를 제한하는 결과를 낳을 수 있다. 실제로 종전의 업무와 동일하지 않은 업무를 담당하기 위하여 경쟁사에 이직한 종업원을 상대로 영업비밀 침해를 주장한 사례들이 종종 보인다는 점에서 부정한 이득을 얻고자 하거나 영업비밀 보유자에게 손해를 가할 목적이 있었다는 의사를 쉽게 인정하는 것은 문제가 있다. 구체적으로 종업원이 이직을 준비하는 과정에서 이루어진 영업비밀 침해행위나 이직 과정에서 이루어진 종업원과 이직 회사와의 협의 사항을 고려하여 신중하게 판단하여야 한다.

이러한 초주관적 위법의사에 대한 영업비밀 침해자의 인식은 적극적인 의욕이나 확정적인 인식임을 요하지 않고 미필적 인식이 있으면 족하다. 이때 목적이 있었는지 여부는 영업비밀 보유자, 영업비밀 침해자 및 영업비밀을 취득한 제3자 등 여러 사정을 종합하여 판단하게 된다.

고의 외에 초과주관적 위법요소로서 '부정한 이익을 얻거나 그 기업에 손해를 가할 목적'을 범죄성립요건으로 하는 목적범임은 법문상 명백하고, 그 목적에 대하여는 적극적 의욕이나 확정적 인식임을 요하지 아니하고 미필적 인식이 있으면 족하다고 할 것이며, 그 목적이 있었는지 여부는 피고인의 직업, 경력, 행위의 동기 및 경위와 수단, 방법, 그리고 영업비밀 보유기업과 영업비밀을 취득한 제3자와의 관계 등 여러 사정을 종합하여 사회통념에 비추어 합리적으로 판단하여야 할 것이다(대법원 2012.4.12. 선고 2010도 391 판결 등 참조).

다만 법이 이미 그 침해행위자를 '계약관계등에 의하여 영업비밀을 비밀로서 유지하여야 할 의무가 있는 자'로 한정하고 있는 상태에서 이와 같은 주관적 요건이 필요한지 의심스럽다. 즉 비밀유지의무를 부담하는 자의 침해행위에 대하여 채권적 의무인 비밀유지의무의 위반을 이유로 채권적인 구제조치로서 금지청구 및 손해배상청구를 할 수 있는 상황에서 영업비밀보호법이 다시 위와 같은 주관적 요건을 요구함으로써 그 실효성을 의심케 하고 있다. 예컨대 우리와 같이 일본의 부정경쟁방지법 역시 '부정경쟁 기타 부정이익을 꾀하는 행위를 하거나 보유자에게 손해를 가할 목적'이라는 주관적 요건을 규정하고 있다. 그러나 일본의 경우는 '보유자로부터 공개받은 영업비밀'로 영업비밀을 규정하여 영업비밀 보유자와 영업비밀과의 관계를 한정하고 있다. 즉 영업보유자와 영업비밀, 영업비밀 보유자와 영업비밀 침해자와의 관계를 규정하고 있다. 반면 우리 법은 '계약관계등에 의하여 영업비밀을 비밀로서 유지하여야 할 의무가 있는 자' 및 '부정한 이익을 얻거나 그 영업비밀의 보유자에게 손해를 입힐 목적으로 사용·공개하는 행위'만을 규정함으로써 영업비밀과 영업비밀 침해자와의 관계만을 규정하고 있다. 이로써 영업비밀 침해행위의 판단이 영업비밀 침해자에 집중되는 문제를 낳고 있다.

위에서 지적한 바와 같이 단순히 종전보다 많은 보수를 약정하였다는 사실만으로 부정한 이득을 얻고자 하는 의사를 인정하는 태도라면, 굳이 이러한 초주관적 위법의사를 요구할 이유는 없는 것으로 보인다. 즉 초주관적 위법의사의 판단을 엄격히 하여 그 존재의의를 명확히 하든지, 아니라면 이러한 초주관적 위법의사는 필요하지 않다고 보아야 하겠다.

다. 영업비밀을 사용하거나 공개하는 행위

영업비밀을 부정으로 취득한 자의 사용·공개 행위는 영업비밀 침해행위에 해당한다. 반면 영업비밀을 비밀로서 유지하여야 할 의무가 있는 자의 사용·공개 행위는 그 자체로는 영업비밀 침해행위에 해당하지 않는다. 부정한 이익을 얻거나 그 영업비밀의 보유자에게 손해를 입힐 목적이라는 별도의 주관적 구성요건을 갖춘 자에 한하여 그 사용·공개 행위가 영업비밀 침해행위에 해당하게 된다. 이때 주의하여야 할 것은 단순히 비밀을 유지하여야 할 의무를 위반한 것만으로는 부정한 이익을 얻거나 그 영업비밀의 보유자에게 손해를 입힐 목적을 갖고 있다고 판단되지 않는다는 점이다.

5. 부정공개자로부터의 악의취득행위

계약관계 등에 의하여 영업비밀을 비밀로서 유지하여야 할 의무가 있는 자가 부정한 이익을 얻거나 그 영업비밀의 보유자에게 손해를 가할 목적으로 그 영업비밀을 사용하거나 공개도니 사실 또는 그러한 행위가 개입된 사실을 알거나 중대한 과실로 알지 못하고 그 영업비밀을 취득하는 행위 또는 그 취득한 영업비밀을 사용하거나 공개하는 행위는 영업비밀 침해행위이다(제2조 제3호 (마)목). 본목의 규정은 부정취득자로부터의 악의취득행위와 그 취지를 같이 한다.

본목은 (라)목의 행위에 의해 직접적으로 영업비밀을 취득한 자로부터 그 부정공개행위인 것 또는 그것이 개입된 것을 알면서 영업비밀을 취득, 사용 또는 공개하는 경우의 규정이다. 본목의 영업비밀 침해행위 역시 (나)목의 영업비밀 침해행위에서와 같이 자기의 직접 전자로부터의 영업비밀을 취득하는 수단 그 자체는 정당한 것에 한한다. 따라서 비밀유지의무에 위반하여 부정한 공개행위를 한 자로부터의 취득행위가 기망등의 부정한 수단을 사용하여 행해진 경우에는 (가)목의 부정취득행위에 해당한다.

본목은 주관적 요건을 가중한 (라)목의 부정공개행위가 개입되어 있는 사실을 인식하거나 또는 인식하지 못한데 중대한 과실이 있으면서 영업비밀을 취득한다고 하는 이중의 주관적 요건을 가진다. 따라서 본목에 의거하여 금지청구등을 하기 위하여는 취득자가 '부정한 이익을 얻거나 영업비밀 보유자에게 손해를 가할 목적'으로 영업비밀을 부정공개한다는 사실을 알면서 영업비밀을 취득한다고 하는 이중의 주관적 요건을 입증하여야 한다.

6. 부정공개행위에 관한 사후적 관여행위

영업비밀을 취득한 후에 그 계약관계 등에 의하여 영업비밀을 비밀로서 유지하여야 할 의무가 있는 자가 부정한 이익을 얻거나 영업비밀 보유자에게 손해를 가할 목적으로 영업비밀이 공개된 사실 또는 그러한 공개행위가 개입된 사실을 알거나 중대한 과실로 알지 못하고 그 영업비밀을 사용하거나 공개하는 행위는 영업비밀 침해행위이다(제2조 제3호 (바)목). 이는 비밀유지의무자가 부정한 이익을 얻거나 영업비밀 보유자에게 손해를 가할 목적으로 공개된 영업비밀에 사후적으로 관여하는 것을 금지하려는 것으로서 취득 당시에는 비밀유지의무자가 부정한 이익을 얻거나 그 영업비밀의 보유자에게 손해를 가할 목적으로 공개된 영업비밀인 줄 전혀 몰랐으나 취득한 후에 그 사실을 알았거나 중대한 과실로 알지 못하고 그 영업비밀을 사용하거나 공개하는 행위를 금지하려는 것이다.

예컨대, A의 영업비밀에 관하여 라이선스를 받은 B가 계약상의 비밀유지의무를 위반하여 부정한 이익 등을 얻을 목적으로 C에게 이를 매각하였다. C는 당해 영업비밀을 취득할 당시에는 이러한 부정한 목적이 개입된 줄 전혀 모르고 선의로 매수하였으나, 그 후 A의 경고로 B가 부정한 이익을 얻기 위해 자기에게 매각한 것임을 알았음에도 불구하고 계속 사용하거나 공개하는 경우, C의 사용 또는 공개행위는 모두 영업비밀 침해행위에 해당된다. 다만 취득시의 권원의 범위 내에서 사용 또는 공개하는 행위는 침해행위를 구성하지 아니한다. 즉 본 규정은 (마)목과 같은 취지의 규정으로 부정공개된 영업비밀에 사후적으로 관여하는 것을 예방하기 위한 규정이며, 그 성립 및 선의자보호의 특례 등에 있어서는 법 제2조 제3호 (다)목 소정의 사후관여행위에서의 설명이 유효하다.

제 3 장

영업비밀의 침해에
대한 구제

제3장 영업비밀의 침해에 대한 구제

제1절 민사적 구제방법

I. 의 의

영업비밀을 침해하는 행위에 대한 민사적 대응방법으로는 그 침해행위를 금지하도록 청구하거나 미리 그 침해행위가 예상되는 경우 그 침해 발생을 방지하기 위하여 필요한 작위 또는 부작위를 청구하는 방법이 있다. 또한 침해행위로 인하여 발생한 손해에 대한 배상을 청구하는 방법이 있다. 이에 영업비밀보호법은 영업비밀을 침해한 행위에 대하여 민사적 구제의 특칙으로서, 영업비밀의 침해행위에 대한 금지 또는 예방청구권, 침해행위에 의해 만들어진 물건에 대한 폐기청구권, 침해행위에 제공된 설비에 대한 제거청구권, 침해행위로 인해 발생한 손해에 대한 손해배상청구권, 영업비밀의 침해로 인해 정당한 보유자의 신용을 실추시킨 자에 대한 신용회복청구권 등을 인정하고 있다. 특히 침해금지청구권의 의의와 관련하여 법원은 "공정한 경쟁자보다 '유리한 출발'이나 '시간절약'이라는 우월한 위치에서 부당하게 이익을 취하지 못하도록 하고, 영업비밀 보유자로 하여금 그러한 침해가 없었더라면 원래 있었을 위치

로 되돌려 주는 경쟁적 효과도 있다"고 판시한 바 있다.[1]

1. 영업비밀 침해 금지 및 예방 청구

영업비밀 침해행위로 인하여 영업상의 이익이 침해되거나 침해될 우려가 있는 영업비밀의 보유자는 그 행위를 하거나 하려고 하는 자에 대하여 그 행위의 금지 또는 예방을 법원에 청구할 수 있다. 이 청구권의 법적 성질은 상대방으로 하여금 일정한 기간 일정한 부작위 또는 작위의무의 이행을 구하는 민사소송이다. 이와 같은 소송절차를 통하여 판결을 얻고, 그에 기하여 집행을 하기 위하여는 오랜 시일이 걸리기 때문에, 위 기간 동안 계속되는 침해를 방지할 필요가 있다. 특히 영업비밀 침해행위의 성격에 비추어 영업상의 이익과 영업비밀의 비밀성을 보호하고, 판결의 실효성을 확보한다는 점에서 가처분 등을 통하여 보전소송을 병행하게 된다. 이때의 가처분은 보전소송 중에서도 임시의 지위를 정하는 가처분으로 분류되며, 금지 또는 예방청구의 소송에 부수하여 이루어지므로, 본안소송의 관할 법원이 관장한다. 가처분 신청 후 법원의 제소명령을 어기고 본안소송을 제기하지 아니한 채 기간을 도과한 때에는 보전명령이 취소될 수 있다.

최근에는 당사자 사이에 분쟁의 중점이 본안소송에서 가처분 소송 쪽으로 이행해 가는 경향을 보이고 있어서, 본안소송은 점차로 그 실제상의 의미를 잃어가는 가처분의 본안화 현상이 발생하고 있다. 영업비밀 보호법상의 권리에 기한 가처분의 경우에도 예외가 아니므로, 금지 또는 예방청구권에 관한 주요 판례는 대개 가처분 소송에 대한 것이 많다.

---

[1] 대법원 1996.12.23. 선고 96다16605 판결.

가. 요 건

(1) 영업비밀 침해행위

영업비밀보호법은 영업비밀 침해행위의 유형적 열거로 한정적 규제방식을 채택하고 있다. 영업비밀 침해행위는 크게 제3자의 부정취득행위와 비밀유지의무위반 행위 두 가지를 기본 유형으로, 이에 따른 사후 관여행위로 나타난다.

(가) 부정취득행위와 관련된 침해행위

절취, 기망, 협박 기타 부정한 수단으로 영업비밀을 취득하는 행위 또는 그 취득한 영업비밀을 사용하거나 공개하는 행위를 말한다. 부정취득형 침해행위는 크게 부정취득행위, 부정취득한 영업비밀의 사용공개행위로 나뉜다.

① 부정취득행위

법문상 절취, 기망, 협박은 부정한 수단의 예시에 불과하며, 사회통념상 공서양속에 반하고, 위법성을 가진다고 판단되는 일체의 행위 유형을 포함한다. 예컨대 부정한 방법으로 시제품이나 비밀촉매 등 영업비밀이 화체된 유체물을 취득하거나 또는 영업비밀이 저장되어 있는 매체의 취득행위, 영업비밀 저장매체가 보관되어 있는 장소에 무단으로 침입하거나 그 매체물의 보관 잠금장치를 개봉하여 복제하는 행위, 또는 도청이나 기망행위로 영업비밀의 기억소지자로부터 비밀 정보를 취득하는 행위가 이에 해당한다. 그러나 역공정에 의한 정보취득행위, 일반시장에서 판매되거나 박람회, 전시회에서 공개된 완성품을 관찰·연구하여 정보를 취득하는 행위, 영업비밀보유자로부터 라이선스를 받아 영업비밀을 취득하는 행위는 이에 해당하지 않는다.

부정경쟁방지 및 영업비밀에 관한 법률 제18조 제2항은, 부정한 이익을

얻거나 기업에 손해를 가할 목적으로 그 기업에 유용한 영업비밀을 취득·
사용하거나 제3자에게 누설한 자를 처벌하고 있는데, 여기서 <u>영업비밀의 취
득이란 사회 통념상 영업비밀을 자신의 것으로 만들어 이를 사용할 수 있는
상태에 이른 경우를 말하는바</u>(대법원 1998.6.9. 선고 98다1928 판결 참조),
<u>기업의 직원으로서 영업비밀을 인지하여 이를 사용할 수 있는 자는 이미 당
해 영업비밀을 취득하였다고 보아야 하므로 그러한 자가 당해 영업비밀을
단순히 기업의 외부로 무단 반출한 행위는 업무상 배임죄에 해당할 수 있음
은 별론으로 하고, 위 조항 소정의 영업비밀의 취득에는 해당하지 않는다고</u>
봄이 상당하다(대법원 2008.4.10. 선고 2008도679 판결).

② 사용행위

영업비밀의 사용이란 취득한 영업비밀을 그 속성대로 사용하는 행위
를 말하며, 취득한 기술정보, 설계도, 매뉴얼 등을 보고, 그대로 제품을
제조·배합하거나 취득한 고객리스트를 이용하여 판촉활동을 하는 경우
를 일컫는다.[2] 또한 영업비밀을 일부 변경하여 사용하는 경우에도 실질
적으로 동일 정보라 인정되는 한 사용행위에 해당한다.

대법원은 영업비밀의 '취득'을 사회통념상 영업비밀을 자신의 것으로
만들어 이를 사용할 수 있는 상태가 되는 것을 판시하고 있다. 즉 "문
서, 도면, 사진, 녹음테이프, 필름, 전산정보처리조직에 의하여 처리할
수 있는 형태로 작성된 파일 등 유체물의 점유를 취득하는 형태로 이루
어질 수도 있고, 유체물의 점유를 취득함이 없이 영업비밀 자체를 직접
인식하고 기억하는 형태로 이루어질 수도 있고, 또한 영업비밀을 알고
있는 사람을 고용하는 형태로 이루어질 수도 있는바, 어느 경우에나 사
회통념상 영업비밀을 자신의 것으로 만들어 이를 사용할 수 있는 상태

---

2) 서울지방법원 2000.12.13. 자 2000카하1938 결정은 방문판매시스템의 노하우에 관한
  영업비밀침해중지등 가처분 사건에 대해 영업비밀로서의 요건불비와 가처분의 필요성을
  인정할 수 없다고 청구를 기각하였다. 그러나 이에 관한 판결인 서울지방법원 2001.12.
  7. 선고 2001가합19320 판결은 방문판매방식에 관한 경영정보에 대한 사용 및 공개금
  지에 대한 주장을 인용하고 있다.

가 되었다면 영업비밀을 취득하였다고 보아야 하므로, 회사가 다른 업체의 영업비밀에 해당하는 기술정보를 습득한 자를 스카우트하였다면 특별한 사정이 없는 한 그 회사는 그 영업비밀을 취득하였다고 보아야 하고, 한편 영업비밀의 '사용'은 영업비밀 본래의 사용 목적에 따라 이를 상품의 생산·판매 등의 영업활동에 이용하거나 연구·개발사업 등에 활용하는 등으로 기업활동에 직접 또는 간접적으로 사용하는 행위로서 구체적으로 특정이 가능한 행위를 가리킨다"고 판시하고 있다.[3]

③ 공개행위

영업비밀을 불특정인에게 공연히 알리거나 그 비밀성을 유지한 채 특정인에게 매각하거나 알려주는 행위를 말하며, 부작위에 의한 공개행위도 포함될 수 있다. 영업비밀의 전부뿐만 아니라 그 일부만을 알 수 있게 한 경우에도 부정공개행위에 포함된다. 그러나 상대방이 그 영업비밀을 알고 있는 경우 부정공개행위의 성립여부에 대해서는 견해가 대립하고 있다.

(나) 의무위반형 침해행위

계약관계등에 의하여 영업비밀을 유지하여야 할 의무가 있는 자가 부정한 이익을 얻거나 그 영업비밀의 보유자에 대하여 손해를 가할 목적으로 그 영업비밀을 사용하거나 공개하는 행위를 말하며, 법원에서 문제된 상당수의 사건이 이에 해당한다.

① 의 의

기업체의 임직원, 종업원, 연구원, 실시권자 등과 같이 계약관계에 의하여 비밀의 유지의무가 있는 자가 재직 중이거나 퇴직 후, 계약 중이거나 계약 종료 후 부정이득을 취득하거나 혹은 원래 영업비밀의 보유자에게 손해를 가할 목적으로 그 영업비밀을 스스로 사용하거나 공개하는

---

3) 대법원 1998.6.9. 선고 98다1928 판결.

것을 규제하여 영업비밀의 원래 보유자와의 관계에서 신뢰관계를 배반하여 부정 이용하려는 행위, 즉 배신행위를 규제함에 있다. 다만 적법하게 취득한 정보의 사용, 공개라는 점에서 부정한 이익을 얻을 목적이나 영업비밀의 보유자에게 손해를 가할 목적을 요건으로 추가하여 당초에 적법하게 영업비밀을 취득한 자와 본원적 보유자 사이에 이해관계를 조정하고 있다.

② 행위의 주체

의무위반형 침해행위는 원래의 영업비밀 보유자와의 관계에서 계약상의 의무를 위반함으로써 성립된다. 따라서 계약상의 의무가 있는 자를 행위의 주체로 규정하고 있으며, 이러한 의무는 당사자 사이의 계약간계가 아니라 하더라고 상법상의 경업금지의무, 이사의 충실의무와 같은 법률의 규정에 의하여 또는 이에 준하는 신뢰관계에서 인정되는 신의칙에 의하여 발생하기도 한다. 판례도 계약관계 등에 의하여 영업비밀을 비밀로서 유지할 의무라 함은 계약간계 존속 중은 물론 종료 후라도 반드시 명시적인 계약에 의하여 비밀유지 의무를 부담하기로 약정한 경우뿐만 아니라 인적 신뢰관계의 특성에 비추어 신의칙상 또는 묵시적으로 그러한 의무를 부담하기로 약정하였다고 보아야 할 경우를 포함한다고 보고 있다. 그러나 종업원의 사회적, 경제적 활동의 자유를 부당하게 제약하거나 직업선택 또는 경업의 자유 등의 기본권을 침해하는 경우에는 영업비밀의 보호가 이에 우선할 수 없기 때문에, 신의칙에 기하여 또는 묵시적인 약정에 의하여 비밀유지 의무를 인정하는 데에는 신중을 가하여야 한다.

회사가 다이아몬드공구의 제조공정에 있어서 일반적 지식 또는 기능이라고 할 수 없는 특수한 기술상의 비밀정보를 가지고 있고 이러한 비밀정보는 일종의 객관화된 지적재산이므로, 퇴직사원의 영업비밀 침해행위에 대하여 회사와의 사이에 침해행위 중지 및 위반 시 손해배상약정금을 정한 합의가 이루어진 경우, 그 합의서의 내용을 회사의 영업비밀을 지득하는 입장에 있었던 사원들에게 퇴직 후 비밀유지의무 내지 경업금지의무를 인정하는 것으로 해석하는 것이 직업선택의 자유에 관한 헌법규정에 반하지 않는다(대법원 1997.6.13. 선고 97다8229 판결).

나아가 대법원은 근로자가 전직한 회사에서 영업비밀과 관련된 업무에 종사하는 것을 금지하지 않고서는 회사의 영업비밀을 보호할 수 없다고 인정되는 경우에는 구체적인 전직금지약정이 없다고 하더라도 그 근로자로 하여금 전직한 회사에서 영업비밀과 관련된 업무에 종사하는 것을 금지하도록 하는 조치를 취할 수 있다고 판시[4]하고 있다.

근로자가 전직한 회사에서 영업비밀과 관련된 업무에 종사하는 것을 금지하지 않고서는 회사의 영업비밀을 보호할 수 없다고 인정되는 경우에는 구체적인 전직금지약정이 없다고 하더라도 부정경쟁방지 및 영업비밀보호에 관한 법률 제10조 제1항에 의한 침해행위의 금지 또는 예방 및 이를 위하여 필요한 조치 중의 한 가지로서 그 근로자로 하여금 전직한 회사에서 영업비밀과 관련된 업무에 종사하는 것을 금지하도록 하는 조치를 취할 수 있다(대법원 2003.7.16. 선고 2002마4380 판결).

또한 영업비밀 보호를 위하여 합리적인 범위 내에서 경업(전직)금지약정에 따라 퇴직 후 경업(전직)금지의무를 인정한 바 있다.[5] 다만 법원은 영업비밀 침해행위를 금지시키는 것은 침해행위자가 침해행위에 의하여 공정한 경쟁자보다 유리한 출발 내지 시간절약이라는 우월한 위치에서 부당하게 이익을 취하지 못하도록 하고, 영업비밀 보유자로 하여금 그러한 침해가 없었더라면 원래 있었을 위치로 되돌아갈 수 있게 하는 데에 그 목적이 있으므로 영업비밀 침해행위의 금지는 공정하고 자유로

---

4) 대법원 2003.7.16. 자 2002마4380 결정.
5) 대법원 1997.6.13. 선고 97다8229 판결.

운 경쟁의 보장 및 인적 신뢰관계의 보호 등의 목적을 달성함에 필요한 시간적 범위 내로 제한되어야 한다고 판시[6]하고 있다. 이러한 점에서 비록 경업금지의무가 직업선택의 자유에 대한 본질적인 침해에는 해당하지 않더라도 무한정 퇴직한 직원에게 경업금지의무를 부담하도록 요구할 수는 없다. 즉 근로자가 영업비밀 취급업무에서 이탈한 시점을 기준으로 합리적인 기간에 한하여 영업비밀의 침해행위가 금지된다.

> 첨단기술 분야에 종사하면서 특정한 연구개발을 수행하던 근로자가 소속 회사와 사이에 퇴직 후 1년 동안 경쟁업체에 취업하지 않고 영업비밀을 제3자에게 공개하거나 직접 사용하지 않겠다는 내용의 약정을 체결한 경우, 그 경업금지약정이 헌법상 개인의 직업선택의 자유를 부당하게 제한하는 것이라고 볼 수 없다는 이유로 유효하고, 그 경업금지의무 및 영업비밀의무의 존속기간은 퇴직 후 1년까지로 인정함이 타당하다(수원지방법원 2000.6.7. 자 2000카합95 결정).

③ 부정목적 등

이러한 행위유형에는 부정한 이익을 얻거나 그 영업비밀의 보유자에게 손해를 가할 목적이 필요하다. 계약관계나 신뢰관계상의 비밀유지 의무에 반하여 영업비밀을 사용·공개한 경우라 하더라도 무조건 부정목적이나 부정이익이 있다고 할 수 없다. 손해를 가한다는 것은 적극적으로 영업비밀 보유자에게 손해를 입히는 것을 목적으로 하는 것이다. 영업비밀을 거래한 경위나 그 대가 또는 보상 관계를 추적하여 부정한 이익을 얻을 목적이 있었다는 점을 입증할 수 있어야 있을 것이다. 그러나 실제로는 그 입증이 난해하므로, 통상 유리한 출발을 보호해준다는 영업비밀의 목적에 비추어 타경쟁사에 대한 영업상의 우위, 즉 경쟁력을 손상하게 할 것이라는 점에 대한 인식만 있다면 가해목적이 있다고 해석

---

6) 대법원 1998.2.13. 선고 97다24528 판결.

하는 것이 상당하다. 실제적 혹은 잠재적 경쟁자가 그 영업비밀을 이용하리라는 기대 하에 영업비밀을 누설하거나 영업비밀의 보유자와의 경쟁을 전제로 하여 경업에 진입하는 것 등은 결국 영업비밀 보유자의 경쟁력을 약화시키는 것으로 가해 목적이 있다고 보아야 한다.

(다) 악의취득형 침해행위

영업비밀에 대하여 부정취득행위가 개입된 사실을 알거나 중대한 과실로 알지 못하고 그 영업비밀을 취득하는 행위 또는 그 취득한 영업비밀을 사용하거나 공개하는 행위와 영업비밀이 제2조 제3호 라목이 규정에 의하여 공개된 사실 또는 그러한 공개행위가 개입된 사실을 알거나 중대한 과실로 알지 못하고 그 영업비밀을 취득하는 행위 또는 그 취득한 영업비밀을 사용하거나 공개하는 행위를 말한다.

공시성이 없어 보호대상이 명확하지 않은 영업비밀을 정보 교류시마다 정보의 출처에 대하여 조사하는 것은 무리라는 점에서, 본 행위유형에서는 일반 경과실에 대하여는 규정하지 않고, 고의 또는 중과실을 요건으로 하고 있다. 악의·중과실에 대하여는 금지나 손해배상을 청구하는 비밀보유자가 입증책임을 진다. 악의·중과실은 영업비밀취득 당시 존재하여야 하며, 취득 당시에는 선의이며 중과실이 없다가 취득 이후에 사용·공개할 당시 악의 또는 중대한 과실로 전환되는 사후적 악의자에 의한 침해행위와 구별된다.

(라) 사후적 관여행위

영업비밀을 취득한 후에 그 영업비밀에 대하여 부정취득행위가 개입된 사실을 알거나 중대한 과실로 알지 못하고 그 영업비밀을 사용하거나 공개하는 행위와 영업비밀을 취득한 후에 그 영업비밀이 제2조 제3호 라목의 규정에 의하여 공개된 사실 또는 그러한 공개행위가 개입된 사실을 알거나 중대한 과실로 알지 못하고 그 영업비밀을 사용하거나 공개하는 행위를 말한다. 선의이며, 중대한 과실이 없이 그 영업비밀을 취득한 자가 그 후 자기가 취득한 영업비밀이 부정한 것임을 알았거나 혹은 중대한 과실로 알지 못하고, 이를 사용하거나 공개하는 행위를 침해의 한 유형으로 들고 있다.

영업비밀을 선의이며 중대한 과실없이 취득하고 이를 사용 또는 공개하기 이전에 영업비밀 보유자로부터 경고가 있거나 또는 언론에 침해행위에 대한 보도가 있는 등의 전혀 예측할 수 없었던 상황에 의해 악의 또는 중과실이 있게 되는 것이 보통이다. 영업비밀은 취득 후에도 원천적 보유자가 그 영업정보를 그대로 보유하고 있는 상태이므로, 더 이상 부정하게 누설되는 것을 막고자 함에 있다. 그러나 이는 거래의 안전에 위험요소가 될 수 있다. 따라서 거래에 의하여 영업비밀을 사용하거나 공개하는 행위에 대해서는 금지청구·손해배상청구·신용회복청구의 규정을 적용하지 아니하도록 영업비밀보호법은 규정하고 있다.

나. 청구권자

영업비밀을 보유한 자가 청구할 수 있다. 이때 보유라 함은 당해 정보를 직접 개발, 생산한 경우나 매매계약 또는 실시권허여 계약 등 법적으로 유효한 거래행위에 의하여 취득한 경우, 고용관계 등 신뢰관계에 의하여 원보유자로부터 알게 된 경우 등과 같이 정당한 권원에 의하여 취득한 것을 의미한다. 보유자는 기업체뿐만 아니라 개인, 공익법인, 지방자치단체, 국가를 막론하고, 영업활동을 하고 있는 사업주체이면 누구든지 보유자가 될 수 있다.[7]

---

7) 비록 영업비밀 관련 사건이 아니지만, 부정경쟁행위가 문제된 사건에서 법원은 공공연구기관이 영업의 주체가 될 수 있음을 인정한 재판례가 있다. 즉 한국과학기술원(KIST)이 주식회사 키스트엔지니어링에 대하여 KIST에 대한 사용금지등을 청구한 사건에서, KIST의 사업목적 중에는 순수한 연구외에 대가취득이 예상되는 사업도 있고, 현실적으로도 지적재산권 등의 공여에 의한 반대급부로서 기술료 등 대가를 얻는 사업을 영위하고 있다는 점에서, KIST는 부정경쟁방지법에 의한 영업 주체로서 인정된다고 판결한 바

2. 청구의 내용

가. 예방청구

침해행위의 예방청구는 현실적으로 침해행위가 이루어지고 있는 것은 아니나, 장래 발생할 가능성이 상당히 있는 경우, 즉 실행행위의 착수가 가능한 객관적 상황 하에서 실행에 관한 주관적 결의가 되어 있는 경우에 인정된다. 예방청구의 경우는 현실적으로 침해행위가 발생하고 있는 것은 아니므로, 이를 안이하게 인정하면 경제계에 혼란을 가져올 우려가 있다. 따라서 주관적으로 개연성이 높은 경우에 한하여 이를 인정하여야 하며, 예방청구를 하는 자가 이를 입증하여야 한다.

다만 부정공개행위의 경우에는 금지되는 것으로 인한 불이익에 비하여 공개로 인한 피해가 극히 크다는 점에 비추어 그 입증의 정도를 완화한다. 예방청구는 장래 발생할 우려가 있는 행위의 금지를 청구하는 것이며, 통상의 경우에는 이미 부정 취득당한 영업비밀의 사용이나 공개 전에 영업비밀을 사용하거나 공개하지 못하도록 청구하는 경우가 많다. 이에 재판례에서는 일단 상대방이 부정한 수단으로 영업비밀을 취득한 것이 입증되면 특별한 사정이 없는 한 그 부정취득자에 의하여 영업비밀이 사용되거나 공개되어 영업비밀 보유자의 영업상의 이익이 침해될 우려가 있다는 태도를 취하고 있다.

"침해될 우려"라 함은 단순히 침해될 가능성만으로는 부족하고 침해될 것이 확실히 예상되는 개연성을 뜻한다 할 것이지만 원래 영업비밀은 그것이 공개되는 순간 비밀성을 상실하게 되어 보호적격마저 부인되는 특성을 가지고 있고, 그 어느 때보다도 기업경쟁이 치열한 오늘날 개발하거나 획득한 영업비밀의 유지는 그 기업의 사활이 걸린 중대한 문제이므로, 일단 상대방

있다(서울고등법원 1996.7.5. 선고 96나7382 판결). 따라서 대학이나 공공연구기관 등의 비영리기관 역시 영업비밀의 보유주체가 될 수 있다.

이 부정한 수단으로 영업비밀을 취득한 것이 입증되면 특별한 사정이 없는 한 그 부정취득자에 의하여 영업비밀이 사용되거나 공개되어 영업비밀 보유자의 영업상의 이익이 침해될 우려가 있다고 보아야 할 것이다(서울고등법원 1996.2.29. 선고 95나14420 판결).

다만 전직한 종업원에 대하여 전직금지 등을 근거로 영업비밀 침해금지를 요구하는 경우에는 영업비밀이 영업비밀로서의 요건 및 영업비밀의 특정에 있어서는 여러 사정을 고려하여야 한다.

영업비밀 침해금지를 명하기 위해서는 그 영업비밀이 특정되어야 할 것이지만, 상당한 정도의 기술력과 영업비밀을 가지고 경쟁사로 전직하여 종전의 업무와 동일·유사한 업무에 종사하는 근로자를 상대로 영업비밀 침해금지를 구하는 경우 사용자가 주장하는 영업비밀이 영업비밀로서의 요건을 갖추었는지의 여부 및 영업비밀로서 특정이 되었는지 등을 판단함에 있어서는 사용자가 주장하는 영업비밀 자체의 내용뿐만 아니라 근로자의 근무기간, 담당업무, 직책, 영업비밀에의 접근가능성, 전직한 회사에서 담당하는 업무의 내용과 성격, 사용자와 근로자가 전직한 회사와의 관계 등 여러 사정을 고려하여야 한다. 근로자가 실제로 회사에서 퇴직하지는 않았지만 전직을 준비하고 있는 등으로 영업비밀을 침해할 우려가 있어서 이를 방지하기 위한 예방적 조치로서 미리 전직금지를 구하는 경우에는 근로자가 회사에서 퇴직하지 않았다고 하더라도 실제로 그 영업비밀을 취급하던 업무에서 이탈한 시점을 기준으로 전직금지기간을 산정할 수 있을 것이지만, 근로자가 회사에서 퇴직한 이후에 전직금지를 신청하는 경우에는, 전직금지는 기본적으로 근로자가 사용자와 경쟁관계에 있는 업체에 취업하는 것을 제한하는 것이므로, 근로자가 영업비밀을 취급하지 않는 부서로 옮긴 이후 퇴직할 당시까지의 제반 상황에서 사용자가 근로자가 퇴직하기 전에 미리 전직금지를 신청할 수 있었다고 볼 사정이 인정되지 아니하는 이상 근로자가 퇴직한 시점을 기준으로 전직금지기간을 산정하는 것이 타당하다(대법원 2003.7.16. 자 2002마4380 결정).

나. 폐기·제거 청구

영업비밀을 침해한 자 등의 수중에 침해행위를 조성한 물건이나 침해행위에 제공된 설비를 그대로 둔다면 재차 침해행위를 할 우려가 있으므로, 장래의 침해행위 금지를 명하는 것만으로 영업비밀 보유자의 이익보호에 불충분하다. 이에 법은 금지 및 예방청구와 더불어 폐기·제거 청구를 인정하고 있다. 이러한 폐기 및 제거청구의 대상이 되는 침해행위를 조성한 물건으로는 예컨대 부정취득한 영업비밀이 화체된 사양서, 실험데이터, 고객명단이나 부정취득한 영업비밀을 이용하여 만들어진 제품 등을 들 수 있다. 침해행위에 제공된 설비로는 부정취득행위에 제공된 도청기, 부정사용행위에만 제공된 제조기계, 종업원 교육용 매뉴얼 등을 들 수 있다. 다만 일반적으로 다른 용도로도 사용 가능한 설비의 폐기·제거 청구는 과잉청구로 지적되고 있다. 그 밖에 기타 필요한 조치로는 장래에 영업비밀에 대한 침해를 하지 않는다는 것을 보장하기 위하여 담보의 제공을 시킨다든지 공탁을 시키는 것 등을 생각할 수 있다.

Ⅱ. 손해배상 청구

영업비밀이 침해된 경우 침해자를 상대로 그 피해자는 자신에게 발생한 손해의 배상을 청구할 수 있다. 이때 피해자는 영업비밀의 침해행위라는 불법행위를 이유로 민법상의 손해배상을 청구할 수도 있으며, 영업비밀 유지 약정에 대한 계약불이행 책임을 이유로 손해배상을 청구할 수도 있다. 또한 손해배상을 약정한 경우에는 약정금을 배상하도록 청구할 수도 있다.

영업비밀보호법은 제11조에서 손해배상청구권을 규정하고 있으나, 손해의 범위나 구제절차 등의 구체적인 내용은 민법상의 규정을 따를 수밖에 없다. 즉 민법 제750조에서 규정하고 있는 불법행위에 따른 손해배상 규정이 적용된다. 나아가 민법 제763조가 채무불이행에 의한 손해배상에 관한 규정의 대부분을 불법행위에 의한 손해배상에 준용하므로, 채무불이행이나 불법행위에 의한 손해배상에는 같은 원칙이 적용된다. 따라서 영업비밀보호법 위반을 이유로 한 손해배상 사건뿐만 아니라 비밀유지 의무 위반에 따른 손해배상 사건에서 역시 같은 법원칙이 적용된다.

1. 손해배상청구권의 발생

고의 또는 과실에 의한 영업비밀 침해행위로 영업비밀 보유자의 영업상 이익을 침해하여 손해를 입힌 자는 그 손해를 배상할 책임을 진다(영업비밀보호법 제11조). 따라서 손해배상청구권의 발생하기 위하여는 ① 영업비밀 침해행위가 있어야 하며, ② 그 침해자는 책임능력을 갖추어야 하고, ③ 침해행위가 고의나 과실에 의한 것이어야 한다. 또한 ④ 침해행위가 위법한 것이어야 하며, ⑤ 손해가 발생하였어야 한다. 그리고 ⑥ 그 위법한 침해행위와 손해와의 사이에 인과관계가 존재하여야 한다. 이들 요건 중 영업비밀 침해행위에 대하여는 위에서 여러 번 살펴본바, 여기에서는 다른 요건에 대하여서만 설명하도록 한다.

가. 고의·과실의 존재

과실책임의 원칙상 영업비밀 침해행위를 한 자에게는 그 행위에 대한 고의·과실이 있어야 한다. 침해자가 손해발생을 인식하면서 위법행위를 하는 경우가 고의이며, 손해 발생을 예견할 수 있었음에도 부주의로 이를 예견하지 못하고 위법행위를 하는 것을 과실이라 한다. 다만 민사 구제절차에서 고의와 과실의 구분은 형사절차만큼 요구되지는 않는다.

대부분의 지적재산권법은 권리자의 이익을 보호하기 위하여 손해배상 청구에 있어 침해자의 고의·과실을 입증하여야 하는 권리자의 책임을 완화시켜 주고 있다. 예컨대 특허법(제130조)과 디자인보호법(제116조 제1항)에서는 과실을 추정하는 규정을 두고 있으며, 실용신안법(제30조)은 특허법의 규정을 준용하도록 하고 있다. 상표법(제112조)에서는 고의에 대한 추정 규정을 두고 있다. 저작권법에서는 이와 같은 일반적 추정규정은 두고 있지 않고, 다만 등록되어 있는 저작권·출판권·저작인접권 또는 데이터베이스 제작자의 권리를 침해한 자에 대하여는 과실이 있는 것으로 추정한다고 규정하고 있다(저작권법 제125조 제4항). 이러한 지적재산권법의 태도와는 달리 영업비밀보호법에서는 고의·과실에 대한 추정 규정을 두고 있지는 않다. 이는 공시제도를 두고 있지 않은 영업비밀에 대하여 과도한 보호가 오히려 영업비밀 거래의 안정성 내지 자유로운 기술개발 활동을 저해할 수 있다는 판단에서 비롯한 것이다. 따라서 영업비밀의 침해행위에 따른 손해배상을 청구하는 경우에는 침해자의 고의·과실을 피해자가 주장·입증하여야 한다.

나. 침해자의 책임능력

행위자가 자기의 행위에 대한 책임을 인식할 수 있는 능력을 책임능력이라 하며(통설), 불법행위능력이라고도 한다. 민법은 책임능력에 관하여 적극적으로 규정하지는 않으며, 다만 제753조와 제754조에서 책임무능력자로 되는 자를 규정하고 있을 뿐이다 따라서 이에 해당하지 않는 경우에는 침해자는 책임능력을 갖춘 것으로 인정된다.

고의·과실의 경우와는 달리 책임능력은 피해자가 침해자의 책임능력의 존재를 입증할 필요는 없으며, 가해자가 자신의 책임을 면하기 위하여 책임무능력자라는 사실을 입증하여야 한다.

다. 침해행위의 위법성

위법이란 특정의 권리침해에 한정하지 않고 보호의 가치가 있는 타인의 이익을 침해한 것을 말한다. 보통 위법이라 할 때에는 법률에 위반하는 것을 말하며, 법률에 의하여 일반적으로 권리가 부여되고 보호되는 것이기 때문에 권리의 침해는 통상 위법한 것으로 연결된다. 특히 영업비밀보호법에서는 영업비밀 침해행위를 규정하고 있는바, 이러한 행위에 해당한다면 위법성이 징표된다. 즉 영업비밀보호법에 의하여 보호되는 영업비밀 침해행위에 해당하는 경우 즉시 위법성은 인정된다.[8]

행위의 위법성이 존재하는 경우에도, 일정한 요건을 갖추면 그 위법성은 조각된다. 민법은 위법성조각사유로서 정당방위 · 긴급피난을 규정하고 있다. 따라서 타인의 불법행위에 대하여 자기 또는 제3자의 이익을 방위하기·위하여 부득이 타인에게 손해를 가한 경우나 급박한 위난을 피하기 위하여 부득이 타인에게 손해를 가한 경우라면 손해를 배상할 책임은 없다. 다만 영업비밀 침해행위와 관련하여 정당방위나 긴급피난 등이 성립할 여지는 거의 없다고 하겠다.

라. 손해의 발생

손해배상제도는 피해자에게 발생한 손해를 전보하는 제도이다. 이때 손해란 법익에 대한 모든 비자발적인 손실을 말하며, 규범적 손해를 포함한다.[9] 이러한 손해의 개념을 파악하는데 있어서는 차액설과 구체적

---

8) 여기서 '위법성'이라는 요건은 지적재산권법에 있어서 '권리침해'라는 것으로 구체화되는 데, 지적재산권에 대한 침해행위는 직접적인 침해행위 외에도 간접적인 침해행위도 가능하다. 예컨대, 특허법 제27조 수입등의 행위, 실용신안법 제43조 수입등의 행위, 의장법 제63조 수입 등의 행위, 상표법 제66조 유사상표의 사용등의 행위, 저작권법 제92조의 제1항의 수입행위 등을 들 수 있다. 지적재산권법은 침해행위에 대한 입증책임을 완화하고 있는 경우도 있는데, 예컨대 특허법 제129조 생산방법의 추정을 들 수 있다.

손해설이 있다. 차액설은 채무불이행 또는 불법행위가 없었다면 존재하였을 상태와 현재의 상태를 비교함으로써 손해를 밝히는 견해로, 우리나라의 다수설[10]과 판례[11]가 취하고 있는 입장이다. 반면 구체적 손해설은 피해자 재산의 총체를 기준으로 손해를 평가하는 차액설과는 달리, 피해자의 재산을 구성하는 하나하나의 권리 또는 법익이 입은 불이익을 손해라고 한다. 이러한 손해는 재산적 법익에 대하여 발생하는 재산적 손해와 생명·신체·자유 등 비재산적 법익에 대하여 발생하는 비재산적 손해로 나뉜다. 특히 불법행위에 대하여 민법 제751조와 제752조에서는 정신적 손해의 배상을 규정하고 있다.

침해행위로 인하여 실질적으로 손해가 발생해야 한다. 따라서 비록 영업비밀의 침해를 했다고 하여도 실질적으로 손해가 발생하지 않았거나 침해로 인하여 생산한 침해품을 판매하지 않았다면 아무런 손해가 발생하지 아니한 것이다. 이러한 손해의 발생은 침해를 주장하는 자가 입증하여야 한다. 나아가서 손해의 배상을 받고자 하는 자는 발생한 손해의 범위와 그 배상액까지 입증하여야 한다. 그러나 영업비밀의 침해로 발생한 손해에 대하여 비록 손해가 발생했다고 하여도 그 배상액을 산정하는 것이 곤란한 경우가 있다. 이에 영업비밀보호법 제14조의2 제5항에서 손해상당액에 대한 배상을 허용하여 민법 제750조 손해의 발생이라는 요건을 완화하고 있다. 다만 이는 재산적 손해에 대한 것이며, 비재산적 손해에 대하여는 일반 불법행위법의 논리가 적용된다.

일반적으로 타인의 불법행위 등에 의하여 재산권이 침해된 경우에는 그 재산적 손해의 배상에 의하여 정신적 고통도 회복된다고 보아야 할 것이므로, 영업비밀 침해행위로 인하여 영업매출액이 감소한 결과 입게 된 정신적

---

9) 지원림, 민법강의, 홍문사, 2005, 889면.
10) 김증한, 채권법총론, 박영사, 1983, 87면 참조.
11) 대법원 1992.6.13. 선고 91다33070 판결 등.

고통을 위자할 의무가 있다고 하기 위하여는 재산적 손해의 배상에 의하여 회복할 수 없는 정신적 손해가 발생하였다는 특별한 사정이 있고 영업비밀 침해자가 그러한 사정을 알았거나 알 수 있었어야 한다(대법원 1996.11. 26. 선고 96다31574 판결).

마. 침해행위와 손해 사이의 인과관계

손해배상은 실제로 발생한 손해의 전보를 통하여 손해가 없었던 것과 같은 상태로 만들어 공평을 기하려는 제도로서, 책임의 원인이 되었던 침해행위와 발생한 손해 사이에 원인·결과 관계가 있을 것을 요구한다. 영업비밀의 침해행위와 손해사이의 인과관계는 민법의 불법행위와 비교하여 별다른 차이가 없이 법적인 인과관계가 요구된다. 즉 영업비밀의 침해로 인한 손해배상으로 청구된 상실이익은 민법 제750조에 기초한 것으로 침해행위와 권리자의 손해와의 상당인과관계의 입증을 요한다.

자기에게 유리한 법적 결과를 주장하는 자는 그 전제가 되는 사실을 증명하여야 한다는 점에서, 인과관계의 입증책임은 손해배상을 주장하는 자가 진다. 다만 민법은 일정한 경우에 인과관계를 추정하는 규정(동법 제755조 제1항 단서, 제756조 제1항 단서)이나 이를 의제하는 규정(제760조 제2항)을 두고 있다. 대체로 침해행위와 손해의 발생 사이의 인과관계는 쉽게 인정될 것이나, 어느 정도의 범위까지 손해배상을 인정할 것인가의 문제가 남게 된다.

2. 손해배상의 범위와 손해액의 산정

가. 손해배상의 범위

대체로 우리의 학설은 채무불이행이나 불법행위로 인한 손해배상책임의 성립 문제와 손해배상의 범위 문제를 구별하지 않고, 한꺼번에 정리하여왔다. 그런데 최근에는 이 두 문제를 구별하여 이해하여야 하다는 견해와 손해배상의 범위는 손해배상책임의 성립을 전제로 하는 것인 만큼 이를 구별할 필요가 있을지에 대하여 의문이라는 견해가 나뉜다.

(1) 손해배상 범위 확정의 기준

이러한 논란에서 벗어나, 손해배상의 범위를 확정하고자 하는 견해와 관련하여서는 조건설, 상당인과관계설, 위험성관련성설, 규범목적설 등이 있다. 조건설은 자연적 인과관계 따르는 입장으로, 결과발생에 원인이 된 모든 사실에 원인력을 주는 견해이며, 상당인과관계설은 원인과 결과의 관계를 구체적인 사건을 떠나서 일반적으로 타당한 경우에 한하여 인과관계를 인정하려는 견해이다. 규범목적설은 상당인과관계설을 책임의 한계를 정하는 이론으로는 타당하지 않다고 비판하면서, 손해배상의 책임 귀속에 있어서는 배상의무를 근거지우는 규범의 보호목적을 기초로 상당성의 판단에 있어서 법관의 자유재량에 따라 신의칙을 기초로 가치개입적 판단을 하여야 한다는 견해이다. 위험성관련성설은 1차 손해는 무조건 배상하여야 하고, 단지 후속손해에 대한 배상의 범위가 문제된다고 한다.

(2) 재산적 손해배상의 범위

재산적 손해는 피해자의 기존 재산의 감소를 의미하는 적극적 손해와 침해행위가 없었다면 영업비밀 보유자가 얻을 수 있었을 이익의 손해라는 소극적 손해로 구성된다. 예컨대 영업비밀의 침해행위를 조사하거나 포착하기 위하여 지출한 비용, 침해의 제거나 방지를 위하여 지출한 비용 나아가 변호사 비용[12] 등은 적극적 손해에 해당한다. 한편 실

---

12) 원칙적으로 변호사 보수는 민사소송법 제109조에 의하여 소송비용으로 인정된다. 다만 변호사에게 실제로 지급한 비용 전액을 청구할 수 있는 것은 아니고, 대법원 규칙이 정

제 손해배상청구 사건에서 주로 문제되는 것은 영업비밀을 사용한 제품의 판매를 통하여 얻을 수 있었던 이익이 판매수량의 감소에 의하여 상실된 경우의 손해, 즉 일실이익(lost profit)의 손해와 관련되어 있다. 즉 침해로 인하여 상실한 판매액과 영업비밀보유자가 판매상실로 얻을 수 있었던 이윤액을 특정하는 것이고, 통상 상실이익의 산정은 판매량, 판매가격 및 판매비용의 함수이다. 상실액·판매상실로 얻었을 수 없었던 금액 및 상실된 판매의 필요적 비용에 대한 특정은 상실이익의 산정에 중심적인 문제이다. 우리나라의 판례에서도 "영업비밀을 취득함으로써 얻는 이익은 그 영업비밀이 가지는 재산가치 상당이고, 그 재산가치는 그 영업비밀을 가지고 경쟁사 등 다른 업체에서 제품을 만들 경우 그 영업비밀로 인하여 기술개발에 소요되는 비용이 감소되는 경우의 그 감소분 상당과 나아가 그 영업비밀을 이용하여 제품생산에까지 발전시킬 경우 제품판매이익 중 그 영업비밀이 제공되지 않았을 경우의 차액 상당으로서 그러한 가치를 감안하여 시장경제원리에 의하여 형성될 시장교환가격이다"[13]라고 보았다. 영업비밀은 무형적 법익의 일종으로 그 침해사실을 포착하기가 어렵고 침해에 대한 손해의 입증도 곤란하다.

이와 관련하여 영업비밀보호법은 제14조의2에서 손해액의 추정 규정을 두고 있다. 즉 영업비밀이 무형재산으로 그 침해에 대하여 손해배상을 산정함에 있어서 그 재산의 가치평가와 시장의 특성 등을 고려하지 않을 수 없고 특히 단순히 판매량·판매가격 및 판매비용이라는 순수한 일실이익액의 산정방법만으로는 영업비밀의 침해로 인한 손해배상의 산

한 금액의 범위 내에서만 소송비용으로 인정된다. 소송비용에 산입되지 않는 변호사 보수는 일반 불법행위의 요건이 갖추어지는 경우에 소송수행에 상당함 범위의 금액을 손해배상으로 청구할 수 있다. 예컨대 침해자의 부당한 응소, 항쟁 그 자체가 불법행위로 인정되는 경우나 침해자가 부당하게 책임을 회피하거나 이행청구에 불응하는 경우에는 그로 인하여 선임하게 되는 변호사에게 지급되는 비용은 상당인과관계가 인정되는 손해로 인정될 수 있다(대법원 1972.4.20. 선고 72다265 판결 참조).

13) 대법원 1999.3.12. 선고 98도4704 판결.

정이 불가능하거나 곤란한 경우가 발생하는 점에서, 영업비밀보호법은 일실이익의 손해배상에 관련해서는 그 손해배상의 책임성립과 구체적인 손해산정의 방법을 입법화하였다.

나. 손해액의 추정

영업비밀보호법은 손해액 산정의 어려움을 극복하기 위하여, 일정 방법에 의하여 손해액을 산정하는 방법을 제시하고 있다. 특히 영업비밀보호법 제14조의2 제5항의 경우에는 "법원은 부정경쟁행위나 영업비밀 침해행위에 관한 소송에서 손해가 발생된 것은 인정되나 그 손해액을 입증하기 위하여 필요한 사실을 입증하는 것이 해당 사실의 성질상 극히 곤란한 경우에는 제1항부터 제4항까지의 규정에도 불구하고 변론 전체의 취지와 증거조사의 결과에 기초하여 상당한 손해액을 인정할 수 있다"고 규정함으로써 손해액의 입증을 용이하게 하고 있다.

이때 영업비밀보호법의 손해액 추정 규정은 손해배상의 성립요건에 관한 것이 아니라 손해액의 산정 방법에 관한 것이다. 따라서 손해의 발생을 입증하여야 한다. 다만 재판례에서는 손해의 발생에 관한 주장·입증의 정도에 있어서는 손해 발생의 염려 내지 개연성의 존재를 주장·입증하는 것으로 족하다고 보아야 하고, 따라서 권리자가 침해자와 동종의 업을 하고 있는 것을 증명한 경우라면 특별한 사정이 없는 한 그러한 침해에 의하여 영업상의 손해를 입었음이 사실상 추정된다고 판시한 것도 있다.[14] 그러나 영업비밀보호법의 손해액 추정 규정은 손해에 관한 피해자의 주장·입증책임을 경감하고자 하는 취지의 것이라는 점에서, 손해의 발생이 없는 것이 분명한 경우까지 손해배상의무를 인정하는 것은 아니다.[15]

---

14) 서울고등법원 2002.5.1. 선고 2001나14377 판결.
15) 대법원 2004.7.22. 선고 2003다62910 판결.

한편 영업비밀보호법에서 규정하고 있는 손해배상책임 조항이 일실이익에 한정된다는 견해가 있다. 즉 영업비밀보호법상의 손해배상 책임 조항이 주로 일실이익에 대한 배상책임의 성립기초와 일실이익액의 산정 방법을 규정하고 있다고 평가하는 견해가 있다. 그러나 손해액 추정 규정인 제14조의2에서 밝히고 있는 손해액 산정 방식은 단순히 일실이익의 산정에 관한 것은 아니다. 예컨대 통상실시료 상당의 손해액 산정 방식과 같은 경우에는 비록 산정 방식 초기 단계에서는 일실이익의 한 형태로 이해하기도 하였으나, 현재에는 독립된 법리가 전개되고 있는 상황이다. 침해자 이익형 손해액 산정 방식 역시 부당이득 법리(독일)나 침해자 제재적 수단(미국)으로서 발달된 법리이다. 이러한 점에서 영업비밀보호법의 산정 규정은 다른 지적재산권법과 같이 손해배상액 산정의 어려움을 극복하기 위하여 제시된 여러 산정 방식을 도입한 것이라 이해하여야 할 것이다.

다. 손해액 산정 방법

영업비밀보호법은 1998년 12월 개정법을 통하여 손해액 추정 규정을 두게 되었다. 즉 종전에는 손해배상청구권에 대한 근거 규정만을 두고 있었으나, 보칙에 추가하여 손해액 추정 규정을 두고 있다. 영업비밀보호법상의 이 규정은 지적재산의 보호 강화 논의가 진행되면서 도입된 특허법상의 손해액의 추정 규정(동법 제128조)과 궤를 같이 한 측면이 있다. 즉 구제수단으로서 손해배상책임을 규정한 초기 입법을 보다 강화하면서, 1998년 12월 개정법에서 특허법의 손해액 추정 규정을 도입하였고, 다시 특허법상의 규정이 강화되면서 역시 그 강화된 규정을 영업비밀보호법에서 받아들이고 있다.

영업비밀보호법이 규정하고 있는 손해액 산정 방식은 특허법에서와 같이 '변형된 일실이익형', '통상 실시료 상당 이익형' 및 '침해자이익 반

환형'이 있으며, 보충적으로 법원이 직권으로 상당한 손해액을 판단할
수 있도록 규정하고 있다.

(1) 변형된 일실이익형

특허권 침해에 따라 받게 되는 특허권자의 소극적 손해는 특허권자
가 사업을 하는 제조 판매업자인 경우에만 청구할 수 있는 성질의 손해
인 일실이익(Lost Profits)과 이러한 제한없이 어떤 경우라도 청구할 수
있는 성질의 손해인 적정실시료로 대별될 수 있다. 통상 손해배상 금액
은 판매수량감소에 의한 일실이익(Lost Profits Due to Lost Sale)에 기초
하는 경우 쪽이 적정 실시료보다 고액이 되기 때문에 제조 판매업자인
특허권자는 일실이익을 주위적으로 주장하게 된다.[16] 즉 '감소한 판매량
(침해가 없었더라면 판매가능한 판매량 − 실제판매량) × 권리자의 제품
단위당 이익액'을 특허권 침해에 따른 일실이익으로 주장하게 된다.

그러나 이 원칙적인 손해산정방법은 침해가 없었다면 기대되는 판매
가능한 판매량의 입증이 어렵다. 특허법은 이와 같은 특허권 침해에 따
른 손해배상액 산정의 어려움을 고려하여 일반 손해배상법상의 특칙으
로서 제128조에서 여러 형태의 손해액 추정 규정을 마련하고 있다. 즉
동조 제1항은 비교적 시장구조가 단순하고 특허침해자가 1인인 경우,
특허제품과 침해제품 이외에 대체상품이 없어 상호경쟁관계에 있는 경
우에 적용될 수 있는 산정방법[17]으로서 '침해품의 판매수량 × 침해행위
가 없었다면 판매할 수 있었던 물건의 단위수량당 이익액'을 손해액으로
할 수 있다는 규정을, 동조 제2항에서는 침해자의 이익액을 권리자의
손해액으로 추정하는 규정을, 동조 제3항에서는 통상 받을 수 있는 실
시료 상당액을 권리자의 손해액으로 청구할 수 있도록 하는 규정을 마

---

16) 国際 第1委員会, "米国特許侵害の損害賠償額認定における非侵害代替品の位置づ
け", 知財管理(Vol.53. No.7), 日本知的財産協会, 2003, 1117頁.

17) 송영식 · 이상정 · 황종환, 지적소유권법, 육법사, 2003, 466면.

련하고 있으며, 함께 보충 규정으로서 동조 제7항에서는 손해의 발생이 인정된다면 법원이 변론 전체의 취지와 증거조사의 결과에 기초하여 상당한 손해액을 인정할 수 있도록 규정하고 있다.

영업비밀보호법에서도 역시 이러한 특허법의 규정을 도입하고 있다. 민법의 일반원칙에 따라, '감소한 판매량 × 권리자의 제품 단위당 이익액'을 특허권 침해에 따른 일실이익 산정 방식을 대신하여 침해자의 판매량을 곧바로 감소한 판매량으로 보고 이에 권리자의 제품 단위당 이익액을 곱하여 일실이익을 산정할 있도록 하고 있다. 이 경우 손해액은 영업상의 이익을 침해당한 자가 생산할 수 있었던 물건의 수량에서 실제 판매한 물건의 수량을 뺀 수량에 단위수량당 이익액을 곱한 금액을 한도로 한다. 다만, "영업상의 이익을 침해당한 자가 영업비밀 침해행위 외의 사유로 판매할 수 없었던 사정이 있는 때에는 당해 영업비밀 침해행위 외의 사유로 판매할 수 없었던 수량에 따른 금액을 빼야 한다"고 규정하고 있다

(2) 침해자이익 반환형

영업비밀보호법 제14조의2 제2항에서는 "부정경쟁행위나 영업비밀 침해행위로 영업상의 이익을 침해당한 자가 제5조 또는 제11조에 따른 손해배상을 청구하는 경우 영업상의 이익을 침해한 자가 그 침해행위에 의하여 이익을 받은 것이 있으면 그 이익액을 영업상의 이익을 침해당한 자의 손해액으로 추정한다"고 규정하고 있다. 이는 특허법이나 저작권법 등에서와 같이 침해자에게 발생한 이익을 권리자에게 발생한 손해로 파악하는 방식이다.

이러한 침해자이익 반환형 청구는 특허법에서 그 근원을 찾을 수 있는데, 무단으로 특허권을 실시함으로써 얻은 제3자의 수익을 특허권자에게 반환케 하는 것으로 독일 민법 제687조 2항의 준사무관리(부진정사무

관리) 법리의 법적 유추를 통하여 형성된 배상방법이다.[18] 보다 엄밀히 말하면 이를 손해배상에 기초하고 있다고 말할 수 없으나, 관습법상 손해배상 방법의 하나로 인식하면서 손해배상 방법으로 논의된다.[19] 또한 이러한 침해자이익 반환형 손해배상과 관련하여서는 미국의 영업비밀 침해 사례에서도 찾을 수 있다. 특히 미국의 법리는 침해자에 대한 제재적 수단으로서의 손해배상제도에서 그 이유를 찾고 있다.

한편 침해자에게 발생한 이익의 산정에 있어서 침해자가 받은 이익액은 침해 제품의 총 판매액에 그 순이익률을 곱하거나 또는 그 제조판매수량에 그 제품 1개당 순이익액을 곱하는 등의 방법으로 산출함이 원칙이다. 그러나 통상 상표권의 침해에 있어서 침해자는 상표권자와 동종의 영업을 영위하면서 한편으로 그 상표에 화체된 상표권자의 신용에 무상으로 편승하는 입장이어서, 위와 같은 신용을 획득하기 위하여 상표권자가 투여한 자본과 노력 등을 고려할 때, 특별한 사정이 없는 한 침해자의 위 순이익률은 상표권자의 해당 상표품 판매에 있어서의 순이익률보다는 작지 않다고 추인할 수 있으므로, 침해자의 판매액에 상표권자의 위 순이익률을 곱하는 방법으로도 침해자가 받은 이익의 액을 산출할 수 있고, 위와 같이 산출된 이익의 액은 침해자의 순이익액으로서, 그 중 상품의 품질, 기술, 디자인, 상표 이외의 신용, 판매정책, 선전 등으로 인하여 상표의 사용과 무관하게 얻은 이익이 있다는 특별한 사정이 없는 이상 그것이 상표권자가 상표권 침해로 인하여 입은 손해액으로 추정된다고 보아야 한다.[20]

영업비밀 침해사건에 있어서도 이러한 손해배상 산정 방식을 원용할 수 있다. 즉 세무서를 통한 사실조회결과 및 문서송부촉탁 결과 등을 고

---

18) Karl Larenz, Lehrbuch des Schuldrechts(1.Bd. All.), C.H.Beck, 13.Aufl., 29 III b (S.471 f.).

19) RGZ 70, 249, 253, 254.

20) 대법원 1997.9.12. 선고 96다43119 판결.

려하여, 침해자의 매출액을 산정하고, 여기에 원고의 매출액 대비 영업
이익률을 곱하는 방식으로 침해자가 얻은 이익을 산정할 수도 있다.[21]

(3) 통상 실시료 상당 이익형

영업비밀보호법 제14조의2 제3항에서는 "영업비밀 침해행위로 인하
여 영업상의 이익을 침해당한 자는 제5조 또는 제11조의 규정에 의한
손해배상을 청구하는 경우 영업비밀 침해행위의 대상이 된 영업비밀의
사용에 대하여 통상 받을 수 있는 금액에 상당하는 액을 자기가 받은
손해의 액으로 하여 손해배상을 청구할 수 있다"고 규정하고 있다. 이에
영업비밀 보유자는 침해행위가 있을 때, 그 침해자에 대하여 유책성과
함께 실시료 상당액을 주장 입증함으로써 통상의 실시료에 상당하는 금
원을 손해배상으로 청구할 수 있다. 여기서 통상의 실시료 상당액이라
함은 실시계약체결을 가상적으로 전제하여 양당사자가 합의하였을 것으
로 판단된 손해배상액을 의미한다. 즉 실시 허락이 있었던 것과 같이 가
정함으로써 당해 가정 상황에 발생하였을 이익에 대한 일실로 손해배상
의 문제를 처리하는 방식이다.

이때 가상적 실시료를 산정할 때에는 여러 사항이 고려된다. 예컨대
동일한 영업비밀을 일정 실시료율에 따라 실시 허락하고 있다면, 그 실
시료율이 실시료를 산정하는데 참고가 될 수 있다. 그러나 반드시 그 실
시료율이 침해에 따른 손해배상을 청구하는데 통상의 실시료 상당액이
되는 것은 아니다.

일반적으로 실시료 상당액에 의해 전보되는 손해배상액은 앞에서 살
펴본 영업비밀보호법 제14조의2 제1항의 일실이익에 의한 배상액보다
높지 않다. 이는 가상적 실시계약을 유추하여 얻어진 실시료의 적정액이
므로 통상적인 실시계약에 따른 실시료와 크게 다르지 않다. 그러나 일

---

21) 수원지방법원 2003.4.18. 선고 2002가합9304 판결.

반 일실이익형의 손해 산정 방식이 여러 요소에 대한 입증이 어렵다는 점에서 주로 이용되는 방식이기도 하다. 예컨대 특허침해 사건에서는 특허품의 수익에 관한 전망,[22] 독점적 지위,[23] 특허권의 보호범위,[24] 장래의 가치상승[25] 등도 함께 고려될 수 있다.[26] 그러나 특허의 경우와 달리 영업비밀의 경우에는 그 거래·이전 사례가 없는 경우가 많으며, 실시료 산정을 위하여 참고할 수 있는 유사한 기술거래 사례가 없는 경우도 많다. 특히 영업비밀은 특허의 경우와는 달리 그 보호범위가 확실하지 않으며, 보호되는 것 역시 어떤 기술의 가치보다는 비밀로서 유지됨으로써 향유할 수 있는 경제적 가치를 의미하게 된다. 이러한 점에서 법이 실시료 상당액을 손해배상액으로 추정할 수 있도록 하였으나, 이를 인정하기는 쉽지 않다.

실시료상당액을 손해배상으로 청구하는 것은 다음의 세 가지 경우에 이루어진다. 첫째, 일실이익에 대한 입증에 있어서 침해로부터 발생한 구체적인 경제적 손실이 얼마인지를 밝혀내지 못하는 경우로 영업비밀의 불법사용에 의한 경제적 수익 등을 입증할 수 없거나 입증이 곤란한 경우 등이다. 둘째, 영업비밀보유자가 영업비밀을 실시하지 않았거나 영업비밀 상품을 생산하지 않은 경우에 청구할 수 있다. 일실이익에 관하여 충분한 입증이 이루어졌다면 실시료상당액보다 많은 손해배상액을 청구할 수 있었음에 반하여, 영업비밀을 실시하지 않은 원고의 손해배상 청구는 이 실시료상당액에 한정된다. 이러한 실시료상당액이 일실이익을 초과하는 경우에도 이를 주장할 수 있다. 이는 이용권의 객관적 가치로

---

22) RGZ 156, 65, 69; BGH GRUR 67, 655, 659.
23) RG GRUR 38, 836, 837.
24) RG GRUR 42, 315.
25) RGZ 92, 329, 330; RGZ 144, 187.
26) 배대헌, 특허권침해로 인한 손해배상의 범위와 배상액 산정에 관한 연구, 충남대학교 박사학위논문, 1996, 12면.

산정되기 때문에 특정한 경우 개별적으로 고려되어야 할 사항에 영향을 받을 수 있다. 셋째, 위의 두 가지 경우 이외에도 영업비밀보유권자의 생산능력이 수요에 미치지 못하는 경우에도 영업비밀보유자는 실시료상 당액의 산정방법에 따라 손해배상을 청구할 수 있다.[27] 이를 위하여 영업비밀보유자의 마케팅활동과 실제거래량 및 영업비밀 물품의 배포과정이 수요를 충족시켰는지의 여부와 영업비밀보유자의 생산시설·기술 등이 함께 고려된다. 또한 침해의 일부에 대해서 일실이익의 손해가 입증된 경우 잔여부분의 실시료에 기초하여 손해배상액을 확정하게 된다. 그밖에도 실제 일실이익이 실시료상당액보다 적은 경우 실시료에 기초하여 손해배상을 청구할 수 있다.

한편, 영업비밀보호법 제14조의2 제4항에서는 "영업비밀 침해행위로 인하여 받은 손해의 액이 제3항의 규정에 의한 금액을 초과하는 경우에는 그 초과액에 대하여도 손해배상을 청구할 수 있다. 이 경우 그 영업상의 이익을 침해한 자에게 고의 또는 중대한 과실이 없는 때에는 법원은 손해배상의 액을 산정함에 있어서 이를 참작할 수 있다"고 규정하고 있다. 즉 일실이익과 통상의 실시료 상당액의 손해배상 산정 방식과의 관계를 규정하고 있다. 그러나 제3항의 규정에 의한 금액이 영업비밀 침해행위로 인하여 받은 손해액의 입증이 곤란한 상태에서 이루어진다는 점에서 제4항 전단의 규정은 무의미한 규정이라 볼 수 있다. 즉 이 규정은 제3항의 규정이 실제 발생한 손해의 배상청구를 방해하지 않는다는 의미에서 파악할 수 있을 뿐이며, 후단은 침해자의 경과실로 인하여 손해가 발생한 경우에는 손해배상액의 산정에 있어서 법원의 재량권을 인정한 것이다.

제2조 제1호 소정의 부정경쟁행위의 경우에는 부정경쟁행위가 인정

---

27) 현대호, 영업비밀의 보호에 관한 법제연구, 한국법제연구원, 2004, 72-77면 참조.

된다고 하여 그 기간 동안 상품표지의 주체 등이 그 상표를 부착한 제품의 생산·판매 등 영업활동을 하지 않았다면 그에 따른 영업상 손해를 인정할 수 없다는 태도를 취하였다.[28] 반면 영업비밀에 있어서는 부정취득한 자가 취득한 영업비밀을 실제 사용하였는지에 관계없이 부정취득행위 그 자체만으로 영업비밀의 경제적 가치를 손상시킴으로써 영업비밀 보유자의 영업상 이익을 침해하여 손해를 입힌다고 보아야 한다고 법원은 판단하고 있다.[29]

(4) 3배 손해배상제도의 도입

2019년도 개정법에서 2019년도 개정법에서는 악의적인 영업비밀 침해행위로 인하여 영업비밀 보유자의 영업상 이익을 침해하여 손해를 입힌 자에 대해서는 손해로 인정된 금액의 3배를 넘지 아니하는 범위에서 배상액을 인정할 수 있도록 하는 '3배 손해배상제도'를 도입하였다.[30][31]

그간 기술유출로 인한 손해액에 비해 피해자에 대한 실질적인 배상이 미흡하여 영업비밀 보유자에 대한 실효적 보호에 한계가 있었다.[32] 그리고 영업비밀의 특성상 유출될 경우 기술 개발 등을 위하여 투자한 비용 등을 회수할 수 없기 때문에 기업의 경제적 손실과 피해가 매우

---

28) 대법원 2008.11.13. 선고 2006다22722 판결.

29) 대법원 2011.7.14. 선고 2009다12528 판결.

30) 3배 손해배상제도를 '징벌적 손해배상제도'라고도 하는데, 형법 등과의 관계에 있어서 부조화 등의 문제가 있어 본서에서는 "3배 손해배상제도"라고 칭한다. '증액 손해배상제도'라고도 한다.

31) 우리나라에서는 2011년 「하도급 거래 공정화에 관한 법률」개정에 따라 3배 손해배상제도가 최초로 도입된 후 현재 특정분야에 한하여 개별 법률에 3배 손해배상제도가 제한적으로 도입되어 있다. 즉, 하도급 거래 공정화에 관한 법률, 기간제 및 단시간근로자 보호 등에 관한 법률, 파견근로자보호 등에 관한 법률, 신용정보의 이용 및 보호에 관한 법률, 개인정보 보호법, 정보통신망 이용촉진 및 정보보호 등에 관한 법률, 대리점거래의 공정화에 관한 법률 등에 그 예가 있다.

32) 특허청에 따르면 영업비밀 관련 손해배상 평균 청구금액은 13억원인데 반하여 인용금액은 2억 4천만원으로 인용금액은 청구금액의 18.5%에 불과하다고 한다(산업통상자원중소벤처기업위원회, "부정경쟁방지 및 영업비밀에 관한 법률 일부개정안 심사보고서", 2018. 12, 8면).

큰 점 등도 이 제도의 도입 결정에 고려요소로 작용하였다. 참고로 미국의 경우 통일영업비밀법(UTSA)[33]과 영업비밀보호법(DTSA)에서 "고의 또는 악의(willfully and maliciously)"에 의한 영업비밀 침해행위에 대해서는 산정된 손해배상액의 2배를 초과하지 아니한 범위에서 손해배상의 지급을 명할 수 있도록 하고 있다.

2019년에 도입된 3배 손해배상의 주요내용은 다음과 같다. 법원은 영업비밀 침해행위가 '고의'적인 것으로 인정되는 경우에는 제11조에도 불구하고 제14조 제1항부터 제5항까지의 규정에 따라 손해로 인정된 금액의 3배를 넘지 아니하는 범위에서 배상액을 정할 수 있도록 규정하였다(법 제14조의2 제6항). 즉, 제11조는 영업비밀 침해에 대한 손해배상책임에 대한 규정인데, 제11조에서는 '고의 또는 과실'에 의한 영업비밀 침해행위로 영업비밀 보유자의 영업상 이익을 침해하여 손해를 입힌 자는 그 손해를 배상할 책임을 지도록 규정하고 있다. 이에 반하여 제14조 제6항의 3배 손해배상의 경우 '고의'에 의한 경우에만 인정된다는 취지이다. 따라서 3배 손해배상의 경우에는 고의성 여부의 입증과 판단이 매우 중요하다고 할 것이다.

그리고 배상액을 판단할 때에는 ① 침해행위를 한 자의 우월적 지위 여부, ② 고의 또는 손해 발생의 우려를 인식한 정도, ③ 침해행위로 인하여 영업비밀 보유자가 입은 피해규모, ④ 침해행위로 인하여 침해한 자가 얻은 경제적 이익, ⑤ 침해행위의 기간·횟수 등, ⑥ 침해행위에 따른 벌금, ⑦ 침해행위를 한 자의 재산상태, ⑧ 침해행위를 한 자

---

33) § 1836. Civil proceedings
  (b) Private Civil Actions. -
      (3) REMEDIES. - In a civil action brought under this subsection with respect to the misappropriation of a trade secret, a court may -
  (C) if the trade secret is willfully and maliciously misappropriated, award exemplary damages in an amount not more than 2 times the amount of the damages awarded under subparagraph (B); and

의 피해구제 노력의 정도 등을 고려하여야 한다(법 제14조의2 제7항).

따라서 우월적 지위와 관련하여서는 대기업에 의한 중소기업의 영업비밀 유출의 경우 그 고려사항이 될 수 있을 것이며, 침해행위에 대한 벌금도 언급되었다는 점에서 형사사건 판결도 3배 손배배상에서 판단요소로 작용된다. 앞으로 이와 관련하여 다양한 판례의 축적이 필요하다고 보여진다.

3. 문서제출명령

영업비밀보호법 제14조의3에는 "영업비밀 침해행위로 인한 영업상 이익의 침해에 관한 소송에서 당사자의 신청에 의하여 상대방 당사자에 대하여 해당 침해행위로 인한 손해액을 산정하는 데에 필요한 자료의 제출을 명할 수 있다"고 규정하고 있다. 다만, 단서에서 "그 자료의 소지자가 자료의 제출을 거절할 정당한 이유가 있는 경우에는 그러하지 아니하다"라고 규정하고 있다.

이와 관련하여 민사소송법 제344조에서는 문서제출의무를 부과하고 있다. 그러나 민사소송법 제344조 제1항 제3호 다목에 따르면 기술 또는 직업의 비밀에 속하는 사항과 관련하여 이를 비밀로 지킬 의무가 면제되지 아니한 문서의 경우에는 자신의 영업비밀임을 내세워 제출을 회피하는 경향이 있다. 이에 문서제출명령을 강화하기 위하여 자료의 제출을 거절한 정당한 이유를 제한하고자 하는 논의가 있다. 즉 정당한 이유가 있는지를 판단하기 위하여 필요하다고 인정할 때에는 자료의 소지자에게 제시할 것을 명할 수 있도록 하는 규정의 도입이 논의되고 있다.

Ⅲ. 영업비밀 침해에 대한 신용회복 청구

영업비밀 침해행위에 대한 사후적인 구제조치로서 손해배상청구권이 인정되지만, 영업상의 신용이 실추된 경우에는 손해배상청구에 갈음하거나 함께 영업상의 신용을 회복하는데 필요한 조치를 청구할 수 있다. 넓은 의미에서 신용의 실추는 정신적 손해의 한 유형이며, 따라서 신용회복조치청구권은 손해배상청구권에 포함된다. 타인의 불법행위로 인한 손해의 배상은 금전배상이 원칙이다. 그러나 영업비밀 침해행위로 타인의 신용 및 명예를 훼손한 경우에는 금전배상만으로는 만족할 수 없거나, 신용훼손의 구제방법으로 적절치 않은 경우가 많기 때문에 부정경쟁방지법은 손해배상에 갈음하거나 손해배상과 병행하여 신용회복에 필요한 조치를 할 수 있도록 규정하고 있다. 즉 명예 또는 신용이 훼손된 경우에는 손해를 금전으로 평가하기 곤란하며 비록 금전배상을 하여도 훼손된 명예나 신용이 회복되기는 어렵다. 이에 법은 명예 또는 신용이 훼손된 경우에는 특히 원상회복적인 구제를 인정하고 있는 것이다.

이러한 신용회복조치는 광의의 손해배상에 포함되는데 부정경쟁방지법상에는 '손해배상에 갈음하거나 손해배상과 함께'라고 규정하고 있으므로, 여기서의 손해배상은 금전배상을 의미한다고 보아야 할 것이다.

1. 신용회복 청구의 요건

영업비밀 침해행위자에게 신용회복을 위한 조치를 청구하기 위하여는 다음과 같은 요건을 충족하여야 한다. 즉 ① 행위자의 고의 또는 과실에 의할 것, ② 영업비밀 침해행위가 있을 것, ③ 영업상의 신용이 실추될 것, ④ 손해배상이외에 별도의 신용회복조치가 필요할 것 등의 요건을 충족하여야 한다. 이때 침해자의 고의·과실이나 침해행위에 대한 요건 여부는 위에서 살펴본 바와 같이 판단하게 된다.

영업비밀의 침해행위가 있었다고 하여도 그것만으로 영업비밀 보유자의 신용이 당연히 침해되었다고 단언하기 어려우므로, 신용회복을 위해

필요한 조치를 명하기 위하여는 영업상의 신용이 실추되었음이 인정되어야 한다.[34]

금지청구를 인정할 것인지의 판단을 사실심 변론종결 당시를 기준으로 하는 것에 반하여,[35] 신용회복청구를 인정할 것인지의 판단은 침해행위 당시를 기준으로 한다.[36]

2. 청구권자

영업비밀 보유자가 청구할 수 있다. 이에 법원은 실추된 영업상의 신용회복에 필요한 조치를 명할 수 있다. 그 동안 필요한 조치로 신문지상의 사죄광고가 관례화되어 왔으나, 헌법재판소가 사죄광고의 명령을 위헌이라고 판시한 만큼 더 이상 사죄광고를 강제할 수는 없게 되었다. 한편 영업비밀 침해와 관련하여서는 다만 특칙을 갖고 있어서, 거래에 의하여 영업비밀을 정당하게 취득한 자가 그 거래에 의하여 허용된 범위 내에서 그 영업비밀을 사용하거나 공개하는 행위에 대하여는 금지청구권, 손해배상청구권, 신용회복청구권 등의 규정은 적용되지 않는다.

---

34) 비록 영업비밀 침해사건이 아니라 부정경쟁행위 관련 사건이나, 본 사건에서 법원은 민법 제394조는 "다른 의사표시가 없으면 손해는 금전으로 배상한다"고 규정함으로써 이른바 금전배상의 원칙을 규정하고 있으므로, 법률에 다른 규정이 있거나 당사자가 다른 의사표시를 하는 등 특별한 사정이 없는 이상 원상회복청구는 할 수 없다 할 것인데(대법원 1997.3.28. 선고 96다10638 판결 등 참조), 원·피고 사이에 이 사건 계약 위반에 대한 배상방법으로 해명광고게재 등 신용회복조치의 이행을 구할 수 있도록 하는 약정이 있었음을 인정할 자료도 기록상 찾아보기 어려우므로, 상표권의 침해행위 또는 부정경쟁행위에 의하여 원고의 영업상의 신용이 실추되었다고 단정하여 해명광고게재청구를 인정한 것은 위법하다고 판단하고 있다. 그런데 원상회복청구와 해명광고게재가 어떤 상관을 갖고 있는지, 법원의 판시 사항에 의문을 갖게 된다(대법원 2008.11.13. 선고 2006다22722 판결 참조).
35) 대법원 2004.3.25. 선고 2002다9011 판결 등 참조.
36) 대법원 2008.2.29. 선고 2006다22043 판결.

Ⅳ. 비밀유지명령

1. 의 의

지적재산권에 관련한 소송의 진행 과정 중에서는 제출된 준비서면이나 증거에 영업비밀이 포함되는 경우가 있다. 즉 영업비밀 관련 소송을 비롯하여 여러 형태의 소송에서, 침해를 주장하는 과정에서 제출하고자한 준비서면이나 증거의 내용에 영업비밀이 포함되는 경우가 있는데, 이 경우 당해 영업비밀을 보유한 당사자는 상대방이 이를 소송 수행 목적이외의 목적에서 사용하거나 제3자에게 공개하여 사업 활동에 지장이 발생할 우려가 있다. 이러한 우려에서 당해 영업비밀을 소송에서 표현하는 것을 주저하여 주장입증을 충분히 할 수 없는 사태가 발생할수 있다.

이러한 경우, 증거에 포함된 영업비밀의 누설을 방지하기 위한 방법으로는 민사소송법 제163조의 비밀보호를 위한 열람 제한 절차나 영업비밀보호법에 의한 금지청구·손해배상청구 등이 존재한다. 그러나 이러한 절차로는 충분하지 않아, 영업비밀이라도 증거로서 제출하도록 하는가운데, 당해 영업비밀을 보호하는 제도가 필요하다는 지적이 이루어졌다. 또한 한미 FTA 협정 제18.10조 11.(나)에서는 "소송절차에서 생성되거나 교환된 비밀정보(confidential information)[37]의 보호에 관한 사법명령의 위반에 대하여, 민사 사법절차의 당사자, 변호인, 전문가 또는

---

37) 미국의 Protective Order의 경우에는 영업비밀(Trade Secret)뿐만 아니라 기타 기밀 연구(confidential research), 개발(development) 또는 공개되지 않았거나 특정한 방식으로만 공개되는 상업적 정보(commercial information)에 대한 보호명령제도를 두고 있다. 반면 우리의 경우에는 비밀유지명령의 대상이 영업비밀에 한정됨으로써, 소송 과정에서 본안 판단이외에 별도로 영업비밀 해당성을 판단하여야 하는 번거로움이 발생할 수 있다는 문제점이 있다. 따라서 개정법의 취지에도 불구하고 당사자의 공격·방어권이 실효적으로 보장되지 않을 가능성이 높다는 점에서 입법적 고려가 다시 이루어져야 할 것이다.

법원의 관할권이 미치는 그 밖의 인에게 제재를 부과할 수 있는 권한"
에 관한 규정을 두고 있어서 소송 과정에서 언급된 비밀정보를 위반한
자에 대한 법원의 제재 권한을 부여하고 있다. 이에 2011년 12월에 통
과된 제14차 개정법에서는 '비밀유지명령' 제도를 도입하였다.

2. 비밀유지명령에 의한 금지행위

가. 의 의

영업비밀 침해행위로 인한 영업상 이익의 침해에 관한 소송에서 법
원은 그 당사자가 보유한 영업비밀에 대하여 당사자의 신청에 따라 결
정으로 ① 해당 영업비밀을 당해 소송의 수행 목적이외의 목적으로 사
용하는 것, ② 해당 영업비밀에 관련하여 비밀유지 명령을 받은 자이외
의 자에게 공개하는 것을 금지할 수 있다.

먼저 모든 영업비밀이 비밀유지명령의 대상이 되는 것은 아니다. 즉
이미 제출하였거나 제출하여야 할 준비서면의 열람이나 이미 조사하였
거나 조사하여야 할 증거 조사 외의 방법으로 비밀유지명령 신청 이전
에 이미 취득한 영업비밀은 비밀유지명령의 대상이 되지 않는다. 준비서
면의 열람이나 조사 증거에 의하여 비밀유지명령 신청 이후에 취득한
영업비밀만이 비밀유지명령의 대상이 된다.

비밀유지명령에 의하여 금지되는 행위는 그 영업비밀을 ① 해당 소
송의 계속적인 수행 외의 목적으로 사용하거나 ② 비밀유지명령을 받은
자이외의 자에게 영업비밀을 공개하는 행위이다. 따라서 해당 소송수행
목적에서의 영업비밀 사용 행위는 비밀유지명령대상에서 제외된다. 소송
당사자의 방어권을 확보하기 위하여는 이러한 사용을 인정할 필요가 있
으며, 소송 절차 중에서 영업비밀을 보호하는 제도가 정비되어 있고, 소
송수행목적을 위한 사용에 의하여 영업비밀이 공지가 될 가능성은 극히

낮은 것에 따른 판단이다. 한편 소송수행목적에서 해당 영업비밀을 사용하는 행위는 허용되나, 이를 비밀유지명령을 받은 자이외의 자에게 공개하는 행위는 비밀유지명령의 대상이고, 금지된다. 이는 소송수행의 목적에서도 해당 영업비밀이 공개되게 되면 영업비밀의 요건의 하나인 공지성이 결여되게 되고, 그 가치가 현저히 훼손되기 때문이다.

또한 비밀유지명령에 위반하여 해당 영업비밀을 사용 또는 공개한 경우에는 형사벌의 대상이 된다. 비밀유지명령을 위반하는 행위는 영업비밀침해죄와 같이 영업비밀의 재산적 가치를 감소시키는 점에서는 차이가 없다는 점에서 영업비밀침해죄와 같은 형사벌을 인정하고 있다. 다만 영업비밀침해죄의 경우에는 '부정한 이익을 얻거나 영업비밀 보유자에게 손해를 입힐 목적으로'라는 구성요건을 충족하여야 하는 반면, 그러한 요소를 필요로 하지 않고, 법원의 명령에 위반한 행위로서의 형사벌로 규정하고 있다(제18조의4).

나. 절 차

비밀유지명령이 내려질 가능성이 있는 것은 ① 준비서면의 기재 또는 증거에 영업비밀이 포함되어 있는 것 또는 ② 해당 영업비밀이 당해 소송의 수행목적이외의 목적에서 사용되거나 공개되는 것에 의하여 해당 영업비밀에 근거한 사업활동에 지장이 발생할 우려가 있고, 이를 방지하기 위하여 해당 영업비밀의 사용 또는 공개를 제한할 필요가 있는 것에 해당한다는 취지의 소명이 이루어진 경우이다. 다만 비밀유지명령의 신청 때까지 비밀유지명령 신청인이 해당 준비서면 또는 증거 이외의 방법으로 해당 영업비밀을 취득 또는 보유하고 있는 것인 경우는 명령의 대상이 되지 않는다.

비밀유지명령결정은 당사자에 의한 신청이 있던 경우에 내려지는데, 이때는 ① 비밀유지명령을 받아야 하는 자, ② 비밀유지명령의 대상이

어야 하는 영업비밀을 특정하기에 충분한 사실, ③ 준비서면의 기재 또는 증거에 영업비밀이 포함되어 있는 것, 해당 영업비밀이 해당 소송의 수행 목적이외의 목적에서 사용되거나 공개되는 것으로 해당 영업비밀에 근거한 사업활동에 지장을 일으킬 우려가 있고, 이를 방지하기 위하여 해당 영업비밀의 사용 또는 공개를 제어할 필요가 있는 것에 해당하는 사실을 기재한 서면으로 이루어져야 한다.

비밀유지명령이 내려진 경우에는 신청인이 절차보장의 관점에서, 그 결정서를 신청서를 신청인에게 송부하여야 하며, 비밀유지명령은 결정서가 송달된 때로부터 효력이 발생한다. 비밀유지명령을 각하한 재판에 대하여는 즉시 항고할 수 있으나, 비밀유지명령이 내려진 결정은 바로 확정된다. 다만 비밀유지명령이 내려진 경우에는 즉시 항고는 할 수 없고, 통상의 비밀유지명령 취소 절차에 의하여 대처하게 된다.

3. 비밀유지명령의 취소

비밀유지명령 신청자 또는 비밀유지명령을 받은 자는 소송기록이 존재하는 법원에 신청하여 비밀유지명령을 취소할 수 있다. 취소 사유로는 ① 준비서면의 기재 또는 증거에 영업비밀이 포함되어 있는 것, ② 해당 영업비밀이 당해 소송의 수행 목적이외의 목적으로 사용 또는 공개되는 것으로, 해당 영업비밀에 근거한 사업활동에 지장이 생길 우려가 있고, 이를 방지하기 위하여 해당 영업비밀의 사용 또는 공개를 제한할 필요가 있는 것이라는 명령 요건을 흠결하거나 흠결하게 된 때이다. 구체적으로는 증거에 포함되어 있는 영업비밀의 내용이 바로 특허출원되고, 그 후 공개되어 영업비밀로서의 요건을 충족하지 않게 된 경우 등을 들 수 있다.

4. 소송기록열람청구의 통지

소송기록에서 영업비밀이 누설되는 것을 방지하기 위하여 민사소송법 제163조에서는 제3자의 열람등을 제한하고 있으나, 이는 당사자에 의한 열람등을 금지하지 않는다. 이 때문에 예컨대 법인이 당사자등인 경우, 비밀유지명령을 받지 않은 종업원등이 법인으로부터 위임을 받아 사실상 자유롭게 소송기록의 열람 등의 열람 청구절차를 통하여 영업비밀을 알게 될 가능성이 있다.

이에 부정경쟁방지법은 비밀유지명령이 내려진 소송에 관한 소송기록에 대하여는 민사소송법 제163조 제1항의 결정이 내려진 경우에서, 당사자로부터 민사소송법 제163조 제1항의 비밀기재부분의 열람등의 청구가 있고, 그 청구 절차를 한 자가 비밀유지명령을 받은 자가 아닌 때는 법원 서기관은 민사소송법 제163조 제1항 신청을 한 당사자에 대하여 그 청구 직후에 그 열람 등의 청구가 있었다는 사실을 알려야 한다.

이에 의하여 통지를 받은 당사자는 청구절차를 밟은 자에 대하여 비밀유지명령을 신청할 수 있다. 따라서 비밀유지명령을 받기 위하여 필요한 기간은 그 절차를 한 자의 열람등은 제한된다. 다만 당사자 모두가 동의한 때에는 이 규정은 적용되지 않는다.

5. 당사자심문등의 공개정지

일반 공중이 재판을 방청하는 것이 가능하므로 특허권등의 침해에 관한 소송이나 영업비밀에 관한 부정경쟁에 관한 소송에서는 곤란한 점이 있다. 즉 재판에서 영업비밀이 공개되어 권리자에게 불이익이 발생할 가능성이 있다. 그러나 헌법이 정하는 재판공개의 원칙은 재판에 대한 국민의 신뢰를 확보하고자 하는 것으로, 재판공개의 원칙으로 적정한 재판이 이루어질 수 없는 경우까지도 공개 재판의 원칙이 요구되는 것은 아니다. 따라서 일정한 경우 재판공개의 원칙은 제한된다.

당사자심문의 공개정지는 ① 당사자 등이 공개 법정에서 당해 사항에 대하여 진술하는 것으로 당해 영업비밀에 근거한 사업활동에 현저한 지장이 발생하는 것이 명확하기 때문에 당해 사상에 대하여 충분한 진술이 이루어질 수 없고, ② 당해 진술을 없어 다른 증거만으로는 당해 사항을 판단 근거로 할 부정경쟁에 의한 영업상의 이익 침해 유무에 대한 적정한 재판을 할 수 없는 경우에는 재판관 전원의 일치로 결정으로 당해 사항의 침문을 공개하지 않고 할 수 있다.

Ⅴ. 영업비밀원본증명제도

영업비밀에 관한 원본증명제도는 기업의 기술 비밀과 연구 아이디어 및 경영정보 등의 영업비밀이 포함된 전자문서를 등록하게 함으로써 영업비밀침해 관련 분쟁에서 영업비밀 보유자의 입증곤란을 완화하기 위한 것이다. 이는 2010년 11월 한국특허정보원에서 운영을 시작하였으나, 제도 운영에 대한 법적 근거가 없었다. 이에 2013년 개정법에서는 제도 운영에 대한 근거를 마련하고, 나아가 2015년 개정법에서는 "원본증명서를 발급받은 자는 전자지문의 등록 당시에 해당 전자문서의 기재 내용대로 정보를 보유한 것으로 추정한다"고 규정하여 원본증명서의 추정효를 부여하고 있다(법 제9조의2 제3항).

이러한 영업비밀원본증명제도는 영업비밀 존재의 선후 관계를 파악하는 데 도움이 될 수 있다. 나아가 영업비밀원본증명제도를 통하여 거래 과정에서 노출된 영업비밀과 사후에 발생하는 분쟁 과정에서의 영업비밀을 용이하게 특정할 수 있는 장점을 갖는다.

다만 영업비밀원본증명제도는 이러한 증명제도를 이용하지 않은 영업비밀의 지위, 원본증명기관의 지정, 개발 과정에서의 영업비밀에 대한 특정 등 여러 문제에 대한 논의를 필요로 한다. 예컨대 전자문서 및 전자거래 기본법에서는 공인전자문서센터에 대한 규정을 두고 있는데, 공인전자문서센터에 보관된 전자문서는 보관기간에는 그 내용이 변경되지 아니한 것으로 추정하며, 공인전자문서센터가 해당 공인전자문서센터에 보관된 전자문서의 보관 사실, 작성자, 수신자 및 송신·수신 일시 등에 관한 사항에 대한 증명서를 대통령령으로 정하는 방법 및 절차에 따라 발급한 경우에 그 증명서에 적힌 사항은 진정한 것으로 추정한다는 규정을 두고 있다. 이처럼 원본증명기관에 등록하지 않은 문서라도 영업비밀보호법이 아닌 다른 법률로 해당 문서의 진본성, 무결성, 신뢰성 등이 인정되는 경우, 이를 어떻게 다룰 것인가 하는 문제가 있다. 나아가 특정 기관에의 등록을 통한 보호 역시 일정 기능을 하겠지만, 나아가 영업비밀이 전자적 형태로 생성, 보관, 관리되는 경우, 그 자체로서 보호될 수 있는 제도에 대한 논의도 필요하다.

제2절 형사적 구제방법

I. 영업비밀 침해에 대한 형사벌의 의의

1. 형사처벌 규정 도입의 의의

영업비밀보호법이 입법되기 이전에도 영업비밀을 침해하는 행위는 일정 범위에서 형사적 대응이 가능하였다. 예컨대 영업비밀 침해행위에 수반되는 행위의 위법성에서 절도죄나 배임죄 등이 적용되었다. 또한 실제로 영업비밀의 보호에 관한 법률을 두고 있는 국가라고 하여 모든 국가가 영업비밀 침해행위에 대한 별도의 형사처벌 규정을 두고 있는 것은 아니며, 형사적 대응은 일반 형법에서의 절도죄나 배임죄 등의 규정을 원용하는 경우도 있다.

그러나 우리나라의 경우에는 영업비밀보호법의 입법 초기부터 형사처벌 규정을 두고 있다. 비록 그 처벌 범위에 대하여는 약간의 변화가 있어 왔지만, 여전히 영업비밀 침해행위에 대한 형사적 대응은 우리나라에 있어서는 확고한 입장이라 하겠다. 영업비밀의 보호에 관한 법률이 영업비밀보호법에 삽입되면서, 종전의 처벌 규정이 적용된 점에서 형사적 처벌이 인정된 것으로도 이해될 수 있다. 그러나 모든 영업비밀에 대하여 형사적 처벌을 인정한 것이 아니라 일정 형태의 영업비밀에 대하여서만 형사처벌 규정은 둔 점에서 본다면, 입법자들이 영업비밀 침해행위에 대한 형사적 처벌을 기존의 법률에 단순히 삽입한 것만은 아니라고 평가할 수 있다. 즉 여러 형태의 영업비밀 중 특히 '그 기업에 특유한 생산기술'에 대하여서만 형사처벌을 인정하고 있었다는 점에서, 기술 보호의 필요성을 인식하고 별도의 형사처벌 규정을 둔 것으로 이해하여야 할 것이다. 뿐더러 형사처벌 규정을 두지 않고, 민사적 구제 조치만을 두고 있던 국가에서도 기술유출 방지에 대한 보호 필요성에서 형사처벌 규정을 신설하고 있다는 점에서 우리의 입법은 영업비밀 내지 기술 보호의 필요성을 앞서 인식한 것이라 평가할 수 있다.

2. 형사적 대응의 전개

영업비밀에 대한 형사적 대응은 영업비밀보호법 도입 이전과 같이 절도죄나 배임죄 등 일반 형법에 의한 대응과 영업비밀호법에 의한 대응으로 전개된다. 절도죄의 경우에는 영업비밀이 기록되어 있는 저장매체 등의 절취행위에 대한 대응으로, 배임죄는 영업비밀 유지의무를 부담하는 자의 배신행위에 대한 대응으로 전개되고 있으며, 기타 비밀침해죄나 손괴죄 등이 함께 논의될 수 있는 상황이다. 한편 영업비밀보호법의 경우에는 침해 대상 기술의 영업비밀 해당성을 전제로, 일정 행위에 대한 대응으로 전개되고 있다.

한편 영업비밀 침해행위에 대한 영업비밀보호법의 형사적 대응 논의는 처벌 범위의 확대, 처벌 대상자의 확대, 처벌 형량의 강화 및 처벌행위의 확대라는 방향으로 전개되어 왔다. 영업비밀보호법 제정 당시에는 경영상 정보에 대한 형사처벌은 인정되지 않았다. 그러나 경영상 정보와 기술상 정보의 구별이 모호할뿐더러, 그 보호가치에 있어서 어떠한 차이도 없다는 점에서 경영상 정보의 침해행위에 대하여서도 형사처벌을 인정하게 되었다. 처벌대상자 역시 1998년 개정을 통하여 '기업의 임원 또는 직원'이라는 규정에 추가하여 '기업의 임원 또는 직원이었던 자'를 처벌하면서 그 범위가 확대되었다. 또한 2004년 개정을 통해서는 형사처벌의 대상이 되는 영업비밀 침해행위의 피해자 내지 구성요건 '기업'에서 '영업비밀 보유자'로 확대되었다. 또한 형사처벌 대상이 되는 침해행위에 대하여서도 법은 지속적으로 그 범위를 확대해 왔다. 즉 기존에는 미수범이나 예비·음모 행위에 대한 처벌 규정을 두고 있지 않았으나, 2004년 개정을 통하여 이러한 행위 역시도 처벌 대상으로 하고 있다.

그리고 처벌 형량 역시 지속적으로 강화되고 있다. 입법당시에는 "3년 이하의 징역 또는 3천만원 이하의 벌금"의 처벌형을 규정하고 있었으나, 2019년에는 영업비밀 침해행위 유형에 영업비밀을 지정된 장소에서 무단으로 유출하는 행위 등 새로운 행위유형이 추가되었을 뿐만 아니라 "국외유출"의 경우 "15년 이하의 징역 또는 15억원 이하의 벌금(재산상 이득액의 10배에 해당하는 금액이 15억원을 초과하면 그 재산상 이득액의 2배 이상 10배 이하의 벌금)", "국내유출"의 경우 "10년 이하의 징역 또는 5억원 이하의 벌금(재산상 이득액의 10배에 해당하는 금액이 5억원을 초과하면 그 재산상 이득액의 2배 이상 10배 이하의 벌금)"에 처할 수 있도록 개정되었다.[38]

Ⅱ. 영업비밀보호법 위반죄

1. 의 의

영업비밀보호법 위반죄는 ① 부정한 이익을 얻거나 영업비밀 보유자에 손해를 입힐 목적으로, 영업비밀을 취득·사용하거나 제3자에게 누설하는 행위, 영업비밀을 지정된 장소 밖으로 무단으로 유출하는 행위, 영업비밀 보유자로부터 영업비밀을 삭제하거나 반환할 것을 요구받고도 이를 계속 보유하는 행위, ② 절취·기망·협박, 그 밖의 부정한 수단으로 영업비밀을 취득하는 행위, ③ 이러한 행위가 개입된 사실을 알면서도 그 영업비밀을 취득하거나 사용하는 행위를 내용으로 하는 범죄이다(제18조).

영업비밀의 재산적 가치가 중시되면서 영업비밀보호법 위반죄 역시 재산권을 보호법익으로 하는 재산죄로 이해하는 견해가 많다. 그러나 우리 영업비밀보호법에 직접적인 영향을 미친 일본 부정경쟁방지법의 경

---

38) 제18조(벌칙) ① 영업비밀을 외국에서 사용하거나 외국에서 사용될 것임을 알면서도 다음 각 호의 어느 하나에 해당하는 행위를 한 자는 15년 이하의 징역 또는 15억원 이하의 벌금에 처한다. 다만, 벌금형에 처하는 경우 위반행위로 인한 재산상 이득액의 10배에 해당하는 금액이 15억원을 초과하면 그 재산상 이득액의 2배 이상 10배 이하의 벌금에 처한다. 〈개정 2019. 1. 8.〉
　1. 부정한 이익을 얻거나 영업비밀 보유자에 손해를 입힐 목적으로 한 다음 각 목의 어느 하나에 해당하는 행위
　　가. 영업비밀을 취득·사용하거나 제3자에게 누설하는 행위
　　나. 영업비밀을 지정된 장소 밖으로 무단으로 유출하는 행위
　　다. 영업비밀 보유자로부터 영업비밀을 삭제하거나 반환할 것을 요구받고도 이를 계속 보유하는 행위
　2. 절취·기망·협박, 그 밖의 부정한 수단으로 영업비밀을 취득하는 행위
　3. 제1호 또는 제2호에 해당하는 행위가 개입된 사실을 알면서도 그 영업비밀을 취득하거나 사용(제13조 제1항에 따라 허용된 범위에서의 사용은 제외한다)하는 행위
　② 제1항 각 호의 어느 하나에 해당하는 행위를 한 자는 10년 이하의 징역 또는 5억원 이하의 벌금에 처한다. 다만, 벌금형에 처하는 경우 위반행위로 인한 재산상 이득액의 10배에 해당하는 금액이 5억원을 초과하면 그 재산상 이득액의 2배 이상 10배 이하의 벌금에 처한다. 〈개정 2019. 1. 8.〉

우에는 그 입법자들이 사업자의 영업상의 이익(사익) 및 공정한 경쟁질서의 유지(공익)를 보호법익으로 밝히고 있다.[39]

영업비밀의 부정이용행위는 타인이 성과를 얻기 위하여 투하한 자본에 무임승차하고, 그 성과를 모용하는 행위의 하나이다. 성과모용행위가 금지되는 것은 무임승차행위를 허용하면, 그 성과를 얻기 위하여 자본을 투하하는 자가 감소할 가능성이 있고, 그 결과 공급되는 상품 및 서비스의 질이 향상되지 않고, 경쟁질서의 발전이 방해될 우려가 있는 경우이다. 그러나 그 반면 모방행위를 모두 금지해버리면 기술의 발전을 방해하게 되고, 나아가 경쟁질서의 정체도 초래될 수 있다. 그러므로 성과개발의 인센티브 형성에 필요한 한도에서 보호를 설계하여야 하는 것이다.

한편 사익보호라는 측면에서 보면, 영업비밀보호법은 기업이 갖고 있는 일정의 정보에 재산적 가치를 인정하고, 이에 법적 보호를 부여하는 것으로 말할 수 있다. 그런데 정보는 침해행위자가 이를 부정하게 취득한 경우에도 통상은 소유자가 그 소지를 잃지 않고, 그 이용이 방해받는 것도 아니라는 점에서 물이나 이익과는 다른 특수성을 갖고 있다. 즉 '그 이용가능성이 박탈되는 것 없이, 단순히 그 재산적 가치가 침해되는 것에 불과'하고, 이득과 손해 사이에는 동일성이 인정되지 않게 된다.

영업비밀 보유자가 갖고 있는 비밀정보가 '영업비밀'로서 영업비밀보호법의 보호를 받기 위하여는 ① 비밀성, ② 독립적 경제성, ③ 비밀관리성 등의 3개 요건을 충족하여야 하며, 모든 비밀이 무조건적으로 법적 보호의 대상이 되는 것은 아니다. 이러한 점에서 비밀정보 그 자체라기보다는 오히려 당해 정보를 비밀로서 독점적으로 관리·이용하는 것에서 얻을 수 있는 이익을 보호하는 취지로 이해된다. 영업비밀의 가치가 그 보유자가 당해 정보를 비밀로서 독점적으로 관리·이용하는 것에

---

39) 日本 通産省 知的財産政策室 編著, 逐條註解不正競爭防止法(平成15年 改正), 2003, 144頁.

의하여 경제적 이익을 얻을 수 있는 것에 있는 경우에는 당해 정보의
가치 감소·상실이라는 구체적인 법익침해결과는 그 보유자 이외의 자
에게 이용되는 때에 비로소 발생하게 된다. 부정사용행위의 전단계인 공
개 및 부정취득은 부정사용에 의하여 발생하는 법익침해의 위험을 야기
하는 위험범으로서의 성격밖에 가질 수 없을 것이며, 법익침해는 비밀보
유자 이외의 자가 그 정보가 갖는 경제적 이득 가능성을 실현하는 것에
의하여 최종적·결정적으로 발생하게 된다. 따라서 영업비밀부정사용죄
는 당해 정보의 가치 감소·상실이라는 실해발생을 그 성립요건으로 하
지 않는다. 또한 영업비밀의 부정사용과 공개는 항상 하나의 구성요건
속에서 함께 취급되고 있다. 확실히 영업비밀침해죄는 정보의 재산적 가
치를 보호하는 것이지만, 그 일차적인 성격은 어디까지나 '부정경쟁행위'
이기 때문이다. 이에 영업비밀보호법에서의 영업비밀 보호는 영업비밀의
재산적 가치 그 자체를 보호하는 것이라기보다는, "유용한 정보가 노력
의 결과로서 비밀로서 보호되고 있는 평온한 사실 상태를 파괴하고, 당
해 정보를 자기 또는 제3자의 영업활동을 위하여 이용 내지 이용하고자
하는 영업상의 부정행위를 금지하는 것이라는데 그 취지가 있다"[40]는
것이다.

2. 객관적 구성요건

기존에는 영업비밀보호법의 위반 행위의 객관적 구성요건이 "영업비
밀을 부정하게 취득·사용하거나 제3자에게 누설하는 행위"였으나 2019
년 개정을 통하여 다음과 같이 구성요건이 확대되었다(제18조 제1항).

   1. 부정한 이익을 얻거나 영업비밀 보유자에 손해를 입힐 목적으로 한 다음

---

40) 松本重敏, "實務からみた營業秘密保護立法の意義と問題點(特輯·營業秘密の保護)",
    ジュリスト(No.962), 有斐閣, 1990, 58頁.

각 목의 어느 하나에 해당하는 행위

　가. 영업비밀을 취득·사용하거나 제3자에게 누설하는 행위

　나. 영업비밀을 지정된 장소 밖으로 무단으로 유출하는 행위

　다. 영업비밀 보유자로부터 영업비밀을 삭제하거나 반환할 것을 요구받고
　　 도 이를 계속 보유하는 행위

　2. 절취·기망·협박, 그 밖의 부정한 수단으로 영업비밀을 취득하는 행위

　3. 제1호 또는 제2호에 해당하는 행위가 개입된 사실을 알면서도 그 영업비
　　 밀을 취득하거나 사용(제13조 제1항에 따라 허용된 범위에서의 사용은
　　 제외한다)하는 행위

이와 같이 개정된 이유는 종전에는 부정한 이익을 얻거나 영업비밀
보유자에게 손해를 입힐 목적으로 영업비밀을 취득·사용하거나 제3자
에게 누설하는 경우만을 처벌대상으로 하고 있어, 다른 유사한 영업비밀
침해행위에 대해서는 처벌하지 못하는 사례가 다수 있어 처벌의 공백이
발생하지 않도록 유사행위를 영업비밀 침해행위에 포함하려는 것이다.[41]

이 중에서 제18조 제1항 제1호 나목, 다목 및 제2호, 제3호의 행위
유형이 추가되었으며, 제18조 제1항 제1호 나목의 "영업비밀을 지정된
장소 밖으로 무단으로 유출하는 행위"는 산업기술보호법 제14조 제5호
와 제18조 제1항 제1호 다목은 산업기술보호법 제14조 제6의2호[42]와
유사한 행위유형이라고 할 수 있다.[43]

---

41) 산업통상자원중소벤처기업위원회, 전게 보고서, 16면.

42) 산업기술보호법 제14조(산업기술의 유출 및 침해행위 금지) 누구든지 다음 각 호의 어
　　느 하나에 해당하는 행위를 하여서는 아니 된다.
　　5. 제11조 제1항의 규정에 따른 승인을 얻지 아니하거나 부정한 방법으로 승인을 얻어
　　　 국가핵심기술을 수출하는 행위
　　6의2. 제34조 또는 대상기관과의 계약 등에 따라 산업기술에 대한 비밀유지의무가 있는
　　　 자가 산업기술에 대한 보유 또는 사용 권한이 소멸됨에 따라 대상기관으로부터 산업
　　　 기술에 관한 문서, 도화(圖畵), 전자기록 등 특수매체기록의 반환이나 산업기술의
　　　 삭제를 요구받고도 부정한 이익을 얻거나 그 대상기관에 손해를 가할 목적으로 이를
　　　 거부 또는 기피하거나 그 사본을 보유하는 행위

43) 산업통상자원중소벤처기업위원회, 앞의 보고서, 17면 참조.

3. 주관적 구성요건

영업비밀보호법을 위반하는 자는 영업비밀 및 영업비밀 침해 행위에 있어서 '고의'를 가져야 한다.

한편, 형사처벌의 대상이 되는 영업비밀침해 행위는 고의 이외에 초 주관적 위법요소인 '부정한 이익을 얻거나 영업비밀 보유자에게 손해를 가할 목적'을 요구하는 행위유형과 그렇지 않은 행위유형으로 나뉜다. 2019년 개정 전에는 형사처벌 대상인 영업비밀 침해행위는 모든 침해행위 유형에 대하여 '부정한 이익을 얻거나 영업비밀 보유자에게 손해를 가할 목적'을 갖도록 요구하고 있었던 것과는 비교된다.

먼저, 부정한 이익을 얻거나 영업비밀 보유자에 손해를 입힐 목적으로 ① 영업비밀을 취득·사용하거나 제3자에게 누설하는 행위, ② 영업비밀을 지정된 장소 밖으로 무단으로 유출하는 행위, ③ 영업비밀 보유자로부터 영업비밀을 삭제하거나 반환할 것을 요구받고도 이를 계속 보유하는 행위에 대해서는 '부정한 이익을 얻거나 영업비밀 보유자에게 손해를 가할 목적'인 초주관적 위법요소를 요구하고 있다(제18조 제1항 제1호). 이들의 경우 영업비밀을 부정하게 취득하였으나, '부정한 이익을 얻거나 영업비밀 보유자에게 손해를 가할 목적' 등의 초주관적 요건이 인정되지 않는 경우에는 형사처벌은 불가능하게 된다. 한편, 영업비밀보호법 제2조 제3호 (라)목[44]의 '영업비밀침해행위'의 유형에서도 초주관적 위법요소인 '부정한 이익을 얻거나 영업비밀 보유자에게 손해를 가할 목적'을 요구하고 있음을 비추어볼 때, 결국 제18조 제1항 제1호의 처벌규정은 계약관계에서 발생하는 영업비밀유지의무 위반과 관련된 영업비밀침해행위인 제2조 제3호 라목과 연계되는 것임을 알 수 있다.

---

44) 계약관계 등에 따라 영업비밀을 비밀로서 유지하여야 할 의무가 있는 자가 부정한 이익을 얻거나 그 영업비밀의 보유자에게 손해를 입힐 목적으로 그 영업비밀을 사용하거나 공개하는 행위(제2조 제3호 라목).

이러한 목적이 있었는지 여부는 피고인의 직업, 경력, 행위의 동기 및 경위와 수단, 방법, 그리고 영업비밀 보유기업과 영업비밀을 취득한 제3자와의 관계 등 여러 사정을 종합하여 사회통념에 비추어 합리적으로 판단하여야 한다.[45] 이러한 목적에 대한 고의는 적극적 의욕이나 확정적 인식임을 요하지 않고, 미필적 인식만으로도 충분하다. 즉 영업비밀 사용행위로 인하여 경쟁사의 경쟁력 강화와 그로 인하여 생길 경쟁업체들의 가격경쟁력 향상으로 그 이익감소분 상당의 손해를 입게 될 것이라는 사정을 충분히 예상할 수 있었다면, 부정한 이익을 얻거나 영업비밀 보유자에게 손해를 가할 목적이 있었다고 할 것이다. 나아가 그 제3자가 당해 영업비밀을 이용하여 경쟁상 우위의 입장에 서는 것을 인식하고 있을 필요는 없고, 영업비밀의 부정이용행위가 동업 타사와의 경쟁관계에 관련된 것을 인식한다면 본 요건을 충족된다.

그러나 ① 절취·기망·협박, 그 밖의 부정한 수단으로 영업비밀을 취득하는 행위(제18조 제1항 제2호), ② 제18조 제1항 제1호 또는 제2호에 해당하는 행위가 개입된 사실을 알면서도 그 영업비밀을 취득하거나 사용(선의자의 특례가 적용되는 제13조 제1항[46]에 따라 허용된 범위에서의 사용은 제외)하는 행위(제18조 제1항 제3호)는 부정한 이익을 얻거나 영업비밀 보유자에게 손해를 가할 목적인 초주관적 위법요소를 요구하지 않는다. 이 중에서 제18조 제1항 제2호는 '영업비밀침해행위' 중 제2조 제3호 (가)목[47]에 대응하는 형사처벌이라고 할 수 있는데, 제2조 제3호 가

---

45) 대법원 2007.4.26. 선고 2006도5080 판결; 대법원 2017.11.14. 선고 2014도8710 판결 등 참조.

46) 제13조(선의자에 관한 특례) ① 거래에 의하여 영업비밀을 정당하게 취득한 자가 그 거래에 의하여 허용된 범위에서 그 영업비밀을 사용하거나 공개하는 행위에 대하여는 제10조부터 제12조까지의 규정을 적용하지 아니한다.

47) 절취(竊取), 기망(欺罔), 협박, 그 밖의 부정한 수단으로 영업비밀을 취득하는 행위(이하 "부정취득행위"라 한다) 또는 그 취득한 영업비밀을 사용하거나 공개(비밀을 유지하면서 특정인에게 알리는 것을 포함한다. 이하 같다)하는 행위(제2조 제3호 가목).

목의 '영업비밀침해행위'에는 부정한 이익을 얻거나 영업비밀 보유자에게 손해를 가할 목적을 요구하지 않는다.

4. 형 량

제18조에 열거된 행위를 통하여 영업비밀을 "국외 유출"하는 경우 15년 이하의 징역 또는 15억원 이하의 벌금에 처한다. 다만, 벌금형에 처하는 경우 위반행위로 인한 재산상 이득액의 10배에 해당하는 금액이 15억원을 초과하면 그 재산상 이득액의 2배 이상 10배 이하의 벌금에 처한다(제18조 제1항). 영업비밀의 "국내 유출"의 경우 10년 이하의 징역 또는 5억원 이하의 벌금에 처한다. 다만, 벌금형에 처하는 경우 위반행위로 인한 재산상 이득액의 10배에 해당하는 금액이 5억원을 초과하면 그 재산상 이득액의 2배 이상 10배 이하의 벌금에 처한다(제18조 제2항).[48]

한편, 제18조 제1항의 죄(국외유출)를 범할 목적으로 예비 또는 음모한 자는 3년 이하의 징역 또는 3천만원 이하의 벌금, 제18조 제2항의 죄(국내유출)를 범할 목적으로 예비 또는 음모한 자는 2년 이하의 징역 또는 2천만원 이하의 벌금에 처한다(제18조의3).[49]

---

48) 개정 전에는 국외유출이 10년 이하의 징역 1억원 이하의 벌금(재산상 이득액의 10배에 해당하는 금액이 1억원을 초과하면 그 재산상 이득액의 2배 이상 10배 이하의 벌금), 국내유출이 5년 이하의 징역 5천만원 이하의 벌금(재산상 이득액의 10배에 해당하는 금액이 5천만원을 초과하면 그 재산상 이득액의 2배 이상 10배 이하의 벌금)이었다.

49) 개정 전에는 국외유출의 예비·음모의 벌금은 2천만원, 국내유출의 예비·음모가 1천만원씩이었으나, 2019년 개정으로 국외유출 예비·음모 3천만원, 국내유출 예비·음모 2천만원으로 각각 상향조정되었다.

5. 미수·기수

가. 의 의

2004년 개정법에 의하여 영업비밀 침해행위는 미수범 및 예비 또는 음모한 자를 처벌해오고 있다. 영업비밀을 불법하게 취득한 행위의 경우에는 보유자를 배제한 시점에서 기수가 발생하며, 공개의 경우에는 제3자에게 누설한 시점에 기수에 이른다. 반면 아직 기수에 이르기 전에 영업비밀 침해행위의 실행 착수가 있었다면 미수범으로, 실행 착수 이전에는 예비 또는 음모로서 처벌한다. 직접 구성요건의 실현을 위한 행위가 있으면 범행 실행의 착수를 인정할 수 있다. 즉, 범인의 행위가 영업비밀을 제3자에게 누설하는 범행의 '실행의 착수'로 인정되기 위해서는 그러한 행위로 인하여 '범인 이외의 다른 사람이 영업비밀을 알 수 있는 가능성'이 발생하였다고 평가되어야 한다.[50]

> 전직을 통하여 이 사건 영업비밀을 간접적으로 사용하고자 하는 구체적인 노력을 경주한 점, 각자 맡게 될 역할을 충분히 숙지하였고 각자 그에 따른 준비에 착수한 점, 그 준비의 일환으로 위 피고인들은 순차 피해회사를 퇴직하였고, 영어회화 강좌를 수강하면서 피고인의 처를 통하여 대만 현지의 주거여건을 파악하기도 한 점 등을 고려하면, 피고인 등의 이 사건 범죄사실 기재 행위는 외국에서의 영업비밀 사용의 실행 착수에 해당한다(서울중앙지방법원 2007.2.8. 선고 2004고단7664 판결).

또한 행위자가 당해 영업비밀과 관계된 영업활동에 이용 혹은 활용할 의사 아래 그 영업활동에 근접한 시기에 영업비밀을 열람하는 행위(영업비밀이 전자파일의 형태인 경우에는 저장의 단계를 넘어서 해당 전자파일을 실행하는 행위)를 하였다면 그 실행의 착수가 있다고 인정된다.[51]

---

50) 대전지방법원 서산지원 2018.1.19. 선고 2017고단837 판결.
51) 대법원 2009.10.15. 선고 2008도9433 판결.

나. 중지미수의 인정여부

중지미수의 형은 감경 또는 면제한다(형법 제26조). 즉 범인이 자의로 실행에 착수한 행위를 중지하거나, 그 행위로 인한 결과의 발생을 방지한 때에는 중지미수가 성립하며, 형이 감경 또는 면제된다. 이때 중지미수는 자의로 범죄를 완성하지 않은 경우이다. 사정 변경이 없음에도 불구하고 자율적으로 중지한 때에는 자의성이 인정되나, 상황이 현저히 불리하게 되어 그것으로 인한 불이익을 고려하지 않을 수 없거나 다른 선택의 여지가 없던 때에는 자의성은 인정되지 않는다.

> 연봉 협상이 진전을 보이지 않는데다가, 피해 회사의 과거 동료들로부터 퇴직한 직원들을 조사한다는 소문을 듣고 결국 외국으로의 전직을 포기하였음을 충분히 인정할 수 있고, 이러한 경우 피고인들의 전직 포기는 외부 요인에 의하여 결정된 것일 뿐 순전히 자의에 의하여 이루어진 것이라고는 볼 수 없다(서울중앙지방법원 2007.2.8. 선고 2004고단7664 판결).

중지미수는 미수의 일종이므로 실행에 착수한 이후에 자의로 중지하였을 때에만 중지미수가 될 수 있다. 따라서 범죄의 실행에 착수하지 아니한 예비행위를 중지한 때에는 중지미수의 규정이 적용되지 않는다. 그러나 영업비밀 침해행위로 나아갔다가 중지한 경우에는 형이 면제될 수 있는데 반하여, 아예 실행행위로 나가지도 않고 예비에 그친 경우는 형을 면제할 수 없다면 형벌의 경중에 있어서 모순이 발생한다. 이에 대하여 대법원은 "중지범은 범행의 실행에 착수한 후 자의로 그 행위를 중지한 때를 말하는 것이므로 실행의 착수가 있기 전인 예비·음모의 행위를 처벌하는 경우에 있어서는 중지범의 관념을 인정할 여지가 없다"고 한다.[52] 따라서 이러한 대법원의 태도를 고려한다면, 영업비밀 침해

---

52) 대법원 1966.4.21. 선고 66도152 전원합의체 판결; 대법원 1991.6.25. 선고 91도436 판결; 대법원 1999.4.9. 선고 99도424 판결.

죄에 있어서의 중지미수는 인정되지 않는다.

6. 공범과 신분범

영업비밀 침해행위는 공동행위에 의하여 이루어질 수 있다. 공모행위에 가담한 공동정범이 인정된다는 점에서 실제 실행행위에 가담하지 않은 경우에도 영업비밀침해자는 공동정범이 될 수 있다. 이때 공모관계는 2인 이상이 공모하여 어느 범죄에 공동 가공하여 그 범죄를 실현하려는 의사의 결합만 있으면 되는 것으로, 비록 전체의 모의과정이 없었다고 하더라도 수인 사이에 순차적 또는 암묵적으로 상통하여 의사의 결합이 이루어지면 공모관계가 성립한다. 따라서 절취등의 부정한 수단으로 타인의 영업비밀을 취득하도록 하거나 비밀유지의무를 부담하고 있는 자와 공모하여 영업비밀을 취득하도록 한 자는 비록 그 실행행위에의 가담 여부나 비밀유지의무의 유무 여부에 상관없이 영업비밀침해죄의 공동정범으로 처벌된다.

> 2인 이상이 범죄에 공동 가공하는 공범관계에서 공모는 법률상 어떤 정형을 요구하는 것이 아니고 2인 이상이 공모하여 어느 범죄에 공동 가공하여 그 범죄를 실현하려는 의사의 결합만 있으면 되는 것으로, 비록 전체의 모의과정이 없었다고 하더라도 수인 사이에 순차적 또는 암묵적으로 상통하여 의사의 결합이 이루어지면 공모관계가 성립하고, 이러한 공모가 이루어진 이상 실행행위에 직접 관여하지 아니한 자라도 다른 공모자의 행위에 대하여 공동정범으로서의 형사책임을 지는 것이며, 위 공모에 대하여는 직접 증거가 없더라도 정황사실과 경험법칙에 의하여 이를 인정할 수 있다. … 피고인들 사이에는 '이 사건 영업비밀의 취득 후 전직을 통한 외국에서의 사용'에 관하여 적어도 순차적 내지 암묵적 의사의 결합은 있었다고 봄이 타당하다(서울중앙지방법원 2007.2.8. 선고 2004고단7664 판결).

7. 영업비밀과 공소사실의 특정

영업비밀 침해행위에 대한 형사적 대응과정에서 발생하는 문제 중에 하나가 공소사실의 특정이다. 영업비밀이 무체물이라는 점에서 영업비밀의 취득이나 그 사용 여부를 파악하기는 쉽지 않으며, 실제 영업비밀의 침해라는 범죄의 일시·장소·방법을 명시하여 공소 사실을 특정하는 것은 쉽지 않다. 또한 범죄의 대상인 영업비밀의 특정 역시 쉬운 작업이 아니다. 단순히 영업비밀이라고 주장하면서 일정 정보에 대한 목록만을 제시하는 것만으로는 영업비밀로서의 특정은 불충분하며, 왜 당해 정보가 영업비밀에 해당하는지에 대한 입증까지도 해야 하는 점에서 영업비밀의 특정 역시 쉬운 작업은 아니다. 이러한 점에서 상소 과정에서 공소사실을 변경하는 경우가 흔하게 발생하고 있다.

이와 관련하여 법원은 공소범죄의 성격에 비추어 그 개괄적 표시가 부득이한 경우에는, 그 공소내용이 특정되지 않아 공소제기가 위법하다고 할 수 없다고 인정하면서, 영업비밀의 특정과 관련하여서는 개괄적이라도 그 내용을 밝히고, 영업비밀인지에 대한 근거를 밝히도록 요구하고 있다.

공소를 제기함에 있어 공소사실을 특정하여 기재할 것을 요구하는 형사소송법 제254조 제4항의 취지는 법원에 대하여 심판의 대상을 한정함으로써 심판의 능률과 신속을 꾀함과 동시에 방어의 범위를 특정하여 피고인의 방어권 행사를 쉽게 해 주기 위한 것에 있으므로, 부정한 이익을 얻거나 기업에 손해를 가할 목적으로 영업비밀을 제3자에게 누설하였거나 이를 사용하였는지 여부가 문제되는 부정경쟁방지 및 영업비밀보호에 관한 법률 위반 사건의 공소사실에 영업비밀이라고 주장된 정보가 상세하게 기재되어 있지 않다고 하더라도, 다른 정보와 구별될 수 있고 그와 함께 적시된 다른 사항들에 의하여 어떤 내용에 관한 정보인지 알 수 있으며, 또한 피고인의 방어권 행사에도 지장이 없다면 그 공소제기의 효력에는 영향이 없다(대법원

2008.7.10. 선고 2006도8278 판결; 대법원 2009.7.9. 선고 2006도7916 판결 등).

피고인이 피해회사에 근무하는 동안 담당하였던 업무내용을 나열한 것에 불과하고, 구체적으로 각 업무내용과 관련하여 어떠한 기술적 정보나 자료가 영업비밀에 해당하는지 전혀 특정되어 있지 아니하며, 또한 영업비밀이 제3자에게 어떠한 용도에 사용되었는지도 구체적으로 적시되어 있지 아니하므로, 이 부분은 공소사실이 특정되었다고 할 수 없다(서울중앙지방법원 2006.1.26. 선고 2005고단1248 판결).

Ⅲ. 업무상 배임죄

1. 의 의

배임죄는 타인의 사무를 처리하는 자가 그 임무에 위배하는 행위로 재산상의 이익을 취득하거나 제3자로 하여금 이를 취득하도록 하여 본인에게 손해를 가하는 것을 내용으로 하는 범죄이다. 재산권을 보호법익으로 하는 재산죄로, 재산상의 이익만을 객체로 한다. 특히 재산권을 침해하는 수단 내지 침해의 태양이, 본인과의 신임관계 또는 신의성실에 위배한다는 점에서 사기죄의 경우와 같다. 다만 사기죄에 있어서는 신임관계의 침해, 즉 기망이 특수한 행위의 수단이 되는데 반하여, 배임죄는 기존의 신임관계를 전제로 하여 이를 침해하는 일체의 행위를 벌하는 것이다.

2. 객관적 구성요건

가. 행위의 주체

본죄의 주체는 '타인의 사무를 처리하는 자'이다. 이때 타인의 사무를 처리하는 자란 타인과의 대내관계에서 신의성실의 원칙에 비추어 그 사무를 처리할 신임관계가 존재하는 자를 말한다. 반드시 이 자에게 제3자에 대한 대외관계에서 대리권이 존재하여야 하는 것은 아니며, 그 사무 역시 포괄적 위임사무일 것을 요구하지 않는다.

> 타인과의 대내관계에 있어서 신의성실의 원칙에 비추어 그 사무를 처리할 신임관계가 존재한다고 인정되는 자를 의미하고, 반드시 제3자에 대한 대외관계에서 그 사무에 관한 대리권이 존재할 것을 요하지 않으며, 업무상 배임죄에 있어서의 업무의 근거는 법령, 계약, 관습의 어느 것에 의하건 묻지 않고, 사실상의 것도 포함한다(대전지방법원 2003.7.1. 선고 2002노3133 판결).

나. 행 위

배임죄는 '배임행위로써 재산상의 이익을 취득하여 본인에게 손해를 가하는 것'이다. 따라서 배임죄의 행위는 '배임행위'와 '재산상의 손해와 이익의 취득'으로 구분된다.

(1) 배임행위

배임행위는 타인의 사무를 처리하는 자로서 임무에 위배하는 행위를 말한다. 임무에 위배하는 행위가 있는지의 여부는 그 사무의 성질과 내용 및 행위시의 상황 등을 구체적으로 검토하여 신의성실의 원칙에 따라 판단하게 된다.[53] 판례 역시 본인과 사이의 신임관계를 저버리는 일체의 행위를 포함하는 것으로 보며, 영업비밀 유지 계약이나, 경업금지 약정을 맺은 종업원이 이를 위반하여 영업비밀을 누설하는 행위에 대하여도 배임행위에 해당한다고 판단한다.

---

53) 이재상, 형법각론(제5판), 박영사, 2008, 416면.

그 임무에 위배하는 행위라 함은 사무의 내용, 성질 등 구체적 상황에 비추어 법률의 규정, 계약의 내용 혹은 신의칙상 당연히 할 것으로 기대되는 행위를 하지 않거나 당연히 하지 않아야 할 것으로 기대되는 행위를 함으로써 본인과 사이의 신임관계를 저버리는 일체의 행위를 포함하는 것이므로, 기업의 영업비밀을 사외로 유출하지 않을 것을 서약한 회사의 직원이 경제적인 대가를 얻기 위하여 경쟁업체에 영업비밀을 유출하는 행위는 피해자와의 신임관계를 저버리는 행위로서 업무상 배임죄를 구성한다(대법원 1999.3.12. 선고 98도4704 판결; 대법원 2004.6.24. 선고 2004도520 판결; 대법원 2008.4.24. 선고 2006도9089 판결).

부정경쟁방지법이 1991년 개정을 통하여 영업비밀 보호규정을 두기 이전부터, 법원은 종업원이 비밀누설 행위나 경업행위에 대하여 배임죄를 인정한 바 있다. 아래 판결에서와 같이 직접적으로 영업비밀이라는 표현은 사용하고 있지 않으나, 업무상의 임무로서 '사업비밀'을 유지하며, '경업을 하여서는 아니될 의무'를 인정하고, 이러한 신임관계를 저버린 행위를 업무상 배임죄로 인정한 바 있다.

피고인이 피해자 A 경영의 사업체인 B의 전무로 재직하면서 직원의 통솔, 거래처의 관리, 물품의 발주와 수금 등 영업 전반에 관한 업무를 관장하고 있었다면 피고인은 위 A를 위하여 성실히 근무하고 사업비밀을 유지하며, 경업을 하여서는 아니 될 업무상의 임무가 있다 할 것이고, 따라서 피고인이 그의 독자적인 계산아래 별도의 업체를 만들어 위 A의 업체와 비슷한 상호를 사용하여 같은 거래업체에다 동일한 물건을 납품한 판시 소위는 위 A와의 신임관계를 저버리는 행위로서 업무상 배임죄가 성립된다(대법원 1988.4.25. 선고 87도2339 판결).

특히 명시적으로 비밀유지계약을 맺은 자는 그 약정에 따른 의무를 위반한 경우에는 업무상 배임죄 내지 배임죄에 해당할 수 있다. 따라서 단체협약, 취업규칙 또는 개별적 근로계약으로 규정하거나, 경우에 따라

서 서약서 내지 각서를 받는다든지, 비밀매체의 취급 규칙의 형식으로
비밀유지의 법적 의무를 명확히 함으로써, 이에 위반한 누설행위에 대처
하도록 한다.

회사의 영업비밀을 유출하지 않을 것을 서약한 직원이 대가를 얻기 위하
여 경쟁업체에 영업비밀을 유출한 행위는 업무상 배임죄를 구성한다(대법원
2006.10.27. 선고 2004도6876 판결).

인사규정에 "직무상 비밀을 엄수하고 회사의 기밀이 누설되지 않도록 각
별 유의한다"고 준수사항을 규정하고 있으므로 피고인으로서는 피해자 회사
의 프로그램 개발과정에서 지득한 소스코드 등 영업비밀이 외부에 유출되지
않도록 하여야 할 업무상 임무가 있음에도 그 임무에 위배하여 피해자 회사
에서 개발한 소스코드 등을 복제하여 간 행위는 배임행위에 해당한다(서울
중앙지방법원 2006.9.28. 선고 2005고단7090 판결).

(2) 재산상의 손해와 이익의 취득

배임죄는 배임행위로 인하여 본인에게 재산상의 손해가 발생하여야
한다. 이때 재산상의 손해란 본인의 전체적 재산가치의 감소를 의미하는
것으로, 현실적인 손해를 가한 경우뿐만 아니라 재산상 실해 발생의 위
험을 초래한 경우도 포함되며, 재산상 손해의 유무에 대한 판단은 법률
적 판단에 의하지 아니하고 경제적 관점에서 파악하여야 한다.[54]
손해액이 구체적으로 명백하게 산정되지 않았더라도 배임죄의 성립에
는 영향이 없다.[55] 그러나 본인에게 발생된 손해액을 구체적으로 산정하
여 인정하는 경우에는 이를 잘못 산정하는 것은 위법하다.[56] 특히 특정
경제범죄 가중처벌 등에 관한 법률이 적용될 수 있다는 점에서 손해액

---

54) 대법원 2007.3.15. 선고 2004도5742 판결.
55) 대법원 2006.10.27. 선고 2004도6876 판결.
56) 대법원 1999.4.13. 선고 98도4022 판결.

의 산정이 문제되는 경우가 있다.

지적재산의 한 형태로서 영업비밀의 경우에는 그 침해에 따른 손해액을 산정하기 쉽지 않다. 더군다나 영업비밀의 경우에는 등록 특허나 저작권과는 달리 거래되는 경우도 드물어, 객관적인 시장가격을 산정하는 것도 쉽지 않다. 법원은 이와 관련하여 영업비밀을 취득한 자의 이익은 그 자료가 가지는 재산가치 상당이라고 보고, 그러한 재산가치는 그 자료를 가지고 경쟁사 등 다른 업체에서 제품을 만들 경우 그 자료로 인하여 기술개발에 소용되는 비용이 감소되는 경우의 그 감소분 상당과 나아가 그 자료를 이용하여 제품생산에까지 발전시킬 경우 제품판매이익 중 그 자료가 제공되지 않았을 경우와의 차액 상당으로서 그러한 가치들을 감안하여 시장경제원리에 의하여 형성될 시장교환가격 상당을 그 자료의 재산가치로 본다.

> 자료에 대한 기술개발비를 막 바로 그 시장교환가격으로 볼 수도 없는 이상 위 피고인들이 자료를 유출함으로써 얻은 이익은 그 자료의 기술개발비 상당이 아니라 할 수 없을 뿐만 아니라, 그 자료에 대한 활용가능성과 성패여부가 불확실할 수밖에 없어 기술개발비를 막 바로 그 시장교환가격으로 볼 수 없는 이상 피고인들이 자료를 유출함으로써 얻은 이익은 그 자료의 기술개발비 상당이 아니라 액수미상의 시장교환가격 상당이라고 할 수밖에 없다. 영업비밀을 취득한 자의 이익은 그 자료가 가지는 재산가치 상당이라고 할 것이고 그러한 재산가치는 그 자료를 가지고 경쟁사 등 다른 업체에서 제품을 만들 경우 그 자료로 인하여 기술개발에 소용되는 비용이 감소되는 경우의 그 감소분 상당과 나아가 그 자료를 이용하여 제품생산에까지 발전시킬 경우 제품판매이익 중 그 자료가 제공되지 않았을 경우와의 차액 상당으로서 그러한 가치들을 감안하여 시장경제원리에 의하여 형성될 시장교환가격 상당이 그 자료의 재산가치이다(대법원 1999.3.12. 선고 98도4704 판결).

다만 위에서 언급한 바와 같이, 영업비밀은 지적재산의 한 형태로 타인에 의하여 침해된 경우에도 여전히 당해 영업비밀 보유자는 그 영업비밀을 이용하고 있다. '그 이용가능성이 박탈되는 것 없이, 단순히 그 재산적 가치가 침해되는 것에 불과'하며, 따라서 유체물에서와 같이 점유를 박탈당한 보유자가 그 이용이 방해되는 것이 아니다. 따라서 보유자에게 발생하는 손해와 침해자에게 발생하는 이득 사이에는 동일성이 인정되지 않는다. 그럼에도 불구하고 법원은 "액수 미상의 시장교환가격 상당의 재산상 이득을 취득함과 동시에 피해회사에 경쟁사의 경쟁력 강화로 생길 위 시스템과 유사한 원격영상강의시스템 공급과잉으로 인한 액수 미상의 이익감소분 상당의 재산상 손해"라는 표현을 통하여 영업비밀의 침해로 인하여 발생하는 보유자의 손해와 침해자의 재산상 이득을 동일시하고 있다.[57]

이러한 법원의 태도는 손해액 입증의 어려움을 회피하기 위한 것으로 이해할 수 있다. 그러나 위에서 언급한 바와 같이 영업비밀 침해로 인하여 그 보유자에게 발생하는 손해와 침해자에게 발생하는 이익은 동일할 수 없다. 예컨대 보유자에게 발생하는 손해는 영업비밀의 독점적 보유로 인하여 발생하는 사실상의 기술 독점 상태이다. 이러한 기술 독점 상태로 인하여 발생하는 이익의 박탈로 인하여 얻을 수 있었던 이윤 발생이 감소하였다면, 이러한 이익의 감소분이 발생한 손해가 될 것이다. 또한 이에 따라 발생하는 이익의 감소분은 한편에서는 침해자에게 발생하는 이익분으로 볼 수 있다. 한편 침해자로서는 기술 경쟁에 참여하는 과정에서 기술 개발비를 투하하게 되는데, 영업비밀의 침해를 통하여 기술개발이나 기술이전에 따른 실시료 등을 절약하였다면, 이 역시도 침해자에게 발생하는 이익분이 된다.

---

57) 대전지방법원 2003.7.1. 선고 2002노3133 판결; 수원지방법원 성남지원 2004.2.13. 선고 2003고단3131 판결 등.

이 때 발생하는 이익액의 산정 및 그 입증은 쉽지 않다. 더군다나 침해자로서는 그 이익액을 주장할 이유도 없다. 반면 침해를 주장하는 측으로서는 자신의 영역이 아닌 침해자의 상황을 고려하여 기술개발비를 주장하거나, 형성되지도 않은 기술시장에서의 영업비밀의 거래가치를 주장해야만 하게 된다. 법원 역시 영업비밀 보유자의 기술개발비를 곧바로 침해자에게 발생하는 이익으로 볼 수 없다고 판단하고 있다. 이러한 어려움들로 인하여 영업비밀의 침해를 주장하는 측으로서는, 침해자에게 발생하는 이익액에 대한 입증을 포기하고 결국 "액수 미상의 시장교환가격 상당의 재산상 이득을 취득함과 동시에 경쟁사의 경쟁력 강화로 생길 공급과잉으로 인한 액수 미상의 이익감소분 상당의 재산상 손해"라는 추상적인 표현으로 배임죄의 구성요건을 특정하게 된다.

이러한 법원의 태도는 영업비밀의 침해를 통하여 침해자 또는 제3자에게 발생하는 이익을 영업비밀의 침해로 보유자에게 발생하는 손해와 동일시하고, 그 손해액은 영업비밀의 침해가 있으니 어떤 형식으로든 그 보유자에게 손해가 발생하였을 것이라는 일반론적인 생각만으로 실제 영업비밀의 침해로 발생한 손해의 입증 책임을 방기하는 것으로도 볼 수 있다. 이와 관련하여 특정경제범죄 가중처벌 등에 관한 법률에서의 이익액에 따른 처벌 규정의 새로운 입법 방식에 대하여 논의하여야 할 것이다.[58]

3. 주관적 구성요건

배임죄는 고의범으로 객관적 구성요건요소에 대한 고의가 있음을 요구한다. 이때의 고의는 임무위배의 인식과 그로 인하여 자기 또는 제3자가 이익을 취득하고 본인에게 손해를 가한다는 인식, 즉 배임의 고의

---

58) 보다 자세한 내용은 아래에서 다시 언급하도록 한다.

이어야 하며, 이는 미필적 고의로도 충분하다.[59] 또한 배임죄의 주관적 구성요건으로서 불법이득의 의사를 필요로 한다.[60] 기술유출이 문제된 사건에서도 법원은 같은 입장을 취하고 있다.

> 직무 중 취득한 기술정보의 누설 금지 및 겸직금지의무를 이행하겠다는 서약을 하였음에도 불구하고, 위 파일들을 유출, 이용하여 SNTR 그리고 SNTEL에서 ATM 관련 사업을 하려고 한 점, 또한 위와 같은 파일들의 유출시점 전후에 걸쳐 위 파일들과 관련성이 있는 ATM 사업에 관한 기술정보를 제공하거나 그와 같은 기술정보를 이용하여 시간적·경제적인 면에서 제품개발에 있어서 이익을 주고, 그 대가로 금원 및 SNTR의 지분 일부를 보장받기로 한 점 등에 비추어 피고인의 업무상 배임의 범의를 인정할 수 있다(서울고등법원 2002.7.9. 선고 2001노1861 판결).

피고인이 배임죄의 범의를 부인하는 경우에는 사물의 성질상 배임죄의 주관적 요소로 되는 사실은 고의와 상당한 관련성이 있는 간접사실을 증명하는 방법에 의하여 증명할 수밖에 없고, 이 때 무엇이 상당한 관련성이 있는 간접사실에 해당할 것인가는 정상적인 경험칙에 바탕을 두고 치밀한 관찰력이나 분석력에 의하여 사실의 연결상태를 합리적으로 판단하여야 한다.[61] 즉 고의와 상당한 관련성이 있는 간접사실을 증명하는 방식으로 업무상 배임죄의 고의를 입증하게 된다.

예컨대 법원은 "사업계획상 핵심 기술분야로서 경쟁업체에 유출되면 피해자에게 손해가 발생한다는 것을 충분히 알게 되었다고 보는 것이 경험칙상 상당하다면, 배임행위로 인해 피해자에게 손해가 발생할 수 있다는 사실을 알면서도 이를 감수한 것으로 인정할 수 있다고 보는 것이 경험칙상 상당하므로, 피고인은 본건 배임행위로 인해 피해자 회사에게

---

59) 대법원 2008.4.24. 선고 2006도9089 판결.
60) 대법원 1983.7.26. 선고 83도819 판결.
61) 대법원 2004.3.26. 선고 2003도7878 판결; 대법원 1999.7.23. 선고 99도1911 판결 등.

손해가 발생할 수 있다는 사실을 알면서도 이를 감수한 사실이 넉넉히 인정되고, 당시 피고인 주장과 같이 피고인이 이 사건 기술에 대하여 공동발명자로 특허출원을 한 상태이고, 연구 활동에 충실하기 위하여 경쟁업체에 취업하였다는 사정이 있다고 하여 달리 볼 것은 아니다"라고 판단한 바 있다.[62]

> 업무상 배임죄의 고의는 업무상 타인의 사무를 처리하는 자가 본인에게 재산상의 손해를 가한다는 의사와 자기 또는 제3자의 재산상의 이득의 의사가 임무에 위배된다는 인식과 결합되어 성립되는 것이므로, 범의를 부인하고 있는 경우에는 사물의 성질상 고의와 상당한 관련성이 있는 간접 사실을 증명하는 방법에 의하여 입증할 수밖에 없고, 무엇이 상당한 관련성이 있는 간접사실에 해당할 것인가는 정상적인 경험칙에 바탕을 두고 치밀한 관찰력이나 분석력에 의하여 사실의 연결 상태를 합리적으로 판단하는 방법에 의하여야 할 것인바(대법원 2000.4.11. 선고 99도334 판결), 피고인은 이 사건 기술이 피해자 회사의 사업계획상 핵심 기술분야로서 경쟁업체에 유출되면 피해자 회사에 손해가 발생한다는 것을 충분히 알게 되었다고 봄이 경험칙상 상당하므로, 피고인은 본건 배임행위로 인해 피해자 회사에게 손해가 발생할 수 있다는 사실을 알면서도 이를 감수한 사실이 넉넉히 인정되고, 당시 피고인 주장과 같이 피고인이 이 사건 기술에 대하여 공동발명자로 특허출원을 한 상태이고, 연구 활동에 충실하기 위하여 경쟁업체에 취업하였다는 사정이 있다고 하여 달리 볼 것은 아니다(대전지방법원 2003.7.1. 선고 2002노3313 판결).

배임죄의 주관적 구성요건으로서 불법이득의 의사를 필요로 한다.[63] 일반 배임죄 사건에서 조합 등의 단체에 있어서 그 자금의 용도가 엄격하게 제한되어 있는 경우에는 그 용도 외의 사용은 그것이 조합을 위한 것이라고 하더라도 그 사용행위 자체로서 불법영득의 의사를 실현한 것

---

62) 대전지방법원 2003.7.1. 선고 2002노3133 판결.
63) 대법원 1983.7.26. 선고 83도819 판결.

이 되어 불법영득의 의사를 부정할 수 없다고 법원은 판단한 바 있다.[64] 이러한 법원의 태도를 확대하여, 영업비밀 내지 기술 정보에 대한 사용 범위를 제한하는 약정을 두고 있었다면, 배임죄로서의 포섭이 가능할 수 있겠다.

4. 기수 · 미수 및 공동정범

배임죄는 소위 위태범으로 그 배임행위의 결과로 본인에게 재산상의 손해를 발생시킬 위험성이 발생시킨 시점에 기수가 된다. 즉 재산상의 손해를 가한 때는 현실적으로 손해를 가한 경우뿐만 아니라 재산상의 손해 발생의 위험을 초래한 경우도 포함한다.

업무상 배임죄는 업무상 타인의 사무를 처리하는 자가 그 임무에 위배하는 행위로써 재산상의 이익을 취득하거나 제3자로 하여금 이를 취득하게 하여 본인에게 손해를 가한 때에 성립하는 것이고, 여기에서 본인에게 "재산상의 손해를 가한 때"라 함은 현실적인 손해를 가한 경우뿐만 아니라 재산상 손해 발생의 위험을 초래한 경우도 포함된다(대법원 2003.10.30. 선고 2003도4382 판결).

업무상 배임죄는 소위 위태범으로서 그 배임행위의 결과로 본인에게 재산상 손해발생의 위험성을 발생시킨 시점에 기수가 된다 할 것인데, 이 사건의 경우 피고인 김동수가 주장하는 바와 같이 그 파일들을 제3자에게 유출한 바 없더라도 그 자료들을 자신의 컴퓨터에 저장하여 자신의 지배에 옮김으로써 본인에게 손해발생의 위험성을 발생시켰다(서울고등법원 2002.7.9. 선고 2001노1861 판결).

한편 배임죄가 기수에 이르면, 그 이후에 제3자가 당해 기술을 사용하는 행위는 배임죄에 해당하지 않는다. 즉 업무상 배임죄의 실행으로

---

64) 대법원 2007.2.22. 선고 2006도2238 판결.

인하여 이익을 얻게 되는 수익자 또는 그와 밀접한 관련이 있는 제3자를 배임의 실행행위자와 공동정범으로 인정하기 위하여는 실행행위자의 행위가 피해자 본인에 대한 배임행위에 해당한다는 것을 알면서도 소극적으로 그 배임행위에 편승하여 이익을 취득한 것만으로는 부족하고, 실행행위자의 배임행위를 교사하거나 또는 배임행위의 전 과정에 관여하는 등으로 배임행위에 적극 가담할 것을 필요로 한다.[65] 따라서 회사직원이 영업비밀을 경쟁업체에 유출하거나 스스로의 이익을 위하여 이용할 목적으로 무단으로 반출한 때 업무상 배임죄의 기수에 이르렀다고 할 것이고, 그 이후에 위 직원과 접촉하여 영업비밀을 취득하려고 한 자는 업무상 배임죄의 공동정범이 될 수 없다. 이러한 배임죄의 특성 때문에 실제 영업비밀 침해 사건을 배임죄로 다룰 경우, 그 처벌 범위가 제한되는 한계가 있다. 즉 배임죄에 해당하는 영업비밀 침해행위가 있어 그 침해자가 배임죄로 의율되는 경우라도, 그 배신행위로 인하여 영업비밀을 무단히 취득한 자는 적어도 배임죄의 책임으로부터는 자유로운 상태이다. 따라서 영업비밀보호법상의 법적 구제조치에 의하지 않으면, 사실상 배신행위로 영업비밀을 취득한 자의 영업비밀 사용행위를 제재할 수 있는 방법은 없게 된다.

> 업무상배임죄의 주체는 타인의 사무를 처리하는 지위에 있어야 한다. 따라서 회사직원이 재직 중에 영업비밀 또는 영업상 주요한 자산을 경쟁업체에 유출하거나 스스로의 이익을 위하여 이용할 목적으로 무단으로 반출하였다면 타인의 사무를 처리하는 자로서 업무상의 임무에 위배하여 유출 또는 반출한 것이어서 유출 또는 반출 시에 업무상배임죄의 기수가 된다. 또한 회사직원이 영업비밀 등을 적법하게 반출하여 반출행위가 업무상배임죄에 해당하지 않는 경우라도, 퇴사 시에 영업비밀 등을 회사에 반환하거나 폐기할 의무가 있음에도 경쟁업체에 유출하거나 스스로의 이익을 위하여 이용할

---

65) 대법원 1990.3.23. 선고 89도1911 판결.

목적으로 이를 반환하거나 폐기하지 아니하였다면, 이러한 행위 역시 퇴사시에 업무상배임죄의 기수가 된다.

그러나 회사직원이 퇴사한 후에는 특별한 사정이 없는 한 퇴사한 회사직원은 더 이상 업무상배임죄에서 타인의 사무를 처리하는 자의 지위에 있다고 볼 수 없고, 위와 같이 반환하거나 폐기하지 아니한 영업비밀 등을 경쟁업체에 유출하거나 스스로의 이익을 위하여 이용하더라도 이는 이미 성립한 업무상배임 행위의 실행행위에 지나지 아니하므로, 그 유출 내지 이용행위가 부정경쟁방지 및 영업비밀보호에 관한 법률 위반(영업비밀누설등)죄에 해당하는지는 별론으로 하더라도, 따로 업무상배임죄를 구성할 여지는 없다. 그리고 위와 같이 퇴사한 회사직원에 대하여 타인의 사무를 처리하는 자의 지위를 인정할 수 없는 이상 제3자가 위와 같은 유출 내지 이용행위에 공모·가담하였더라도 타인의 사무를 처리하는 자의 지위에 있다는 등의 사정이 없는 한 업무상배임죄의 공범 역시 성립할 수 없다(대법원 2017.6.29. 선고 2017도3808 판결).

한편 공범의 성립과 관련하여 배임죄는 소위 공모 공동정범 행위가 인정된다. 즉 2인 이상이 범죄에 공동 가공하는 공범관계에서 공모는 법률상 어떤 정형을 요구하는 것이 아니고 2인 이상이 공모하여 어느 범죄에 공동 가공하여 그 범죄를 실현하려는 의사의 결합만 있으면 되는 것으로서, 비록 전체의 모의과정이 없었다고 하더라도 수인 사이에 순차적으로 또는 암묵적으로 상통하여 그 의사의 결합이 이루어지면 공모관계가 성립하고, 이러한 공모가 이루어진 이상 실행행위에 직접 관여하지 아니한 자라도 다른 공모자의 행위에 대하여 공동정범으로서의 형사책임을 진다.[66] 이때 공모공동정범에 있어서의 공모나 모의는 범죄사실을 구성하는 것으로서 이를 인정하기 위하여는 엄격한 증명이 요구되지만, 피고인이 그 실행행위에 직접 관여한 사실을 인정하면서도 공모의 점과 함께 범의를 부인하는 경우에는, 이러한 주관적 요소로 되는 사실

---

66) 대법원 2000.3.14. 선고 99도4923 판결.

은 사물의 성질상 범의와 상당한 관련성이 있는 간접사실 또는 정황사실을 증명하는 방법에 의하여 이를 입증할 수밖에 없다.[67]

2인 이상이 공동으로 가공하여 범죄를 행하는 공동정범에 있어서 공모나 모의는 반드시 직접, 명시적으로 이루어질 필요는 없고 순차적, 암묵적으로 상통하여 이루어질 수도 있으나, 어느 경우에도 범죄에 공동가공하여 이를 공동으로 실현하려는 의사의 결합이 있어야 하고, 피고인이 공모의 점과 함께 범의를 부인하는 경우에는 이러한 주관적 요소로 되는 사실은 사물의 성질상 범의와 상당한 관련성이 있는 간접사실 또는 정황사실을 증명하는 방법에 의하여 이를 입증할 수밖에 없다(대법원 2009.10.29. 선고 2007도6772 판결).

업무상 배임죄의 실행으로 인하여 이익을 얻게 되는 수익자 또는 그와 밀접한 관련이 있는 제3자를 배임의 실행행위자와 공동정범으로 인정하기 위하여는 실행행위자의 행위가 피해자 본인에 대한 배임행위에 해당한다는 것을 알면서도 소극적으로 그 배임행위에 편승하여 이익을 취득한 것만으로는 부족하고, 실행행위자의 배임행위를 교사하거나 또는 배임행위의 전 과정에 관여하는 등으로 배임행위에 적극 가담할 것을 필요로 한다. 피고인 1은 A를 퇴직하기로 마음먹고 퇴직 후에 A의 영업비밀과 관련된 벤처기업에 취업할 경우 업무에 활용할 목적으로, 같은 달 하순 경 회사의 영업비밀을 씨디롬(CD-R)과 디스켓에 저장한 후, 위 씨디롬을 회사 밖으로 반출하여 집으로 가져왔고, 그 후 피고인 2를 만나 B에 취업하고 싶다는 뜻을 표시하면서 A의 영업비밀에 관한 자료를 집에 보관하고 있다고 말하였는데, 피고인 2는 알았다고 하면서 피고인 1의 요구를 받아들여 연봉 6,500만 원 외에 B의 주식 3만 주를 주기로 약정하였고, 그 후 피고인 1은 A에 사직서를 제출하면서 위 디스켓마저 집으로 가져와 보관하고 있다가, B에 먼저 취업한 다음 A를 퇴사한 후인 같은 해 10.경 위 씨디롬 및 디스켓에 들어 있는 영업비밀을 B의 서버컴퓨터에 제공하였다는 것이다. 그렇다면 피고인 1은 처음부터 A의 영업비밀을 다른 벤처기업에 유출하거나 스스로의 이익을

---

67) 대법원 2009.10.29. 선고 2007도6772 판결.

위하여 이용할 목적으로 그 영업비밀을 씨디롬과 디스켓에 담아두었던 것이므로 피고인 1이 그 중 씨디롬을 회사 밖으로 반출하여 집으로 가져와 보관한 때에 이미 위 씨디롬에 담긴 A의 영업비밀에 관한 피고인 1의 업무상 배임의 범의가 외부에 표출되고 A의 재산상 손해발생의 위험이 현실화되어 업무상 배임죄의 기수에 이르렀다고 할 것이고, 피고인 2는 그 이후에 피고인 1과 접촉하여 위 씨디롬에 담긴 A의 영업비밀을 취득하려 하였던 것이므로 그 행위가 다른 죄에 해당하는지의 여부는 별론으로 하고 피고인 2가 위 씨디롬에 담긴 영업비밀에 관한 피고인 1의 업무상 배임죄의 공동정범이 될 수는 없다(대구고등법원 2004.6.17. 선고 2003노617 판결).

이러한 점에서 업무상 배임죄의 실행으로 인하여 이익을 얻게 되는 수익자 또는 그와 밀접한 관련이 있는 제3자를 배임의 실행행위자와 공동정범으로 인정하기 위하여는 배임 실행행위자의 배임 행위에 수익자 내지 제3자가 어떠한 관여가 있었는지에 대한 입증을 하여야 한다. 배임행위에 이르게 된 것이 그 제3자와의 접촉 이후에 이루어진 것인지, 실행행위자의 영업비밀 침해행위에 재산상 이익을 약속했다든지 하는 행위에 대한 입증을 통하여 그 제3자 내지 수익자 역시 공동정범으로 처벌하게 된다.

5. 특경법상의 배임죄와 형법상의 배임죄

가. 의 의

특정경제범죄 가중처벌 등에 관한 법률(이하 '특경법'이라 한다)에서는 그 범죄행위로 인하여 취득하거나 제3자로 하여금 취득하게 한 재물 또는 재산상 이익의 가액 5억원 이상인 때에는 아래와 같이 가중 처벌하고 있다. 즉 범죄액[68]에 따라 처벌을 가중하는 입법을 마련하고 있다.

---

68) 범죄액이란 범죄에서 사용되거나 취득 또는 피해를 준 재물이나 재산적 가치의 총액을 말한다. 뇌물죄에서 수뢰액은 범행수단으로서의 범죄액이고, 절도, 사기, 공갈 등에서

| 표 4 | 이익액과 배임죄 |

이익액	적용법률	법정형
5억 미만	배임 (형법 제355조 제2항)	징역(5년 이하) 또는 벌금(1천500만원 이하)의 선택형
	업무상 배임 (형법 제356조)	징역(10년 이하) 또는 벌금(3천만원 이하)의 선택형
5억 이상 ~50억 미만	특경법 제3조 제1항 제1호	징역(3년 이상) 및 벌금의 병과 가능
50억 이상	특경법 제3조 제1항 제2호	징역(5년 이상 또는 무기) 및 벌금의 병과 가능

재산범죄의 피해액에 따른 형의 가중에 관하여는 몇 가지의 입법례가 있다. 예컨대 프랑스 형법 L311-4에서와 같이 가중절도의 가중요소를 별도로 열거하면서도 피해액에 따른 가중규정은 두지 않는 방식이다. 일본의 "도범등의 방지 및 처분에 관한 법률"에서도 상습특수절도나 상습특수강도에 가중처벌은 인정하고 있으나, 절도의 피해액에 따른 가중처벌 규정은 없다.

반면 오스트리아나 미국 뉴욕주 형법 또는 캐나다 형사법과 같이 피해액에 따라 단계적으로 가중 처벌하는 방식이 있다. 예컨대 오스트리아 형법 제128조는 절도의 피해액이 2,000유로인 경우 가중절도로 처벌하고, 피해액이 40,000유로 이상이면 재가중하여 1년 이상 10년 이하의 징역에 처벌하고 있다. 한편 피해액을 고려하되 피해액을 특정하지 않는 방식이 있다. 독일 형법 제263조 제3항은 가중사기를 중하게 처벌하는데, 그 가중사유 중에는 피해자에게 '막대한 재산상의 손해'를 야기하거나, 또는 계속적인 범행으로 다수의 피해자를 재산상의 위험에 빠뜨릴

피해액은 손해를 가한 범죄액이고, 이득액은 범죄가 취득한 범죄액이다. 재산범죄에서 피해액 또는 이득액은 결가불법과 동일시 될 수 있는 만큼 재산범죄의 가중 또는 감경에서 사용될 수 있다고 보인다.

목적 아래 범행한 경우, 타인을 경제적 궁박 상태에 빠지게 한 경우를 예시하고 있다. 다만 그 구체적 액수를 법률에 규정하고 있지는 않으나, 해석상 100,000DM 정도로 보고 있다. 우리의 경우는 절도, 강도에 대하여는 범죄액에 따른 가중처벌 규정을 두지 않고, 사기, 공갈, 횡령, 배임 등에 대하여는 단계적인 가중처벌 규정을 두고 있는 상황이다.

피해액에 따른 가중처벌에 대하여 부정적인 입장도 있으나,[69] 재산범죄에서 피해액은 법익침해라는 결과불법의 핵심적 요소이므로, 행위불법적 요소와 함께 이를 가중처벌의 근거로 삼는 것은 책임주의에 반하지 않고, 피해액에 따른 가중처벌을 단계적, 합리적으로 조정함으로써 양형상의 불합리를 제거한다. 피해액에 따른 단계적 가중처벌을 법률에 명시하는 것은 일반 예방 및 법적 안정성의 측면에서도 바람직하며, 법원의 양형편차를 최소화하여 사법에 대한 신뢰를 제고할 수도 있다. 또한 입법례에서 보듯이 적지 않은 나라에서 재산상의 피해 정도나 피해액, 또는 다수의 피해자가 발생한 경우를 가중처벌의 요소로 규정하고 있다. 따라서 이러한 피해액에 따른 우리의 가중처벌은 긍정적인 입법태도라 생각된다.

나. 배임죄 적용에 대한 법원의 태도

다만 특경법상의 배임죄 적용과 관련하여서는 그 이득액의 산정이라는 어려운 작업이 요구된다. 즉 업무상 배임죄에 있어서 재산상 손해는 인정할 수 있으나, 그 가액을 구체적으로 산정할 수 없는 경우에는 재산상 이득액을 기준으로 가중 처벌하는 특경법은 적용할 수 없다는 것이 법원의 입장이다.[70] 따라서 특경법상의 적용을 위하여는 구체적으로 이

---

69) 오영근, "특정범죄가중처벌등에 관한 법률 폐지의 당위성", 형사정책(제17권 제2호), 한국형사정책학회, 2005.12, 43면 이하; 안경옥, "사기죄에 관한 입법론적 검토", 형사법연구(제22호), 한국형사법학회, 2004.12, 801면 이하 등.

70) 대법원 2001.11.13. 선고 2001도3531 판결.

익액 내지 손해액을 입증하여야 한다.

한편 이익액의 산정에 있어서 법원은 영업비밀을 취득한 자의 이익
은 시장경제 원리에 의하여 형성될 시장교환 가격이라는 태도를 확고히
하고 있다.71) 이러한 판례의 태도에 따른다면, 검찰로서는 ① 침해 영업
비밀을 이용하여 경쟁사 등이 제품을 만들 것이라는 점, ② 경쟁사에서
그 영업비밀로 인해 기술개발 비용이 감소되는 경우 그 감소분 상당액,
③ 경쟁사에서 영업비밀을 이용하여 제조한 제품판매이익 중 영업비밀
이 제공되지 않았을 경우의 차액 및 ④ 위 ①~③을 고려하여 형성될
시장교환가격 등의 사실을 입증하여야 한다. 이에 대부분의 사건에서는
구체적으로 그 손해액을 산정하고자 하는 노력을 하고 있지 않으며, 따
라서 특경법상의 배임죄가 적용되는 사례는 없는 상황이다. 즉 검찰로서
는 구체적으로 손해액을 산정하여 특경법상의 배임죄로 기소하기보다는
"기술개발비 합계 금 ○원 상당이 투입된 액수미상의 시장교환가격 상
당의 재산상 이익 취득한 것"으로 공소사실을 작성하며, 법원 역시 "기
술개발비 합계 금 ○원 상당이 투입된 액수미상의 시장교환가격 상당의
재산상 이익을 취득함과 동시에 피해자에게 동액 상당의 재산상 손해를
가하였다"는 식으로 범죄사실을 작성하고 있다.72) 한편 영업비밀이 문제
되지 않은 이외의 사건에서의 이익액 산정과 관련하여서 법원은 다음과
같이 판시한 예들이 있다.

① 당사자간의 약정에 의한 가격73)

71) 대법원 1999.3.12. 선고 98도4704 판결.
72) 한국 기술거래소의 가치평가 보고서를 이익액을 입증하기 위하여 제출한 것에 대하여,
법원은 그 신뢰성을 담보할 만한 아무런 자료가 없다는 이유로 채택을 거부한 바 있다
(서울고등법원 2008.9.5. 선고 2008노212 판결).
73) 객관적인 재산적 가치는 감정 등을 통하여 객관적으로 확정할 것이지만 거래약정 당사
자 사이에 양도가액이 정해져 있으면 그것이 객관적인 재산적 가치를 평가하였다고 볼
수 없는 특별한 사정이 없는 한 그 양도가액을 지분권이 갖는 객관적인 재산적 가치로
봄이 상당하다(대법원 2000.2.25. 선고 99도4305 판결).

② 실제 지급된 가격이 아닌 시가[74]

③ 기수시 이후의 사정변경(가치변화)은 고려하지 않음[75]

④ 이득 실현 여부 및 조건 부담은 고려하지 않음[76]

영업비밀의 침해행위에 따른 배임죄에 관련하여 그 범죄액은 다음과 같이 판단할 수 있겠다. 먼저 특경법은 '죄를 범한 자는 그 범죄행위로 인하여 취득하거나 제3자로 하여금 취득하게 한 재물 또는 재산상 이익의 가액'을 그 이득액으로 본다고 규정하고 있다. 따라서 원칙적으로 배임행위로 제3자에게 공개된 영업비밀 자체의 재산적 가액이 이득액이 된다. 그러나 위에서 본 바와 같이 영업비밀 자체의 재산적 가액을 산정하는 작업은 쉽지 않으며, 사실상 기존 법원의 태도에 의한다면 영업비밀 침해행위에 대한 배임죄 적용에 있어서 특경법의 적용은 차단되었다 하겠다.

한편 영업비밀 침해자가 타인에게 영업비밀을 공개함으로써 취득하게 되는 재산상의 이익 역시 배임행위로부터 취득한 이득액으로 판단할 수 있을 것이다. 예컨대 영업비밀 공개에 상응하여 약정받은 재산적 이득액을 배임행위자가 취득한 이득액으로 고려할 수 있다. 전직하면서 보다 많은 급여를 약속받거나 실제 받게 되었다면 적어도 상승분만큼은 침해자에게 발생한 이득액으로 볼 수 있다. 만약 침해행위자가 여러 명이라면 그 침해행위자 모두의 상승분 총액이 재산적 이득액이 된다. 또한 영

---

74) 상대방을 기망하여 부당하게 저가로 재물을 매수함으로써 편취한 경우, 특별한 사정이 없는 한 그 재물의 가액은 기망행위의 결과 실제로 지급된 가격이 아니라 기망행위가 없었더라면 지급하였을 가격 혹은 시가에 의하여 평가하여야 할 것이다(대법원 2006.3. 10. 선고 2005도9387 판결).

75) 공갈 폭행으로 인하여 취득한 이득액은 범죄의 기수시기를 기준으로 하여 산정할 것이며 그 후의 사정변경을 고려할 것이 아니고 그와 같은 사정변경의 가능성이 공갈 행위 시 예견 가능한 것이라고 하여도 마찬가지이다(대법원 1990.10.16. 선고 90도1815 판결).

76) 특경법 제3조 제1항 소정의 "이득액"이란 거기에 열거된 범죄행위로 인하여 취득하거나 제3자로 하여금 취득하게 한 불법영득의 대상이 된 재물이나 재산상의 이익의 가액의 합계인 것이지 궁극적으로 그와 같은 이득을 실현할 것인지, 거기에 어떠한 조건이나 부담이 붙었는지 여부는 영향이 없다(대법원 1990.10.16. 선고 90도1815 판결).

업비밀은 그 영업비밀을 통하여 일정 기간 동안 우월한 독점적 지위를 향유하게 된다. 따라서 그 기간 동안의 임금액 상승분이 재산적 이득액이 된다. 예컨대 영업비밀의 보유를 통하여 우월한 독점적 지위를 향유할 수 있는 기간이 3년이라면 상승분 연봉 총액의 3년치를 재산적 이득액으로 인정할 수 있을 것이다.

또한 제3자가 영업비밀의 취득으로 얻게 되는 재산상의 이익 역시 배임죄에 관련한 범죄액으로 판단할 수 있다. 예컨대 연구개발비를 절약하였다든지, 관련 정보의 실시에 따른 실시료 상당액의 이득액이 발생하였다고 볼 수 있다. 그러나 위에서 본 바와 같이 이를 입증하는 작업은 쉽지 않다. 이러한 문제점은 특경법이 이득액이라는 표현을 구성요건으로 정하고 있기 때문이다. 즉 피해자 입장에서 피해액으로 구성요건을 규정하게 된다면, 피해자 입장에서 자신에게 발생한 손해액을 입증하는 것이 보다 용이하다. 그러나 이득액의 경우에는 침해자 내지 제3자의 경제적 상황, 기술 개발력 수준 등의 여러 요소에 대한 입증이 함께 요구되며, 따라서 사실상 그 입증이 불가능하다. 특히 침해자 내지 제3자로서는 그 이득액 입증 불비에 따른 불이익이 발생하는 것도 아니다. 따라서 입법론적으로 이득액 규정을 피해액으로 개정하는 것도 하나의 방법이라 생각된다.

6. 영업비밀의 침해와 배임죄

종업원이 자료를 유출한 행위와 관련하여 배임죄가 다투어지는 경우, 당해 자료가 영업비밀에 해당하여야 하는가에 대한 논의가 있다. 많은 하급심에서는 영업비밀에 해당하지 않는다는 것을 이유로, 비밀 유지 의무가 발생하지 않으며, 따라서 배임죄도 성립하지 않는다고 판단하는 경우가 있다. 그러나 배임죄에 있어서의 배임행위는 본인과 사이의 신임관계를 저버리는 일체의 행위를 포함하는 것으로, 그러한 행위가 법률상 유효한가 여부를 따져볼 필요가 없다.[77] 즉 배임행위가 영업비밀보호법 위반 행위에 해당하여야 하는 것은 아니며, 그 배임행위가 본인과의 사이에서 존재하는 신임관계를 저버린 것이라면 배임죄가 성립한다고 판단하여야 할 것이다. 따라서 배임행위가 되기 위하여 그 행위가 영업비밀보호법상의 비밀침해행위에 해당하여야 하는 것은 아니다.

> 종업원이 자료를 유출한 경우 업무상 배임죄가 성립하기 위하여는 그 자료가 영업비밀에 해당하여야 할 필요는 없고, <u>영업비밀에는 해당하지 않는다고 하더라도 그 자료가 불특정 다수의 사람에게 공개되지 않았고, 사용자가 상당한 시간, 노력 및 비용을 들여 제작한 설계도면 등을 담은 컴퓨터 파일과 같은 영업상 주요한 자산인 경우에는 이를 유출한 행위도 업무상 배임죄를 구성한다</u>(대법원 2005.7.14. 선고 2004도7962 판결).

나아가 영업비밀에 해당하지 않는 것이라 하여도, 그 기술의 유출 행위가 배임죄에 해당할 수 있다. 법원 역시 그 자료가 영업비밀에 해당하여야 할 필요는 없으며, 영업비밀에 해당하지 않는다고 하더라도 그 자료가 불특정 다수의 사람에게 공개되지 않았고, 사용자가 상당한 시간, 노력 및 비용을 들여 제작한 설계도면 등을 담은 컴퓨터 파일과 같은 영업상 주요한 자산인 경우에는 이를 유출한 행위도 업무상 배임죄를 구성한다는 입장을 취하고 있다. 따라서 영업비밀 해당성에 대한 입증이 어려운 경우에도, 영업상 주요한 자산임을 주장함으로써 배임죄로의 처벌을 주장할 수 있다.

> <u>영업비밀이 아니더라도 그 자료가 불특정 다수의 사람에게 공개되지 않았고 사용자가 상당한 시간, 노력 및 비용을 들여 제작한 영업상 주요한 자산인 경우에도 그 자료의 반출행위는 업무상 배임죄를 구성하며, 회사직원</u>

---

77) 대법원 1987.4.28. 선고 83도1568 판결.

이 영업비밀이나 영업상 주요한 자산인 자료를 적법하게 반출하여 그 반출 행위가 업무상 배임죄에 해당하지 않는 경우라도 퇴사시에 그 영업비밀 등 을 회사에 반환하거나 폐기할 의무가 있음에도 경쟁업체에 유출하거나 스스 로의 이익을 위하여 이용할 목적으로 이를 반환하거나 폐기하지 아니하였다 면, 이러한 행위가 업무상 배임죄에 해당한다(대법원 2008.4.24. 선고 2006 도9089 판결).

다만 이와 같이 영업비밀에 해당하지 않는 경우에도 배임죄를 적용 한다면 결과적으로 종업원의 직업선택의 자유가 극히 제한되는 결과를 낳을 수 있다는 비판적인 견해도 가능하다. 이러한 점에서 법원의 태도 역시 '영업상 주요한 자산일 것'을 요구하는 것으로 이해할 수 있다. 즉 당해 정보의 중요성을 입증하는 것을 통하여 비록 영업비밀 해당성에 대한 입증을 실패한 경우에도 배임죄로 처벌할 수 있을 것이다.

Ⅳ. 절   도

1. 의   의

절도죄는 타인의 재물을 절취하는 것을 내용으로 하는 범죄이다. 소 유권을 보호법익으로 하는 죄로, 재물만을 객체로 하는 순수한 재물죄이 다. 이때 재물이란 민법상의 물건(민법 제98조)과 관리할 수 있는 동력 (형법 제372조)을 의미한다.

2. 객관적 구성요건

가. 타인의 재물

(1) 재 물

절도죄의 행위 객체는 타인이 점유하는 타인의 재물이다. 배임죄가 재산상의 이익만을 객체로 하는 것에 반하여, 절도죄는 재물만을 객체로 한다. 형법에서 말하는 재물은 일반적으로 민법상의 물건과 같은 의미로 이해되고 있다. 민법 제98조에서는 "본법에서 물건이라 함은 유체물 및 전기 기타 관리할 수 있는 자연력을 말한다"고 규정하고 있는바, 유체물 및 전기 기타 관리할 수 있는 자연력을 형법상의 재물로 이해할 수 있다. 이에 더하여 형법 제346조에서는 "본장의 죄에 있어서 관리할 수 있는 동력은 재물로 간주한다"라고 규정하고 있는바, 관리할 수 있는 동력 역시 절도죄의 대상이 된다. 따라서 영업비밀 자체는 무형물에 불과하기 때문에 절도죄의 객체가 되지 않는다. 반면 영업비밀이 기재된 서류나 저장 매체 등은 절도죄의 대상이 된다.

> 절도죄의 객체는 관리가능한 동력을 포함한 '재물'에 한한다 할 것이고, 또 절도죄가 성립하기 위해서는 그 재물의 소유자 기타 점유자의 점유 내지 이용가능성을 배제하고 이를 자신의 점유하에 배타적으로 이전하는 행위가 있어야만 할 것인바, 컴퓨터에 저장되어 있는 '정보' 그 자체는 유체물이라고 볼 수도 없고, 물질성을 가진 동력도 아니므로 재물이 될 수 없다 할 것이며, 또 이를 복사하거나 출력하였다 할지라도 그 정보 자체가 감소하거나 피해자의 점유 및 이용가능성을 감소시키는 것이 아니므로 그 복사나 출력 행위를 가지고 절도죄를 구성한다고 볼 수도 없다(대법원 2002.7.12. 선고 2002도745 판결).

재물이 경제적·재산적 가치를 가질 것을 요하는지가 문제된다. 판례는 재물이란 경제적 가치를 가질 것을 요한다는 전제에서 경제적 가치의 개념을 넓게 해석한다. 즉 절취할만한 재산적, 기술적 가치도 없는 것들이므로 피고인의 행위는 사회상규에 반하지 않아 위법성이 없다는 주장에 대하여, 주관적 가치 또는 소극적 가치만 있어도 경제적 가치가 인정되므로 재물이 된다고 판단하고 있다. 따라서 경제적 가치가 미비한 것일지라도 절도죄의 대상인 재물에 해당하지 않는 것은 아니라고 하겠다.

이 사건 자료들은 그 내용상 피고인이 피해 회사에서 맡고 있었던 업무와 밀접한 관련을 가지고 있으므로 결국 이 사건 자료들은 피해 회사가 소유권의 대상으로 할 수 있는 주관적 가치뿐 아니라 그 경제적 가치도 있는 절도죄의 객체인 재물로서 피해 회사의 소유이다(서울지방법원 2003.7.2. 선고 2003노2935 판결).

그 내용상 피고인이 위 회사에서 맡고 있었던 업무와 밀접한 관련을 갖고 있는 것은 피해자가 소유권의 대상으로 할 수 있는 주관적 가치뿐만 아니라 그 경제적 가치도 가지고 있는 절도죄의 재물에 해당한다(수원지방법원 2003.9.23. 선고 2002고단5997 판결).

(2) 타인의 재물

절도죄의 행위 객체는 타인의 재물이다. 즉 재물의 소유권이 행위자 이외의 타인에 속하여야 한다. 따라서 자신에게 소유권이 귀속하는 재물에 대하여는 절도죄가 성립하지 않는다.

컴퓨터에 저장되어 있는 위 시스템을 종이에 출력하여 생성된 '설계도면'을 절취한 것으로 본다면, 이 사건 공소사실 자체에 의하더라도 피고인이 위 시스템의 설계도면을 빼내가기 위하여 위 컴퓨터에 내장되어 있던 위 설계도면을 A2용지에 2장을 출력하여 가지고 나왔다는 것이어서, 이와 같이 피고인에 의하여 출력된 위 설계도면은 피해 회사의 업무를 위하여 생성되어 피해 회사에 의하여 보관되고 있던 문서가 아니라, 피고인이 가지고 갈 목적으로 피해 회사의 업무와 관계없이 새로이 생성시킨 문서라 할 것이므로, 이는 피해 회사 소유의 문서라고 볼 수는 없다 할 것이어서, 이를 가지고 간 행위를 들어 피해 회사 소유의 설계도면을 절취한 것으로 볼 수는 없다 할 것이다(검사의 이 사건 공소사실은 피고인이 위 설계도면을 가지고 가 이를 절취한 사실을 문제삼는 것이 명백하다 할 것이고, 위 설계도면을 생성시키는 데 사용된 용지 자체를 절취하였다고 기소한 것으로는 보이지 않는다)(대법원 2002.7.12. 선고 2002도745 판결).

한편 이때 타인의 재물은 타인이 점유하고 있는 것이어야 한다. 만약 타인의 재물을 자신이 점유하고 있는 상태였다면 절도죄가 아닌 횡령죄가 성립할 수 있다. 이와 관련하여 영업비밀이 기재된 서류나 저장된 매체를 평소 업무상 소지·사용하는 자에 대하여는 점유가 인정되지 않는다. 즉 이 경우의 소지·사용은 피해자의 점유에 종속하는 점유기관으로서의 소지에 불과하며, 따라서 횡령이 아닌 절도에 해당하게 된다.

피고인이 피해회사를 퇴직하면서 가지고 나온 판시 각 문서들은 피해회사의 직원들이 피해회사의 목적 달성을 위하여 작성한 피해회사의 소유로서 피해회사가 그 목적달성을 위하여 이용하는 한도에서 피고인에게 그 소지 및 사용을 허락하였을 뿐, 피해회사가 피고인에게 그 소유권까지 이전하지는 아니하였으며, … 피고인의 위 행위는 절도죄에 해당한다(대법원 2008. 2.15. 선고 2005도6223 판결).

피고인은 피해자의 피용자로서 위 피해자의 지시를 받아 원심 판시 자료들에 대한 사실상의 지배를 해 온 사실을 알 수 있으므로, 위 피고인의 소지는 피해자의 점유에 종속하는 점유기관으로서의 소지에 지나지 않으며, 위 피고인이 권리자인 피해자를 완전히 배제하여 그 경제적 이익을 보유하려는 의사로 원심 판시 자료들을 위 피고인의 승용차에 싣고 나와 이를 절취하였음이 명백한 이 사건에서 위 피고인에게 불법영득의사가 없었다고 볼 수는 없다(서울지방법원 2001.1.17. 선고 2000노8561 판결).

나. 절 취

본죄의 행위는 절취이다. 절취란 타인이 점유하고 있는 재물을 점유자의 의사에 반하여 그 점유를 배제하고 자기 또는 제3자의 점유로 옮기는 것을 말한다. 점유의 배제는 점유자의 의사에 반하는 것을 요하므로, 점유자가 동의한 때에는 절도죄의 구성요건에 해당하지 않는다. 다만 위에서 본 바와 같이, 종업원이 업무상 비품을 소지하는 것에 불과한 것은 독립한 점유가 아니며, 여전히 사용자의 점유가 유지되고 있는 것이다.

3. 주관적 구성요건

절도죄가 성립하기 위하여는 주관적 구성요건으로 고의가 필요하다. 고의는 모든 객관적 구성요건요소에 대한 인식을 내용으로 한다. 그러므로 절도죄의 고의는 타인이 점유하는 타인의 재물을 절취한다는 데 대한 인식과 의사라고 할 수 있으며, 미필적 고의로 충분하다.

고의 이외에 절도죄의 주관적 구성요건으로 불법영득의 의사가 있어야 한다. 이때 불법영득의 의사라 함은 권리자를 배제하고 타인의 물건을 자기의 소유물과 같이 그 경제적 용법에 따라 이용·처분할 의사를 말하는 것으로, 단순한 점유의 침해만으로는 절도죄를 구성할 수 없으나 영구적으로 그 물건의 경제적 이익을 보유할 의사가 필요한 것은 아니고, 소유권 또는 이에 준하는 본권을 침해하는 의사 즉 목적물의 물질을 영득할 의사이든 그 물질의 가치만을 영득할 의사이든을 불문하고 그 재물에 대한 영득의 의사가 있으면 족하다.

> 영업비밀을 참고하거나 사용하기 위하여 몰래 가지고 나온 사실을 인정할 수 있으므로 위 피고인들에게 불법영득의 의사가 있음은 명백하고, 위 피고인이 위 자료들을 가지고 나올 당시 소유자의 허락없이 몰래 가지고 나왔을 뿐만 아니라 가지고 나온 이후 수개월 동안 이를 반환함이 없이 그대로 소지하다가 적발된 이상 위 피고인에게도 불법영득의 의사를 인정할 수 있다(대법원 1999.3.12. 선고 98도4704 판결).

> 피고인은 피해자의 피용자로서 위 피해자의 지시를 받아 원심 판시 자료들에 대한 사실상의 지배를 해 온 사실을 알 수 있으므로, 위 피고인의 소

지는 피해자의 점유에 종속하는 점유기관으로서의 소지에 지나지 않으며, 위 피고인이 권리자인 피해자를 완전히 배제하여 그 경제적 이익을 보유하려는 의사로 원심 판시 자료들을 위 피고인의 승용차에 싣고 나와 이를 절취하였음이 명백한 이 사건에서 위 피고인에게 불법영득의사가 없었다고 볼 수는 없다(서울지방법원 2001.1.17. 선고 2000노8561 판결).

또한, 비록 채권을 확보할 목적이라고 할지라도 취거 당시에 점유 이전에 관한 점유자의 명시적·묵시적인 동의가 있었던 것으로 인정되지 않는 한 점유자의 의사에 반하여 점유를 배제하는 행위를 함으로써 절도죄는 성립하는 것이고, 그러한 경우에 특별한 사정이 없는 한 불법영득의 의사가 없었다고 할 수는 없다.[78] 한편 은행이 발급한 직불카드를 사용하여 타인의 예금계좌에서 자기의 예금계좌로 돈을 이체시킨 사건에서 법원은 "직불카드 자체가 가지는 경제적 가치가 계좌이체된 금액만큼 소모되었다고 할 수는 없으므로, 이를 일시 사용하고 곧 반환한 경우에는 그 직불카드에 대한 불법영득의 의사는 없다고 보아야 한다"고 판단하였다.[79] 즉 "타인의 재물을 점유자의 승낙 없이 무단 사용하는 경우에 있어서 그 사용으로 인하여 물건 자체가 가지는 경제적 가치가 상당한 정도로 소모되거나 또는 사용 후 그 재물을 본래 있었던 장소가 아닌 다른 장소에 버리거나 곧 반환하지 아니하고 장시간 점유하고 있는 것과 같은 때에는 그 소유권 또는 본권을 침해할 의사가 있다고 보아 불법영득의 의사를 인정할 수 있을 것이나, 그렇지 않고 그 사용으로 인한 가치의 소모가 무시할 수 있을 정도로 경미하고, 또한 사용 후 곧 반환한 것과 같은 때에는 그 소유권 또는 본권을 침해할 의사가 있다고 할 수 없어 불법영득의 의사가 있다고 인정할 수 없다"고 판단하고 있다. 만약 이러한 법원의 태도를 유지한다면 영업비밀을 기재한 서류등을

---

78) 대법원 2006.3.24. 선고 2005도8081 판결.
79) 대법원 2006.3.9. 선고 2005도7819 판결.

회사 밖으로 반출한 후, 이를 복사한 후 다시 반납하는 행위는 절도죄에 해당하지 않게 될 것이다.

4. 영업비밀의 침해와 절도죄

영업비밀에 대한 침해를 주장하면서 절도죄를 함께 주장하는 경우가 있다. 기술의 영업비밀 해당성이 인정되지 않는 경우에도, 침해행위에 대하여 절도죄가 인정될 수 있기 때문이다. 한편 영업비밀이 포함된 서류등을 절취한 후, 이에 포함된 영업비밀을 사용하는 행위에 대하여 절도죄와 별도의 영업비밀 부정사용죄가 성립하는가의 문제 등이 있을 수 있다.

가. 영업비밀 침해의 성립과 절도

영업비밀의 침해여부와 절도죄의 성립 여부는 별도로 판단된다. 따라서 설령 영업비밀 침해를 다투지 않는 경우에도, 절도죄는 성립할 수 있다. 예컨대 영업비밀 침해죄가 친고죄인 시절, 고소가 취소된 상황에서, 비록 영업비밀침해의 점에 대한 고소가 취소된 사정 등이 인정된다 하더라도 피고인의 행위가 처벌가치가 없는 것이라고 볼 수 없다고 하여 절도죄를 적용한 바 있다. 또한 종업원이 반출한 서류등에 기재된 기술의 영업비밀성에 따라 절도죄의 성부가 결정되지도 않는다. 즉 "어떤 회사가 보유한 자료의 내용이 그 회사의 영업비밀에 속하여 직원 개인이 소지하거나 외부로 유출되어서는 아니되는 경우에는 당해 회사가 그 자료의 소유권자라고 할 것이나, 그렇지 아니한 자료는 직원들의 처분에 맡겨진 직원들의 소유라고 할 것인바, 반출한 자료는 모두 피해회사의 영업비밀에 해당하지 아니하는 것이므로 그 소유권이 피고인에게 있다"는 변호인의 주장에 대하여, 법원은 "피해 회사의 직원들이 피해 회사의

목적 달성을 위하여 작성한 피해 회사 소유의 문서들로서 피해 회사가
그 목적 달성을 위하여 이용하는 한도에서 피고인에게 그 소지 및 사용
을 허락하였을 뿐이고, 피해 회사가 피고인에게 그 소유권까지 이전하지
는 아니하였다"고 판단하고 있다.[80)

> 항소이유: 피고인이 이 사건 자료들을 임의로 가지고 나왔다 하더라도 퇴
> 직 당시 짐을 정리하는 과정에서 이삿짐에 휩쓸려 들어간 것을 가지고 나온
> 것에 불과하고 위 자료들은 절취할만한 재산적, 기술적 가치도 없는 것들이
> 므로 피고인의 행위는 사회상규에 반하지 않아 위법성이 없다. 또, 주된 공
> 소사실인 영업비밀침해의 점에 대한 고소가 취소되었고, 고소인들을 비롯한
> 배후의 인물들이 오히려 자신들의 잘못을 자인하고 있는 사정, 이 사건 자
> 료들이 기술적으로 가치가 없는 것인 사정 등을 고려할 때, 피고인의 행위
> 는 처벌가치가 없다.
> 당원 판단: 피고인이 절취한 이 사건 자료들은 피해 회사가 주관적 가치
> 뿐 아니라 그 경제적 가치도 가지고 있는 재물이어서 절취할 만한 재산적,
> 기술적 가치도 없는 자료라고 볼 수 없으므로, 피고인의 행위가 사회상규에
> 반하지 않는다고 할 수 없고, 피고인에 대한 영업비밀침해의 점에 대한 고
> 소가 취소된 사정 등이 인정된다 하더라도 이로써 피고인의 행위가 처벌가
> 치가 없는 것이라고 볼 수도 없다(서울지방법원 2003.7.2. 선고 2003노2935
> 판결).

한편 영업비밀이 기재된 서류등을 절취한 경우, 영업비밀성이 인정되
면 영업비밀침해죄와 절도죄가 성립하며, 이때 양자는 실체적 경합관계
에 있다. 즉 영업비밀성에 대한 판단과 절도죄의 성부에 대한 판단을 별
도로 하며, 그 성립 여부에 따라 경합관계가 성립하게 된다.

---

80) 서울중앙지방법원 2005.8.3. 선고 2004노3761 판결.

나. 절취 이후의 영업비밀 사용

절도죄는 상태범이므로 절도가 기수에 이른 후에도 법익의 침해상태
는 계속된다. 그러므로 절도가 기수가 된 후에 장물을 손괴하거나 처분
하는 행위는 불가벌적 사후행위로서 흡수관계에 해당한다. 그러나 불가
벌적 사후행가 되기 위해서는 사후행위가 절도행위와 보호법익을 같이
하고, 그 침해의 양을 초과하지 않을 것을 요구한다. 따라서 사후행위가
다른 사람의 법익이나 다른 법익을 침해한 경우에는 불가벌적 사후행위
가 될 수 없다. 또한 사후행위가 절도죄에 의하여 침해한 법익의 범위를
초과한 때에도 불가벌적 사후행위가 될 수 없다. 예컨대 타인의 신용카
드를 절취한 후에 이를 사용한 경우에도 부정사용행위는 불가벌적 사후
행위가 되지 않는다.[81]

영업비밀과 관련하여서도 법원은 같은 태도이다. 즉 영업비밀이 담겨
진 영업 자료와 엔진부품 등을 절취한 사건에서, 변호인은 영업비밀 사
용행위는 절취에 따른 불가벌적 사후행위라고 주장하였다. 이에 법원은
"피고인이 절취한 이 사건 자료들은 피해 회사가 주관적 가치뿐 아니라
그 경제적 가치도 가지고 있는 재물이어서 절취할만한 재산적, 기술적
가치도 없는 자료라고 볼 수 없으므로, 피고인의 행위가 사회상규에 반
하지 않는다고 할 수 없고, 피고인에 대한 영업비밀침해의 점에 대한 고
소가 취소된 사정 등이 인정된다 하더라도 이로써 피고인의 행위가 처
벌가치가 없는 것이라고 볼 수도 없다"고 판시하고 있다.[82] 따라서 절취
후 절취물에 포함된 영업비밀을 사용하면 절도죄와 함께 영업비밀부정
사용죄가 성립된다. 다만 본 사건은 달리 판단했어야 할 여지가 있다.
즉 본 사건에서는 시간의 간극을 두고 2번의 절취행위가 있었는데, 전

---

81) 대법원 1996.7.12. 선고 96도1181 판결.
82) 서울지방법원 2003.7.2. 선고 2003노2935 판결.

자의 절취행위에서는 베어링, 칼라 등의 엔진부품을 대상으로 하고, 후자의 절취행위에서는 영업비밀이 포함된 자료를 대상으로 하였다. 특히 후자의 절취행위와 관련하여서는 영업비밀을 담은 영업자료와 엔진부품 등을 절취하여 별도의 회사를 설립하여 운영하는 데 이용하여 부정한 이익을 얻을 목적을 갖고 있다 판단하였다. 그렇다면 후자의 절취 행위는 영업비밀의 부정취득행위로서 영업비밀보호법 제18조 제2항에 해당할 수 있다 판단된다. 이러한 경우에 대하여 절취와 별도로 영업비밀의 부정사용에 대하여 판단할 여지가 있는지 의문이다.

대법원도 역시 이러한 의문스러운 입장을 보이고 있다. 즉 영업비밀이 담긴 타인의 재물을 절취하여 그 영업비밀을 부정사용한 행위가 절도의 불가벌적 사후행위에 해당하는지를 판단하면서, 영업비밀의 부정사용행위는 새로운 법익의 침해로 보아야 하므로 위와 같은 부정사용행위가 절도범행의 불가벌적 사후행위가 되는 것은 아니라고 판단하였다.[83] 그러나 영업비밀의 부정취득행위와 절도 행위의 상상적 경합이 인정되는 상황에서, 이를 부정사용한 행위와 절도 행위와의 불가벌적 사후행위 여부를 판단할 여지가 있는지 의문이다.

> 부정한 이익을 얻거나 기업에 손해를 가할 목적으로 그 기업에 유용한 영업비밀이 담겨 있는 타인의 재물을 절취한 후 그 영업비밀을 사용하는 경우, 영업비밀의 부정사용행위는 새로운 법익의 침해로 보아야 하므로 위와 같은 부정사용행위가 절도범행의 불가벌적 사후행위가 되는 것은 아니다.
> 원심이 같은 취지에서, 삼원산업의 영업비밀이 담겨 있는 이 사건 단가리스트 CD를 절취한 후 그 CD에 담겨 있는 영업비밀을 부정사용한 피고인의 행위가 부정경쟁방지 및 영업비밀보호에 관한 법률 제18조 제2항 위반죄에 해당한다고 본 것은 정당하고, 거기에 불가벌적 사후행위에 관한 법리오해 등의 위법이 없다. 원심은 그 적법하게 채택한 증거들에 의하여 판시와 같

---

83) 대법원 2008.9.11. 선고 2008도5364 판결.

은 사실을 인정한 다음, 그 판시와 같은 사정들을 종합해 보면, 이 사건 단가리스트 CD에 담긴 자료는 단순한 선박용 엔진부품의 규격, 단가 및 거래처 등에 관한 개별 정보의 나열이 아니라 선박용 엔진부품의 판매업체로서 삼원산업의 영업노하우(know-how)가 집적된 영업비밀에 해당하며, 나아가 피고인에게 부정한 목적이 있었음을 인정할 수 있다고 판단하였는바, 관계 법령 및 기록에 비추어 살펴보면, 원심의 위와 같은 인정과 판단은 정당하다(대법원 2008.9.11. 선고 2008도5364 판결).

V. 정보통신망침해

1. 의 의

정보통신망침해죄는 정보통신망 이용촉진 및 정보보호 등에 관한 법률(이하 '정보통신망법'이라 한다) 제48조 및 제49조에 해당하는 행위로, 정당한 접근권한 없이 또는 정보통신망에 침입하거나, 정보를 훼손하거나 타인의 비밀을 침해·도용 또는 누설 등의 행위를 의미한다. 정보통신기술의 발달로 영업비밀 내지 기술을 정보통신망을 통하여 회사 내에서 공유하는 경우가 많다. 이와 관련하여 퇴사 후에도 기존에 사용하거나 알고 있던 아이디·비밀번호를 이용하여 영업비밀에 접근하거나 유출하는 경우가 있다. 이러한 경우 영업비밀의 침해와 함께 정보통신망침해죄가 적용될 수 있다.

2. 구성요건

가. 행위 주체

'누구든지' 본죄의 행위주체가 될 수 있다. 정보통신망법 제1조가 "이 법은 정보통신망의 이용을 촉진하고 정보통신서비스를 이용하는 자의 개인정보를 보호함과 아울러 정보통신망을 건전하고 안전하게 이용할 수 있는 환경을 조성함으로써 국민생활의 향상과 공공복리의 증진에 이바지함을 목적으로 한다"고 규정하고 있는 점, 법 제49조가 '누구든지'라고 규정하여 '타인의 비밀 누설' 행위의 주체를 제한하고 있지 않고, 비밀의 침해행위와는 별도로 도용, 누설행위를 금지하고 있는 점, 비밀의 '누설'이란 비밀을 아직 알지 못하는 타인에게 이를 알려 주는 행위를 말하고, 그 방법에 제한이 없는 점 등에 비추어 보면, '정보통신망에 의하여 처리·보관 또는 전송되는 타인의 비밀'을 정보통신망으로부터 직접 취득하지 아니하고 제3자를 통하여 취득한 자라 하더라도 그 정을 알면서 그 비밀을 알지 못하는 제3자에게 이를 알려 준 경우에는 법 제49조, 제62조 제6호 소정의 타인의 비밀누설죄가 성립한다고 보아야 한다.[84]

나. 타인의 정보 내지 비밀

본죄는 타인의 '정보' 내지 '비밀'을 대상으로 한다. 이때 '정보'란 정보화촉진기본법에서 정하는 바에 따라 '자연인 또는 법인이 특정 목적을 위하여 광 또는 전자적 방식으로 처리하여 부호·문자·음성·음향 및 영상 등으로 표현한 모든 종류의 자료 또는 지식'을 의미하며(동법 제2조 제1호), '비밀'은 '일반적으로 알려져 있지 않은 사실로서 이를 다른 사람에게 알리지 않는 것이 본인에게 이익이 있는 것'을 의미한다.[85]

이때 비밀은 정보에 비하여 제한적으로 해석하여야 한다. 즉 정보통신망법 제49조가 정보와 비밀을 구분하여 정보의 경우에는 훼손행위를 금지하고 있는 반면, 비밀의 경우에는 이보다는 정도가 약한 침해·도용·누설행위를 금지하고 있는 점에 비추어 비밀의 개념은 정보의 개념보다는 좁은 것으로 보아야 한다. 법 제48조는 타인의 비밀을 누설하는

---

84) 대법원 2008.4.24. 선고 2006도8644 판결.
85) 대법원 2007.6.28. 선고 2006도6389 판결.

행위와는 별도로 정당한 접근권한 없이 정보통신망에 침입하는 행위 자체를 금지하고 있는데, 만약 개인의 사생활의 비밀 내지 평온에 속하는 사항은 그 내용에 상관없이 모두 타인의 비밀에 해당한다고 본다면 이는 결국, 개인의 이메일 등 정보통신망에 의하여 보관되어 있는 모든 정보가 타인의 비밀에 해당한다는 것과 다름 아닌 결과가 되고, 따라서 타인의 이메일에 함부로 접속하여 그 내용을 읽어보는 것 자체만으로도 정보통신망 침입죄뿐만 아니라 비밀 침해죄를 구성할 수 있는 등 정보통신망 침입행위와 비밀 침해·누설행위의 구분이 모호해지게 될 뿐만 아니라, 양자에 대하여 법정형에 차등을 두고 있는 법의 취지에도 반하게 되는 점 등에 비추어 보면, 법 제49조에서 말하는 타인의 비밀이란 일반적으로 알려져 있지 않은 사실로서 이를 다른 사람에게 알리지 않는 것이 본인에게 이익이 있는 것을 의미한다고 제한적으로 해석함이 상당하다.[86)]

영업비밀의 경우에는 '타인의 정보'로서 보호받는 것이 아니라 '비밀'로서 보호받는다. 따라서 정보의 완결성 등이 훼손되는 것이 없더라도, 정보통신망에 의하여 처리·보관 또는 전송되는 상태가 훼손되어 '침해·도용 또는 누설'되었다면, 비밀침해죄에 해당하며, 형사 처벌 역시 5년 이하의 징역 또는 5천만원 이하의 벌금에 처하게 된다.

다. 정보의 훼손 내지 비밀의 침해·도용 또는 누설

본죄의 행위는 정보의 훼손 내지 비밀의 침해·도용 또는 누설이다. 정보의 훼손이라 함은 정보의 완결성을 깨뜨리는 일체의 행위를 의미한다. 예컨대 정보통신망에 접근하여 파일을 삭제하는 행위등은 타인 정보의 훼손 행위에 해당한다.[87)88)]

---

86) 대법원 2006.3.24. 선고 2005도7309 판결.
87) 서울중앙지방법원 2006.9.28. 선고 2005고단7090 판결.

비밀의 침해는 비밀로서 유지되어야 하는 상태가 깨어지는 것을 의미하며, 도용은 권한없이 사용되는 것을 의미한다 하겠다. 예컨대 정당한 권한없이 정보통신망에 접근하여 파일을 열람하거나 다운로드받는 행위는 타인의 비밀을 침해하는 행위이다.[89] 이때 정보통신망에 대한 접근권한의 유무 여부는 문제되지 않는다. 메일 서버를 관리하면서, 타인의 전자메일을 임의로 열어보는 행위 역시 타인의 비밀을 침해하는 행위에 해당한다.[90]

비밀의 '누설'은 비밀을 아직 알지 못하는 타인에게 이를 알려 주는 행위를 의미한다. 그 방법에 제한이 있다고 볼 수 없으므로 구두의 고지, 서면에 의한 통지 등 모든 방법이 가능하다. 따라서 타인의 이메일 문서를 출력하여 서면으로 공개하는 행위도 비밀의 누설 행위에 해당한다. 다만 이때 주의하여야 하는 것은 이메일 출력물 자체는 정보통신망에 의하여 처리·보관 또는 전송되는 타인의 비밀에 해당하는 것은 아니라는 점이다.[91] 또한 막연히 피해자의 이메일 출력물을 보여준 것이 타인의 비밀을 누설하는 행위에 해당한다는 취지로만 되어 있으면 안 된다. 즉 심판의 대상과 피고인의 방어범위를 확정할 수 있도록 공소사실을 특정하여야 한다는 점에서, 이메일 출력물의 내용이나 제목 등, 이메일 출력물이 타인의 비밀에 해당하는지 여부를 판단할 수 있도록 하여야 한다.[92]

라. 정당한 접근권한 없이

제49조가 정보의 훼손이나 비밀의 침해·도용 또는 누설과 같은 행

---

88) 나아가 정보를 훼손하여서 업무를 방해한 경우에는 형법 제31조 제2항의 업무방해죄가 성립할 수 있다.
89) 서울중앙지방법원 2006.9.28. 선고 2005고단7090 판결.
90) 수원지방법원 성남지원 2004.2.13. 선고 2003고단3131 판결.
91) 대법원 2008.4.24. 선고 2006도8644 판결.
92) 대법원 2006.3.24. 선고 2005도7309 판결.

위로서 정보의 완결성 내지 비밀성을 보호하고자 한다면, 본조는 정보에 대한 접근 행위에 대하여 규율한다. 즉 정당한 접근 권한 없이 정보통신망에 접근하는 일체의 행위를 규율한다. 이때의 접근 행위는 반드시 정보통신망의 보호조치에 대한 침해나 훼손을 수반하여야 하는 것은 아니다. 즉 정보통신망법의 전신인 구 전산망 보급 확장과 이용촉진 등에 관한 법률 제22조 제2항 및 구 정보통신망 이용촉진 등에 관한 법률 제19조 제3항은 모두 정보통신서비스제공자가 정보통신망의 안정성 및 정보의 신뢰성을 확보하기 위한 보호조치를 강구하여야 함을 전제로 그러한 보호조치를 불법 또는 부당한 방법으로 침해하거나 훼손하는 행위를 금지하고 있었으나, 정보통신망법 제48조 제1항은 그러한 보호조치를 침해하거나 훼손할 것을 구성요건으로 하지 않고 '정당한 접근권한 없이 또는 허용된 접근권한을 초과하여 정보통신망에 침입'하는 행위를 금지하고 있다. 따라서 정보통신망법은 그 보호조치에 대한 침해나 훼손이 수반되지 않더라도 부정한 방법으로 타인의 식별부호(아이디와 비밀번호)를 이용하거나 보호조치에 따른 제한을 면할 수 있게 하는 부정한 명령을 입력하는 등의 방법으로 침입하는 행위도 금지하고 있다.[93] 예컨대 해킹 프로그램을 통하여 피해 회사의 서버에 접속하여 피해 회사의 비밀을 침해·도용하는 행위,[94] 퇴사 후 재직 중 알고 있던 아이디와 비밀번호로 정보통신망에 접근하는 행위[95] 등이 이에 해당한다. 이때 접근 과정에서 사용하는 아이디나 비밀번호는 타인의 것이든, 재직 중 사용하던 자신의 것이든 상관없다.

---

93) 대법원 2005.11.25. 선고 2005도870 판결.
94) 서울중앙지방법원 2002.10.9. 선고 2002고단5849 판결.
95) 서울중앙지방법원 2002.11.5. 선고 2002고단9126 판결.

3. 영업비밀의 침해와 정보통신망 침해죄

정보통신기술의 발달로 작업의 효율성에서 일정 기술정보 내지 경영정보를 정보통신망을 통하여 회사 내에서 공유하는 경우가 많다. 특히 컴퓨터프로그램 관련 산업에 있어서는 기술 개발 과정에서 지속적인 개선 작업을 위하여 네트워크를 통하여 개발 단계에서의 프로그램을 공유하는 경우가 많다. 이와 관련하여 정보통신망을 통하여 공유되는 정보에 대한 영업비밀성이 문제되는 경우가 있다.

아직 대법원에서의 판단은 없으나, 일단 하급심의 재판례를 보면 법원은 정보통신망으로부터 보호되는 비밀에 대하여 영업비밀성을 요구하는 것으로 보이지는 않는다. 정보통신망에 저장되어 있던 정보에 대하여 영업비밀성을 인정하면 비밀의 침해·도용·누설 등을 이유로 처벌하기보다는 경우에 따라 달리 판단하고 있다. 즉 정보통신망 침해죄를 인정하는 경우에도 사안에 따라 정보통신망에 대한 접근 권한을 이유로 제48조 제1항을 의율하기도 하고, 비밀의 침해를 이유로 제49조를 적용하기도 한다.

자신이 사용하는 컴퓨터로 인터넷을 통하여 피해자 회사의 서버에 접근한 후 피해자 회사 재직 시부터 미리 알고 있는 아이디, 비밀번호를 입력하여 로그인함으로써 정당한 접근권한 없이 정보통신망에 침입하고, 위 서버에 저장되어 있는 ○○ 등에 관련된 소스프로그램 약 20여개를 자신이 사용하는 컴퓨터로 전송받는 방법으로 정보통신망에 의하여 보관되는 타인의 비밀을 침해하는 행위(서울지방법원 2002.11.5. 선고 2002고단9126 판결).

피고인이 사용하는 컴퓨터로 정당한 접근 권한 없이 인터넷을 이용하여 □□의 웹하드에 접근, 미리 알고 있던 아이디와 비밀번호를 입력하여 침입한 뒤 위 웹하드에 저장 되어 있던 PDP TV 제조 관련 기능소프트웨어 파일(configdata.hex)을 피고인 사용 컴퓨터 하드디스크에 다운로드 받은 것을 비롯하여 그때부터 별지 범죄일람표 기재와 같이 3회에 걸쳐 같은 장소에서 위 웹하드에 접속한 후 같은 방법으로 위 □□에 유용한 영업비밀인 PDP TV 제조 관련 기능소프트웨어 파일 71개, 실행 파일 8개 및 서비스 매뉴얼 5개 합계 84개 파일 총 용량 91,535 킬로바이트를 다운로드받아 말레이시아국 소재 ○○의 TV 개발 업무에 사용하는 행위(수원지방법원 2006. 3.31. 선고 2006고단73 판결).

영업비밀로서의 보호를 인정하지 않는 경우에도 법원의 태도는 마찬가지이다. 즉 영업비밀로서 인정하지 않는다고 하여 제48조 제1항에 의한 정보통신망 침해행위만을 인정하는 것이 아니다. 영업비밀보호법상의 영업비밀에 해당하지 않을지라도 비밀에 해당할 수 있으며, 정보통신망 침해죄가 성립될 여지가 있다. 예컨대 영업비밀과 정보통신망 침해를 주장한 사건에서 법원은 업무상 배임과 정보통신망 침해죄를 인정한 바 있다.[96]

누구든지 정당한 접근권한 없이 정보통신망에 침입하여서는 아니됨에도 불구하고, 2003. 3. 중순경 피고인 A의 주거지에서 B 웹사이트에 접속한 후 관리자 아이디 및 비밀번호를 입력하여 관리자 권한을 취득하고, 계속해서 관리자 권한으로만 접속가능한 웹페이지에 접속하여 그곳에 기재되어 있는 C의 A 고객 D의 아이디, 비밀번호를 열람하고 이를 X에 전달하는 등 그때로부터 2003. 4. 하순경까지 사이에 별지 범죄일람표 (1) 기재와 같이 6회에 걸쳐 정당한 접근권한 없이 정보통신망에 침입하는 행위(서울중앙지방법원 2005.8.3. 선고 2004노2068 판결).

한편 정보통신망을 침해하여 정보를 훼손하였다면, 타인의 비밀에 해당하는 것에 상관없이 비밀을 침해한 경우와 같은 형사적 처벌 대상이 된다.

---

96) 서울중앙지방법원 2005.8.3. 선고 2004노2068 판결. 다만 이 사건은 1심에서 영업비밀 침해죄가 인정되었던 것에 대한 항소심에서 공소장이 변경되고, 법원은 업무상 배임과 정보통신망 침해죄를 인정하고 있다. 이는 영업비밀에 대한 입증이 부담되면서, 업무상 배임 정보통신망 침해행위로 대처한 것으로 보인다.

피고인의 집에서 컴퓨터의 FTP 프로그램을 이용하여 □□ 테스트서버 주소를 입력한 후, 피고인이 알고 있던 아이디와 패스워드를 입력함으로써 피해자 □□의 테스트 서버에 접속하여 정당한 접근권한 없이 정보통신망에 침입하고 위 회사 테스트 서버에 저장되어 있는 ○○의 소스코드 파일을 열람함으로써 정보통신망에 의하여 처리·보관되는 피해자 회사의 비밀을 침해한 것을 비롯하여, 별지 범죄일람표 기재와 같이 합계 90회에 걸쳐 피고인이 사용하던 PC 및 □□ 테스트 서버에 정당한 접근권한 없이 침입하고, 합계 685건의 파일을 열람하거나 다운로드 받음으로써 정보통신망에 의하여 처리·보관되는 피해자 회사의 비밀을 침해하고, 이중 합계 664건의 파일을 삭제함으로써 정보통신망에 의하여 처리·보관되는 피해자 회사의 정보를 훼손하는 행위(서울중앙지방법원 2006.9.28. 선고 2005고단7090 판결).

Ⅵ. 기타 형사처벌

영업비밀 침해행위와 관련하여 부수하여 재물손괴죄나 비밀침해죄 또는 업무방해죄 등의 성립이 가능할 수 있다. 예컨대 영업비밀을 포함되어 있는 문서나 전자기록을 손괴하였다면 재물손괴죄가 가능하며, 영업비밀 자체가 비밀로서 관리되는 상태를 손상시켰다면 비밀침해죄 역시 성립가능하다. 또한 컴퓨터등 정보처리장치 또는 전자기록등 특수매체기록을 손괴하거나 정보처리장치에 허위의 정보 또는 부정한 명령을 입력하거나 기타 방법으로 정보처리에 장애를 발생하게 하여 사람의 업무를 방해하였다면 업무방해죄 등이 성립할 수 있다.

1. 재물손괴죄 등

가. 의 의

본죄는 타인의 재물, 문서 또는 기록매체 등 특수매체기록을 손괴 또는 은닉 기타 방법으로 그 효용을 해함으로써 성립하는 범죄이다. 이는 구형법상의 사문서훼기죄, 기물손괴죄 및 신용은닉죄를 통합한 것이며, 1995년 12월 개정 형법에 의하여 전자기록등 특수매체기록이 행위 객체에 추가되었다.

영업비밀의 보호와 관련하여서는, 영업비밀이 기록되어 있는 문서 또는 전자기록 등의 특수매체기록을 손괴 또는 은닉 기타 그 효용을 해하는 행위를 상정할 수 있다. 예컨대 영업비밀이 기록되어 있는 장부를 은닉하거나, 일부 부분을 뜯어내는 등의 행위가 해당된다. 또한 영업비밀이 보관·처리되고 있는 CD 등의 저장매체를 손상시킴으로써 이를 사용할 수 없게 하는 행위가 있다면 본죄에 해당한다. 또한 영업비밀이 보관되어 있는 시설의 잠금장치를 훼손하는 등의 행위 역시 이에 해당한다. 나아가 영업비밀에 해당하지 않는 경우에도 당해 정보가 기록되어 있는 매체를 보호하기 위한 규정이므로, 영업비밀에 대한 주장없이도 매체에 대한 침해를 이유로 반사적으로 영업비밀 침해행위에 대응할 수 있다.

또한 정보통신망 침해죄가 인터넷 등의 정보통신망을 이용한 행위라면, 본죄는 정보통신망에 연결되지 않은 컴퓨터등에 저장된 정보를 보호하는 기능을 한다. 다만 아직 영업비밀 침해관련 사건과 관련하여 본죄가 의율되거나 본죄의 적용이 주장된 바는 없는 상태이다.

나. 객관적 구성요건

(1) 행위의 객체

타인의 재물, 문서 또는 전자기록 등 특수매체기록이 행위의 객체이다. 본죄에서 재물이란 유체물뿐만 아니라 관리할 수 있는 동력을 포함한다(형법 제372조). 동산·부동산을 불문하며, 동물도 또한 여기의 재물에 해당한다.

문서는 형법 제141조 제1항의 서류에 해당하지 않는 모든 서류를 말한다. 사문서·공문서를 구분하지 않으며, 도화나 유가증권도 여기에 포함된다. 다만 공공기록물의 경우에는 공공기록물 관리에 관한 법률이 적용된다. 즉 '공공기관이 업무와 관련하여 생산 또는 접수한 문서·도서·대장·카드·도면·시청각물·전자문서 등 모든 형태의 기록정보 자료와 행정박물'에 해당하는 경우에는, 이를 무단으로 파기하거나(동법 제50조), 은닉·유출 등을 하는 행위(동법 제51조)는 공공기록물관리법에 의하여 처벌된다.

특수매체기록이란 사람의 지각에 의하여 인식될 수 없는 방식에 의하여 작성되어 컴퓨터등 정보처리장치에 의한 정보처리를 위하여 제공된 기록을 말하며, 전자기록뿐만 아니라 전기기록이나 광학기록을 포함한다.

재물, 문서 또는 전자기록 등 특수매체기록은 타인의 소유에 속하여야 한다. 여기서 타인이란 개인뿐만 아니라 국가·법인·법인격없는 단체를 포함하며, 타인의 소유란 타인의 단독 또는 공동소유에 속하는 것을 말한다.

(2) 행 위

손괴 또는 은닉 기타의 방법으로 그 효용을 해하는 것이다. 손괴란 재물 또는 문서에 직접 유형력을 행사하여 그 이용가능성을 침해하는 것을 말한다. 재물 자체에 유형력을 행사하여야 하므로, 물체에 영향을 미치지 않고 재물의 기능을 훼손하는 것은 손괴에 해당하지 않는다. 그러나 이로 인하여 물건 자체가 반드시 소멸될 것을 요하지 아니하며, 그 재물이 가지는 원래에 목적에 사용될 수 없게 하는 것이면 족하다. 재물을 본래의 목적에 사용할 수 없게 하는 것도 반드시 영구적임을 요하지 않고, 일시적이라도 좋다. 즉 효용을 해한다고 함은 그 물건의 본래 사용목적에 공할 수 없게 하는 상태로 만드는 것은 물론 일시 그것을 이용할 수 없는 상태로 만드는 것도 역시 효용을 해하는 것에 해당한다.[97]

문서를 손괴하는 경우의 대표적인 예로는 문서를 파손·소각하거나 장부 중의 일부를 뜯어버리는 것을 들 수 있으며, 전자기록 등 특수매체기록의 손괴란 기억매체의 파손이나 정보의 소거를 말하며, 기록 그 자체를 소거 또는 변경하는 경우를 포함한다. 이때 손괴가 중요한 부분을 훼손하는 것을 요하지는 않는다. 은닉이란 재물, 문서 또는 전자기록 등 특수매체기록의 소재를 불분명하게 하여 그 발견을 곤란 또는 불가능하게 함으로써 그 재물, 문서 또는 전자기록 등 특수매체기록이 가진 효용을 해하는 것을 말한다. 이러한 은닉 행위는 물건 자체의 상태에 변화를 가져오는 것은 아니라는 점에서 손괴와 구별된다.

손괴 또는 은닉 이외의 방법으로 재물, 문서 또는 전자기록 등 특수매체기록의 효용을 해하는 일체의 행위를 말한다. 물질적 훼손뿐만 아니라 사실상 또는 감정상 그 물건을 본래의 용도에 사용할 수 없게 하는 일체의 행위를 포함한다. 그 물건을 본래의 사용목적에 공할 수 없게 하는 경우뿐만 아니라 일시 이용할 수 없는 상태로 만드는 것도 포함한다.

기타의 방법으로 특수매체기록의 효용을 해하는 행위는 정보를 사용할 수 없게 하는 것과 기록내용을 변경하는 것을 말한다. 정보에 새로운 프로그램을 입력하여 접근할 수 없게 하거나, 기록에 새로운 내용을 추가하거나 일부를 삭제하거나 다른 정보와 연결하여 다른 정보 내용을 갖게 하는 경우 등을 포함한다.

다. 주관적 구성요건

본죄는 고의범이다. 따라서 본죄가 성립하기 위하여는 객관적 구성요

---

97) 대법원 1992.7.28. 선고 92도1345 판결.

건요소에 대한 고의가 있어야 한다. 본죄의 고의는 타인의 재물, 문서 또는 전자기록 등 특수매체기록의 이용가치의 전부 또는 일부를 침해한다는 인식을 내용으로 한다. 미필적 고의로 족하며, 영득의 의사 또는 이득의 의사는 요하지 않는다.

2. 비밀침해죄

가. 의 의

본죄는 봉함 기타 비밀장치한 타인의 편지, 문서 또는 도화를 개봉하거나, 봉함 기타 비밀장치한 사람의 편지, 문서 또는 전자기록 등 특수매체기록을 기술적 수단을 이용하여 그 내용을 알아냄으로써 그 내용을 알아냄으로써 성립하는 범죄이다. 본죄는 개인의 비밀을 보호법익으로 하며, 비밀의 주체는 자연인이든 법인이든 법인격 없는 단체이든 상관없다.

영업비밀 침해행위와 관련하여서는 영업비밀이 기재된 문서 등을 봉함 기타 비밀장치를 한 경우, 이를 훼손한 행위에 대하여 형사적 처벌이 가능하다. 즉 본 규정은 영업비밀을 보호하는 비밀장치에 대한 침해행위를 처벌하는 규정으로 작용한다. 이러한 점에서 재물손괴죄 등이 영업비밀이 기재된 매체에 대한 보호규정으로 작용한다면, 본 규정은 영업비밀을 보호하기 위한 보호 장치에 대한 보호규정으로 작용한다. 또한 정보통신망 침해죄가 정보통신망을 이용한 침해행위만을 대상으로 한다면, 이 규정은 정보통신망을 이용하지 않고 전자기록을 침해하는 행위에 대한 행위를 대상으로 한다는 점에서 정보통신망침해죄와도 상호 보완관계에 있다.

나. 객관적 구성요건

(1) 행위의 객체

본죄의 객체는 봉함 기타 비밀장치한 타인의 편지·문서·도화 또는 전자기록 등 특수매체기록이다. 1995년 개정 형법을 통하여 종전의 서신을 편지로 고치고, 문서·도화 이외에 전자기록 등 특수매체기록을 추가하였다. 편지는 특정인으로부터 다른 특정인에게 의사를 전달하는 문서로, 반드시 우편물이어야 하는 것은 아니다. 문서는 편지가 아닌 것으로 문자 기타의 발음부호에 의하여 특정인의 의사를 표시한 것을 말한다. 도화란 그림에 의하여 의사가 표시된 것을 말하며, 의사가 표시되지 아니한 도표나 사진을 여기에 해당하지 않는다. 봉함 또는 비밀장치한 것에 한하여 본죄의 객체가 된다. 따라서 장치를 하지 아니한 우편엽서등은 본죄의 객체에 해당하지 않는다.

봉함이란 봉투를 붙인 것과 같이 그 외포를 파훼하지 않고는 내용을 알 수 없거나 곤란하게 하는 것을 말한다. 비밀장치는 봉함 이외의 방법으로 외포를 만들어 그 내용을 알 수 없게 하는 일체의 장치를 의미한다. 비밀장치한 특수매체기록이란 권한없는 사람의 기록에 대한 접근을 방지하거나 곤란하게 하기 위한 장치가 취해져 있는 기록을 말한다. 컴퓨터나 기록 자체가 시정되어 있는 경우는 물론 정보의 호출을 위하여 예컨대 비밀번호, 전자카드, 지문감식 또는 음성감지체계와 같은 특수한 작동체계를 마련한 경우를 포함한다.

> '비밀장치한 전자기록 등 특수매체기록'이란, 권한 없는 사람이 기록에 접근하는 것을 방지하거나 곤란하게 하기 위한 장치가 마련되어 있는 특수매체기록을 말하는 것으로, 컴퓨터나 기록 자체가 시정되어 있는 경우는 물론, 비밀번호, 지문인식과 같은 특수한 작동체계를 설정하여 둔 경우도 이에 포함된다(서울동부지방법원 2007.7.5. 선고 2007노318 판결).

(2) 행 위

본죄의 행위는 개봉하거나 기술적 수단을 이용하여 그 내용을 알아내는 것이다. 개봉이란 봉함 기타 비밀장치를 파훼하여 편지·문서 또는 도화의 내용을 알 수 있는 상태에 두는 것을 말하며, 개봉의 방법은 묻지 않는다. 편지 등의 내용을 알 수 있는 상태에 두면 족하며, 반드시 그 내용을 인식하였을 것도 요하지 않는다. 편지를 개봉한 이상 그 내용은 읽지 못하였다 하여도 본죄는 기수에 이른다. 이러한 의미에서 본죄는 추상적 위험범이다.

편지등을 절취 또는 횡령한 후에 개봉한 때에는 절도죄 또는 횡령죄와 본죄의 경합범이 된다.

개봉하지 않고 기술적 수단을 이용하여 그 내용을 알아내는 경우에도 본죄가 성립한다. 다만 기술적 수단의 이용을 요구한다는 점에서 단순히 불빛에 투시하여 내용을 읽어보는 것만으로는 족하지 않다. 예컨대 투시기를 이용하거나 종이에 약물을 적셔서 내용을 알아내는 경우가 여기에 해당한다.

영업비밀침해죄가 위험범인 것에 반하여, 본죄는 이 경우에는 편지등의 내용, 적어도 그 일부를 알아야 성립하는 침해죄이다. 따라서 내용을 알아내지 못한 때에는 본죄는 성립하지 않는다.

다. 주관적 구성요건

주관적 구성요건으로 고의를 필요로 한다. 즉 봉함 기타 비밀장치한 타인의 편지·문서·도화 또는 전자기록 등 특수매체기록을 개봉하거나 기술적 수단을 이용하여 그 내용을 알아낸다는 고의가 있어야 한다. 미필적 고의로 충분하다.

3. 업무방해죄

가. 의 의

본죄는 컴퓨터 등 정보처리장치 또는 전자기록 등 특수매체기록을 손괴하거나 정보처리장치에 허위의 정보 또는 부정한 명령을 입력하거나 기타 방법으로 정보처리에 장애를 발생하게 하여 사람의 업무를 방해한 때에 성립하는 범죄이다. 경제생활에서 있어서의 업무만을 보호하기 위한 범죄가 아니라 사회적 활동으로서 모든 업무를 보호하기 위한 범죄로, 영업비밀침해죄에 있어서의 영업 범위보다 넓은 개념의 업무를 보호대상으로 한다. 특히 1995년 12월 개정 형법을 통하여 컴퓨터등 정보처리 장치에 대한 가해행위를 수단으로 한 업무방해행위도 업무방해죄의 한 유형으로 추가되었다.

영업비밀보호법상의 영업비밀침해죄는 유용한 정보가 노력의 결과로서 비밀로서 보호되고 있는 평온한 사실상태를 파괴하는 행위를 금지하는 경쟁 질서법으로서의 성격을 갖고 있다. 이와는 별도로 영업비밀을 침해하는 과정에서 컴퓨터 등 정보처리장치 또는 전자기록 등 특수매체기록을 손괴하거나 허위의 정보 또는 부정한 명령을 입력하거나 기타 방법으로 정보처리에 장애를 발생하게 하여 사람의 업무를 방해한 때에는 업무방해죄가 성립한다. 비밀침해죄나 재물손괴죄의 행위가 인터넷 등 정보통신망을 이용하지 않은 것에 한정되는 것에 반하여, 본죄는 정보통신망을 이용하지 않은 행위에 한정되지 않는다. 즉 업무를 방해하였다면 정보통신망의 이용 여부에 상관없이 본죄가 성립한다.

나. 객관적 구성요건

(1) 행위의 객체

본죄의 행위객체는 컴퓨터등 정보처리장치와 전자기록 등 특수매체기록이다. 정보처리장치는 컴퓨터 시스템을 의미하며, 특수매체기록에는 전자기록이외에 전자적 기록이나 광기록을 이용한 기록을 포함한다. 사람의 업무에 사용되는 것이면 족하고, 정보처리장치나 특수매체기록의 소유권 귀속 역시 묻지 않는다.

(2) 행 위

본죄의 행위는 ① 컴퓨터등 정보처리장치나 전자기록 등 특수매체기록을 손괴하거나, ② 정보처리장치에 허위의 정보 또는 부정한 명령을 입력하거나, ③ 기타의 방법으로 정보처리장치에 장애를 발생케 하는 것이다. 손괴는 정보처리장치나 특수매체기록에 대한 물리적인 파괴나 멸실뿐만 아니라 전자적 기록을 소거하는 것을 포함한다. 허위의 정보 또는 부정한 명령을 입력하는 것은 진실에 반하는 정보를 입력하거나 주어서는 안 되는 프로그램을 입력하는 것을 말한다. 권한 없는 자가 정보처리장치에 입력되어 있는 관리자의 아이디와 비밀번호를 무단으로 변경하는 행위가 여기에 해당한다.[98] 기타의 방법은 컴퓨터에 대한 가해수단으로 컴퓨터의 작동에 직접 영향을 미치는 일체의 행위를 말하다. 예컨대 전원이나 통신회선을 절단하거나 온도·습도 등의 동작환경을 파괴하거나, 처리불능의 대량정보의 입력 등이 이에 해당한다.

가해행위의 결과 정보처리장치에 장애가 발생하여야 한다. 정보처리장치의 장애란 컴퓨터의 정상적인 기능이 저해되는 것을 말한다.

피고인의 컴퓨터를 이용하여 미리 알고 있던 위 여행사닷컴의 운영자 아이디와 비밀번호를 입력하여 위 여행사닷컴 사이트에 접속한 뒤 그 서버 데이터베이스에 보관중인 해외여행 예약현황, 판매되는 상품정보 및 게시판에 올라온 글 등 관련 정보를 열람하여 피해자의 영업비밀을 침해하고, 위 여행사닷컴에 접속하게 됨을 기화로, 위 여행사닷컴 사이트에 보관중이던 불

---

98) 대법원 2006.3.10. 선고 2005도382 판결.

상의 고객들이 예약한 7건의 정보(고객이름, 여행지역, 이메일, 전화번호 등)를 삭제하고 11건의 정보를 수정하여 이를 훼손함과 동시에 피해자의 정당한 여행사 운영업무를 방해하였다(서울중앙지방법원 2005.5.26. 선고 2005고단1667 판결).

(3) 업무방해

업무를 방해해야 한다. 다만 방해의 결과가 현실적으로 발생하여야 하는 것은 아니며, 작동 중인 컴퓨터에 의한 업무 수행이 불가능한 이상 업무방해의 결과가 발생하였다고 본다.

다. 주관적 구성요건

본죄가 성립하기 위하여는 고의가 필요하며, 미필적 인식이 있으면 족하다. 고의는 컴퓨터 등 정보처리장치나 특수매체기록에 대한 가해행위로 정보처리 장치에 장애가 발생한다는 점에 대한 인식을 내용으로 한다. 이때 업무방해의 결과에 대한 인식은 고의의 내용이 되지 않는다.

제 **4** 장

산업기술 등의 보호

제4장 산업기술 등의 보호

제1절 산업기술 보호의 의의

I. 산업기술 보호의 필요성

과거에는 국가가 자국 기업의 경제활동에 적극적으로 개입하였다. 국가적인 차원에서 자국의 기술을 국가의 자원으로 생각하여 외국으로 유출되는 것을 막고 비밀로 보호하였다. 국가의 부를 증대한다는 측면에서 기업의 경제활동이 정부의 개입을 통하여 보호·육성되기도 하였다. 그 정부의 규제에 의한 보호를 통하여, 모든 기업이 똑같이 이익을 향유할 수 있었던 소위 호송선단방식의 시대가 있었다. 그러나 오늘날에는 글로벌화 된 경쟁에 처하면서 정부의 개입 여지는 축소되고, 기업들 사이에서 약육강식의 경쟁이 치열하게 전개되고 있다. 특히 경쟁이 글로벌화 됨에 따라 제품 점유율이 높은 몇 개의 기업만이 이익을 확보할 수 있고, 나머지 점유율이 낮은 기업은 사업에서 퇴출될 수밖에 없는 상황에 놓이고 있다.

이러한 상황에 대응하기 위하여, 기업은 전략적 사업분야에 경영자원을 집중하고, 경쟁기업을 압도하는 우위성을 확보하기 위하여 노력하고 있다. 특히 제조업체로서는 경쟁력을 유지하기 위하여 고도한 기술을 효율적으로 개발하지 않을 수 없게 되었다. 그 결과 경쟁기업과의 기술 격차를 통하여 우위를 점하고, 그 결과 얻은 기술이 외부에 유출되어 경쟁기업이 모방할 수 없도록 하기 위하여, 기업으로서는 지적재산의 관리가 중요한 과제가 되었다.

이와 같은 사업환경 변화에 대응하기 위하여, 지적재산 관리도 특허의 출원, 권리화, 활용이라는 종래의 보편적인 활동에 추가하여, 영업비밀의 관리도 중요하게 되었다. 종래의 영업비밀 관리에 추가하여 기술유출방지를 위하여 기술의 블랙박스화, 해외생산의 국내공장으로의 회귀, 기밀정보에 대한 접근 제한 강화, 퇴직자의 경쟁업체 취업을 금지하는 계약 체결 등의 여러 방식을 채용하는 기업들이 많아지고 있다. 이러한 지적재산 관리 활동에 대한 기업의 노력 증가는 지적재산 내지 정보의 활용이 기업 경쟁력의 원천이며, 기업이 보유하는 비밀정보가 경쟁상 중요한 재산으로서의 가치를 갖는다는 인식이 전반적인 확대에서 그 이유를 찾을 수 있다.

한편 정보의 디지털화·전자화로 정보의 유통·이전이 용이하게 되었으며, 네트워크화의 전개와 디지털 처리기술의 비약적 진보로 인하여 대량의 정보가 순식간에 광범위하게 전달되는 환경에 놓이고 있다. 또한 기업은 재무체질의 개선, 사업재편 기타 다양한 관점에서 기업군을 형성하고, 사업매수, 매각을 포함하여, 그 구조를 변화시키고 있다. 이에 상응하여 고용의 유동화가 진행되고 있다. 이들 정보의 전자화·네트워크의 전개 및 디지털 처리기술의 진보 및 고용의 유동화 촉진이란 조류는 비밀정보 누설의 위험을 동시에 증대시키고 있다.

이와 같은 상황에 더불어, 국가적으로 우리나라는 선진국의 견제와 후발 경쟁국가의 추격 사이에 놓인 위기 상황이기도 하다. 즉 기술력에 있어서는 세계 상위 기업에 미치지 못하고, 하위기업에게는 가격경쟁력에 추격을 당하고 있는 상황이다. 기술력에 의하여 시장점유율을 확대하는 경우에도, 시장 전체의 가격 하락으로 이익구조는 줄어드는 상황에 접하고 있다. 또한 IT 산업이나 소프트웨어 산업, 서비스업의 경우에는 하청 구조를 벗어나지 못하고 있기도 하다. 더군다나 현재 세계 경제위기 속에서 경쟁국인 중국은 기업 M&A를 통하여 우리나라와의 기술 격차를 빠르게 줄이고 있다.[1)]

이처럼 외국 기업 및 경쟁국이 첨단기술의 유출 방지 및 경쟁 기업으로부터의 기술 습득 시도에 대응하기 위하여, 우리나라는 '산업기술의 유출방지 및 보호에 관한 법률(이하 '산업기술보호법'이라고 한다)'을 제정하고 있다. 이 법은 국가가 지정·고시한 기술에 대한 해외 유출 행위를 방지하고, 이에 대한 형사처벌을 강화하는 것을 내용으로 하고 있다. 이러한 산업기술보호법 이전에도 기술 유출 행위나 기술 침해행위에 대응할 수 있는 법률은 존재하였다. 예컨대 형법은 기술 유출행위나 침해행위 과정에서 발생하는 행위의 위법성을 근거로 절도죄나 배임죄 등을 적용하기도 하였다. 그러나 기술의 보호를 목적으로 하기보다는 기술 유출행위 내지 침해행위에서 발생하는 특정한 행위를 대상으로 한 것에 불과하다는 점에서 기술 보호에는 한계가 있었다.[2)]

기술 침해행위의 방지를 목적으로 하는 영업비밀보호법의 경우에도

---

1) 중국의 한국기업 인수합병(M&A)은 지난 2003~2007년 24건에서 2013~2017년 100건으로 4배 이상 증가했다. 특히 지난 5년간 동안 중국기업의 한국 하이테크 기업 인수합병 비중이 22%으로 가장 높았다. 시진핑 2기 정부는 '중국제조 2025 정책' 추진 동력을 얻었기 때문에 선진 기술력 확보를 위해 공격적 M&A에 나설 것으로 보인다(디지털타임즈, 2019.1.17).

2) 형법상 적용이 가능한 관련규정으로는 '비밀침해'와 관련하는 비밀침해죄와 공무상 비밀침해죄, 비밀누설죄 및 공무상 비밀누설죄가 적용되고, '주거침입'과 관련하는 주거침입죄 및 야간주거침입절도죄와 재산범죄와 관련하는 절도죄와 횡령죄(업무상 횡령죄) 및 배임죄(업무상 배임죄), 장물죄가 적용될 수 있다. 그러나 통설과 판례의 태도에 의하면, 첨단기술 '정보' 자체에 대하여 형법상 절도죄 등은 적용될 수 없고 첨단기술이 화체된 매체에 대하여만 그 매체 자체의 경제적 가치가 감소 또는 소멸되어 불법영득의 의사가 인정될 경우에 한하여 절도죄 등이 성립한다고 본다.

한계가 있었다. 법률이 요구하는 영업비밀 요건에 해당하는가를 판단하기 쉽지 않으며, 재판 등의 구제절차를 통하여 영업비밀 요건 해당 여부를 다투는 과정에서 오히려 영업비밀이 갖추어야 하는 비밀성이 상실되는 위기에 놓이게 되기도 하였다. 또한 민간기업의 영업비밀만을 대상으로 한다는 점에서, 국가적인 차원에서 기술을 보호하여야 하는 상황에서도, 영업비밀의 침해에 대한 대응 여부를 그 기술 보유 기업의 판단에 맡겨야 하는 상황이었다.

산업기술보호법은 이러한 기존의 기술유출 방지 관련 법률의 한계를 극복하기 위한 것이다. 국가의 적극적인 지정·고시 행위를 통하여 보호하고자 하는 기술 범위를 확정함으로써, 침해행위의 특수성이나 보호법률의 영업비밀 해당성이라는 어려운 판단 과정을 간소화하였다. 또한 국가주의적 차원에서 기업의 기술 개발 활동을 지원·보호하는 측면이 있는 법률이라 할 수 있다. 또한 이 법은 산업기술의 유출방지를 위한 보안기술의 개발이나 보안의식의 확대를 위한 제도적 지원 대책에 대한 근거를 마련하고 있다.

Ⅱ. 산업기술의 개념 및 대상

1. 산업기술의 정의

산업기술은 용어 그대로 이해한다면 산업에 이용가능한 기술 또는 산업적으로 활용할 수 있는 기술 등으로 볼 수 있다. 이에 산업기술은 농업, 목축업, 임업, 수산업, 공업, 서비스업 등 다종다양한 생산활동에서 자연의 사물을 인간 생활에 유용하도록 가공하는 수단으로 정의할 수 있겠다. 그러나 법률에서의 산업과 기술은 개별 법률의 제정 목적과 규율 범위에 따라 차별화되는 개념이며, 산업기술의 개념 역시 그러하다.

이러한 점에서 산업기술의 개념을 개별 산업 관련 법률에서 다루고 있는 기술의 정의로 이해하는 것에는 한계가 있다. 이에 개별 산업이 아니라 포괄적인 개념으로서의 산업을 다루고 있는 법률에서의 기술 개념 내지 산업기술 개념을 직접 정의하고 있는 법률에서의 산업기술 개념을 살펴보아야 한다.

법률 중 산업기술의 개념을 정의하고 있는 것으로는 '산업기술보호법' 과 '산업기술혁신 촉진법'3)이 있다. 먼저, 산업기술혁신 촉진법에서의 산업기술은 '산업발전법' 제2조에 따른 산업, '광업법' 제3조 제2호에 따른 광업, '에너지법' 제2조 제1호에 따른 에너지와 관련한 산업, '신에너지 및 재생에너지 개발·이용·보급 촉진법' 제2조 제1호에 따른 신·재생에너지와 관련한 산업 및 '정보통신산업 진흥법' 제2조 제2호에 따른 정보통신산업의 발전에 관련된 기술로 정의하고 있다(산업기술혁신 촉진법 제2조 제1호).

즉, 산업기술혁신 촉진법이 정의하고 있는 산업기술은 구체적으로 다음과 같은 산업에 관련한 것이다. 먼저 ① 산업발전법 제2조에 따른 산업에 관련한 기술로, 이때의 산업은 제조업 또는 제조업의 경쟁력 강화와 밀접하게 관련되는 서비스업의 업종 중 대통령령으로 정하는 업종을 의미한다. ② 광업법 제3조 제2호에 따른 광업으로 광물의 탐사(探査) 및 채굴과 이에 따르는 선광(選鑛)·제련 또는 그 밖의 사업을 말한다. ③ 에너지법 제2조 제1호에 따른 에너지와 관련한 산업 및 신에너지 및 재생에너지 개발·이용·보급 촉진법 제2조 제1호에 따른 신·재생에너지4)와 관련한 산업과 ④ 정보통신산업 진흥법 제2조 제2호에 따른

---

3) 법률 제16218호, 2019.1.8. 타법개정.
4) 신에너지 및 재생에너지 개발·이용·보급 촉진법 제2조(정의) 이 법에서 사용하는 용어의 뜻은 다음과 같다.
　　1. "신에너지"란 기존의 화석연료를 변환시켜 이용하거나 수소·산소 등의 화학 반응을 통하여 전기 또는 열을 이용하는 에너지로서 다음 각 목의 어느 하나에 해당하는 것을 말한다.

정보통신산업[5]의 발전에 관련된 기술 등이다.

산업통상자원부 소관의 법률이라는 점에서 산업기술혁신 촉진법의 산

　　가. 수소에너지
　　나. 연료전지
　　다. 석탄을 액화·가스화한 에너지 및 중질잔사유(重質殘渣油)를 가스화한 에너지
　　　　로서 대통령령으로 정하는 기준 및 범위에 해당하는 에너지
　　라. 그 밖에 석유·석탄·원자력 또는 천연가스가 아닌 에너지로서 대통령령으로 정
　　　　하는 에너지
　2. "재생에너지"란 햇빛·물·지열(地熱)·강수(降水)·생물유기체 등을 포함하는 재
　　　생 가능한 에너지를 변환시켜 이용하는 에너지로서 다음 각 목의 어느 하나에 해당
　　　하는 것을 말한다.
　　가. 태양에너지
　　나. 풍력
　　다. 수력
　　라. 해양에너지
　　마. 지열에너지
　　바. 생물자원을 변환시켜 이용하는 바이오에너지로서 대통령령으로 정하는 기준 및
　　　　범위에 해당하는 에너지
　　사. 폐기물에너지(비재생폐기물로부터 생산된 것은 제외한다)로서 대통령령으로 정하
　　　　는 기준 및 범위에 해당하는 에너지
　　아. 그 밖에 석유·석탄·원자력 또는 천연가스가 아닌 에너지로서 대통령령으로 정
　　　　하는 에너지
5) 정보통신산업 진흥법 제2조(정의) 이 법에서 사용하는 용어의 뜻은 다음과 같다.
　1. "정보통신"이란 정보의 수집·가공·저장·검색·송신·수신 및 그 활용과 관련되
　　　는 기기(器機)·기술·서비스 등 정보화를 촉진하기 위한 일련의 활동과 수단을 말
　　　한다.
　2. "정보통신산업"이란 정보통신과 관련한 제품(이하 "정보통신제품"이라 한다)을 개
　　　발·제조·생산 또는 유통하거나 이에 관련한 서비스(이하 "정보통신 관련 서비스"
　　　라 한다)를 제공하는 산업으로서 다음 각 목의 산업을 말한다. 다만, 「정보통신망 이
　　　용촉진 및 정보보호 등에 관한 법률」 제2조 제1항 제2호에 따른 정보통신서비스를
　　　제공하는 산업은 제외한다.
　　가. 컴퓨터 및 정보통신기기와 관련한 산업
　　나. 「소프트웨어산업 진흥법」 제2조 제2호에 따른 소프트웨어산업
　　다. 「전자문서 및 전자거래 기본법」 제2조 제1호 및 제5호에 따른 전자문서 및 전
　　　　자거래와 관련한 산업
　　라. 「산업발전법」 제8조 제2항에 따른 지식서비스산업 중 대통령령으로 정하는 정보
　　　　통신과 관련된 산업
　　마. 「이러닝(전자학습)산업 발전 및 이러닝 활용 촉진에 관한 법률」 제2조 제3호에
　　　　따른 이러닝산업
　　바. 「정보보호산업의 진흥에 관한 법률」 제2조 제1항 제2호에 따른 정보보호산업
　　사. 그 밖에 정보통신을 활용하여 부가가치를 창출하는 산업으로서 대통령령으로 정
　　　　하는 산업

업은 모든 범주의 산업을 포함하고 있지는 않다. 그러한 점에서 산업기술 역시 그 제한적일 수밖에 없다.

2. 산업기술보호법에서의 산업기술

산업기술혁신 촉진법이 그 목적이 되는 산업기술을 일정 법률에서 정한 산업에 관련한 기술로 한정하고 있는 점에서, 이 법에서의 산업기술은 제한적일 수밖에 없다. 진흥법으로서의 성격을 가진 산업기술혁신 촉진법은 그 소관 부처가 담당하는 산업분야의 기술에 한정될 여지가 있다. 반면 기술의 유출을 방지한다는 측면에서 산업기술보호법이 목적으로 하는 산업기술의 산업은 어떤 특정 부처의 관할 분야에 한정되기보다는 모든 산업에 관련할 필요가 있다. 즉 부정경쟁행위의 한 유형으로 영업비밀 침해행위를 규제하고 있는 영업비밀보호법이 특허청의 소관 법률이나, 이를 통하여 보호되는 영업비밀이 산업재산권 분야에 한정되지 않고 비밀로 보호되는 모든 정보를 대상으로 하고 있는 것처럼, 산업기술보호법 역시 그 소관 부처인 산업통상자원부가 관장하는 산업분야뿐만 아니라 그이외의 모든 산업에 관련한 기술을 대상으로 한다.

이에 산업기술보호법 제2조 제1호에서는 산업기술을 "제품 또는 용역의 개발·생산·보급 및 사용에 필요한 제반 방법 내지 기술상의 정보 중에서 행정기관의 장(해당 업무가 위임 또는 위탁된 경우에는 그 위임 또는 위탁받은 기관이나 법인·단체의 장을 말한다)이 산업경쟁력 제고나 유출방지 등을 위하여 이 법 또는 다른 법률이나 이 법 또는 다른 법률에서 위임한 명령(대통령령·총리령·부령에 한정한다. 이하 이 조에서 같다)에 따라 지정·고시·공고·인증하는 다음 각 목의 어느 하나에 해당하는 기술을 말한다"고 정의하고 있다. 이러한 정의 태도는 기술의 집약성이나 혁신속도 등의 특성과 가변성을 감안하여 다소 포괄적 정의방법을 채택한 것이지만,[6] 법률의 규정에 따라 지정한 것을 요건으로 하고 있으므로 관계중앙행정기관의 장이 자의적으로 산업기술을 축소·확대하는 것을 방지하고, 기술의 범위가 방대함으로 산업기술에 관한 입법을 각 개별 법령에 위임한 것으로 보는 의견[7]도 있다.

산업기술보호법에서는 기존의 영업비밀보호법이 대상으로 하고 있던 영업비밀에 한정하지 않고 그 보호범위를 확정하고 있으며, 그 효과 역시 다른 차원을 갖는다. 먼저 영업비밀은 경영상 정보와 기술상 정보를 함께 포함하고 있으나, 산업기술보호법은 기술상 정보에 한정하고 있다. 산업기술은 특정 기술을 대상으로 국가가 지정한 것인데 반하여, 영업비밀은 그러한 지정에 포함될 수도 있고 포함되지 않을 수도 있다. 또한 산업기술로서의 지정에 의하여 기술정보 보유자는 그 처분·관리에 제한을 받는데 반하여, 영업비밀에 대한 보유자의 처분·관리는 제한을 받지 않는다. 즉 영업비밀 보유자는 자신의 영업비밀을 자유로이 공개할 수 있다. 이와 같은 방식으로 기술상의 정보에 있어서 산업기술과 영업비밀 보호는 상호 보완적인 기능을 갖도록 하고 있다.

산업기술보호법의 산업기술은 ① 제품 또는 용역의 개발·생산·보급 및 사용에 필요한 것, ② 방법 내지 기술상의 정보일 것, ③ 행정기관의 장이 산업경쟁력 제고나 유출방지 등을 위하여 지정·고시·공고·인증할 것 ④ 그 지정 등이 이 법 또는 다른 법률이나 이 법 또는 다른 법률에서 위임한 명령(대통령령·총리령·부령)에 따를 것을 그 개념요소로 한다.

---

6) 산업자원부 산업기술국, 기술유출방지법 제정관련 참고자료, 2005.1, 51면.
7) 구대환, "산업기술유출방지법 제정의 의미와 보호대상에 관한 고찰", 창작과 권리(제48호), 세창출판사, 2007.9, 76면.

가. 제품 또는 용역이 개발·생산·보급 및 사용에 필요한 것

산업기술보호법에서 보호하는 산업기술은 제품 또는 용역의 개발·생산·보급 및 사용에 필요한 것이어야 한다. 즉 유형의 제품을 개발·생산·보급·사용하기 위하여 필요한 기술뿐만 아니라, 무형의 서비스를 제공하는데 필요한 기술도 산업기술보호법의 보호범위에 포함된다.

이때 산업기술은 산업 활동에 필요한 기술이면 족하고, 산업 활동에 직접 참여하는 영업주체가 직접 개발하거나 보유하고 있을 것을 요구하고 있지 않다. 이러한 점에서 영업주체의 자기 영업활동에 유용한 정보만을 보호대상으로 해석되는 영업비밀보호법상의 영업비밀과 구별된다고 설명하는 것[8]도 있다. 그러나 영업비밀 역시 그 보유자가 직접 개발할 것을 요구하지는 않는다. 영업비밀 역시 양도·이전의 대상이 될 수 있으며, 종업원에 의하여 영업비밀이 개발되는 경우와 같이 반드시 영업비밀 보유자가 영업비밀을 개발하여야 하는 것은 아니다. 예컨대 영업비밀의 전형적인 예로 소개되는 코카콜라 제조법의 경우, 코카콜라를 최초로 만든 사람은 약국을 경영하던 펨버튼(John Pemberton) 박사였지만, 현재의 코카콜라를 있게 만든 사람은 펨버튼 박사로부터 제조법을 매입한 캔들러(Asa Candler)이다. 이처럼 영업비밀이 그 보유자가 직접 개발할 것을 요구하지는 않는다.

나. 방법 내지 기술상의 정보일 것

산업기술보호법에 의해서 보호되기 위해서는 반드시 기술적 정보이어야 한다. 이러한 점에서 경영상의 정보까지 보호대상에 포함하는 영업비밀보호법상의 영업비밀과 구분된다고 설명된다.[9] 이에 연구원의 개인정보 또는 연구인력 관리에 대한 지침이라든지 연구활동비 관련 재무정보

---

8) 국가정보원, 산업기술유출방지법 요해, 2007, 53면.
9) 상게서, 53면.

등은 산업기술보호법에 의하여 보호될 수 없다고 설명한다. 그러나 영업 비밀에 있어 기술상 정보와 경영상 정보의 구분이 실제 용이하지 않다 는 비판을 받고 있다는 점에서 본법의 산업기술이 기술적 정보에 한한 다는 입법이 명확한 기준을 제시하고 있는지는 의문이다.

다. 행정기관의 장의 지정 · 고시 · 공고 · 인증 기술

산업기술보호법에 의하여 보호되는 기술은 행정기관의 장이 산업경쟁 력 제고나 유출방지 등을 위하여 이 법 또는 다른 법률이나 이 법 또는 다른 법률에서 위임한 명령에 따라 지정 · 고시 · 공고 · 인증하는 기술이 어야 한다. 즉 제품 또는 용역의 개발 · 생산 · 보급 및 사용에 필요한 제반 방법 내지 기술상의 정보라고 하여 모든 기술이 산업기술보호법에 서 보호하는 산업기술에 해당하는 것은 아니며, 보호대상기술로의 지정 또는 고시 · 공고가 있어야 한다. 이는 산업기술보호법의 목적에 부합하 는 산업기술을 선별하기 위하여 마련된 절차이다. 단, 행정기관의 장은 해당 업무가 위임 또는 위탁된 경우에는 그 위임 또는 위탁받은 기관이 나 법인 · 단체의 장을 포함하며, 산업기술보호법 또는 다른 법률 또는 이러한 법률에서 위임한 명령은 대통령령 · 총리령 · 부령에 한정된다.

이와 같이 보호대상기술을 행정기관의 지정 또는 고시 · 공고에 의하 여 정하는 것은 영업비밀보호법과 구별되는 가장 중요한 특징이라 할 수 있다. 즉 영업비밀은 영업비밀보호법이 요구하는 보호요건을 충족하 여야 한다. 비밀로 관리되는 독립된 경제적 가치를 갖는 정보라는 점에 서 당해 정보가 영업비밀에 해당하는가를 종국적으로 법원의 판단에 맡 겨야 한다. 반면 산업기술보호법은 그 보호대상기술을 지정 또는 고 시 · 공고제도를 통하여 공개함으로써 당해 기술의 보호와 이전에 유의 하도록 환기시킬 뿐만 아니라, 사후에 발생할 수 있는 분쟁 과정에서 보 다 용이하게 침해여부를 판단할 수 있도록 하는 기능을 한다.

라. 법률이 규정하는 바에 따라 지정할 것

이에 행정기관의 장은 법령이 규정하는 바에 따라 산업기술보호법의 보호대상 기술을 지정·고시·공고·인증하도록 하고 있다. 이는 행정기관의 장이 자의적으로 산업기술보호법의 보호 대상을 축소하거나 확장하지 못 하도록 하기 위한 요건이다. 이때 행정기관의 장이 '산업기술의 범위를 확정하기 위하여 따르게 되는 법률은 산업기술보호법이 아니라 개별 법령이 된다. 즉 기술의 보호를 목적으로 하는 개별 산업 관련 법률에 따르게 되며, 따라서 각 개별 법률이 모두 산업기술보호법의 보호대상 지정의 근거가 된다.[10]

2006년 제정당시의 산업기술보호법은 법령이 규정한 지정 또는 고시·공고에 의한 기술로 산업기술을 정의하면서, 이에 해당하는 법령에 대하여는 언급하고 있지 않았다. 그런데 산업기술에 대한 정의가 모호하고 보호대상인 산업기술의 범위를 특정하기 곤란하여 헌법상 죄형법정주의의 명확성 원칙 등에 위배될 소지가 있다는 것이 지적되었다. 즉 2006년 당시의 법 제2조 제1호[11]에서 산업기술을 관계 중앙행정기관의 장이 소관 분야의 산업경쟁력의 제고 등을 위하여 법령으로 지정 또는

---

10) 모든 산업기술이 동일한 보호가치를 갖는 것은 아니다. 이는 산업기술에 대한 보호가 강화되면 될수록 산업기술의 거래와 이용이 제약을 받을 수 있기 때문에 산업기술을 그 중요성에 따라 몇 가지로 세분화하여 보호하는 것이 산업기술보호법의 목적을 더욱 효과적으로 달성할 수 있다고 하는 입법적 판단에 따른 것이다.

11) 2006년 산업기술보호법 제2조 (정의) 이 법에서 사용하는 용어의 정의는 다음과 같다.
　　1. "산업기술"이라 함은 제품 또는 용역의 개발·생산·보급 및 사용에 필요한 제반 방법 내지 기술상의 정보 중에서 <u>관계중앙행정기관의 장이 소관 분야의 산업경쟁력 제고 등을 위하여 법령이 규정한 바에 따라 지정 또는 고시·공고하는 기술</u>로서 다음 각 목의 어느 하나에 해당하는 것을 말한다.
　　　가. <u>국내에서 개발된 독창적인 기술</u>로서 선진국 수준과 동등 또는 우수하고 산업화가 가능한 기술
　　　나. 기존제품의 원가절감이나 성능 또는 품질을 현저하게 개선시킬 수 있는 기술
　　　다. 기술적·경제적 파급효과가 커서 국가기술력 향상과 대외경쟁력 강화에 이바지할 수 있는 기술
　　　라. 가목 내지 다목의 산업기술을 응용 또는 활용하는 기술

고시·공고한 기술로 정의하면서 같은 조 각 목에서 다시 '국내에서 개발된 독창적인 기술'등 제한적인 추가요건을 제시하고 있으나 그 내용이 지나치게 추상적이어서 죄형법정주의 명확성의 원칙에 위배될 소지가 있으며, 처벌법규의 구성요건에 대한 판단의 근거가 되는 '산업기술'의 범위를 근거 법률조항에서 확정되지 아니하고 고시 등 행정입법으로 지나치게 포괄 위임하고 있어 처벌법규 위임입법의 한계에 반할 소지가 있다는 지적을 받았다. 이러한 이유에서 실제 수사기관 및 사법기관에서 산업기술의 불법적인 유출행위에 대하여 동 법률을 기소의 근거로 활용하기 곤란한 현실적인 문제가 있음을 고려할 때,[12] 산업기술에 대한 정의를 보다 구체적이고 명확하게 규정하여야 필요성이 제기되었다.

이에 2011년 법을 개정하여 산업기술의 적용대상을 명확하게 하기 위하여 산업기술을 법률 또는 해당 법률에서 위임한 명령에 따라 지정·고시·공고·인증한 기술로 한정하여 산업기술의 범주에 해당하는 근거 법령을 법률에서 직접 예시하게 되었다.[13] 즉, 산업발전법, 조세특

---

[12] 2008년 「대검찰청 연감」에 따른 산업기술유출사건에 대한 처리현황을 보면, 영업비밀누설 등과 관련된 "부정경쟁방지법"에 따른 접수 건수는 216건인 반면, "산업기술보호법"에 따른 접수 건수는 16건임. 이와 같이 양 법률의 적용에 있어서 큰 차이가 나는 주요 원인은 "산업기술보호법"상 산업기술 범위의 불명확성을 들 수 있음.

[13] 2011년 개정 산업기술 보호법 제2조(정의) 이 법에서 사용하는 용어의 정의는 다음과 같다.
1. "산업기술"이라 함은 제품 또는 용역의 개발·생산·보급 및 사용에 필요한 제반 방법 내지 기술상의 정보 중에서 <u>관계중앙행정기관의 장이 소관 분야의 산업경쟁력 제고 등을 위하여 법률 또는 해당 법률에서 위임한 명령(대통령령·총리령·부령에 한정한다. 이하 이 조에서 같다)에 따라 지정·고시·공고·인증하는 다음 각 목의 어느 하나에 해당하는 기술</u>을 말한다.
  가. 「산업발전법」 제5조에 따른 첨단기술
  나. 「조세특례제한법」 제18조 제2항에 따른 고도기술
  다. 「산업기술혁신 촉진법」 제15조의2에 따른 신기술
  라. 「전력기술관리법」 제6조의2에 따른 신기술
  마. 「부품·소재전문기업 등의 육성에 관한 특별조치법」 제19조에 따른 부품·소재기술
  바. 「환경기술 및 환경산업 지원법」 제7조 제1항에 따른 신기술
  사. 그 밖의 법률 또는 해당 법률에서 위임한 명령에 따라 지정·고시·공고·인증하는 기술

례제한법, 산업기술혁신촉진법, 전력기술관리법, 부품·소재전문기업 등의 육성에 관한 특별조치법, 환경기술 및 환경산업 지원법 등을 근거 법령으로 예시하고 있으며, 이밖에도 법률 또는 해당 법률에서 위임한 명령에 따라 지정·고시·공고·인증하는 기술이 산업기술에 해당할 수 있도록 규정하였다.

한편, 2015년에는 제2조 제1호의 개정이 있었다.[14] 당시 개정이유는 산업기술의 유출 및 침해행위에 대해서는 형사처벌하도록 규정하고 있어 범죄구성요건의 핵심요소인 산업기술의 범위를 명확하게 규정할 필요가 있었기 때문이었다. 따라서 이 법에 따라 보호되는 산업기술의 범위에는 국가핵심기술(제2조 제1호 가목), 건설신기술(제2조 제1호 바목), 보건신기술(제2조 제1호 사목) 및 핵심 뿌리기술(제2조 제1호 아목)이 포함되는 점을 명시적으로 규정하고, 그 밖의 법령에 따라 지정·고시·공고·인증되는 기술의 경우에는 산업통상자원부장관이 관보에 고시하는 기술만 산업기술의 범위에 포함되도록 하였다(제2조 제1호 자목).[15]

---

14) 법률 제13083호, 2015.1.28. 일부개정.
15) 2015년 개정 산업기술 보호법 제2조(정의) 이 법에서 사용하는 용어의 정의는 다음과 같다.
   1. "산업기술"이라 함은 제품 또는 용역의 개발·생산·보급 및 사용에 필요한 제반 방법 내지 기술상의 정보 중에서 행정기관의 장(해당 업무가 위임 또는 위탁된 경우에는 그 위임 또는 위탁받은 기관이나 법인·단체의 장을 말한다)이 산업경쟁력 제고나 유출방지 등을 위하여 이 법 또는 다른 법률이나 이 법 또는 다른 법률에서 위임한 명령(대통령령·총리령·부령에 한정한다. 이하 이 조에서 같다)에 따라 지정·고시·공고·인증하는 다음 각 목의 어느 하나에 해당하는 기술을 말한다.
   가. 제9조에 따라 고시된 국가핵심기술
   나. 「산업발전법」 제5조에 따라 고시된 첨단기술의 범위에 속하는 기술
   다. 「산업기술혁신 촉진법」 제15조의2에 따라 인증된 신기술
   라. 「전력기술관리법」 제6조의2에 따라 지정·고시된 새로운 전력기술
   마. 「환경기술 및 환경산업 지원법」 제7조에 따라 인증된 신기술
   바. 「건설기술 진흥법」 제14조에 따라 지정·고시된 새로운 건설기술
   사. 「보건의료기술 진흥법」 제8조에 따라 인증된 보건신기술
   아. 「뿌리산업 진흥과 첨단화에 관한 법률」 제14조에 따라 지정된 핵심 뿌리기술
   자. 그 밖의 법률 또는 해당 법률에서 위임한 명령에 따라 지정·고시·공고·인증하는 기술 중 산업통상자원부장관이 관보에 고시하는 기술

2015년 개정법에서는 산업기술의 범주에 해당하는 근거 법령은, 산업발전법, 산업기술혁신 촉진법, 전력기술관리법, 환경기술 및 환경산업지원법, 건설기술 진흥법, 보건의료기술 진흥법, 뿌리산업 진흥과 첨단화에 관한 법률이다. 즉, 2011년 법에 열거된 '조세특례제한법', '부품·소재전문기업 등의 육성에 관한 특별조치법'의 2개 법률이 삭제되고, 2015년 개정법에서는 '건설기술 진흥법', '보건의료기술 진흥법', '뿌리산업 진흥과 첨단화에 관한 법률' 3개가 신설되었다.

제2조 제1호 (자)목에서는 법령에 따라 지정·고시·공고·인증되는 기술의 경우 산업기술에 해당할 수 있음을 규정하고 있다. 즉 산업기술은 고도의 전문적·기술적 사항으로서 급변하는 기술 환경 등을 고려할 때 입법 기술적으로 법률에서 직접 모두 규정하기 곤란하고 하위법령으로의 위임이 불가피한 측면이 있음을 반영하여 위에서 규정한 법률이외의 것에서도 산업기술을 지정할 수 있도록 하였다. 단, 2015년 개정법에 따라 산업통상자원부장관이 관보에 고시하는 기술만 산업기술의 범위에 포함됨을 유의해야 한다.

개별 법률에서는 첨단기술, 신기술 등 다양한 용어로 보호대상이 되는 기술을 정하고 있으며, 개별 법률의 특성을 반영하여 차별화된 보호방식을 취하고 있다.

산업기술보호법 제2조 제1호 (나)목의 '산업발전법'상의 첨단기술은 기술집약도가 높고 기술혁신속도가 빠른 기술로 ① 산업구조의 고도화에 대한 기여 효과, ② 신규 수요 및 부가가치 창출 효과, ③ 산업 간 연관 효과를 고려하여 정하여지며 산업통상자원부 장관이 고시한다(동법 제5조).

산업기술보호법 제2조 제1호 (다)목의 '산업기술혁신 촉진법'상의 신기술은 국내에서 최초로 개발된 기술 또는 기존 기술을 혁신적으로 개선·개량한 우수한 기술로 산업통상자원부장관이 신기술로 인증할 수 있다(동법 제15조의2).

한편, 산업기술보호법 제2조 제1호 (라)목의 '전력기술관리법'에 따른 새로운 전력기술은 "국내에서 최초로 개발한 전력기술 또는 외국에서 도입하여 개량한 것으로서 국내에서 신규성·진보성 및 현장적용성이 있다고 판단되는 전력기술"인 경우 산업통상자원부장관의 지정·고시의 대상이었으나(동법 구 제6조의2), 기술혁신촉진법에 따른 신기술 및 신제품 인증제도와 거의 동일하여 독자적인 제도 운영의 실효성이 크다고 볼 수 없어, 유사 인증제도의 통합 차원에서 전력기술관리법 제6조의2를 삭제하는 방법으로 실효성이 낮은 전력신기술제도를 폐지하고, '산업기술혁신촉진법'에 따른 신기술인증제도로 통합하여 운영되고 있다.

산업기술보호법 제2조 제1호 (마)목과 관련하여 '환경기술 및 환경산업 지원법'에서는 ① 국내에서 최초로 개발된 환경 분야 공법기술과 그에 관련된 기술이나 ② 도입한 기술의 개량에 따른 새로운 환경 분야 공법기술과 그에 관련된 기술 중에서 기존의 기술과 비교하여 신규성과 우수성이 있다고 평가되는 기술을 신기술로 인증하고 있다(동법 제7조 제1항).

산업기술보호법 제2조 제1호 (바)목과 관련하여 '건설기술 진흥법'에서는 국토교통부장관은 국내에서 최초로 특정 건설기술을 개발하거나 기존 건설기술을 개량한 자의 신청을 받아 그 기술을 평가하여 "신규성·진보성 및 현장 적용성"이 있을 경우 그 기술을 새로운 건설기술(이하 '신기술'이라 한다)로 지정·고시할 수 있다(동법 제14조).

산업기술보호법 제2조 제1호 (사)목과 관련하여 '보건의료기술 진흥법'에서는 보건복지부장관은 신기술 개발을 촉진하고 그 성과를 널리 보급하기 위하여 우수한 보건의료기술을 보건신기술로 인증할 수 있다(동법 제8조).

산업기술보호법 제2조 제1호 (아)목과 관련하여 '뿌리산업 진흥과 첨

단화에 관한 법률'에서는 산업통상자원부장관은 뿌리기술의 개발과 확산
을 촉진하기 위하여 국가적으로 중요한 뿌리기술을 핵심 뿌리기술로 지
정하고 이에 대한 연구개발, 기술지원 및 연구성과 확산 등을 지원할 수
있다(동법 제14조). 이법에서 뿌리기술이란 '주조, 금형, 소성가공, 용접,
표면처리, 열처리 등 제조업의 전반에 걸쳐 활용되는 공정기술'을 의미
한다(동법 제2조 제1호).

마지막으로 산업기술보호법 제2조 제1호 (자)목에서는 그 밖의 법률
또는 해당 법률에서 위임한 명령에 따라 지정·고시·공고·인증하는
기술 중 '산업통상자원부장관이 관보에 고시하는 기술'을 열거하고 있다.

표 5　행정기관이 법령에 따라 지정·고시·공고하는 기술

기술종류	근거법률	정 의	소관부처
첨단기술	산업발전법 제5조	기술 집약도가 높고 기술혁신속도가 빠른 기술	산업통상자원부 장관 (고시)
신기술	산업기술혁신 촉진법 제15조의2	국내에서 최초로 개발된 기술 또는 기존 기술을 혁신적으로 개선·개량한 우수한 기술	산업통상자원부 장관 (인증)
새로운 전력기술	전력기술관리법 제6조의2[16]		
신기술	환경기술 및 환경산업 지원법 제7조	기존의 기술과 비교하여 신규성과 우수성이 있다고 평가하여 인증한 다음의 기술 1. 국내에서 최초로 개발된 환경 분야 공법기술과 그에 관련된 기술 2. 도입한 기술의 개량에 따른 새로운 환경 분야 공법기술과 그에 관련된 기술	환경부 장관 (인증)
새로운 건설기술	건설기술 진흥법 제14조	국내에서 최초로 특정 건설기술을 개발하거나 기존 건설기술을 개량된	국토교통부장관 (지정·고시)

		기술로 평가 결과 신규성·진보성 및 현장 적용성이 있는 새로운 건설 기술	
보건신기술	보건의료기술 진흥법 제8조	우수한 보건의료기술(신기술 개발을 촉진하고 그 성과를 널리 보급하기 위함)	보건복지부장관 (인증)
핵심 뿌리기술	뿌리산업 진흥과 첨단화에 관한 법률 제14조	국가적으로 중요한 뿌리기술을 핵심 뿌리기술로 지정(뿌리기술의 개발과 확산을 촉진하기 위함)	산업통상자원부 장관 (지정)

3. 국가핵심기술

산업기술보호법은 산업기술의 범위에 제2조 제1호 (가)목에 국가핵심 기술을 산업기술의 하나로 열거하고 있으며, 제2조 제2호에 국가핵심기 술에 대하여 별도로 정의하고 있다.

가. 국가핵심기술의 요건

산업기술보호법은 '국가핵심기술'을 "국내외 시장에서 차지하는 기술 적·경제적 가치가 높거나 관련 산업의 성장잠재력이 높아 해외로 유출 될 경우에 국가의 안전보장 및 국민경제의 발전에 중대한 악영향을 줄 우려가 있는 기술로서 제9조의 규정에 따라 지정된 것"으로 정의하고 있다(제2조 제2호).

(1) 기 술

2006년 제정당시 법에서의 국가핵심기술은 '산업기술' 중에서 일정한

---

16) 전력기술관리법 제6조의2에서 새로운 전력기술을 "국내에서 최초로 개발한 전력기술 또 는 외국에서 도입하여 개량한 것으로서 국내에서 신규성·진보성 및 현장적용성이 있다 고 판단되는 전력기술"이라고 정의하고 있었으나, 2016년 이 규정이 폐지되고 기술혁신 촉진법상의 신기술인증제도로 통합되었다.

요건을 갖춘 것이어야 했다. 그러나 2011년 개정 법률에서 그러한 제한을 삭제하여 '기술'에만 해당되면 되도록 하였다. 따라서 국가핵심기술로 지정되기 위하여 반드시 제2조 제1호 소정의 산업기술에 한할 필요는 없는다. 한편, 2015년 법 개정을 통하여는 국가핵심기술을 산업기술의 한 종류로 열거하고 있다.

2006년 이 법 제정 당시에는 국가핵심기술이 되기 위해서는 먼저 일반적인 '산업기술'로서의 요건을 갖추어야 하였으나, 2011년 법에 의한다면 그러한 요건을 갖추지 못한 경우라도 관계 중앙행정기관의 장이 국가핵심기술로 지정할 필요를 제기한다면 산업통상자원부장관은 산업기술보호위원의 심의를 거쳐 국가핵심기술로 지정할 수 있는 여지를 마련하였다. 즉, 2006년 제정 법률에서는 비록 관계 법령이 지정·고시한 '산업기술'에는 해당하지 않지만 기술적·경제적 가치가 높고 해외 유출시 국가안보 등에 중대한 영향을 줄 수 있는 그 밖의 기술에 대하여는 해석상 국가핵심기술로 지정·관리할 수 없는 불합리한 측면이 있다는 것이 지적되었다. 이에 2011년 개정법에서는 기존 법령에 따른 산업기술에 해당하지 않으나 국가핵심기술로 지정할 필요성이 있는 기술에 대하여 법 제9조에 따라 국가핵심기술로 '지정'하면 법 제2조 제1호 (사)목에 따른 '산업기술'에 포섭되도록 하는 구조를 취하였다.

한편, 2015년 개정을 통하여 산업기술의 범위에 국가핵심기술을 열거하려 산업기술의 범위를 명확하게 규정하였다. 이는 산업기술의 유출 및 침해행위에 대해서는 형사처벌하도록 규정하고 있어 범죄구성요건의 핵심요소인 산업기술의 범위를 명확하게 규정할 필요가 있기 때문이었다.

국가핵심기술은 ① 국내외 시장에서 차지하는 기술적·경제적 가치가 높은 기술이거나, ② 관련 산업의 성장잠재력이 높을 기술이어야 한다는 추가적인 요건을 충족하여야 한다.

(가) 국내외 시장에서 차지하는 기술적·경제적 가치가 높을 것

통상의 산업기술은 외국으로부터 유입되는 제품 또는 서비스에 대하여 국내시장에서 경쟁력을 갖출 수 있는 기술이기만 하여도 산업기술보호법에 의한 보호요건을 충족할 수 있다. 반면 국가핵심기술로 지정되기 위해서는 국내시장에서뿐만 아니라 국제시장에서도 경쟁할 수 있는 높은 기술적·경제적 가치를 지닌 기술이어야 한다.

(나) 관련 산업의 성장잠재력이 높을 것

미래의 유망기술을 육성·관리·보호한다는 측면에서, 설령 지금 당장 높은 기술적·경제적 가치를 갖고 있는 기술이 아니라고 할지라도, 관련 산업의 성장잠재력이 높아서 장래에 매우 높은 기술적·경제적 가치를 갖게 될 것이 예견되는 경우라면 국가핵심기술로 지정될 수 있다.

(2) 해외로 유출될 경우에 국가의 안전보장 및 국민경제의 발전에 중대한 악영향을 줄 우려가 있을 것

국가핵심기술로 지정된 기술은 통상의 '산업기술에 비하여 기술이전과 거래에 있어 훨씬 더 많은 제약을 받게 되므로 이러한 사익의 훼손을 정당화할 정도의 충분한 공익적 이유가 있는 기술만이 국가핵심기술로 지정될 수 있다. 따라서 산업기술보호법은 해외로 유출될 경우 국익에 중대한 악영향을 줄 우려가 있는 기술의 경우에 국가핵심기술로 지정될 수 있다

(3) 제9조의 규정에 따라 지정될 것

일반적인 다른 '산업기술과는 달리 국가핵심기술은 하나의 소관기관에서 통일적으로 관리하는 것이 국가기술정책의 효과적인 운용과 산업기술보호법의 목적달성에 도움이 된다. 따라서 산업기술보호법은 산업통상자원부장관이 국가핵심기술로 지정되어야 할 대상기술을 선정하거나

관계 중앙행정기관의 장으로부터 그 소관의 지정대상기술을 선정·통보
받은 경우에는 위원회의 심의를 거쳐 국가핵심기술로 지정할 수 있도록
하고 있다. 이때 국가핵심기술의 지정은 절차적 정당성을 확보하기 위하
여 독립된 위원회의 심의를 거쳐 이루어지고 경제상의 자유를 지나치게
제한하지 않도록 국가핵심기술 지정의 취지를 고려하여 필요 최소한의
범위에 그치도록 하고 있다.

현재 국가핵심기술은 12분야[17])에서 64개 기술이 지정되어 있다.[18])
앞으로 인공지능(AI), 신소재 등 신규업종으로 확대·지정될 전망이다.

| 표 6 | 산업기술의 요건 |

요 건	
① 기술에 해당할 것	국내외 시장에서 차지하는 기술적·경제적 가치가 높을 것
	관련 산업의 성장경쟁력이 높을 것
② 해외에 유출된 경우에 국가의 안전보장 및 국민경제의 발전에 중대한 악영향을 줄 우려가 있을 것	
③ 산업통상자원부장관이 국가핵심기술로 지정되어야 할 대상기술을 선정하거나 관계 중앙행정기관의 장으로부터 그 소관의 지정대상기술을 선정·통보받은 경우에는 위원회의 심의를 거쳐 지정할 것	

나. 국가핵심기술의 지정

국가핵심기술은 산업기술보호위원회의 심의를 거쳐 산업통상자원부장
관이 지정한다. 이때 지정을 위하여서는 산업통상자원부장관은 국가핵심
기술로 지정되어야 할 대상기술을 선정하거나 관계 중앙행정기관의 장
이 그 소관의 지정대상기술을 선정·통보한다. 이 경우 산업통상자원부

---

17) 국가핵심기술 분야(기술) 현황: 정보통신(10), 자동차·철도(9), 반도체(7), 조선(7), 철
강(7), 기계(6), 원자력(5), 우주(4), 생명공학(3), 로봇(3) 디스플레이(2), 전기전자(1)
18) 산업통상자원부 고시 제2018-04호.

장관이 선정한 지정대상기술이 다른 중앙행정기관의 장의 소관인 경우
에는 위원회 심의 전에 해당 중앙행정기관의 장과 협의를 거쳐야 한다
(법 제9조 제1항). 즉, 관계 중앙행정기관의 장이 핵심기술 지정대상기술
을 선정하면 ① 지정대상기술의 내용, ② 지정대상기술의 선정 이유,
③ 대상기관 또는 관련 단체의 의견, ④ 그 밖에 지정대상기술의 선정
에 관한 참고자료를 산업통상자원부장관에게 제출하여야 하며, 산업통상
자원부장관 또한 지정대상기술의 소관 중앙행정기관의 장과 협의를 하
는 경우에는 ①~④의 자료를 소관 중앙행정기관의 장에게 제공하여야
한다(시행령 제11조).

이때 산업통상자원부장관 및 관계 중앙행정기관의 장은 지정대상기술
을 선정함에 있어서 해당기술이 국가안보 및 국민경제에 미치는 파급효
과, 관련 제품의 국내외 시장점유율, 해당 분야의 연구동향 및 기술 확
산과의 조화 등을 종합적으로 고려하여 필요최소한의 범위 안에서 선정
하여야 한다(법 제9조 제2항).

국가핵심기술 지정에 있어 산업기술보호위원회에 심의와 관련하여서
는 산업기술보호위원회에서는 먼저 전문위원회에서 전문적인 검토를 진
행하며, 전문위원회에서 도출된 기술을 실무위원회에서 검토한 후 보호
위원회에 상정한다. 이에 보호위원회에서 국가핵심기술의 최종 심의·의
결하게 된다. 이러한 심의 과정에서 위원회는 지정대상을 보유·관리하
는 기업 등 이해관계인의 요청이 있는 경우에는 의견을 진술할 기회를
주어야 한다(법 제9조 제5항). 이와 같은 심의 절차를 거쳐 산업통상자원
부장관은 국가핵심기술로 지정하게 된다.

한편, 산업통상자원부장관은 국가핵심기술의 범위 또는 내용의 변경
이나 지정의 해제가 필요하다고 인정되는 기술을 선정하거나 관계 중앙
행정기관의 장으로부터 그 소관의 국가핵심기술의 범위 또는 내용의 변
경이나 지정의 해제를 요청받은 경우에는 위원회의 심의를 거쳐 변경

또는 해제할 수 있다. 이 경우 산업통상자원부장관이 선정한 기술이 다른 중앙행정기관의 장의 소관인 경우에는 위원회 심의 전에 해당 중앙행정기관의 장과 협의를 거쳐야 한다(법 제9조 제3항).

한편, 관계 중앙행정기관의 장은 소관 국가핵심기술이 ① 해당 국가핵심기술을 보유한 기업·연구기관·전문기관·대학 등으로부터 국가핵심기술을 변경하거나 해제할 것을 요청 받은 경우, 또는 ② 국가핵심기술의 유출, 기술 환경의 변화, 동일하거나 진보된 기술의 개발 등으로 인하여 기존의 국가핵심기술을 변경하거나 해제하여야 할 사유가 발생한 경우에 해당하면 그 타당성을 검토하여 산업통상자원부장관에게 국가핵심기술의 범위나 내용의 변경 또는 지정의 해제를 요청할 수 있다(시행령 제12조 제1항). 국가핵심기술의 변경 또는 해제를 요청하려면 ① 해당 국가핵심기술의 범위와 내용, ② 변경 또는 해제 요청의 이유, ③ 국가핵심기술보유기관의 의견, ④ 그 밖에 국가핵심기술의 변경 또는 해제 요청에 관한 참고자료를 산업통상자원부장관에게 제출하여야 한다(시행령 제12조 제2항).

변경 또는 해제를 위한 절차는 지정 절차와 동일하다. 관계 중앙행정기관의 장으로부터의 요청을 받은 산업통상자원부장관은 산업기술보호위원회로 하여금 그 사항을 심의하도록 하며, 그 심의 결과에 따라 변경 또는 해제하게 되고, 지정의 경우와 같이 그 결과를 고시하여야 한다. 이해관계인의 요청이 있는 경우에는 위원회에 출석하거나 서면으로 의견을 진술할 수 있다.

또한 보유하고 있는 기술이 국가핵심기술에 해당하는지 의문이 있는 경우에는 산업통상자원부장관에게 해당 여부의 판정을 신청할 수 있다(제9조 제6항).[19] 이러한 판정 신청제도는 2011년 개정법을 통하여 도입

---

19) 산업기술보호법 시행령 제13조의2(국가핵심기술 여부 사전 판정 신청 등) ① 법 제9조 제6항에 따라 국가핵심기술에 해당하는지에 대한 판정을 신청하려는 대상기관은 산업통

된 제도로 현재 기업 등이 보유하고 있는 기술이 규제의 대상이 되는 '국가핵심기술'에 해당하는지 여부를 스스로 알지 못하는 경우가 많아 과실로 신고의무 등을 이행하지 못할 우려가 있으므로 기업 등의 신청에 의해 산업통상자원부장관이 국가핵심기술 보유여부를 판정할 수 있도록 한 것이다.

한편, 제9조 제6항에 따른 국가핵심기술에 대한 해당여부의 판정 이외에 국가핵심기술의 수출과 관련하여 해당 국가핵심기술이 국가안보와 관련되는지 여부에 대하여 산업통상자원부장관의 사전검토에 대한 판정 제도가 있다(제11조 제6항).[20]

이와 관련하여 법 제11조 제6항의 국가핵심기술의 수출을 위한 사전검토의 경우에는 어떤 기술이 국가핵심기술에 해당하는 것을 전제로 당해 기술을 수출하였을 때 국가안보에 영향을 미칠 것인지 여부를 판정

상자원부령으로 정하는 국가핵심기술 여부 사전판정신청서에 다음 각 호의 서류를 첨부하여 산업통상자원부장관에게 제출하여야 한다.
1. 해당 기술의 특성·용도 및 성능에 관한 자료
2. 해당 기술을 사용한 관련 제품의 시장 규모와 경쟁력 수준에 관한 자료
3. 그 밖에 국가핵심기술에 해당하는지를 판정하는 데 필요한 서류로서 산업통상자원부장관이 정하여 고시하는 서류
② 제1항에 따른 신청을 받은 산업통상자원부장관은 신청을 받은 날부터 15일 이내에 해당 기술이 국가핵심기술에 해당하는지를 판정하여 신청인에게 서면(전자문서를 포함한다)으로 알려야 한다. 다만, 판정을 신청한 기술에 대하여 기술심사가 따로 필요한 경우에는 기술심사에 걸리는 기간은 본문에 따른 기간에 산입하지 아니한다.
20) 산업기술보호법 시행령 제17조(국가핵심기술의 사전검토) ① 법 제11조 제6항에 따라 신고대상 국가핵심기술이 국가안보와 관련되는지에 대하여 사전검토를 신청하려는 대상기관은 산업통상자원부령으로 정하는 국가핵심기술 사전검토신청서에 다음 각 호의 서류를 첨부하여 산업통상자원부장관에게 제출하여야 한다.
1. 국가핵심기술의 매입자 또는 이전받으려는 자에 관한 사항
2. 국가핵심기술의 용도와 성능을 표시하는 기술자료
3. 국가핵심기술의 제공 조건과 방법
4. 국가핵심기술을 사용한 관련 제품의 시장 규모와 경쟁력 수준
② 제1항에 따른 신청을 받은 산업통상자원부장관은 접수일부터 15일 이내에 그 판정결과를 신청인에게 서면(전자문서를 포함한다)으로 알려야 한다. 다만, 사전검토를 신청한 국가핵심기술에 대하여 기술심사가 따로 필요한 경우에는 이에 걸리는 일수는 본문에 따른 기간에 산입하지 아니한다.
③ 제2항에 따른 국가핵심기술의 사전검토 판정의 유효기간은 1년으로 한다.

하는 것인데 반하여, 법 제9조 제6항의 판정은 어떤 기술이 국가핵심기술에 해당하는지 여부와 관련된 것으로 국가핵심기술에의 지정과 같은 효과를 낳는다는 점에서 산업기술보호위원회의 심의를 요구하도록 한 법 제11조 제6항과 달리 산업통상자원부 장관의 판단만으로 충분한지 의문이다. 나아가 산업통상자원부 장관의 판단(판정)과 산업기술보호위원회의 판단이 다를 경우 그에 따른 기술 보유자의 책임을 어떻게 이해하여야 할 것인가 하는 문제가 발생한다. 예컨대 산업통상자원부 장관이 국가핵심기술에 해당하지 않는다는 판정한 이후에 기술 수출을 준비하는 과정에서 다시 산업기술보호위원회로부터 국가핵심기술 지정을 받게 된다면 기술 보유자로서는 예상하지 못했던 불이익을 받게 될 수 있다. 나아가 국가핵심기술로서의 지정을 회피하기 위하여 판정 제도를 악용할 수 있는 여지도 있다. 따라서 입법적으로는 법 제9조 제6항의 국가핵심기술 사전검토와 관련된 판정 제도는 법 제11조 제6항의 수출과 관련된 국가핵심기술 사전판정 제도와 마찬가지로 산업기술보호위원회에 의하여 이루어져야 할 것이다.

다. 비교개념

(1) 영업비밀보호법상의 영업비밀

제2장 제2절 영업비밀의 개념에서 자세히 살펴본 바와 같이, 영업비밀보호법상의 영업비밀이란 "공공연히 알려져 있지 아니하고 독립된 경제적 가치를 가지는 것으로서, 비밀로 관리된 생산방법, 판매방법, 그 밖에 영업활동에 유용한 기술상 또는 경영상의 정보"를 말한다.

(2) 방위산업기술 보호법상의 방위산업기술

방위산업기술 보호법에는 방위산업기술에 대하여 별도로 정의하고 있다. 이 법에서 방위산업기술이란 "방위산업과 관련한 국방과학기술 중

국가안보 등을 위하여 보호되어야 하는 기술로서 방위사업청장이 지정
하고 고시한 것"을 말한다(제2조 제1호). 고시된 기술은 센서, 정보통신,
제어전자, 탄약·에너지, 추진, 화생방, 소재, 플랫폼·구조의 8대 분야
48개 분류 총 141개이다.

(3) 방위사업법상의 핵심기술

방위사업법은 방위력 개선사업을 연구개발 또는 구매를 통하여 수행
하도록 규정하고 있다. 이러한 가운데 무기체계에 관해서 연구개발에 필
요한 핵심기술을 미리 연구하고 개발하여 확보하도록 하고 있다(제18조
제1항). 이를 위하여 전략적으로 가치 있는 무기와 핵심기술을 우선적으
로 추진하도록 하고 있다. 또한 이를 위하여 필요한 비용의 전부 또는
일부를 부담하는 연구개발 주관기관을 정할 수 있도록 하고, 시제품을
제작 의뢰하는 경우에는 연구비 또는 생산비를 지급하도록 하고 있다.

이와 같이 방위사업법에서 규정하고 있는 핵심기술은 전략적으로 가
치 있는 기술을 의미한다. 구체적으로 전략적으로 가치 있는 기술의 의
미를 규정하고 있지 않으나, 이는 국가의 국방과 군사전략적인 의미를
갖는 기술로 이해할 수 있다.

(4) 군사기밀 보호법상의 군사기밀

군사기밀 보호법 제2조에서는 군사기밀을 "일반인에게 알려지지 아니
한 것으로서 그 내용이 누설되면 국가안전보장에 명백한 위험을 초래할
우려가 있는 군 관련 문서, 도화, 전자기록 등 특수매체기록 또는 물건
으로서 군사기밀이라는 뜻이 표시 또는 고지되거나 보호에 필요한 조치
가 이루어진 것과 그 내용"으로 정의하고 있다. 즉 ① 일반인에게 알려
지지 않은 것, ② 누설되면 국가안전보장에 명백한 위험을 초래할 우려
가 있는 것, ③ 군 관련 문서, 도화, 전자기록 등 특수매체기록 또는 물

건 및 ④ 군사기밀이라는 뜻이 표시 또는 고지되거나 보호에 필요한 조치가 이루어진 것과 그 내용인 것을 그 개념요소로 한다.

기밀이라는 측면에서 일반인에게 알려져 있지 않은 것을 요한다. 또한 군 관련 문서, 도화, 전자기록 등 특수매체기록 또는 물건과 그 내용이어야 하므로 군과 관련하지 않은 것은 군사기밀에 해당하지 않는다. 산업기술 또는 국가핵심기술은 언제든지 군과 관련한 것이라면 군사기밀이 될 수 있다. 다만 국가핵심기술의 경우에는 해외로 유출될 경우 국가의 안전보장에 중대한 악영향을 줄 우려가 있는 기술인 반면, 군사기밀의 경우에는 누설될 경우에 국가의 안전보장에 명백한 위험을 초래할 우려가 있는 것으로 정하고 있다. 따라서 국가핵심기술의 보호가 영토주의를 채택하고 있다면 군사기밀은 제한이 없다.

이러한 군사기밀은 그 내용이 누설되는 경우 국가안전보장에 미치는 영향의 정도에 따라 Ⅰ급비밀, Ⅱ급비밀, Ⅲ급비밀로 그 등급이 구분된다(제3조). 누설로 인해 국가안전보장에 미치는 영향의 정도에 따라 기밀의 등급을 나누는 것은 산업기술보호법이 일정 요건의 산업기술과 국가핵심기술을 구분하고 있는 것과 비교할 수 있다.

한편 군사기밀 보호법에서는 군사기밀을 취급하는 사람이 정당한 사유 없이 표시, 고지나 그 밖에 군사기밀 보호에 필요한 조치를 하지 아니한 경우에는 형사처벌의 대상이 된다. 즉 기밀누설의 목적이 없는 경우라도 법이 요구하는 보호조치를 하지 않은 경우에는 형사처벌을 할 수 있도록 하는 특징을 갖는다.

(5) 형법·국가보안법상의 국가기밀

형법에서는 적국을 위하여 국가기밀을 탐지하거나 수집하는 간첩행위를 처벌하고 있다(제98조). 나아가 국가보안법 제4조 제1항 제2호에서는 군사상 기밀 또는 국가기밀이 국가안전에 대한 중대한 불이익을 회피하기 위하여 한정된 사람에게만 지득이 허용되고 적국 또는 반국가단체에 비밀로 하여야 할 사실, 물건 또는 지식인 경우에는 사형 또는 무기징역에 처하도록 규정하고 있다. 이때 국가기밀은 "정치, 경제, 사회, 문화 등 각 방면에 관하여 반국가단체에 대하여 비밀로 하거나 확인되지 아니함이 대한민국의 이익이 되는 모든 사실, 물건 또는 지식으로서 그것들이 국내에서의 적법한 절차 등을 거쳐 이미 일반인에게 널리 알려진 공지의 사실, 물건 또는 지식에 속하지 아니한 것이어야 하고, 또 그 내용이 누설되는 경우 국가의 안전에 위험을 초래할 우려가 있어 기밀로 보호할 실질가치를 갖춘 것"이어야 한다.[21]

산업기술보호법이 해외로의 기술유출을 방지하는 것인데 반하여, 형법이나 국가보안법에서의 국가기밀은 적국 또는 반국가단체로의 비밀 누설을 규제하고자 한다.

(6) 중소기업기술보호법상의 중소기업기술

중소기업기술보호법에는 중소기업기술에 대한 정의가 규정되어 있다. 이 법에서 중소기업기술이란 "중소기업 및 중소기업자가 직접 생산하거나 생산할 예정인 제품 또는 용역의 개발·생산·보급 및 사용에 필요한 독립된 경제적 가치를 가지는 기술 또는 경영상의 정보"를 말한다(제2조 제2호).

중소기업기술은 산업기술과 비교해볼 때 고시, 공고, 인증 등의 요건은 요하지 않는다. 영업비밀과 비교해볼 때는 경제적유용성만 있으면 된다. 그러나 중소기업기술 침해에 대하여 시정권고·공표 등의 행정조치를 목적으로 하는 동법에서는 '침해대상 중소기업기술'에 대하여 정의하고 있는데, 이는 '공공연히 알려져 있지 아니하고 합리적인 노력에 의하여 비밀로 관리'되는 '중소기업기술'(제2조 제3호 가목)을 의미한다. 즉,

---

21) 대법원 2003.6.24. 선고 2000도5442 판결.

비공지성과 비밀관리성을 요구한다. 한편, 중소기업기술의 정의에서는 경제적유용성이 그 요소이므로, 결국 '침해대상 중소기업기술'도 영업비밀과 마찬가지로 비공지성, 경제적유용성, 비밀관리성을 갖추어야 하는 것으로 이해할 수 있다.

제 2 절 산업기술보호법의 특성

Ⅰ. 산업기술보호법의 기본체계

산업기술보호법의 기본골격을 살펴보면 다음과 같이 크게 4가지로 나눌 수 있다. 즉 ① 산업기술의 유출방지 및 보호정책의 수립·추진, ② 산업기술의 유출방지 및 관리, ③ 산업기술보호의 기반구축 및 산업보안기술의 개발·지원 및 ④ 보칙·벌칙 등으로 구성되어 있으며, 그 주요 내용은 다음과 같다.

표 7   산업기술보호법의 기본구조

구 분	주요내용
산업기술의 유출방지 및 보호정책의 수립·추진	산업기술 유출방지 및 보호에 관한 종합계획 수립·시행 산업기술보호위원회 설치 및 운영
산업기술의 유출방지 및 관리	산업기술 유출방지 및 보호에 관한 지침 제정 국가핵심기술의 지정·변경·해제 국가핵심기술 수출 및 해외 인수·합병 국가핵심기술 및 국가연구개발사업 보호관리 산업기술의 유출 및 침해행위 금지 금지청구권 및 신고
산업기술보호의	산업기술보호협회 설립

기반구축 및 산업보안기술의 개발 · 지원	산업기술보호 실태 조사 및 교육 산업보안기술의 개발 및 대상기관 지원 산업기술의 포상 및 보호
보칙 · 벌칙	산업기술분쟁조정위원회 벌칙 및 과태료

1. 산업기술의 유출방지 및 보호정책의 수립

산업기술보호법에서는 산업기술의 유출방지 및 보호정책의 수립 · 추진을 위하여 관련 정책을 추진을 위한 계획의 수립과 이를 심의할 수 있는 산업기술보호위원회의 설치에 대한 근거 규정을 두고 있다.

가. 산업기술의 유출방지 및 보호에 관한 종합계획

산업기술보호법은 산업기술의 유출을 방지하고, 보호하기 위한 종합적인 계획을 산업통상자원부장관이 수립 · 시행하도록 요구하고 있다(제5조 제1항). 이때 산업통상자원부장관은 종합계획을 수립함에 있어서 미리 관계중앙행정기관의 장과 협의한 후 산업기술보호위원회의 심의를 거쳐야 한다(제5조 제2항).

산업기술의 유출방지 및 보호에 관한 종합계획에는 ① 산업기술의 유출방지 및 보호에 관한 기본목표와 추진방향, ② 산업기술의 유출방지 및 보호에 관한 단계별 목표와 추진방안, ③ 산업기술의 유출방지 및 보호에 대한 홍보와 교육에 관한 사항, ④ 산업기술의 유출방지 및 보호의 기반구축에 관한 사항, ⑤ 산업기술의 유출방지 및 보호를 위한 기술의 연구개발에 관한 사항, ⑥ 산업기술의 유출방지 및 보호에 관한 정보의 수집 · 분석 · 가공과 보급에 관한 사항, ⑦ 산업기술의 유출방지 및 보호를 위한 국제협력에 관한 사항 및 ⑧ 그 밖에 산업기술의 유출방지 및 보호를 위하여 필요한 사항 등이 사항이 포함된다(제5조 제3항). 이러한 종합계획을 수립을 위하여 산업통상자원부장관은 관계중앙행정 기관의 장에게 필요한 자료의 제출을 요청할 수 있다. 이 경우 자료제출 을 요청받은 기관의 장은 특별한 사유가 없는 한 이에 협조하여야 한다 (제5조 제4항).

관계 중앙행정기관의 장은 이러한 종합계획에 따라 매년 산업기술의 유출방지 및 보호에 관한 시행계획을 수립 · 시행하여야 한다(제6조 제1 항).

나. 산업기술보호위원회의 설치

한편 종합계획의 수립 및 시행에 관한 사항의 심의 등을 수행하기 위하여 법은 산업통상자원부장관 소속으로 산업기술보호위원회를 둔다 (법 제7조).[22] 위원회는 산업통상자원부장관을 위원장으로 하며, 위원장 을 1인을 포함한 25인 이내의 위원으로 구성된다. 이때 위원은 ① 관계 중앙행정기관의 차관 · 차장 또는 이에 상당하는 공무원 중 대통령령으 로 정하는 자(기획재정부 제1차관, 교육부차관, 과학기술정보통신부 제1차관, 외교부 제2차관, 법무부차관, 국방부차관, 농림축산식품부차관, 보건복지부차관, 환경부차관, 국토교통부 제1차관, 해양수산부차관 및 중소벤처기업부차관, 특허 청장), ② 산업기술의 유출방지업무를 수행하는 정보수사기관의 장이 지 명하는 자, ③ 5인 이상의 산업기술의 유출방지 및 보호에 관한 학식과 경험이 풍부한 자로서 위원장이 성별을 고려하여 위촉하는 자로 구성된

---

22) 2015년 1월 개정을 통하여 산업기술보호위원회를 기존의 국무총리 소속에서 산업통상 자원부장관 소속으로 이관하였다. 개정 전에는 산업기술보호위원회는 분야별 전문위원 회, 실무위원회를 거쳐 본 위원회에서 최종 의사결정을 하는 3단계 심의구조로 운영됨 에 따라 효율적인 회의 운영에 어려움이 있었다. 법 개정을 통하여 산업기술보호위원회 를 산업통상자원부장관 소속으로 이관하여, 정부위원은 각 부처 차관 · 차장 또는 이에 상당하는 공무원으로 변경하며, 실무위원회를 폐지하여 2단계 심의구조로 변경함으로써 산업기술보호위원회의 신속한 의사결정이 이루어지게 되었다.

다(제7조 제2항 및 제3항).

위원회는 종합계획의 수립 및 시행에 관한 사항 이외에도 ① 국가핵심기술의 지정·변경 및 해제에 관한 사항, ② 국가핵심기술의 수출 등에 관한 사항, ③ 국가핵심기술을 보유하는 대상기관의 해외인수·합병 등에 관한 사항 및 ④ 그 밖에 산업기술의 유출방지 및 보호를 위하여 필요한 것으로서 대통령령으로 정하는 사항으로 종합계획23) 또는 시행계획의 중요 내용 변경에 관한 사항을 심의하게 된다(제7조 제1항).

2. 산업기술의 유출방지 및 관리

산업기술보호법은 산업기술의 유출을 방지하고 산업기술을 보호하기 위한 구체적인 조치의 근거를 마련하고 있다. 먼저 산업기술 전반에 대하여 그 유출방지 및 보호를 위하여 필요한 방법·절차에 대한 보호지침을 제정하도록 한 가운데 국가핵심기술 및 국가연구개발사업과 관련한 산업기술의 보호와 관련하여 규정을 두고 있다.

가. 보호지침의 제정

산업기술보호법은 산업통상자원부장관으로 하여금 관계 중앙행정기관의 장과 협의하여 산업기술의 유출을 방지하고 산업기술을 보호하기 위하여 필요한 방법·절차 등에 관한 지침을 제정하도록 하고 있다(제8조). 이에는 ① 산업기술의 유출방지 및 보호를 위한 관리와 운영, ② 산업기술의 유출 및 침해에 대한 대응과 복구등과 관련한 내용이 포함되도록 요구된다. 이에 2007년 제정된 보호지침에는 대상기관이 보호수준을 자가 진단할 수 있도록 한 가운데, 산업기술의 유출, 침해를 예방하는 방법, 산업기술 개발 과정에서의 유출 방지 및 보호방법, 기술계약

---

23) 시행령에서는 기본계획이라는 표현을 사용하고 있으나, 법에서 종합계획이라는 표현을 사용하고 있으므로 종합계획으로 이해하여야 할 것이다.

과정에서의 유출 방지 및 보호방법, 산업기술이 유출, 침해되었을 때의 조치방법 등에 대한 내용을 포함하고 있다.

나. 국가핵심기술의 보호 조치

산업기술보호법은 국가핵심기술을 보유·관리하고 있는 기관의 장으로 하여금 보호구역의 설정·출입허가 또는 출입시 휴대품 검사 등 국가핵심기술의 유출을 방지하기 위한 기반구축에 필요한 조치를 하도록 요구하고 있다. 이에 대상기관의 장은 국가핵심기술을 보호하기 위하여 ① 국가핵심기술에 대한 보호 등급의 부여와 보안관리규정의 제정, ② 국가핵심기술 관리책임자와 보호구역의 지정, ③ 국가핵심기술 보호구역의 통신시설과 통신수단에 대한 보안, ④ 국가핵심기술 관련 정보의 처리 과정과 결과에 관한 자료의 보호, ⑤ 국가핵심기술의 연구개발 인력에 대한 보안교육 실시, ⑥ 국가핵심기술의 유출 사고에 대한 대응체제 구축 등의 보호조치를 하여야 한다(시행령 제14조). 이는 국가핵심기술의 보유·관리 기관은 국가핵심기술을 물리적·장소적으로 분리하여 관리하며, 그 중요성에 따라 보안 수준을 달리하고 접근 권한을 사람마다 다르게 설정하도록 하는 인적 보안체계를 갖추도록 요구하는 것이라 평가할 수 있다.

또한 산업통상자원부장관은 국가핵심기술의 보호조치에 관련하여 필요하다고 인정되는 경우에는 대상기관의 장에게 개선을 권고할 수 있다(제13조). 이러한 개선권고를 받은 대상기관의 장은 개선대책을 수립·시행하고 그 결과를 산업통상자원부장관에게 통보하여야 한다.

다. 국가핵심기술의 수출

국가핵심기술은 해외로 유출된 경우에 국가의 안전보장 및 국민경제의 발전에 중대한 악영향을 줄 우려가 있는 기술이다. 이에 산업기술보호법은 국가핵심기술을 외국기업 등에 매각 또는 이전 등의 방법으로 수출하는 경우에는 엄격하게 이를 통제하고 있다. 즉 산업기술보호법은 국가핵심기술이 국가로부터 연구개발비를 지원받아 개발된 경우에는 산업통상자원부장관의 승인, 그러한 지원 없이 대상기관이 독자 개발한 경우에는 산업통상자원부장관에 사전에 신고하도록 하는 등의 별도의 수출 제한 절차를 두고 있다(제11조).

(1) 외국기업 등에의 기술수출

산업기술보호법은 기술수출은 '외국기업 등에 매각 또는 이전 등의 방법으로 수출'하는 것이라 정의하고 있다. 즉 산업기술보호법은 기술이전과 관련하여 영토주의를 취하고 있어, 영토를 기준으로 기술이 해외로 나가면 수출승인 또는 수출신고를 하도록 요구하고 있다. 이에 먼저 외국기업 등에의 기술수출 개념을 이해하기 위하여 아래에서는 ① 외국기업 등과 ② 기술수출의 의미를 파악하도록 한다.

(가) 외국기업 등

산업기술보호법은 직접 '외국기업 등'의 개념을 정의하고 있지 않다. 다만 외국인투자 촉진법 등 다른 법률을 참조할 때 이때 외국기업 등은 ① 대한민국의 국적을 보유하고 있지 아니한 개인, ② 외국의 법률에 의하여 설립된 법인 또는 ③ 대한민국의 법률에 의하여 설립된 법인으로서 외국에 본점 또는 주된 사무소를 가진 법인이나 그 주식 또는 지분의 2분의 1 이상을 외국이 소유하고 있는 법인을 의미하게 된다.

예컨대 '외국인투자 촉진법'의 경우에는 외국인을 외국의 국적을 가지고 있는 개인, 외국의 법률에 따라 설립된 법인(이하 '외국법인'이라 한다) 및 대통령령으로 정하는 국제경제협력기구를 정의한 가운데(법 제2조), 대통령령에서는 ① 외국정부의 대외경제협력업무를 대행하는 기관, ② 국제부흥개발은행·국제금융공사·아시아개발은행 등 개발금융에 관한

업무를 취급하는 국제기구, ③ 대외투자업무를 취급하거나 대행하는 국
제기구 등을 들고 있다(시행령 제2조). 그리고 '부동산 거래신고 등에 관
한 법률'에서는 외국인을 ① 대한민국의 국적을 보유하고 있지 아니한
개인, ② 외국의 법령에 따라 설립된 법인 또는 단체, ③ 사원 또는 구
성원의 2분의 1 이상이 제1호에 해당하는 자인 법인 또는 단체, ④ 업
무를 집행하는 사원이나 이사 등 임원의 2분의 1 이상이 ①에 해당하는
자인 법인 또는 단체, ⑤ 대한민국의 국적을 보유하고 있지 아니한 사
람이나 외국의 법령에 의하여 설립된 법인 또는 단체가 자본금의 2분의
1 이상이나 의결권의 2분의 1 이상을 가지고 있는 법인 또는 단체 등으
로 정의하고 있다(외국인토지법 제2조). 한편 '배타적 경제수역에서의 외
국인어업 등에 대한 주권적 권리의 행사에 관한 법률'에서는 외국인을
① 대한민국 국적을 가지지 아니한 사람, ② 외국의 법률에 따라 설립
된 법인(대한민국의 법률에 따라 설립된 법인으로서 외국에 본점 또는 주된 사
무소를 가진 법인이나 그 주식 또는 지분의 2분의 1 이상을 외국인이 소유하고
있는 법인을 포함한다)으로 정의하고 있다.

다만 이러한 규정을 그대로 받아들여 지분의 2분의 1 이상을 외국인
이 소유하고 있는 법인을 외국기업으로 보게 되면 법이 예상하지 못했
던 문제가 발생할 가능성이 있다. 예컨대 우리나라의 대표적인 기업이라
생각할 수 있는 삼성전자의 경우 그 지분의 2분의 1 이상이 이미 외국
인이 갖고 있는 상황이다. 이러한 상황에서 삼성전자를 외국기업으로 이
해하여 산업기술보호법을 적용할 것인가 하는 문제가 있다. 나아가 오픈
이노베이션아래 외국과의 공동연구가 이루어지고, 이러한 공동연구의 성
과 제고를 위하여 공동 지분의 별도 법인을 만드는 경우도 많다. 지분을
공동으로 2분의 1씩으로 하는 경우 이를 외국기업으로 보아야 하는데
이러한 경우 당해 기업에 대한 기술투자를 어떻게 이해하여야 할 것인
가 나아가 국가핵심기술을 보유·관리하는 대상기관으로 지정할 수 있

는가라는 여러 문제가 남게 된다.

한편 '외국기업 등'에 개인을 포함할 것인가 하는 점이 있다. 이에 대해서는 법인기업뿐만 아니라 개인기업도 실재하고 있으므로 자연인을 제외한다고 해석할 이유는 없다. 반면 자연인의 경우에도 영업활동을 전제로 하는 개념이므로 대학교수와 같이 순수 연구자의 경우에는 외국기업 등에 포함되지 않는 것으로 해석된다는 견해가 있다. 그러나 외국기업 등에 외국연구소, 외국단체, 외국협회 등이 포함된다고 해석하는 주장과 모순된다. 즉 '외국기업 등'이라는 표현을 사용하고 있으나, 그 주체가 영업주체일 필요는 없다고 하겠다.

외국인을 포함하더라도 국적법에 의해 발생한 이중국적자를 외국인으로 볼 것인가 하는 문제가 있다. 즉 대한민국의 국민으로서 자진하여 외국 국적을 취득한 자는 대한민국 국적을 상실하나(제15조 제1항), 제12조나 제15조 제2항에 따라 이중국적자가 발생할 수 있다. 복수국적자의 법적 지위와 관련하여 대한민국의 법령 적용에서 복수국적자는 대한민국 국민으로만 처우한다고 규정하고 있으나(제11조의2), 외국기업이 국가핵심기술을 취득하기 위해 대한민국 국민을 중간 고리로 활용할 가능성이 높고, 이들이 산업기술 유출의 핵심 브로커로 활동할 가능성에 대비책을 마련해야 한다는 비판[24]도 있다.

(나) 기술수출

한편 산업기술보호법은 매각 또는 이전 등의 방법으로 기술을 수출하는 행위를 제한하고 있다. 이때 기술이전의 의미와 관련하여 산업기술보호법에서는 언급하고 있지 않다. 이러한 점에서 그 의미를 명확히 살펴볼 필요가 있다. 예컨대 기술의 이전 및 사업화 촉진에 관한 법률 제2조 제2호에서는 기술이전을 '양도, 실시권 허락, 기술지도, 공동연구,

---

24) 김민배·김경준, "산업기술의 유출방지 및 보호에 관한 법률과 쟁점", 산업재산권(제23호), 한국산업재산권법학회, 2007.8, 27면.

합작투자 또는 인수 · 합병 등의 방법으로 기술이 기술보유자(해당 기술을 처분할 권한이 있는 자를 포함한다)로부터 그 외의 자에게 이전되는 것'으로 정의하고 있으며, 구 기술개발촉진법[25])에서는 기술수출계약을 '대한민국국민이 외국인에게 산업재산권 또는 기타 기술을 양도 · 제공하거나 그 실시에 관한 권리를 허여하는 계약'으로 정의하고 있다. 따라서 기술수출 행위는 양도, 실시권 허락, 기술지도, 공동연구, 합작투자 또는 인수 · 합병 등의 방법으로 기술이 기술보유자(해당 기술을 처분할 권한이 있는 자를 포함한다)로부터 그 외의 자에게 이전되는 것으로 이해할 수 있다.

그러나 2011년 개정법을 통하여 국가핵심기술을 보유하는 대상기관의 해외인수 · 합병 등에 관한 규정이 도입되었다. 즉 해외인수 · 합병, 합작투자 등의 외국인투자에 대하여는 별도의 규정을 두게 되었다. 따라서 국가핵심기술의 수출을 규정하고 있는 산업기술보호법 제11조에서의 이전 등의 기술수출은 실시권 허락, 기술지도 등에 한하고, 공동연구, 합작투자 또는 인수 · 합병 등에 의한 기술수출은 제외된다고 할 것이다.

(2) 수출승인

산업기술보호법은 '국가로부터 연구개발비를 지원'받아 개발한 국가핵심기술을 보유한 대상기관이 해당 기술을 수출하고자 하는 경우에는 산업통상자원부 장관의 '승인'을 받도록 규정하고 있다.

(가) 수출승인의 의의

일반적으로 공법상 승인이라 함은 국가 또는 지방자치단체의 기관이 다른 기관이나 개인의 특정한 행위에 대하여 부여하는 동의 등의 뜻으로 사용되고 있으나, 그 법적 성질은 인가적 · 허가적인 것 등 여러 가지이다. 인가는 법령이 행정청이 협력이 없으면 일정한 행위의 효력을

---

25) 법률 제6125호, 2000.1.12. 일부개정. 현행 산업기술혁신 촉진법에 해당함.

발생하지 못하도록 제한한 후, 특정한 요건이 갖추어진 경우에 행정청의 협력행위로서 법률행위의 효력을 발생하도록 하는 행정처분을 의미하는 반면, 허가는 법령에 의하여 일반적으로 금지되어 있는 행위를 특정한 행위에 특정인에 대하여 해제하여 적법하게 일정한 행위를 할 수 있게 하는 행정처분을 의미한다.[26]

이러한 허가는 사실로서의 행위가 적법하게 이루어지기 위한 적법요건이며, 허가없이 이루어진 행위는 처벌대상은 되지만 행위 자체는 무효가 되는 것은 아니다. 이에 대하여 인가는 법률적 행위의 효력 요건이므로 무인가행위는 무효가 되나, 처벌의 대상은 되지 않는다. 인가는 타인의 법률행위를 완성시키는 보충행위에 불과하므로 타인의 법률행위가 불성립 또는 무효일 때에는 인가가 있어도 유효가 되지 않는다.

산업기술보호법은 승인을 받아야 할 사항을 승인받지 아니하고 기술 매각 등을 추진하는 행위에 대하여 동법 제14조 제5호가 이를 산업기술 유출행위로 규정하고, 제36조에서 법적 제재 규정을 두고 있다. 이에 산업기술보호법상의 수출승인은 법적 효과와는 관계없이 위반행위에 상응하는 제재나 처벌만을 두고 있다는 점에서 허가에 해당한다는 견해[27]가 있다. 이에 반하여 허가로서의 사전적 통제 기능을 인정하면서, 동법의 승인을 본래의 허가라고 이해하기보다는 인가와 허가의 혼합물인 부진정 인가로서 인가적 요소(무허가 행위의 무효)와 허가적 요소(사전적 통제)의 양성적 성격을 지닌 것으로 이해해야 한다는 견해도 있다.[28]

---

26) 오준근, 행정절차법 개정방안 연구, 한국법제연구원, 2001, 188면.
27) 김민배, "산업기술의 유출방지 및 보호지원에 관한 법률과 쟁점", 산업기술의 유출방지 및 보호에 관한 법률에 대한 논의, 2007년 한국재산법학회 춘계 세미나(2007.5.21), 36-37면.
28) 김중권, "행정법상 인가의 인정여부와 관련한 문제점에 관한 소고", 저스티스(통권 제91호), 한국법학원, 2006.6, 136면 참조.

(나) 수출승인 절차

국가핵심기술을 수출하고자 하는 자는 수출승인을 위하여 산업통상자원부장관에게 수출승인신청서와 함께 관련서류[29]를 제출하여야 한다. 신청을 받은 산업통상자원부장관은 접수일로부터 45일 이내에 관계 중앙행정기관의 장과 협의한 후 산업기술보호위원회의 심의를 거쳐 그 승인 여부를 신청인에게 서면으로 알려야 한다(시행령 제15조 제2항). 이때 승인을 신청한 국가핵심기술에 대하여 기술심사가 필요한 경우에는 이에 걸리는 일수는 기간에 산입하지 않는다. 한편 승인할 때에는 승인의 유효기한 설정, 수출실적의 제출, 입증서류의 제출 등에 관하여 필요한 조건을 붙일 수 있다.

승인을 얻지 아니하고, 또는 부정한 방법으로 승인을 얻어 국가핵심기술을 수출한 경우 산업통상자원부장관은 정보수사기관의 장에게 조사를 의뢰하고, 조사결과를 산업기술보호위원회에 보고한 후 그 심의를 거쳐 해당 국가핵심기술의 수출중지·수출금지·원상회복 등의 조치를 명령할 수 있다(제11조 제7항). 그러나 실제 제품수출과 기술수출은 동일하지 않다. 즉 기술수출은 정보의 이전이라는 측면에서 중지·금지, 원상회복의 실효성에는 의문이 있다, 즉, 이미 상대방이 기술정보를 습득한 상황에서 더 이상 당해 기술정보를 사용하는 것을 중지하고, 당해 기술정보를 습득하기 이전 상태의 부지 상태로 원상회복하도록 하는 것은

---

29) 시행령 제15조(국가핵심기술의 수출승인 신청 등) ① 법 제11조 제1항에 따라 국가핵심기술의 수출을 승인받으려는 대상기관은 산업통상자원부령으로 정하는 국가핵심기술 수출승인신청서에 다음 각 호의 서류를 첨부하여 산업통상자원부장관에게 제출하여야 한다.
    1. 국가핵심기술의 매각 또는 이전 계약서(임시계약서를 포함한다)
    2. 국가핵심기술의 매입자 또는 이전받으려는 자에 관한 사항
    3. 국가핵심기술의 용도와 성능을 표시하는 기술자료
    4. 국가핵심기술의 제공 조건과 방법
    5. 국가핵심기술을 사용한 관련 제품의 시장 규모와 경쟁력 수준
    6. 국가로부터 지원받은 연구개발비에 관한 자료

쉽지 않을 것으로 보인다.

(3) 사전 신고

산업기술보호법은 국가핵심기술의 경우에는 국가로부터 연구개발비를 지원받지 아니하여 산업통상자원부장관의 승인대상이 아닌 경우라도 당해 기술을 수출하고자 하는 경우에는 그 수출하고자 하는 사실을 산업통상자원부장관에게 사전에 신고하도록 규정하고 있다(제11조 제4항). 즉 국가핵심기술의 개발에 있어 국가로부터 연구개발비를 받은 경우에는 수출승인이라는 엄격한 통제를 하고 있으나, 그러한 지원을 받지 않은 경우까지도 엄격한 통제를 가하면 당해 국가핵심기술을 보유·관리하는 기관의 재산권 내지 연구활동을 제한할 수 있다는 점에서 사전 신고만 하도록 하고 있다.

(가) 신고의 의의

일반적으로 신고라 함은 사인이 행정청에 대하여 일정한 사항을 통고하는 행위를 의미한다. 행정청에 대하여 일정한 사항을 통지함으로써 의무가 끝나는 신고절차를 도입한 취지는 행정규제완화의 본래적 목적을 달성하기 위한 것이다.[30] 강학상 신고는 당해 행위 그 자체만으로 일정한 법적 효과를 가져오는 자기완결적 공법행위의 하나로 이해되나, 실정법상 신고는 이러한 강학상의 신고만이 아니라, 행정요건적 신고를 포함한다.[31]

자기완결적 행위로서의 신고는 일정한 요건의 성취를 행정청에 통지·도달하면 통지행위로써 일반적 금지의 해제 또는 법률효과의 완성이라는 법적 효과를 발생하며, 행정청의 수리행위가 필요한 것이 아니

---

30) 오준군, 전게서, 187면.
31) 김중권, "행정법상 신고의 법도그마적 위상에 관한 소고", 고시연구(제29권 제3호), 고시연구사, 2002.2, 27면 참조.

며, 행정청이 실체적 사유에 기하여 그 신고수리를 거부할 수 없다. 반면 행정요건적 신고는 관계법상 행정청에 의하여 신고요건을 심사하여 수리여부를 결정할 수 있는 권한이 부여되고 있는 것으로서 실질적으로 신고의 성질을 벗어나 등록 또는 허가 등과 같은 의미를 가진다.[32] 자기완결적 신고와는 달리 행정청에 대하여 일정한 사항을 통지함으로써 의무가 끝나는 것이 아니라 행정기관이 수리를 하여야 신고로서의 효과가 발생한다.[33]

입법취지, 신고의무위반행위 등에 대한 행정형벌 부과, 위법행위에 대한 시정명령 등을 고려할 때, 산업기술보호법에서의 신고는 행정요건적 신고에 해당한다. 즉 산업기술보호법이 국가핵심기술의 유출을 규제하는 것을 목적으로 한다는 점에서 그 접수만으로 신고가 이루어진 것으로 본다면 법의 취지를 방치하는 결과를 낳을 수 있다. 나아가 수리거부를 통하여 국가핵심기술의 유출을 제어할 수 없다면 국가핵심기술 유출 및 보호의무를 부담하는 정부의 임무는 애초부터 의미를 상실하게 된다. 따라서 산업기술보호법에서의 신고는 행정요건적 신고로 완화된 허가 또는 등록제로서 기능하며, 사적 활동에 국가가 개입하게 되는 영업규제적 성격을 띠게 된다. 이때 행정청의 신고수리거부는 처분행위로서 처분성이 인정되므로 행정소송법상 취소소송의 대상이 된다.

(나) 신고절차

국가핵심기술의 수출은 사전 신고하려는 기관은 국가핵심기술 수출신고서를 산업통상자원부장관에게 제출하여야 하며, 그 접수일로부터 15일 이내에 해당 국가핵심기술의 수출이 국가안보에 심각한 영향을 줄 수 있는 지를 검토하여 그 결과를 신고인에게 서면으로 알린다. 심각한 영

---

32) 김학세, "행정법상 신고제도", 변호사(제32집), 서울지방변호사회, 2002, 8면.
33) 배상철, "「산업기술유출방지 및 보호에 관한 법률」상 기술규제를 둘러싼 논점 - 영업비밀보호법상 기술유출규제와 관련하여 -", 산업재산권(제23호), 2007.8, 151면.

향을 줄 수 있다고 판단되는 경우에는 그 통보일로부터 30일 이내에 관
계 중앙행정기관과의 협의 후 산업기술보호위원회의 심의를 거쳐 수출
중지·수출금지 및 원상회복 등의 조치를 명할 수 있다(제11조 제5항, 시
행령 제16조). 수출승인의 경우와 같이 기술심사가 필요한 경우에는 이에
걸리는 일수는 기간에 산입하지 않는다.

사전 신고에 의하여 기술수출이 차단되는 경우에는 국가핵심기술을
보유·관리하는 기관으로서는 예상하지 못한 피해를 입을 수 있다. 이
에 신고대상 국가핵심기술을 수출하고자 하는 자는 해당 국가핵심기술
을 수출하는 것이 국가안보와 관련되었는지 여부를 사전에 검토하도록
산업통상자원부장관에게 신청할 수 있다(제11조 제6항). 사전검토의 신청
과 관련하여서는 수출승인이나 사전 신고의 경우와는 달리 법에서는 '대
상기관'이 아닌 '수출하고자 하는 자'로 그 신청인을 정하고 있다.

(4) 수출승인 및 수출중지·금지, 원상회복 명령

산업통상자원부장관은 승인신청이 있는 경우에는 그 국가핵심기술의
수출에 따른 국가안보 및 국민경제적 파급효과 등을 검토하여 관계 중
앙행정기관의 장과 협의한 후 산업기술보호위원회의 심의를 거쳐 승인
할 수 있다(제11조 제2항).

승인을 얻지 아니하거나 부정한 방법으로 승인을 얻어 국가핵심기술
의 수출을 한 경우 또는 신고대상 국가핵심기술을 신고하지 아니하거나
허위로 신고하고 국가핵심기술의 수출을 한 경우에는 위원회의 심의를
거쳐 해당 국가핵심기술의 수출중지·수출금지·원상회복 등의 조치를
명령할 수 있다(제11조 제7항). 수출중지는 시간적으로 수출절차가 진행
중인 경우를 말하고, 수출금지는 사전에 수출자체를 허락하지 않는다.
원상회복은 이미 거래가 성립되어 그 이행으로서 기술을 수출하였지만,
그 기술수출이 국가안보나 국가경제에 미치는 영향이 크다고 판단하여

사후적으로 그 기술수출을 무효화시키고, 거래당사자에게 그 계약을 해제하여 소급적으로 계약의 효력을 소멸시켜 당사자에게 그 기술을 환수하도록 하는 것이다.

라. 국가핵심기술보유기관의 해외인수·합병

국가핵심기술의 유출은 불법적인 방법 외에도 국가핵심기술을 보유한 국내기업의 해외인수·합병, 합작투자 등으로 인하여 발생할 수 있으나 이를 규제할 방안이 없다는 지적이 있었다. 이에 2011년 개정법에서는 국가핵심기술보유기관의 해외인수·합병에 관한 규정을 도입하였다. 즉 국가로부터 '연구개발비를 지원받아 개발한 국가핵심기술을 보유'한 대상기관이 대통령령34)으로 해외 인수·합병, 합작투자 등 외국인 투자를 진행하려는 경우에는 산업통상자원부장관에게 미리 이를 '신고'하도록 하는 규정을 도입하였다(제11조의2).

이 규정은 국내기업의 해외 인수·합병 등 적법한 방법을 통한 국가핵심기술의 유출에 대한 대책으로, 외국인투자를 위축시키지 않는 범위에서 국가핵심기술의 해외유출을 목적으로 한 외국인투자를 사전에 방지·차단할 수 있는 최소한의 법적 장치를 마련하기 위한 것으로 설명한다.35) 다만 해외투자 위축을 최소화하기 위하여 신고대상을 국가의 안전보장에 중대한 영향을 줄 수 있는 국가핵심기술 중에서 국가로부터 연구개발비를 지원받아 개발한 국가핵심기술을 보유한 대상기관으로 한정하고 있다고 규정 도입 및 그 적용범위를 설명하고 있다.36)

---

34) 시행령 제18조의2.
35) 지식경제위원장, 산업기술의 유출방지 및 보호에 관한 법률 일부개정법률안(대안), 3면.
36) 이러한 규정의 도입은 2008년 쌍용자동차 사태에 따른 비판을 사회적 비판을 법률이 수용한 것이라 볼 수 있다. 즉 2004년 쌍용자동차를 인수는 중국 국영자동차 그룹인 상하이자동차가 2008년 법정관리를 신청하면서, 쌍용자동차의 핵심기술 유출이 문제가 되었다. 2004년 인수 당시부터 기술의 유출이 우려되던 상황에서 상하이자동차가 경영포기를 선언하자, 그동안 해외 기업의 흡수·합병을 통한 기술유출에 대한 적절한 대응의

제2절 산업기술보호법의 특성 **333**

그러나 이 규정은 위에서 언급한 기술이전 및 사업화 촉진에 관한 법률 제2조 제2호에서는 기술이전을 '양도, 실시권 허락, 기술지도, 공동연구, 합작투자 또는 인수·합병 등의 방법으로 기술이 기술보유자(해당 기술을 처분할 권한이 있는 자를 포함한다)로부터 그 외의 자에게 이전되는 것'으로 정의하고 있으므로 기술이전에는 합작투자 또는 인수·합병 등에 의한 것이 포함되는 것으로 볼 수 있다. 따라서 기존에 국가핵심기술의 수출 등을 규정하고 있던 제11조로 충분히 대응할 수 있었다.

그러나 제11조의2 규정이 추가되면서 입법자의 의도와는 달리 국가핵심기술이 보다 용이하게 외국으로 유출될 수 있게 되었다. 즉 종전의 법률에 따를 경우, 국가핵심기술이 국가로부터 연구개발비를 지원받은

필요성이 제기되었다.

2008년 당시 논의되었던 법률 규정은 외국인투자 촉진법이었다. 동법 제4조에서는 법률에 특별한 규정이 있는 경우를 제외하고는 제한을 받지 아니하고 국내에서 투자업무를 수행할 수 있도록 규정하고 있다. 그리고 ① 국가의 안전과 공공질서의 유지에 지장을 주는 경우, ② 국민의 보건위생 또는 환경보전에 해를 끼치거나 미풍양속에 현저히 어긋나는 경우, ③ 대한민국의 법령을 위반하는 경우가 아니라면 외국인은 투자를 제한받지 않는다. 이때 외국인투자가 제한되는 업종과 제한 내용은 대통령령으로 정하는데, 대통령령에서는 ① 외국인이 이미 설립된 국내기업의 주식등의 취득을 통하여 해당 기업의 경영상 지배권을 실질적으로 취득하려는 경우 또는 ②「방위사업법」 제3조 제7호에 따른 방위산업물자의 생산에 지장을 초래할 우려가 있는 경우, ③「대외무역법」 제19조 및 「기술개발촉진법」 제13조에 따른 수출 허가 또는 승인 대상 물품 등이나 기술로서 군사목적으로 전용(轉用)될 가능성이 높은 경우, ④「국가정보원법」 제13조 제4항에 따라 국가기밀(이하 "국가기밀"이라 한다)로 취급되는 계약 등의 내용이 공개될 우려가 있는 경우, ⑤ 국제평화 및 안전유지를 위한 국제연합 등의 국제적 노력에 심각하고 중대한 지장을 초래할 우려가 있는 경우 등에는 외국인투자위원회의 심의에 따라 국가의 안전유지에 지장을 초래하는지를 판단하도록 하고 있다.

이에 따라 외국인투자위원회에서 국가안보를 위해한다고 판단하는 경우에는 해당 외국인 투자로 이미 기업의 주식 등을 취득한 외국인은 그 결정이 있은 날로부터 6개월 이내에 해당 주식 등을 대한민국 국민, 대한민국 법인 또는 국가안보위해의 우려가 없는 외국인에게 양도하여야 하고, 특정 사업 부분의 분리매각이나 보안유지준수 등의 조건부 투자허용 결정을 한 경우에는 지식경제부 장관이 해당 조건의 위반 사실을 안 날부터 6개월 이내에 해당 주식을 대한민국 국민등에게 양도하도록 하고 규정하고 있다.

그러나 외국인투자 촉진법이 규정하고 있는 투자 제한은 국가안보의 위해 여부를 방위산업, 전략물품이나 기술 및 국가기밀에 한정하고 있다. 따라서 산업기술의 유출 시 국가경제에 미치는 파급효과까지 고려하여 제한하기는 어려우며, 외국자본의 유치를 위해 외국인 투자제한이 점점 축소되는 상황에서 국가안보와 직접적인 관련성이 적은 산업기술의 유출을 이유로 외국인의 투자를 제한하기 어렵다는 비판이 제기되었다.

경우에는 수출승인을, 그러한 지원을 받지 않고 개발된 경우에는 사전신고를 요구하였다. 그런데 2011년 개정법에 의하면 국가핵심기술이더라도 국가로부터 연구개발비를 지원받은 경우에 한하여 사전신고만 하면 되게 되었다. 2011년 개정법의 입법자들은 외국인의 투자를 제한하지 않으면서도 해외기업의 흡수·합병이라는 적법한 기술이전에 대하여 보다 강력하게 대응하겠다는 취지였으나, 오히려 그 반대의 결과를 낳은 것이라 하겠다.

한편 산업기술보호법의 영토주의에 의하면, 외국기업이 국내기업을 흡수·합병하는 경우에는 기술이 국내에 있기 때문에 기술수출에 해당하지 않으므로, 이러한 문제점을 극복한 것이라 평가할 수도 있다. 그러나 쌍용자동차 사례에서 보듯이 외국 본사에서 기술연수생 명목으로 외국의 연구원, 기술자를 국내에 파견하여 기술을 습득하거나, 사내 전산망을 공유하도록 한다면 국내에 소재하는 산업기술 관련 설계도면 및 각종 연구자료는 언제든지 외국으로 유출될 수 있으며, 이러한 문제가 제11조의2 규정의 도입으로 해결되는 것은 아니다.

현행법에 따르면 대상기관이 국가핵심기술을 수출 시 신고의무 등 규제가 없는 해외 인수·합병 등을 선택하는 경우 국가핵심기술의 해외 유출 방지에 있어 사각지대가 발생할 수 있고, 국가 연구개발비 지원여부와 관계없이 국가핵심기술이 해외로 유출될 경우 국가안보 및 국민경제에 중대한 영향을 미칠 우려가 높다. 따라서 국가 연구개발비를 지원받지 아니한 국가핵심기술에 대하여도 국가 연구개발비를 지원받아 개발한 국가핵심기술과 마찬가지로 해외 경쟁자들의 기술 탈취형 인수·합병 등으로부터 보안을 강화할 필요가 있다.

마. 국가연구개발사업의 보호관리

산업기술보호법은 대상기관의 장으로 하여금 산업기술과 관련된 국가연구개발사업³⁷⁾을 수행하는 과정에서 개발성과물이 외부로 유출되지 아니하도록 필요한 대책을 수립·시행하도록 요구하고 있다(제12조). 즉 국가연구개발사업은 국가가 연구개발사업의 수행에 주도적인 역할을 하게 되고, 그 결과물에 이해관계를 갖게 되므로 대상기관의 장에게 특별한 의무를 부과할 수 있게 된다. 또한 국가연구개발사업에서는 보호가치가 있는 개발성과물이 만들어질 개연성이 높으므로 그 최종결과의 보호만큼이나 연구개발 과정 자체 및 중간성과물의 보호 역시 중요하다. 이에 국가연구개발사업에 대하여 그 효과적인 보호를 위해 산업기술보호법에 특별한 규정을 두었다고 설명한다.³⁸⁾

이러한 국가연구개발사업의 보호관리는 그 성격상 최종연구결과물에 대한 보호방법과 보호수준이 결정되기 이전에 그 중간산물에 대하여 주어지는 잠정적인 보호라도 설명한다. 즉 국가연구개발사업의 최종 결과물이 산업기술로 지정·고시되면 산업기술로서 보호를 받게 되고, 나아가 국가핵심기술로 지정·고시되면 국가핵심기술로 보호를 받게 되나, 제12조의 국가연구개발사업의 보호관리는 최종 개발성과물을 얻기 이전의 사업 수행 단계에서 적용되는 것으로 설명하고 있다.³⁹⁾

그러나 과학기술기본법은 이미 중앙행정기관의 장은 국외로 유출되지 아니하도록 보호할 가치가 있는 국가연구개발사업의 결과물은 지식재산권의 설정 등을 통하여 보호될 수 있도록 적극 지원하여야 하며, 중앙행정기관의 장 및 국가연구개발사업을 수행하는 연구기관의 장은 국가연구개발사업의 결과물과 연구수행 중에 생산된 성과물이 외부로 유출되지 아니하도록 보안대책을 수립·시행하여야 한다고 규정하고 있다(법 제11조의5). 이와 같이 국가연구개발사업을 직접 다루고 있는 법률이 보

---

37) 과학기술기본법 제11조의 규정에 따라 관계 중앙행정기관의 장이 추진하는 연구개발사업(법 제2조 제3호).
38) 국가정보원, 전게서, 94면.
39) 상게서, 94-95면.

안에 관련한 규정을 두고 있으므로, 산업기술보호법 제12조는 일종의
주의적 규정이라고 할 수 있겠다. 굳이 본조의 의의를 설명할 수 있는
것은 보호관리와 관련하여 필요하다고 인정되는 경우 대상기관의 장에
대하여 개선을 권고할 수 있도록 규정한 제13조[40]에서 찾을 수 있다.

3. 산업기술보호의 기반구축 및 산업보안기술의 개발·지원

산업기술보호법은 제4장에서 산업기술보호의 기반구축 및 산업보안기
술의 개발·지원 등에 해당하는 사항을 규정하고 있다. 이에 산업기술
보호협회의 설립 근거 규정을 두고 있으며(제16조), 산업기술보호를 위
한 실태조사(제17조), 국제협력(제18조), 산업기술보호교육(제19조), 산업
보안기술의 개발지원등(제20조), 산업기술보호 포상 및 보호 등(제21조),
산업기술의 보호를 위한 지원(제22조) 등을 규정하고 있다.

산업기술 보호 환경을 개선하고 구축하기 위하여는 먼저 산업기술의
보호 및 관리 현황을 파악하여야 한다. 이에 산업기술보호법은 산업기술
의 보호 및 관리 현황을 파악하기 위한 실태조사를 근거 규정을 마련하
고 있다. 또한 인적·물적 기반의 구축을 위하여는 국제협력과 산업보
안기술의 개발이 요구되는바, 관련 근거 규정과 함께 이러한 업무를 효
과적으로 추진할 수 있는 산업기술보호협회를 설립하도록 하고 있다.

---

40) 법 제13조(개선권고) ① 산업통상자원부장관은 제10조의 규정에 따른 국가핵심기술의
보호조치 및 제12조의 규정에 따른 국가연구개발사업의 보호관리와 관련하여 필요하다
고 인정되는 경우 대상기관의 장에 대하여 개선을 권고할 수 있다.
② 제1항의 규정에 따라 개선권고를 받은 대상기관의 장은 개선대책을 수립·시행하고
그 결과를 산업통상자원부장관에게 통보하여야 한다.
③ 산업통상자원부장관은 제1항에 따라 대상기관의 장에게 개선권고를 한 경우 해당
개선권고의 주요 내용 및 이유, 대상기관의 조치결과 등을 위원회에 보고하여야 한다.
④ 제1항 및 제2항에 따른 개선권고 및 개선대책의 수립·시행 및 제3항에 따라 위원
회에 보고하기 위하여 필요한 사항은 대통령령으로 정한다.

4. 산업기술분쟁조정위원회

산업기술보호법은 산업기술의 유출에 대한 분쟁이 발생하였을 때 이를 신속하게 조정하도록 산업통상자원부장관 소속하에 산업기술분쟁조정위원회를 두도록 하였다(제23조 제1항). 이 조정위원회는 일정 요건을 갖는 15인 이내의 위원으로 구성되며, 1인의 위원장을 둔다.41) 3년의 임기로 연임이 가능한 위원은 산업통상자원부장관이 임명하며(제23조 제4·5항), 형법 제129조 내지 제132조를 적용함에 있어 공무원으로 본다(제35조 제5호).

신속한 분쟁 해결을 위하여 조정위원회는 분쟁의 조정 신청을 받은 날로부터 3월 이내에 이를 심사하여 조정안을 작성하여야 하며, 정당한 사유가 있는 경우에는 조정위원회의 의결로 1개월 단위로 3회에 한정하여 조정기간을 연장할 수 있고, 이 경우 사건의 당사자에게 연장 기간 및 사유를 통지하여야 한다(제26조 제1항 및 제2항). 이 기간이 경과한 경우에는 조정이 성립되지 아니한 것으로 보며(제26조 제3항), 당사자가 조정안을 수락하고 조정조서에 기명날인하거나 서명한 경우에는 해당조정조서는 재판상 화해와 동일한 효력을 갖는다(제28조 제4항).

분쟁의 조정방법·조정절차 및 조정업무의 처리 등에 관하여 필요한 사항은 대통령령으로 정하며(제30조), 산업기술보호법에 규정이 있는 경우를 제외하고 그 성질에 반하지 않는 한 민사조정법의 규정이 준용된

---

41) 법 제23조(산업기술분쟁조정위원회) ③조정위원회의 위원은 다음 각 호의 어느 하나에 해당하는 자 중에서 대통령령이 정하는 바에 따라 산업통상자원부장관이 전문분야와 성별을 고려하여 임명하거나 위촉한다.
　　1. 대학이나 공인된 연구기관에서 부교수 이상 또는 이에 상당하는 직에 있거나 있었던 자로서 기술 또는 정보의 보호 관련 분야를 전공한 자
　　2. 4급 또는 4급 상당 이상의 공무원 또는 이에 상당하는 공공기관의 직에 있거나 있었던 자로서 산업기술유출의 방지업무에 관한 경험이 있는 자
　　3. 산업기술의 보호사업을 영위하고 있는 기업 또는 산업기술의 보호업무를 수행하는 단체의 임원직에 있는 자
　　4. 판사·검사 또는 변호사의 자격이 있는 자

다(제31조). 분쟁의 성질상 조정위원회에서 조정하는 것이 적합하지 아니하다고 인정하거나 당사자가 부정한 목적으로 조정을 신청한 것으로 인정되는 경우에는 해당 조정을 거부할 수 있으며, 절차 진행 중 일방 당사자가 법원에 소를 제기한 경우에는 그 조정의 처리는 중지하게 된다(제29조).

Ⅱ. 다른 법률과의 관계

산업기술보호법은 기존의 다른 법률에 비하여 보호대상인 기술의 범위가 매우 넓기 때문에 보호범위가 중첩될 수 있다. 따라서 준법과 적용에 있어서 혼란을 초소화하기 위해서는 법 적용의 우선순위 및 각 법의 배타적 적용범위를 명확히 정할 필요가 있다. 이에 아래에서는 특허법과 영업비밀보호법 등과의 관계를 살펴보도록 한다.

1. 타법과의 관계

산업기술보호법은 산업기술의 유출방지 및 보호에 관하여는 다른 법률에 특별한 규정이 있는 경우를 제외하고는 이 법이 정하는 바에 따르도록 규정하고 있다(제4조). 이에 ① 다른 개별 법률에 별도의 규정이 있는 경우에는 이 법보다 개별법이 우선 적용된다는 특례적 사항과 ② 개별 법률에 특정 사안에 관하여 별도의 규정이 없이 공백으로 있는 경우에는 이 법의 규정이 보충적으로 적용된다는 보충성의 원리를 동시에 규정하고 있는 것이다.

한편 산업기술보호법이 타법과의 관계에서 일반법으로서의 성격을 갖도록 규정하고 있으나, 이는 입법자의 의도와는 달리 적용범위를 축소시킬 수 있다. 예컨대 방위산업기술보호법상의 방위산업기술의 경우 방위산업기술보호법이, 방위사업법상의 핵심기술의 경우, 산업기술보호법보

다 방위사업법이 우선적으로 적용된다. 이와 마찬가지로 영업비밀보호법
이나 군사기밀 보호법, 형법이나 국가보안법 등과의 관계에 있어 산업기
술보호법이 적용될 가능성이 제한되게 된다.

2. 특허법과의 관계

산업기술의 보호라는 관점에서 특허법과 산업기술보호법은 중첩될 가
능성이 있다. 즉 특허로 보호받을 수 있는 기술이라면 그 기술적 가치라는
측면에서 산업기술에 해당할 가능성이 있으며, 따라서 대상 범위가 서로
중첩될 수 있다. 그러나 특허로 출원되어 특허권을 획득한 기술은 산업
기술보호법의 적용이 배제될 수 있다는 비판이 있다. 즉 일단 특허로 출
원되어 특허법에 의한 보호가 시작된 기술은 공개되는 것을 전제로 하
므로 산업기술보호법의 보호가 미칠 여지는 없어진다는 것이다. 이에 산
업기술보호법이 적용될 수 있는 기술은 대부분 특허로 보호될 수 없는
기술이거나 특허보호를 포기한 기술 중 영업주체로 볼 수 없는 자 또는
그 기술을 비밀로 유지할 능력이 없는 자가 보유한 기술에 한하여 산업
기술보호법이 적용된다고 설명한다.[42]

그러나 이러한 설명은 특허제도가 기술보호에 있어서 그다지 역할을
하지 못한다는 사고를 근저에 두고 있다. 실제로 특허제도가 혁신에 기
여하는 역할을 작게 평가한다고 하여도, 그 역할을 무시할 수는 없다.
한편 산업기술보호법은 어떤 기술정보를 특정하여 구체적으로 그 보호
범위를 정하기보다는 특정한 산업분야를 중심으로 이에 속하는 기술정
보 전반을 보호하는 방식을 취한다. 또한 특허법이 어떤 기술 그 자체를
보호하기보다는 그 기술의 배경이 되는 어떤 '기술적 사상의 창작'을 보
호하는 것이다. 반면 산업기술보호법의 경우에는 어떠한 분야의 기술이

---

42) 국가정보원, 전게서, 2007, 78-79면.

행정기관의 장에 의하여 첨단기술, 신기술 등으로 지정·고시·공고·인증된 기술을 보호하는 것이라 보아야 할 것이다. 즉, 산업기술보호법 제2조 제1항 각목의 어느 하나의 요건을 충족하여 국내산업 경쟁력 강화에 이바지할 수 있는 기술에 해당하는 것이면 산업기술보호법으로 보호받을 수 있다.[43] 따라서 국가가 지정한 어떤 기술 분야에 속한 기술이면 설령 그것이 특허를 통하여 보호되는 것이라도 산업기술보호법의 목적이 될 수 있다. 이에 관련 기술이 특허를 받고 있더라도 외국에 라이선스하는 행위를 제한할 수 있게 된다.

다만 이 경우에 문제가 되는 것은 기술이전 제한에 따른 보상문제가 남게 된다. 예컨대 특허법에서는 국방상의 이유로 외국의 특허출원을 금지하거나 비밀취급하는 경우, 수용하는 경우에 적절한 보상을 하도록 규정하고 있다(제41조). 이에 반하여 산업기술보호법은 수출승인이나 사전신고를 통해 기술매각 및 이전 등의 수출을 규제하면서도 승인거절 혹은 수출금지, 중지, 원상회복 명령을 하는 경우에 대하여 국가의 보상책임을 규정하고 있지 않다.

국가가 연구개발비를 지원한 국가핵심기술의 경우에도 같은 문제가 여전히 남게 된다. 우선 국가연구개발자금이 투입된 국가핵심기술의 수출제한에 대하여 보상이 필요한지, 보상이 필요하다면 국가연구개발에 따른 결과물의 소유를 규정하고 있는 국가연구개발사업의 관리 등에 관한 규정에 의해 기술을 주관연구기관, 협동연구기관, 참여기관이 단독 또는 공유하게 되거나, 일정한 경우 국가 자신이 보유하도록 구분하고 있는데, 그 소유 형태에 따라 보상을 별도로 할 것인지 등 여러 문제가 남게 된다.

---

43) 서울중앙지방법원 2013.9.6. 선고 2013노1416 판결.

3. 영업비밀보호법과의 관계

영업비밀보호법은 기술상의 영업비밀뿐만 아니라 해당기업의 경영전략·투자계획 등 경영상의 영업비밀까지도 보호한다. 반면 산업기술보호법은 기술정보만을 그 대상으로 한다. 즉 영업비밀은 일반적으로 비공지성, 경제적 유용성, 비밀관리성을 개념요소로 하나, 산업기술보호법에서의 산업기술은 그러한 요건들을 명문으로 규정하고 있지는 않다. 따라서 산업기술보호법이 보호대상으로 하는 산업기술의 경우, 영업비밀보호법상 보호대상인 영업비밀에 속하는 것이 대부분이겠으나, 그 외에도 공개된 기술도 산업기술보호법상의 보호범위에 해당할 수 있다. 특히 국가핵심기술의 경우 그 성격상 대상이 반드시 영업비밀에 한정되지 않으며, 산업재산권 매각에 다른 기술 유출이 국내 경제 및 안보에 중대한 영향을 미치는 경우에는 당연히 국가핵심기술로 지정될 수밖에 없으며, 이에 산업기술은 비공개 기술정보뿐만 아니라 공개된 기술정보도 포함하게 된다.

산업기술은 제품 또는 용역의 개발·생산·보급 및 사용에 필요한 제반 방법 내지 기술상의 정보 중에서 관계중앙행정기관의 장이 소관 분야의 산업경쟁력 제고 등을 위하여 법률 또는 해당 법률에서 위임한 명령에 따라 지정·고시·공고·인증하는 산업기술보호법 제2조 제1호 각 목에 해당하는 기술을 말하고, 부정경쟁방지 및 영업비밀보호에 관한 법률에서의 <u>영업비밀과 달리 비공지성, 비밀관리성, 경제적 유용성의 요건을 요구하지 않는다</u>(대법원 2013.12.12. 선고 2013도12266 판결).

제3절 산업기술의 유출 및 침해행위 금지

Ⅰ. 산업기술의 유출 및 침해행위

산업기술보호법은 제14조에서 그 금지하는 산업기술의 유출 및 침해행위 유형을 규정하고 있다. 이때 산업기술보호법이 정하고 있는 산업기술 유출·침해행위 유형은 영업비밀보호법이 정하고 있는 영업비밀침해행위 유형의 경우와 같은 구조를 취하고 있다.[44] 즉 일정 부정행위에 의한 산업기술의 취득 또는 일정 비밀유지의무자에 의한 산업기술의 유출·공개 등을 전제로, 고의 또는 중과실에 의한 침해기술의 취득 등에 대하여 규정하고 있다. 이에 영업비밀보호법에서의 논의는 대부분 산업기술의 유출·침해행위에 있어서 원용할 수 있다. 또한 이러한 침해행위 유형에 추가하여 법이 요구하는 승인 또는 신고 의무에 반하여 국가핵심기술의 수출이 이루어진 경우에는 산업기술의 유출·침해행위에 해당한다.

1. 산업기술의 부정취득·사용·공개

절취·기망·협박 그 밖의 부정한 방법으로 대상기관의 산업기술을 취득하는 행위 또는 그 취득한 산업기술을 사용하거나 공개하는 행위는 금지된다(제14조 제1호). 산업기술을 공개하는 행위에는 산업기술을 널리

---

44) 영업비밀보호법 제2조 제3호의 영업비밀침해행위는 산업기술보호법 제14조의 산업기술보호법의 유출 및 침해행위와 유사하며, 이는 제36조의 처벌에 있어 범죄구성요건에 해당된다. 그러나 영업비밀보호법 제2조 제3호의 "영업비밀 침해행위"는 금지청구, 손해배상, 신용회복의 민사적 구제수단에 적용되며, 영업비밀보호법 제18조 제1항, 제2항에서 정한 처벌 대상인 범죄구성요건은 영업비밀의 "취득", "사용", "제3자 누설"하는 경우로 열거하고 있어 반드시 민사 구제수단의 영업비밀 침해행위와 일치되지는 않는다는 특징이 있다(조용순, "영업비밀 보호를 위한 부정경쟁방지법 형사벌 관련 규정의 개정 방향에 대한 소고", 산업재산권(제49호), 한국지식재산학회, 2016.4, 294-295면).

제3자가 알 수 있는 상태에 두는 것뿐만 아니라 비밀을 유지하면서 특정인에게 알리는 것을 포함한다. 이는 영업비밀보호법 제2조 제3호 (가)목의 규정의 행위유형과 같다.

2. 비밀유지의무 위반에 따른 산업기술의 부정유출 · 사용 · 공개 · 제3자 제공

제34조[45])의 규정 또는 대상기관과의 계약 등에 따라 산업기술에 대한 비밀유지의무가 있는 자가 부정한 이익을 얻거나 그 대상기관에게 손해를 가할 목적으로 유출하거나 그 유출한 산업기술을 사용 또는 공개하거나 제3자가 사용하게 하는 행위는 금지된다(제14조 제2호).

2006년 제정당시에는 "산업기술에 대한 비밀유지의무가 있는 자가 그 산업기술을 절취 · 기망 · 협박 그 밖의 부정한 방법으로 유출하는 행위 …"로 규정한 것을 "비밀유지의무가 있는 자가 부정한 이익을 얻거나 그 대상기관에게 손해를 가할 목적 …"으로 2011년 개정하여 영업비밀보호법 제2조 제3호 (라)목의 규정과 같은 구조를 취하고 있다.

판례에 따르면 특허등록이 이루어져 산업기술의 내용 일부가 공개라

---

45) 제34조(비밀유지의무) 다음 각 호의 어느 하나에 해당하거나 해당하였던 자는 그 직무상 알게 된 비밀을 누설하거나 도용하여서는 아니 된다.
  1. 대상기관의 임 · 직원(교수 · 연구원 · 학생을 포함한다)
  2. 제9조의 규정에 따라 국가핵심기술의 지정 · 변경 및 해제 업무를 수행하는 자 또는 제16조에 따라 국가핵심기술의 보호 · 관리 등에 관한 지원 업무를 수행하는 자
  3. 제11조 및 제11조의2에 따라 국가핵심기술의 수출 및 해외인수 · 합병등에 관한 사항을 검토하거나 사전검토, 조사업무를 수행하는 자
  4. 제15조의 규정에 따라 침해행위의 접수 및 방지 등의 업무를 수행하는 자
  5. 제16조제4항제3호의 규정에 따라 상담업무 또는 실태조사에 종사하는 자
  6. 제17조제1항의 규정에 따라 산업기술의 보호 및 관리 현황에 대한 실태조사업무를 수행하는 자
  7. 제20조제2항의 규정에 따라 산업보안기술 개발사업자에게 고용되어 산업보안기술 연구개발업무를 수행하는 자
  8. 제23조의 규정에 따라 산업기술 분쟁조정업무를 수행하는 자
  9. 제33조의 규정에 따라 산업통상자원부장관의 권한의 일부를 위임 · 위탁받아 업무를 수행하는 자

도 산업기술보호법상 비밀유지의 대상이 된다.

산업기술의 유출방지 및 보호에 관한 법률(이하 '산업기술보호법'이라 한다) 제36조 제2항, 제14조 제2호는 대상기관의 임·직원 또는 대상기관과의 계약 등에 따라 산업기술에 대한 비밀유지의무가 있는 자가 부정한 이익을 얻거나 그 대상기관에게 손해를 가할 목적으로 유출하거나 그 유출한 산업기술을 사용 또는 공개하거나 제3자가 사용하게 하는 행위를 하면 처벌하도록 규정하고 있다. 위 비밀유지의무의 대상인 산업기술은 제품 또는 용역의 개발·생산·보급 및 사용에 필요한 제반 방법 내지 기술상의 정보 중에서 관계중앙행정기관의 장이 소관 분야의 산업경쟁력 제고 등을 위하여 법률 또는 해당 법률에서 위임한 명령에 따라 지정·고시·공고·인증하는 산업기술보호법 제2조 제1호 각 목에 해당하는 기술을 말하고, 부정경쟁방지 및 영업비밀보호에 관한 법률에서의 영업비밀과 달리 비공지성(비밀성), 비밀유지성(비밀관리성), 경제적 유용성의 요건을 요구하지 않는다. 산업기술보호법 제2조 제1호 각 목의 어느 하나의 요건을 갖춘 산업기술은 특별한 사정이 없는 한 비밀유지의무의 대상이 되고, 그 산업기술과 관련하여 특허등록이 이루어져 산업기술의 내용 일부가 공개되었다고 하더라도 그 산업기술이 전부 공개된 것이 아닌 이상 비밀유지의무의 대상에서 제외되는 것은 아니다(대법원 2013.12.12. 선고 2013도12266 판결).

3. 악의에 의한 침해기술의 취득·사용·공개 및 사후적 관여행위

제1호(산업기술의 부정취득·사용·공개) 또는 제2호(비밀유지의무 위반에 따른 산업기술의 부정유출·사용·공개·제3자 제공)의 규정에 해당하는 행위가 '개입된 사실을 알고' 그 산업기술을 취득·사용 및 공개하거나 산업기술을 '취득한 후'에 그 산업기술에 대하여 제1호 또는 제2호의 규정에 해당하는 행위가 개입된 사실을 알고 그 산업기술을 사용하거나 공개하는 행위는 금지된다(제14조 제3호).

이는 영업비밀보호법 제2조 제3호 (나)·(마)목의 악의취득행위, (다)·(바)목의 사후적관여행위 중 중과실을 제외한 행위유형에 해당되는 행위를 하나의 조문에 같이 규정하고 있다.

4. 중과실에 의한 침해기술의 취득·사용·공개 및 사후적 관여행위

제1호(산업기술의 부정취득·사용·공개) 또는 제2호(비밀유지의무 위반에 따른 산업기술의 부정유출·사용·공개·제3자 제공)의 규정에 해당하는 행위가 개입된 사실을 '중대한 과실'로 알지 못하고 그 산업기술을 취득·사용 및 공개하거나 산업기술을 '취득한 후'에 그 산업기술에 대하여 제1호 또는 제2호의 규정에 해당하는 행위가 개입된 사실을 중대한 과실로 알지 못하고 그 산업기술을 사용하거나 공개하는 행위는 금지된다(제14조 제4호).

이는 영업비밀보호법 제2조 제3호 (나)·(마)목의 악의취득행위, (다)·(바)목의 사후적관여행위 중 중과실에 해당되는 행위를 묶어 하나의 조문에 같이 규정하는 형태를 취하고 있다.

5. 국가핵심기술의 미신고 수출·인수합병 및 명령불이행

국가핵심기술의 기술수출 또는 국가핵심기술을 보유하는 대상기관의 해외인수·합병과 관련하여 산업기술보호법은 승인 또는 신고를 요구한다. 이에 제11조 제1항의 규정에 따른 승인을 얻지 아니하거나 부정한 방법으로 승인을 얻어 국가핵심기술을 수출하는 행위(제14조 제5호), 국가핵심기술을 외국에서 사용하거나 사용되게 할 목적으로 제11조의2제1항 및 제2항에 따른 신고를 하지 아니하거나 거짓이나 그 밖의 부정한 방법으로 신고를 하고서 해외인수·합병등을 하는 행위(제14조 제6호)는 산업기술유출·침해행위로 규정하고 있다. 또한 신고대상인 국가핵심기술의 수출이 국가안보에 심각한 영향을 줄 수 있다고 판단하여 수출중지·수출금지·원상회복 등의 조치를 명하였는데, 이러한 산업통상자원부장관의 명령을 이행하지 않는 경우도 산업기술 침해행위에 해당한다(제14조 제7호).

6. 산업기술에 관한 문서 등의 반환 및 삭제 요구 불이행

제34조 또는 대상기관과의 계약 등에 따라 산업기술에 대한 비밀유지의무가 있는 자가 산업기술에 대한 보유 또는 사용 권한이 소멸됨에 따라 대상기관으로부터 산업기술에 관한 문서, 도화(圖畵), 전자기록 등 특수매체기록의 반환이나 산업기술의 삭제를 요구받고도 부정한 이익을 얻거나 그 대상기관에 손해를 가할 목적으로 이를 거부 또는 기피하거나 그 사본을 보유하는 행위는 금지된다(제14조 제6의2호).

산업기술 정보의 유출이 악성코드, 해킹 등 외부 공격에 의한 것보다는 퇴직 직원 등 내부자에 의해 주로 발생하고, 산업기술의 유출 발생 이후 처벌보다는 사전에 기술 유출을 예방하는 것이 중요하다는 것을 의미한다.[46] 제14조 제6의2호는 산업기술 유출의 사전예방을 위하여 비밀유지의무가 있는 자가 퇴직 등으로 인하여 산업기술에 대한 사용·보유 권한이 소멸한 경우, 대상기관으로부터 산업기술에 관한 문서 등의 반환 및 삭제 요구를 받고도 이를 거부하거나 그 사본을 보유하는 행위를 금지하고 위반 시 처벌하도록 하기 위하여 2015년 개정을 통하여 도

---

46) 2012년 중소기업청의 중소기업 기술보호 실태조사에 따르면 기술정보를 유출시키는 관계자는 대기업의 경우 '현직임직원'(42.9%), 퇴직임직원(42.9%) 등의 순으로 나타났고, 중소기업의 경우 퇴직임직원(54.4%), 경쟁업체 종사자(15.4%) 등의 순으로 나타났다. 또한, 기술정보 유출 수단 및 채널을 보면, 대기업의 경우 복사 및 절취(42.9%), 사찰 및 견학(28.6%)이 대부분이었고, 중소기업은 복사 및 절취(27.5%), e-mail(22.5%), 휴대용 저장장치(20.3%) 등인 것으로 조사되었다(산업통상자원위원회, 산업기술의 유출방지 보호에 관한 법률 일부개정법률안 검토보고서, 2014.11, 11-12면).

입된 규정이다.

Ⅱ. 침해금지 및 벌칙

1. 침해금지청구권

2011년 개정법에서는 영업비밀보호법의 침해행위에 대한 금지청구권과 같이 산업기술 침해행위에 대한 금지청구권을 도입하였다(제14조의2). 이에 대상기관은 산업기술 침해행위를 하거나 하려는 자에 대하여 그 행위에 의하여 영업상의 이익이 침해되거나 침해될 우려가 있는 경우에는 법원에 그 행위의 금지 또는 예방을 청구할 수 있으며, 이때 침해행위를 조성한 물건의 폐기, 침해행위에 제공된 설비의 제거, 그 밖에 침해행위의 금지 또는 예방을 위하여 필요한 조치를 함께 청구할 수 있다. 또한 영업비밀보호법 제14조의 시효 규정과 같이 산업기술 침해행위의 금지 또는 예방을 청구할 수 있는 권리는 산업기술 침해행위가 계속되는 경우에 대상기관이 그 침해행위에 의하여 영업상의 이익이 침해되거나 침해될 우려가 있다는 사실 및 침해행위자를 안 날부터 3년간 행사하지 아니하면 시효의 완성으로 소멸하며, 그 침해행위가 시작된 날부터 10년이 지난 때에도 같다(제14조의2 제3항).

2. 침해신고

국가핵심기술 및 국가연구개발사업으로 개발한 산업기술을 보유한 대상기관의 장은 산업기술 유출·침해 행위가 발생할 우려가 있거나 발생한 때에는 즉시 산업통상자원부장관 및 정보수사기관의 장에게 그 사실을 신고하여야 하고, 필요한 조치를 요청할 수 있다. 또한 산업통상자원부장관 및 정보수사기관의 장은 대상기관의 요청을 받은 경우 또는 산

업기술의 유출·금지행위를 인지한 경우에는 그 필요한 조치를 하여야
한다(제15조).

3. 벌 칙

가. 벌 칙

영업비밀보호법에서와 같이 산업기술보호법에서도 산업기술유출·침
해행위에 대한 형사처벌 규정을 두고 있다. 또한 침해행위가 외국에서
사용하거나 사용되게 할 목적인 경우(국외유출)와 그러한 사용·목적이
없이 이루어진 침해행위 유형(국내유출)을 나누고 각각 처벌하고 있다.
2016년 개정을 통하여 형량이 강화되었다.[47]

먼저, 산업기술을 외국에서 사용하거나 사용되게 할 목적으로 제14조
각 호의 어느 하나에 해당하는 행위를 통하여 산업기술을 침해한 자는
15년 이하의 징역 또는 15억원 이하의 벌금에 처한다(제36조 제1항). 다
음으로 국내유출의 경우에는 산업기술 침해행위가 있는 경우에는 7년
이하의 징역 또는 7억원 이하의 벌금에 처한다(제36조 제2항).

다만, 중과실에 의한 유출(제14조 제4호에 해당하는 행위[48])의 경우에는
국내외를 유출을 막론하고 3년 이하의 징역 또는 3억원 이하의 벌금에
처한다(제36조 제3항).

또한 제34조의 규정을 위반하여 비밀을 누설하거나 도용한 자는 5년
이하의 징역이나 10년 이하의 자격정지 또는 5천만원 이하의 벌금에 처
한다(제36조 제5항).

---

47) 2016년 법률 개정 전에 국외유출이 10년 이하의 징역 또는 10억원 이하의 벌금이 개정
후에는 15년 이하의 징역 또는 15억원 이하의 벌금, 국내유출이 5년 이하의 징역 또는 5
억원 이하의 벌금에서 7년 이하의 징역 또는 7억원 이하의 벌금 등으로 상향조정되었다.
48) 침해행위가 개입된 사실을 중대한 과실로 알지 못하고 그 산업기술을 취득·사용 및 공
개하거나 산업기술을 취득한 후에 그 산업기술에 대하여 침해행위가 개입된 사실을 중
대한 과실로 알지 못하고 그 산업기술을 사용하거나 공개하는 행위.

제36조 제1항 내지 제3항의 죄(국외유출, 국내유출, 중과실 유출)를 범한 자가 그 범죄행위로 인하여 얻은 재산은 이를 몰수하며, 그 전부 또는 일부를 몰수할 수 없는 때에는 그 가액을 추징한다(제36조 제4항). 그리고 국외유출(제36조 제1항), 국내유출(제36조 제2항)에 대한 미수범은 처벌한다(제36조 제6항). 제36조 제1항 내지 제3항(국외유출, 국내유출, 중과실 유출)의 징역형과 벌금형은 이를 병과할 수 있다(제36조 제7항).

나. 예비·음모

외국에서 사용하거나 사용되게 할 목적으로 산업기술를 침해하고자 예비 또는 음모한 자는 3년 이하의 징역 또는 3천만원 이하의 벌금에 처하며(제37조 제1항), 제36조 제2항의 죄를 범할 목적으로 예비 또는 음모한 자는 2년 이하의 징역 또는 2천만원 이하의 벌금에 처한다(제37조 제2항).

다. 양벌규정

법인의 대표자나 법인 또는 개인의 대리인, 사용인, 그 밖의 종업원이 그 법인 또는 개인의 업무에 관하여 제36조 제1항부터 제3항까지의 어느 하나에 해당하는 위반행위를 하면 그 행위자를 벌하는 외에 그 법인 또는 개인에게도 해당 조문의 벌금형을 과한다. 다만, 법인 또는 개인이 그 위반행위를 방지하기 위하여 해당 업무에 관하여 상당한 주의와 감독을 게을리하지 아니한 경우에는 그러하지 아니하다(제38조).

제4절 방위산업기술 및 중소기업기술의 보호

I. 방위산업기술 보호법

1. 입법배경

우리나라의 방산분야 기술수준은 전 세계 1위인 미국대비 약 80%로 세계 10위권 수준이며, 우리나라는 방위산업 관련 특정 분야에 있어서는 세계 최고의 기술력을 보유하고 있어 국제방위산업시장에서의 경쟁 심화로 인해 우리의 방위산업기술이 타 국가로 유출될 가능성이 높아지고 있었다. 그리고 불법적인 기술유출로 인해 방위산업기술이 복제될 경우 무기체계 등의 가치가 저하될 수 있고, 국제 불법 테러단체로의 부적절한 수출이 발생할 경우 우리나라에 대한 국제 신인도가 저하될 우려도 있었다.[49]

이에 방위산업과 관련된 불법적인 기술유출의 문제를 막기 위하여 방위산업기술을 체계적으로 보호하고, 관련 대상기관을 지원함으로써 국가의 안전을 보장하고 방위산업기술의 보호와 관련된 국제조약 등의 의무를 이행하여 국가신뢰도를 제고하는 것을 목적으로 "방위산업기술 보호법"이 2015년 12월 29일 제정되었다.[50]

---

49) 국방위원회, "방위산업기술의 보호에 관한 법률안 심사보고서", 2015.12, 3면.

50) 방위산업기술을 산업기술보호법으로 보호할 수 있는지와 관련하여, 국방위원회는 "방위산업기술을 산업기술보호법상 국가핵심기술로서 보호할 수도 있지만, 산업기술보호법은 ① 기업과 국가의 경쟁력 확보차원에서 국가핵심기술의 보호를 주목적으로 하고 있어, 국가안보와 관련된 방산분야의 핵심기술인 방위산업기술의 보호에는 미흡한 점이 있고, ② 실제 산업기술보호법에서 방위산업기술을 보호하기 위해서는 현재 사용하고 있는 무기체계에 있는 기술 중 보호대상을 지정하여 국가핵심기술에 편입하고 적극적으로 보호 및 관리하여야 하지만, 이를 수행해야 할 방위산업 관련 전문위원회도 구성되어 있지 않아 적극적인 보호 및 관리가 어려운 것으로 보이며, ③ 불법적인 방위산업기술의 유출 시 국가안보에 미치는 파급효과를 감안할 때 현행 벌칙 수준이 국외 다른 법률과 비교 시 상대적으로 낮아 보인다"고 하고 있다(국방위원회, 전게 보고서, 4-5면).

2. 산업기술보호법과의 차이

산업기술보호법과 방위산업기술 보호법의 차이는 목적, 대상기관, 보호기술, 정부관리체계, 형사처벌 등과 관련하여 다음과 같은 차이가 있다. 방위산업기술 보호법은 산업기술보호법에 비하여 형사처벌이 더 강하며, 산업기술보호법은 민사구제수단으로 금지청구권을 두고 있는 반면에 방위산업기술 보호법은 이러한 규정이 없다. 또한 방위산업기술 보호법은 분쟁해결과 관련한 규정도 도입되어 있지 않다.

표 8   산업기술보호법과 방위산업기술 보호법의 비교

구 분	산업기술보호법	방위산업기술 보호법
목적	• 산업기술의 부정한 유출 방지 • 국가핵심기술의 보호	• 방위산업기술 체계적 보호, 국가안전보장 • 국가신뢰도 제고
대상기관	• 산업기술을 보유한 기업, 연구기관, 대학	• 방위산업기술을 보유하거나 방위산업기술과 관련된 연구개발사업을 수행하고 있는 기관 　－ 국방과학연구소, 방위사업청, 각군, 국방기술품질원, 방위산업체 및 전문연구기관, 기타 기업, 연구기관, 전문기관, 대학 등
보호기술	• 산업기술 및 국가핵심기술 　－ 산업경쟁력/국가안전보장/국민경제 등 고려 　－ 중앙행정기관의 장 지정·고시	• 방위산업기술 　－ 국가안보에 미치는 효과, 해당분야 연구동향 고려 　－ 방위사업청장이 지정·고시
정부 관리체계	• 기본계획 및 시행계획 수립 • 국가핵심기술의 지정/수출승인(신고) • 보호조치·실태조사·교육·지원·포상 등	• 종합계획 및 시행계획 수립 • 방위산업기술의 지정 • 수출시 방위사업청장의 허가(방위사업법, 대외무역법 따름) • 보호조치·실태조사·교육·지

		원·포상 등
형사 처벌	• 부정한 방법에 의한 산업기술의 해외 유출시 15년이하 징역, 15억원 이하 벌금 • 부정한 방법에 의한 산업기술의 국내 유출시 7년이하 징역, 7억원 이하 벌금	• 부정한 방법에 의한 방위산업기술의 해외 유출시 20년이하 징역, 20억원 이하 벌금 • 부정한 방법에 의한 방위산업기술의 국내 유출시 10년이하 징역, 10억원 이하 벌금
민사적 구제	• 금지청구권	없음
분쟁조정	• 산업기술분쟁조정위원회	없음

3. 주요내용

가. 정의규정

(1) 방위산업기술

방위산업기술이란 '방위산업과 관련한 국방과학기술 중 국가안보 등을 위하여 보호되어야 하는 기술로서 방위사업청장이 제7조에 따라 지정하고 고시한 것'을 말한다(제2조 제1호).

방위사업청장은 방위산업위원회의 심의를 거쳐 방위산업기술을 지정하는데(제7조 제1항), 방위산업기술을 선정함에 있어서 해당 기술이 국가안보에 미치는 효과 및 해당 분야의 연구동향 등을 종합적으로 고려하여 필요한 최소한의 범위에서 선정하여야 한다(제7조 제2항).

현재 고시된 기술은 센서, 정보통신, 제어전자, 탄약·에너지, 추진, 화생방, 소재, 플랫폼·구조의 8대 분야 48개 분류 141개 기술이다.[51]

(2) 대상기관

대상기관이란 '방위산업기술을 보유하거나 방위산업기술과 관련된 연

---

51) 방위사업청고시 제2018-6호.

구개발사업을 수행하고 있는 기관으로서 다음의 어느 하나에 해당하는
기관'을 말한다(제2조 제2호).

① 「국방과학연구소법」에 따른 국방과학연구소
② 「방위사업법」에 따른 방위사업청·각군·국방기술품질원·방위산업체
　 및 전문연구기관
③ 그 밖에 기업·연구기관·전문기관 및 대학 등

(3) 방위산업기술 보호체계

방위산업기술 보호체계란 '대상기관이 방위산업기술을 보호하기 위한
체계'로 ① 대상기관이 체계적으로 보호대상 기술을 식별하고 관리하는
체계인 '보호대상 기술의 식별 및 관리 체계', ② 허가받지 않은 사람의
출입·접근·열람 등을 통제하고, 방위산업기술과 관련된 시설을 탐지
및 침해 등으로부터 보호하기 위한 체계인 '인원통제 및 시설보호 체계',
③ 방위산업기술과 관련된 정보를 안전하게 보호하고, 이에 대한 불법
적인 접근을 탐지 및 차단하기 위한 체계인 '정보보호체계'로 나눌 수
있다(제2조 제3호).

더 구체적으로는 대통령령 제2조에 정하고 있는데, 여기에 정하고 있
는 방위산업기술 보호체계의 세부적 구분은 다음과 같다.

표 9　**방위산업기술 보호체계의 구성**

구 분	내 용
보호대상 기술의 식별 및 관리 체계	1. 대상기관이 보유하고 있거나 연구개발을 통하여 확보한 　 기술 중 방위산업기술을 분류·식별하는 체계 2. 방위산업기술과 관련된 정보를 체계적으로 축적·관리할 　 수 있도록 하는 인적·물적 체계
인원통제 및	1. 방위산업기술 보호책임자의 임명, 보호구역의 설정 및 출

시설보호 체계	입 제한을 통한 인원통제 체계 2. 보호구역에 보안장비 설치를 통한 방위산업기술에 대한 불법적인 접근을 탐지하는 시설보호 체계
정보보호체계	1. 방위산업기술을 안전하게 저장·전송할 수 있는 암호화 기술 등을 이용한 보안 체계 2. 컴퓨터바이러스 등으로부터 방위산업기술 침해를 방지하기 위한 소프트웨어 설치를 통한 보호 체계 3. 방위산업기술 정보에 대한 침입을 탐지·차단하기 위한 방화벽 및 보안관제 시스템 설치를 통한 보호 체계 4. 방위산업기술 정보에 접속하는 시스템·컴퓨터 등에 대한 외부망 차단 체계

대상기관의 장은 방위산업기술의 보호를 위하여 방위산업기술 보호체계를 구축·운영하여야 하며, 방위사업청장은 실태조사의 결과 또는 정보수사기관의 의견 등을 고려하여 방위산업기술 보호체계의 구축·운영이 부실하다고 판단되는 경우 대상기관의 장에게 개선을 권고할 수 있고, 이러한 개선권고를 이행하지 않거나 불성실하게 이행한다고 판단되는 경우 대상기관의 장에게 시정을 명할 수 있다(제13조 제1항 내지 제3항).

한편, 누구든지 정당한 사유 없이 방위산업기술 보호체계의 운영과 관련한 각종 조치를 기피·거부하거나 방해하여서는 아니되며, 이를 기피·거부 또는 방해한 사람에게는 3천만원 이하의 과태료를 부과한다(제13조 제4항 및 제24조 제1항 제3호).

나. 방위산업기술의 수출 및 국내이전

대상기관의 장은 방위산업기술의 수출(제3국간의 중개를 포함한다. 이하 같다) 및 국내이전 시 방위산업기술의 유출 및 침해가 발생하지 않도록 방위산업기술의 보호에 필요한 대책을 수립하여야 한다(제9조 제1항).

방위산업기술의 수출 및 국내이전과 관련하여서는 방위산업기술 보호법에 직접 규정하고 있지 않고, 방위사업법과 대외무역법을 따르도록 하고 있다. 즉, 수출시 절차 및 규제에 관하여는 '방위사업법' 제57조 및 '대외무역법' 제19조를 따르고, 국내이전에 관하여는 '방위사업법' 제31조 제3항을 따르도록 규정하고 있다(제9조 제2항).

(1) 방위산업기술의 수출

방위사업법 제57조에 따르면 산물자 및 국방과학기술을 국외로 수출하거나 그 거래를 중개(제3국간의 중개를 포함한다)하는 것을 '업으로 하고자 하는 자'는 대통령령이 정하는 바에 따라 방위사업청장에게 '신고'하여야 한다(제57조 제1항).

그리고 '방산물자 및 국방과학기술을 국외로 수출하거나 그 거래를 중개'하고자 하는 경우에는 대통령령이 정하는 바에 따라 방위사업청장의 '허가'를 받아야 한다. 다만, 방산물자 및 국방과학기술을 국외로 수출하는 경우로서 해외에 파병된 국군에 제공하는 등 대통령령으로 정하는 경우에는 그러하지 아니하다(제57조 제2항).

주요방산물자 및 국방과학기술의 수출허가를 받기 전에 수출상담을 하고자 하는 자는 국방부령이 정하는 바에 따라 방위사업청장의 '수출예비승인'을 얻어야 하며, 국제입찰에 참가하고자 하는 자는 국방부령이 정하는 바에 따라 방위사업청장의 '국제입찰참가승인'을 얻어야 한다(제57조 제3항).

한편, 대외무역법에 따르면 산업통상자원부장관은 관계 행정기관의 장과 협의하여 대통령령으로 정하는 국제수출통제체제(이하 '국제수출통제체제'[52]라 한다)의 원칙에 따라 국제평화 및 안전유지와 국가안보를 위하

---

52) 대외무역법 제32조(국제수출통제체제) 법 제19조 제1항에서 "대통령령으로 정하는 국제수출통제체제"란 다음 각 호를 말한다.
  1. 바세나르체제(WA)

그림 1 **방산물자 및 국방과학기술 수출허가 절차**

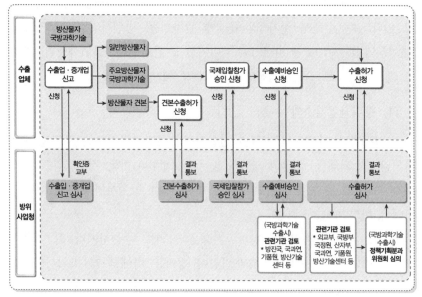

출처: 방위사업청, 방위산업기술보호 업무길라잡이, 2017, 100면.

여 수출허가 등 제한이 필요한 물품등(대통령령으로 정하는 기술을 포함한
다)을 지정하여 고시하도록 하고 있으며(제19조 제1항), 이에 따라 지
정·고시된 물품등을 '전략물자'라고 한다. 이러한 전략물자를 수출 하
려는 자는 대통령령으로 정하는 바에 따라 산업통상자원부장관이나 관
계 행정기관의 장의 허가를 받아야 한다. 다만, 방위사업법 제57조 제2
항에 따라 허가를 받은 방위산업물자 및 국방과학기술이 전략물자에 해

2. 핵공급국그룹(NSG)
3. 미사일기술통제체제(MTCR)
4. 오스트레일리아그룹(AG)
5. 화학무기의 개발·생산·비축·사용 금지 및 폐기에 관한 협약(CWC)
6. 세균무기(생물무기) 및 독소무기의 개발·생산·비축 금지 및 폐기에 관한 협약
   (BWC)
7. 무기거래조약(ATT)

당하는 경우에는 방위사업청장의 허가를 얻어야 한다(제19조 제2항). 즉, 전략물자 수출입고시 제5조에 제3호에 따르면 군용물자품목에 해당되는 물품등과 이중용도품목에 해당되는 물품등의 경우의 허가기관은 방위사업청으로 명시하고 있다.[53]

(2) 방위산업기술의 국내이전

방위산업기술의 국내이전에 관하여는 방위사업법 제31조 제3항을 따르도록 규정하고 있다(제9조 제2항). 방위사업법 제31조 제3항에 따르면 각군 또는 정부출연연구기관은 보유하고 있는 국방과학기술을 방위사업청장의 "승인"을 얻어 국내의 관련 업체 또는 기관 등에 유상 또는 무상으로 이전할 수 있도록 하고 있다.

이와 관련하여 방위사업법 시행령 제36조에 따르면 국방과학기술의 이전을 받고자 하는 자는, ① 기술이전의 목적, ② 이전을 받고자 하는 기술내용, ③ 이전을 받고자 하는 기술에 대한 활용 계획서에 관한 서류를 첨부하여 해당기술을 보유한 각군 또는 정부 출연연구기관(이하 '기술보유기관'이라 한다)에 기술이전신청을 하여야 한다(방위사업법 시행령 제36조 제1항).

그리고 기술보유기관은 기술이전신청을 받은 날부터 1월 이내에 ① 기술이전의 범위 및 내용, ② 기술이전 신청자의 적격여부, ③ 기술이전의 필요성, ④ 기술료, ⑤ 기술이전의 절차 및 문제점, ⑥ 기술이전시 기술이전을 받는 기관 등이 준수하여야 할 사항, ⑦ 그 밖에 방위사업

---

53) 전략물자 수출입고시(산업통상자원부고시 제2018-181호)
　　제5조(허가기관) ① 별표 2 및 별표 3의 전략물자 허가기관은 다음 각 호와 같다.
　　　1. 산업통상자원부장관: 별표 2(이중용도품목)의 제1부부터 제9부까지에 해당되는 물품등
　　　2. 원자력안전위원회 위원장: 별표 2(이중용도품목)의 제10부(원자력 전용품목)에 해당되는 물품등
　　　3. 방위사업청장: 별표 3(군용물자품목)에 해당되는 물품등과 별표 2(이중용도품목)에 해당되는 물품등(수입국 정부가 군사목적으로 사용할 경우에 한함

그림 2   방위산업기술 국내이전 처리절차

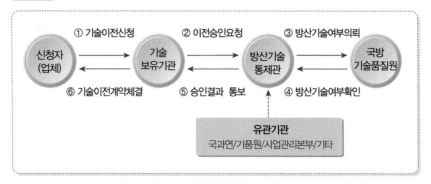

출처: 방위사업청, 방위산업기술보호 업무길라잡이, 2017, 134면.

청장이 요구하는 사항 등을 검토하여 방위사업청장에게 기술이전승인을 요청하여야 하며, 방위사업청장은 그 요청을 받은 날부터 2개월 이내에 승인여부를 결정하고 기술보유기관에 통보하여야 한다(방위사업법 시행령 제36조 제2항).

(3) 방위산업기술의 수출 및 국내이전 과정에서 필요한 조치

방위사업청장은 방위산업기술의 수출 및 국내이전 과정에서 방위산업 기술 보호를 위하여필요한 조치를 취할 수 있다(제9조 제3항). 즉, 방위 산업기술의 수출의 경우에는 ① 불법이전, 오용, 유용, 분실 및 도난 등 에 대한 보호 대책 점검, ② 수출대상 국가별 방위산업기술 보호를 위 하여 필요한 사항 확인·점검의 조치를 할 수 있다(시행령 제15조 제1 항).

방위산업기술 국내이전 과정에서는 ① 국내이전 대상기관의 방위산 업기술 보호체계 구축 여부 확인, ② 국내이전 대상기관별 방위산업기 술 보호를 위하여 필요한 사항 확인·점검의 조치를 할 수 있다(시행령 제15조 제2항).

다. 방위산업기술의 유출 및 침해금지

방위산업기술 보호법 제10조에서는 금지하는 방위산업기술의 유출 및 침해행위 유형을 규정하고 있다. 이때의 행위유형은 영업비밀호보호법, 산업기술보호법과 유사한 구조와 유사하게 방위산업기술의 부정한 취득·사용·공개행위를 기본형으로 하여, 악의 및 중과실과 관련된 사항을 금지행위로 규정하고 있다.

먼저 제10조 제1호에서는 '부정한 방법으로 대상기관의 방위산업기술을 취득, 사용 또는 공개(비밀을 유지하면서 특정인에게 알리는 것을 포함한다. 이하 같다)하는 행위'를 금지되는 행위로 규정하고 있다. 이는 영업비밀보호법(제2조 제3호 가목) 및 산업기술보호법(제14조 제1호)와 마찬가지로 기술유출과 관련된 가장 기본적인 침해행위 태양이다.

제2호에서는 '제1호에 해당하는 행위가 개입된 사실을 알고 방위산업기술을 취득·사용 또는 공개하는 행위'를 금지되는 행위로 규정하고 있다. 이는 영업비밀보호법 및 산업기술보호법과 같이 악의취득형에 대하여 규정한 것이다.

제3호에서는 '제1호에 해당하는 행위가 개입된 사실을 중대한 과실로 알지 못하고 방위산업기술을 취득·사용 또는 공개하는 행위'는 영업비밀보호법 및 산업기술보호법과 같이 중과실취득형에 대하여 규정한 것이다.

한편, 이 법에서는 영업비밀보호법(제2조 제3호 마목) 및 산업기술보호법(제14조 제2호)와 같은 비밀유지의무가 있는 자가 부정한 이익을 얻거나 영업비밀 보유자 또는 그 대상기관에게 손해를 가할 목적으로 유출하거나 그 유출한 산업기술을 사용 또는 공개하거나 제3자가 사용하게 하는 행위와 같은 소위 '비밀유지의무 위반행위'의 행위태양에 대해서는 별도로 열거하고 있지 않다. 사실 방위산업기술 보호법의 제정안에서는

'비밀유지의무 위반행위'와 관련된 행위가 열거되어 있었다.[54] 그러나 법안의 수정과정에서 별다른 설명 없이 비밀유지의무 위반행위형이 삭제되었으며,[55] 그 과정에서 제1호의 기본형에서 '절취·기망·협박'의 예시도 삭제되었다. 다만, 방위산업기술 보호법 제10조 제1호가 영업비밀보호법 및 산업기술보호법과는 달리 '절취·기망·협박 등' 부정한 방법의 예시는 별도로 규정하고 있지 않고 '부정한 방법으로 대상기관의 방위산업기술을 취득, 사용 또는 공개하는 행위'라고 하고 있는 것을 볼 때, 제10조 제1호에서 '비밀유지의무 위반행위'형태까지 포함하려는 의도로 보인다. 그러나 비밀유지의무가 있는 자의 경우 침해행위 태양에 '취득'은 해당사항이 없으며, '사용 및 공개'행위가 주된 침해행위 태양이고 또한 목적도 부정한 이익을 얻을 목적뿐만 아니라 영업비밀 보유자 또는 그 대상기관에게 '손해를 가할 목적'까지도 필요한 점임을 감안

---

54) 방위산업기술 보호법 제정(안) 제13조(방위산업기술의 유출 및 침해행위 금지) 누구든지 다음 각 호의 어느 하나에 해당하는 행위를 하여서는 아니 된다.
1. 절취·기망·협박 그 밖의 부정한 방법으로 대상기관의 방위산업기술을 취득하는 행위 또는 그 취득한 방위산업기술을 사용하거나 공개(비밀을 유지하면서 특정인에게 알리는 것을 포함한다. 이하 같다)하는 행위
2. 제23조의 규정 또는 대상기관과의 계약 등에 따라 방위산업기술에 대한 비밀유지의무가 있는 자(이하 이 조에서 "비밀유지의무자"라 한다)가 부정한 이익을 얻을 목적이거나 그 대상기관에게 손해를 가할 목적으로 해당 방위산업기술을 유출하는 행위
3. 비밀유지의무자가 제2호에 따른 유출한 방위산업기술을 사용 또는 공개하거나 제3자가 사용하게 하는 행위
4. 제1호 또는 제2호에 해당하는 행위가 개입된 사실을 알고 그 방위산업기술을 취득·사용 또는 공개하거나, 방위산업기술을 취득한 후에 그 방위산업기술에 대하여 제1호 또는 제2호에 해당하는 행위가 개입된 사실을 알고 그 방위산업기술을 사용하거나 공개하는 행위
5. 제1호 또는 제2호에 해당하는 행위가 개입된 사실을 업무상 과실 또는 중대한 과실로 알지 못하고 그 방위산업기술을 취득·사용 또는 공개하거나, 방위산업기술을 취득한 후에 그 방위산업기술에 대하여 제1호 또는 제2호에 해당하는 행위가 개입된 사실을 업무상 과실 또는 중대한 과실로 알지 못하고 그 방위산업기술을 사용하거나 공개하는 행위
6. 제10조에 따라 준용하는 「방위사업법」 제57조에 따른 수출·중개의 허가, 수출예비승인 및 국제입찰참가승인을 얻지 아니하거나 부정한 방법으로 얻어 방위산업기술을 수출하는 행위
55) 국방위원회, 앞의 보고서, 17-19면, 55-57면 각 참조.

한다면, 제정(안)의 형태가 더 바람직하다고 볼 수 있다.

여하튼 이를 유추하여 볼 때 방위산업기술 보호법에서는 비밀유지행위 의무를 위반하여 방위산업기술을 사용 및 공개하는 경우에는 제10조 제1호에 해당한다고 해석할 수밖에 없을 것으로 보인다. 물론 이러한 계약관계를 알면서 또는 중과실로 취득·사용·공개하는 경우에는 제10조 제2호와 제3호가 각각 적용되어야 할 것이다.

라. 방위산업기술의 유출 및 침해 신고 등

대상기관의 장은 제10조 각 호의 어느 하나에 해당하는 행위가 발생할 우려가 있거나 발생한 때에는 즉시 방위사업청장 또는 정보수사기관의 장에게 그 사실을 신고하여야 하고, 방위산업기술의 유출 및 침해를 방지하기 위하여 필요한 조치를 요청할 수 있다(제11조 제1항). 만일 방위산업기술 유출 및 침해 신고를 하지 아니한 사람에게는 3천만원 이하의 과태료를 부과한다(제24조 제1항 제1호).

방위사업청장 또는 정보수사기관의 장은 이러한 요청을 받은 경우 또는 제10조에 따른 금지행위를 인지한 경우에는 방위산업기술의 유출 및 침해를 방지하기 위하여 필요한 조치를 하여야 한다(제11조 제2항).

마. 침해행위에 대한 벌칙

(1) 침해행위에 대한 벌칙

기술보호 관련 법률 중에서 방위산업기술 보호법의 형량이 가장 강하다.

방위산업기술을 외국에서 사용하거나 사용되게 할 목적으로 제10조 제1호 및 제2호에 해당하는 행위를 한 사람은 20년 이하의 징역 또는 20억원 이하의 벌금에 처한다(제21조 제1항). 즉, 중과실을 제외하고 국외사용 목적의 방위산업기술의 부정한 취득 등의 행위자 및 악의 취득자 등이 이에 해당된다.

또한 방위산업기술을 국내유출은 10년 이하의 징역 또는 10억원 이하의 벌금에 처한다(제21조 제2항). 중과실로 방위산업기술을 유출한 자는 5년 이하의 징역 또는 5억원 이하의 벌금에 처한다(제21조 제3항). 제19조[56]를 위반하여 비밀을 누설·도용한 사람은 7년 이하의 징역이나 10년 이하의 자격정지 또는 7천만원 이하의 벌금에 처한다(제4항).

(2) 몰수·미수·병과

제21조 제1항부터 제3항까지의 죄를 범한 사람이 그 범죄행위로 인하여 얻은 재산은 몰수한다. 다만, 그 재산의 전부 또는 일부를 몰수할 수 없는 때에는 그 가액을 추징한다(제21조 제5항).

국외유출(제21조 제1항) 및 국내유출(제21조 제2항)에 대한 미수범은 처벌한다(제21조 제6항). 예비·음모를 처벌하고 있음에 따라 영업비밀보호법 파트에서 논한 바와 같이 중지미수를 인정할 여지는 없다. 그리고 제21조 제1항부터 제3항까지의 징역형과 벌금형은 병과할 수 있다(제21조 제7항).

(3) 예비·음모

예비·음모와 관련하여서는 방위산업기술의 국외유출의 죄를 범할 목적으로 예비 또는 음모한 사람은 5년 이하의 징역 또는 5천만원 이하의 벌금에 처한다(제22조 제1항). 국내유출의 죄를 범할 목적으로 예비

---

56) 방위산업기술 보호법 제19조(비밀 유지의 의무 등) 다음 각 호의 어느 하나에 해당하거나 해당하였던 사람은 그 직무상 알게 된 비밀을 누설하거나 도용해서는 아니 된다.
　1. 대상기관의 임직원(교수·연구원 및 학생 등 관계자를 포함한다)
　2. 제6조에 따라 방위산업기술 보호에 관한 심의 업무를 수행하는 사람
　3. 제9조 제1항에 따라 방위산업기술의 수출 및 국내이전 등 관련 업무를 수행하는 사람
　4. 제11조에 따라 유출 및 침해행위의 신고접수 및 방지 등의 업무를 수행하는 사람
　5. 제12조에 따라 방위산업기술 보호체계의 구축·운영에 대한 실태조사 업무를 수행하는 사람

또는 음모한 사람은 3년 이하의 징역 또는 3천만원 이하의 벌금에 처한다(제22조 제2항).

(4) 양벌규정

법인의 대표자나 법인 또는 개인의 대리인, 사용인, 그 밖의 종업원이 그 법인 또는 개인의 업무에 관하여 제21조 제1항부터 제3항까지의 어느 하나에 해당하는 위반행위를 하면 그 행위자를 벌하는 외에 그 법인 또는 개인에게도 해당 조문의 벌금형을 과한다. 다만, 법인 또는 개인이 그 위반행위를 방지하기 위하여 해당 업무에 관하여 상당한 주의와 감독을 게을리하지 아니한 경우에는 그러하지 아니하다(제23조).

II. 중소기업기술보호법

1. 입법배경 및 연혁

중소기업은 기술유출에 따른 중소기업의 피해가 증가함에도 불구하고, 중소기업의 자체 기술보호역량이 미흡하고, 대기업과의 수 · 위탁관계로 인해 기술유출에 취약하였다.[57]

영업비밀의 요건을 갖추지 못하거나, 국가핵심기술이나, 신기술 인증 등에는 못미치는 경우도 있어서 기존의 영업비밀보호법, 산업기술보호법 등의 관련 법률의 보호에 한계가 있었다. 즉, 산업기술보호법은 산업기술의 정의조항에 열거된 산업기술을 보호대상으로 하고 있어 중소기업

---

57) 이 법 제정당시 중소기업청의 실태조사에 따르면, 2010년~2012년 동안 중소기업의 12.1%가 기술유출로 인한 피해를 경험하였고, 건당 피해규모는 10.2억원('09년) → 14.9억원('10년) → 15.8억원('11년) → 15.7억원('12년)으로 지속적으로 증가하는 추세였다고 한다. 이러한 기술유출피해에도 불구하고, 중소기업의 기술보호 및 기술유출 대응역량은 매우 취약하여, 기술보호역량지수가 34.9점(100점 만점)으로 '취약' 수준이며 대기업(62.4점)의 56% 수준에 불과하였다(산업통상자원위원회, 중소기업기술보호 지원에 관한 법률안 검토보고서, 2013, 3-4면).

기술을 전반적으로 포섭하기에는 한계가 있었고, 영업비밀보호법은 비공지성, 경제적 유용성, 비밀관리성이라는 영업비밀의 요건을 충족해야만 이 법에 의한 보호를 받을 수 있었다. 특히 중소기업은 '비밀관리성' 요건을 충족하지 못하는 사례가 많이 발생하여 영업비밀보호법의 보호보다는 형법상 배임죄 또는 업무상배임죄 등의 적용을 받는 경우가 많다는 문제가 있었다.

한편, 정책적으로는 산업기술보호법, 영업비밀보호법 등의 관련 법률에서 기술유출에 대응한 보호·지원제도를 운영하고 있으나, 그 지원대상이 한정적일 뿐만 아니라 중소기업 현장에서 체감하는 기술유출에 효과적으로 대응하는 데 한계가 있는 것으로 인식되었다. 특히, 중소기업의 기술유출이 이들 현행 제도의 요건에 해당하는 경우에도, 기술분쟁은 소송전략 등의 이유로 장기간이 소요되는 경우가 많아, 중소기업의 경영 및 기술개발 등 사업운영에 큰 부담으로 작용하고 있었다.[58]

이에 따라 기술유출에 취약한 중소기업의 기술유출에 대한 대비를 할 수 있는 보안역량을 강화할 수 있도록 정부가 지원할 수 있는 지원시책을 별도로 추진하기 위하여 2014년 '중소기업 기술보호 지원에 관한 법률(이하 '중소기업기술보호법'이라고 한다)'이 제정되었다.[59]

그러나 2014년 중소기업기술보호법 제정 이후에도 중소기업 기술보호를 위한 정부 내 협조체계가 미흡하고, 피해기업에 대한 신속한 구제조치는 여전히 부족하였다. 또한 영업비밀 침해죄 적용 증거가 부족해 배임죄 수준으로 기소하는 경우가 있으며, 특히 중소기업은 보안전담 인력 부족, 시설 부족, 예산 부족 등 전반적인 보안관리가 부실하며 기술유출 발생 시에도 대응이 취약하여 중소기업에 대한 행정적, 법률적, 물

58) 산업통상자원위원회, 앞의 보고서, 4-5면.
59) 김동완 의원 등 11인이 2013년 11월 7일 발의하였으며, 2014년 4월 29일 국회 본회의를 통과하여 2014년 5월 26일 공포되었다.

적 분야의 지원이 강화될 필요가 있었다.[60] 이에 기술침해로 인한 중소
기업의 피해를 보다 신속하게 구제하고 중소기업기술을 효과적으로 보
호하기 위하여 중소기업기술 침해행위를 유형화하고, 중소기업이 해당
침해행위에 대해 중소벤처기업부장관에게 신고하고 필요한 조치를 요청
할 수 있도록 하며, 중소벤처기업부장관은 사실조사 등을 통해 중소기업
기술 침해행위로 손해를 입힌 것이 인정될 경우 시정권고·공표 등의
행정조치를 할 필요가 있었다. 이에 2018년 5월 개정을 통하여 '중소기
업 기술침해행위'의 유형을 새롭게 정의하였으며, 중소기업기술 침해행
위의 신고 및 조사, 중소기업기술 침해행위에 관한 권고 및 공표, 의견
청취 및 협조요청 등의 내용을 신설하였다.

2. 특 징

이 법의 목적은 "중소기업기술 보호를 지원하기 위한 기반을 확충하
고 관련 시책을 수립·추진함으로써 중소기업의 기술보호 역량과 기술
경쟁력을 강화하고 국가경제의 발전에 이바지하기 위함"이다(제1조). 따
라서 이 법은 기본적으로 중소기업의 기술을 보호를 지원하기 위한 법
률이다. 즉, 이 법은 규제를 목적으로 하는 법률이나 권리를 보호하려는
법률과는 달리 중소기업의 보안역량을 강화하기 위한 '지원법'적인 성격
을 가진다. 따라서 이법의 성격상 이행명령, 벌칙 등의 규정을 두기에는
한계가 있다.[61]

앞에서도 언급한 바와 같이 이러한 특성에 기인하여 이 법은 중소기
업기술 침해행위에 대하여는 형사적 제재가 아니라 중소기업기술 침해

---

60) 중소벤처기업부·산업통상자원부·공정거래위원회·특허청, 중소기업 기술탈취 근절 대
   책, 2018, 2-3면.
61) 산업통상자원중소벤처기업위원장, 부정경쟁방지 및 영업비밀보호에 관한 법률 일부개정
   법률안(대안), 2018, 15면.

행위의 신고 및 조사, 중소기업기술 침해행위에 관한 권고 및 공표 등의
행정규제를 통하여 해결하고 있다.

3. 주요내용

가. 정의규정

(1) 중소기업 및 중소기업 기술

이 법에서 '중소기업'이란 '중소기업기본법 제2조에 따른 중소기업'을
말한다(제2조 제1호).[62] 중소기업기술이란 '중소기업 및 「중소기업 기술
혁신 촉진법」 제2조 제2호에 따른 중소기업자(이하 '중소기업자'라 한다)[63]
가 직접 생산하거나 생산할 예정인 제품 또는 용역의 개발·생산·보급
및 사용에 필요한 독립된 경제적 가치를 가지는 기술 또는 경영상의 정
보'를 말한다(제2조 제2호).

(2) 중소기업기술 침해행위

2018년 개정 중소기업기술보호법이 중소기업 기술침해에 대한 중소

---

[62] 중소기업기본법 제2조(중소기업자의 범위) ①중소기업을 육성하기 위한 시책(이하 "중
소기업시책"이라 한다)의 대상이 되는 중소기업자는 다음 각 호의 어느 하나에 해당하
는 기업 또는 조합 등(이하 "중소기업"이라 한다)을 영위하는 자로 한다. 〈개정 2011.
7. 25., 2014. 1. 14., 2015. 2. 3., 2016. 1. 27., 2018. 8. 14.〉
  1. 다음 각 목의 요건을 모두 갖추고 영리를 목적으로 사업을 하는 기업
    가. 업종별로 매출액 또는 자산총액 등이 대통령령으로 정하는 기준에 맞을 것
    나. 지분 소유나 출자 관계 등 소유와 경영의 실질적인 독립성이 대통령령으로 정하
      는 기준에 맞을 것
  2. 「사회적기업 육성법」 제2조 제1호에 따른 사회적기업 중에서 대통령령으로 정하는
    사회적기업
  3. 「협동조합 기본법」 제2조에 따른 협동조합, 협동조합연합회, 사회적협동조합, 사회적
    협동조합연합회 중 대통령령으로 정하는 자
  4. 「소비자생활협동조합법」 제2조에 따른 조합, 연합회, 전국연합회 중 대통령령으로
    정하는 자
[63] 중소기업 기술혁신 촉진법 제2조(정의) 이 법에서 사용하는 용어의 뜻은 다음과 같다.
  2. "중소기업자"란 중소기업을 경영하는 자를 말한다. 이 경우 중소기업자는 「중소기업
    창업 지원법」 제2조 제1호에 따른 창업을 준비 중인 자를 포함한다.

벤처기업부장관의 시정권고·공표 등의 행정처분에 대한 내용을 담고 있는데, 그 행정처분의 판단이 되는 대상으로 중소기업기술 침해행위에 대하여 규정하고 있다. 여기에서 '중소기업기술 침해행위'란 다음의 어느 하나에 해당하는 행위를 말한다.

① 공공연히 알려져 있지 아니하고 합리적인 노력에 의하여 비밀로 관리되는 중소기업기술(이하 '침해대상 중소기업기술'이라 한다)을 부정한 방법으로 취득·사용 또는 공개(비밀을 유지하면서 특정인에게 알리는 것을 포함한다. 이하 같다)하는 행위(제2조 제3호 가목)

② 가목에 해당하는 행위가 개입된 사실을 알고 침해대상 중소기업기술을 취득·사용 또는 공개하는 행위(제2조 제3호 나목)

③ 가목에 해당하는 행위가 개입된 사실을 중대한 과실로 알지 못하고 침해대상 중소기업기술을 취득·사용 또는 공개하는 행위(제2조 제3호 다목)

결국, 중소기업기술의 침해행위 태양은 '부정한 방법으로 취득·사용 또는 공개'하는 행위(제2조 제3호 가목)를 기본형으로 하여, '개입된 사실을 알고' 침해대상 중소기업기술을 취득·사용 또는 공개하는 행위(제2조 제3호 나목), 부정취득 등에 의한 행위가 '개입된 사실을 중대한 과실로 알지 못하고' 침해대상 중소기업기술을 취득·사용 또는 공개하는 행위(제2조 제3호 다목)로 규정하고 있다. 이는 영업비밀보호법상의 영업비밀 침해행위를 부정한 취득을 기본형으로 하여, 여기에 악의취득, 중과실취득을 각각 응용형으로 하여 규정해둔 것과 유사하다.[64] 다만, 이 법도 방위산업기술 보호법과 같이 비밀유지의무 위반행위형에 대해서는 규정하고 있지 않고 있다. 그러나 중소기업기술보호법 개정초안에는 비밀유지의무 위반행위형에 대하여 규정하고 있었다.[65] 그러나 수정과정에서

---

64) 조용순·김재운, 「『중소기업 기술보호 지원에 관한 법률』에 대한 고찰 - 2018년 개정법을 중심으로 -」, 한국치안행정논집(제15권 제2호), 2018, 408면.
65) 중소기업기술보호법 개정(안) 제2조(정의) 이 법에서 사용하는 용어의 뜻은 다음과 같다.
    3. "중소기업기술 침해행위"(이하 "기술침해"라 한다)란 다음 각 목의 어느 하나에 해

별다른 설명 없이 삭제되었다.[66] 제2조 제3호 가목에서 '절취·기망·협박 등' 부정한 방법의 예시는 별도로 규정하고 있지 않고 '부정한 방법으로 취득, 사용 또는 공개'라고만 하고 있는 것을 볼 때, 제2조 제3호 가목에서 '비밀유지의무 위반행위'행태까지 포함하려는 의도로 보인다.

침해대상 중소기업기술과 영업비밀의 요건을 비교 해보자면, 제2조 제3호 가목은 '침해대상 중소기업기술'을 "'공공연히 알려져 있지 아니하고', '합리적인 노력에 의하여 비밀로 관리'되는 중소기업기술"이라고 하고 있다. 그리고 중소기업기술은 제2조 제2호에 정의되어 있는데, 이는 "중소기업자가 직접 생산하거나 생산할 예정인 제품 또는 용역의 개발·생산·보급 및 사용에 필요한 '독립된 경제적 가치'를 가지는 기술 또는 경영상의 정보"이므로, 때 결국 '침해대상 중소기업기술'은 영업비밀보호법상의 영업비밀과 같이 비공지성, 경제적 유용성, 비밀관리성을 갖추어야 한다고 볼 수 있다.[67]

당하는 행위를 말한다.

가. 절취(竊取), 기망(欺罔), 협박, 그 밖의 부정한 수단으로 중소기업기술을 취득하는 행위 또는 그 취득한 중소기업기술을 사용하거나 공개(비밀을 유지하면서 특정인에게 알리는 것을 포함한다. 이하 같다)하는 행위

나. 제32조 또는 계약관계 등에 따라 중소기업기술에 대한 비밀유지의무가 있는 자가 부정한 이익을 얻거나 중소기업기술을 보유한 중소기업 또는 중소기업자(이하 '중소기업등'이라 한다)에게 손해를 입힐 목적으로 그 중소기업기술을 유출하는 행위 또는 그 유출한 중소기업기술을 사용 또는 공개하거나 제3자가 사용하게 하는 행위

다. 가목 또는 나목에 따른 행위가 개입된 사실을 알거나 중대한 과실로 알지 못하고 그 중소기업기술을 취득·사용 또는 공개하는 행위

라. 중소기업기술을 취득한 후에 그 중소기업기술에 대하여 가목 또는 나목에 해당하는 행위가 개입된 사실을 알거나 중대한 과실로 알지 못하고 그 중소기업기술을 취득·사용 또는 공개하는 행위

66) 산업통상자원중소벤처기업위원회, "중소기업기술 보호 지원에 관한 법률 일부개정법률안 심사보고서", 2018.5, 7-10면, 25-27면 각 참조.

67) 조용순·김재운, 앞의 논문, 408면.

나. 중소기업기술 침해행위에 대한 행정처분 및 과태료[68]

중소기업기술보호법 개정 전에는 중소벤처기업부는 중소기업 기술침해 피해에 대해 당사자 간의 합의를 전제로 하는 조정·중재 외에 취할 수 있는 조치수단이 별로 없었다. 이에 기술침해로 인한 중소기업의 피해를 보다 신속하게 구제하기 위하여 중소기업이 해당 침해행위에 대해 중소벤처기업부장관에게 신고하고 필요한 조치를 요청할 수 있도록 하며, 중소벤처기업부장관은 사실조사 등을 통해 중소기업기술 침해행위로 손해를 입힌 것이 인정될 경우 시정권고·공표 등의 행정조치를 할 수 있도록 하였다.[69]

이러한 행정조치는 「신고 → 사실조사 → 시정권고 → 공표 → 과태료」의 순서로 진행된다.

첫째, 신고와 관련하여 중소기업기술 침해행위를 당한 중소기업 및 중소기업자(이하 '중소기업자등')는 그 사실을 중소벤처기업부장관에게 신고하고 필요한 조치를 요청할 수 있다(제8조의2 제1항). 그리고 신고를 하려는 중소기업자등은 피해사실을 확인할 수 있는 "증빙서류를 첨부하여 서면으로" 중소벤처기업부장관에게 제출하여야 한다(제8조의2 제2항).

둘째, 사실조사와 관련하여 신고를 받은 중소벤처기업부장관은 중소기업기술 침해행위 사실을 조사하기 위하여 관련 기관 또는 사업자 등에 자료제출을 요구하거나 소속 공무원으로 하여금 그 사무소·사업장, 그 밖에 필요한 장소에 출입하여 장부·서류, 시설 및 그 밖의 물건을 조사하게 할 수 있다(제8조의2 제4항).

셋째, 시정권고와 관련하여 중소벤처기업부장관은 제8조의2에 따른 조사 결과 피신청인의 중소기업기술 침해행위가 있다고 판단할 상당한

---

68) 조용순·김재운, 앞의 논문, 408-409면.
69) 산업통상자원중소벤처기업위원회, 전게 보고서, 2면.

근거가 있고 이미 피해가 발생하였거나 이를 방치할 경우 회복하기 어려운 피해가 발생할 우려가 있다고 인정될 때에는 30일 이내의 기간을 정하여 그 행위의 중지, 향후 재발 방지, 그 밖에 필요한 사항을 시정하도록 권고할 수 있다(제8조의3 제1항).

넷째, 공표와 관련하여 피신청인이 중소벤처기업부장관의 권고를 따르지 아니한 때에는 그 권고대상이나 내용 등을 공표할 수 있다(제8조의3 제3항).

마지막으로 과태료와 관련하여, 제8조의2 제4항에 따른 자료를 제출하지 아니하거나 거짓 자료를 제출한 자 또는 관계 공무원의 조사를 거부·방해 또는 기피한 자에게는 1천만원 이하의 과태료를 부과할 수 있다(제35조 제1항).

한편, 신고를 받은 중소벤처기업부장관은 분쟁해결을 위하여 필요하다고 판단되는 경우 중소기업기술분쟁조정·중재위원회의 조정·중재를 권고할 수 있으며(제8조의2 제3항), 또한 신고한 중소기업자등이 중소기업기술분쟁조정·중재위원회에 조정·중재를 신청한 경우에는 해당 조정·중재 절차가 종료될 때까지 시정권고를 하지 아니할 수도 있다(제8조의3 제2항). 즉, 조정·중재라는 당사자의 자율적인 분쟁해결을 우선으로 하고, 중소벤처기업부장관의 조사, 권고 및 공표는 그 다음의 수단이라는 것이다.

이러한 조사 및 행정처분 제도를 도입하는 경우, 중소기업기술 침해행위를 중소벤처기업부장관에게 신고하게 되면 소속 공무원의 조사가 이루어짐에 따라, 기술침해사건에서 가장 어려운 침해 입증을 행정기관의 사실조사를 통해 해결할 수 있어 침해를 당한 중소기업의 입증책임을 완화할 수 있는 장점이 있을 수 있다. 그리고 기술침해에 대한 시정권고, 공표 등의 행정처분은 신속하고 효과적으로 침해행위의 중지 및 재발방지 조치를 가능하게 하여 중소기업기술 보호의 실효성 강화 및

피침해기업의 경제적 피해를 최소화하는데 어느 정도 기여할 수 있을 것으로 보인다.[70]

다. 중소기업기술 보호에 관한 지원계획의 수립 및 추진, 기반조성, 분쟁해결 등

중소기업기술 보호에 관한 지원계획의 수립 및 추진과 관련하여서는 중소벤처기업부 장관이 중소기업기술보호에 관한 지원계획을 수립·시행하도록 하고, 관련 행정기관의 장·전문가 등과 협의하거나 자문을 받도록 하고 있다(제5조 및 제6조). 그리고 중소벤처기업부 장관은 중소기업기술 보안역량 강화를 위한 실태조사, 중소기업기술 보호지침의 제정 등을 할 수 있다(제7조 및 제8조). 또한 중소벤처기업부 장관이 중소기업기술의 유출방지와 보호를 위하여 기술자료 임치제도 활용 지원, 국가연구개발사업 성과물의 보호 지원, 중소기업기술 보호 진단 및 자문 등, 해외진출 중소기업의 기술보호 등 각종 지원사업을 수행하도록 하고 있다(제9조 내지 제13조).

중소기업 기술보호 기반조성과 관련하여서는 중소벤처기업부 장관은 중소기업기술 보호 지원 전담기관지정, 보안기술 개발의 촉진 및 보급, 기술보호 전문인력의 양성, 중소기업기술 보호 홍보·교육, 기술보호관제서비스의 제공, 보안시스템의 구축 지원, 국제협력, 기술보호 상생협력, 중소기업기술 보호 포상 등의 사업을 실시 할 수 있다(제14조 내지 제22조). 또한 중소벤처기업부 장관은 중소기업기술의 보호 지원에 관한 업무를 전담하는 기관을 지정하고, 그 경비 등을 지원할 수 있도록 하였다(제14조). 그리고 중소기업의 기술유출로 인한 분쟁의 조정 및 중재를 위한 '중소기업기술분쟁조정·중재위원회'를 설치하여 운영하도록 하였다(제23조 내지 제28조).

---

70) 산업통상자원중소벤처기업위원회, 전게 보고서, 13-14면.

중소기업 기술보호·지원 업무와 관련하여 비밀유지의무를 가지는
자[71])가 비밀유지 의무를 위반한 경우 3년 이하의 징역 또는 3천만원 이
하의 벌금에 처하도록 규정하고 있다(제32조 내지 제33조).

3. 한 계

중소기업기술보호법은 2018년 "침해대상 중소기업기술" 개념을 도입
하여 영업비밀과 같이 비공지성, 경제적 유용성, 비밀관리성의 요건을
요구하고 있다. 침해대상 중소기업기술의 개념이 영업비밀 요건과 같으
므로 중소기업기술을 침해하는 경우 영업비밀보호법상의 민·형사적 구
제 이외에도 중소기업기술보호법상의 행정제재의 대상이 될 수 있다. 그
러나 이 3가지 요건 중 어느 하나라도 구비하지 못하는 경우에는 침해
대상 중소기업기술이 될 수 없어 결국 조사, 이행권고, 공표 등 행정조
치의 대상도 아니다. 따라서 비공지성, 경제적 유용성, 비밀관리성 요건
중 하나라도 결여하는 경우에는 여전히 형법상 배임죄 등에 의존한 보
호에 머무를 수밖에 없다는 한계가 있다.[72])

---

71) 비밀유지의무를 가지는 자는 ① 중소기업기술의 보호 및 관리 현황에 대한 실태조사 업
무를 수행하는 자, ② 침해신고 접수, 기술보호 진단 및 자문 등의 업무를 수행하는 자,
③ 중소기업기술 개발사업자에게 고용되어 보안기술의 연구개발 업무를 수행하는 자,
④ 기술보호관제서비스 업무를 수행하는 자, ⑤ 중소기업기술 분쟁조정·중재 업무를
수행하는 자, ⑥ 중소벤처기업부 장관의 권한의 일부를 위임·위탁받아 업무를 수행하
는 자를 말한다(제32조).
72) 조용순·김재운, 전게논문, 419면.

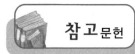

참고문헌

강영수, "영업비밀의 민사적 보호에 관한 연구", 서울대학교 대학원 석사학위논문, 1993.

구대환, "산업기술유출방지법 제정의 의미와 보호대상에 관한 고찰", 창작과 권리(제48호), 세창출판사, 2007.9.

국가정보원, 산업기술유출방지법 요해, 2007.

국방위원회, "방위산업기술의 보호에 관한 법률안 심사보고서", 2015.12.

김문환·정병두, "산업기밀 관련법제의 국제화", 산업기밀 보호를 위한 민·관의 대응, 대한상공회의소, 1995.

김민배·김경준, "산업기술의 유출방지 및 보호에 관한 법률과 쟁점", 산업재산권, 한국산업재산권법학회, 2007.8.

김민배, "산업기술의 유출방지 및 보호지원에 관한 법률과 쟁점", 산업기술의 유출방지 및 보호에 관한 법률에 대한 논의, 2007년 한국재산법학회 춘계세미나(2007.5.21).

김송이, "중국 반부정당경쟁법 개정의 특징과 시사점"(심층분석보고서 2017-13), 한국지식재산연구원, 2017.12.

김유성, 노동법 I, 법문사, 2005.

김중권, "행정법상 신고의 법도그마적 위상에 관한 소고", 고시연구, 2002.2.

_____, "행정법상 인가의 인정여부와 관련한 문제점에 관한 소고", 저스티스 통권 제91호, 한국법학원, 2006.6.

김증한, 채권법총론, 박영사, 1983.

김형배, 노동법(신판, 보정판), 박영사, 2005.

나종갑, "영업비밀은 상업적 모럴(Commercial Moral)의 정립인가?", 저스티스 통권 제71호(2003.2).

방위사업청, 방위산업기술보호 업무길라잡이, 2017.

배대헌, "특허권침해로 인한 손해배상의 범위와 배상액 산정에 관한 연구", 충남대학교, 박사학위논문, 1996.

백영준, 산업기술의 보호에 관한 비교법적 연구, 한양대학교 대학원 박사학위논문, 2011.8.

부정경쟁방지법중개정법률안 심사보고서, 상공위원회, 1991.12.

산업자원부 산업기술국, 기술유출방지법 제정관련 참고자료, 2005.1.

산업통상자원위원회, 중소기업기술보호 지원에 관한 법률안 검토보고서, 2013.

_____, 산업기술의 유출방지 보호에 관한 법률 일부개정법률안 검토보고서, 2014. 11.

산업통상자원중소벤처기업위원회, 중소기업기술 보호 지원에 관한 법률 일부개정법률안 심사보고서, 2018.

_____, 부정경쟁방지 및 영업비밀보호에 관한 법률 일부개정법률안 심사보고서, 2018.12.

송상현·송영식·이기수·이연훈·김문환·손경한, "지적소유권법상의 기업비밀에 관한 연구", 1990.

송영식·이상정·황종환, 지적소유권법(하)(제9판), 육법사, 2005.

_____, 지적소유권법, 육법사, 2003.

신권철, "근로자의 경업금지의무", 노동법연구, 서울대노동법연구회, 2005년 상반기 제18조(2005.6.30).

_____, "근로자의 경업금지의무", 서울대 대학원 석사학위논문, 2005.

안경옥, "사기죄에 관한 입법론적 검토", 형사법연구, 22호, 2004년 겨울 특집호.

임종률, 노동법(제4판), 박영사, 2004.

오영근, "특정범죄가중처벌등에 관한법률 폐지의 당위성", 형사정책 제17권 제2호, 한국형사정책학회, 2005.

오준근, 행정절차법개정방안연구, 한국법제연구원, 2001.11.

윤선희, 영업비밀개설, 법경출판사, 1991.

_____, "영업비밀에 있어서의 경영상 정보", 창작과 권리, 2005 여름호(제39호), 세창출판사, 2005.6.

_____, 지적재산권법(17정판), 세창출판사, 2018.

이재상, 형법각론(제5판), 박영사, 2008.

정상조, "부정경쟁방지법상 종업원의 비밀유지의무", 법학 제36권 제1호, 서울
    대학교 법학연구소, 1995.

_____, 부정경쟁방지법 원론, 세창출판사, 2007.

정진근, "공개소프트웨어의 영업비밀성과 보호범위", 정보법학 제10권 제1호,
    한국정보법학회, 2006.7.

조용순, "일본 부정경쟁방지법의 영업비밀 침해행위 형사처벌 관련 규정 개정
    주요내용과 함의점", 한국산업보안연구(제8권 제1호), 한국산업보안연구학
    회, 2018.6.

_____, "영업비밀 보호를 위한 부정경쟁방지법 형사벌 관련 규정의 개정 방향
    에 대한 소고", 산업재산권(제49호), 한국지식재산학회, 2016.

조용순·김재운, "「중소기업 기술보호 지원에 관한 법률」에 대한 고찰 – 2018
    년 개정법을 중심으로 –", 한국치안행정논집(제15권 제2호), 2018.

지원림, 민법강의, 홍문사, 2005.

차상육, "영업비밀의 보호 부정경쟁방지 및 영업비밀보호에 관한 법률 제2조
    제3호 라.목을 중심으로–", 산업재산권(제23호), 2007.

특허청, "영업비밀, 왜 보호하여야 하는가?", 1991.

_____, 형사처벌 실효성 제고 등 부정경쟁방지법 개선방안 연구, 2015.

한상훈, "영업비밀의 형사법적 보호와 문제점 – 미국, 독일의 비교법적 고찰
    –", 형사정책(제12권 제2호), 한국형사정책학회, 2000.12.

한지영, "유럽에서 영업비밀 보호의 통일화를 위한 최신동향", 산업재산권(제53
    호), 한국지식재산학회, 2017.

현대호, 영업비밀의 보호에 관한 법제연구, 한국법제연구원, 2004.

황선열, "산업기밀보호와 기업의 국제경쟁력", 산업기밀보호를 위한 민·관의
    대응, 대한상공회의소, 1995.

황의창·황광연, 부정경쟁방지 및 영업비밀보호법(6정판), 세창출판사, 2011.

鎌田薫,「財産的情報の保護と差止請求權(6)」, Law & Technology 12號(1991).

_____,「財産的情報の保護と差止請求權(5)」, Law & Technology 11號(1990).

経済産業省, 逐条解説 不正競争防止法 – 平成27年改正版 –, 2016.

經濟産業省知的財産政策室 編著, 『逐條解說不正競爭防止法 [平成15年 改訂版]』, 2003.

菅野和夫, 勞動法(제5판 보정판), 이정 역, 한국경영자총협회, 2004.

橋本勇, "トレ?ドシ?クレットの保護と不正競爭防止法の改正", 中山信弘 編, 知的財産權研究 II, 東京布井出版, 1991.

國際 第1委員會, "美國特許侵害の損害賠償額認定における非侵害代替品の位置づけ", 知財管理 Vol. 53. No.7(2003).

大阪辯護士會, 不正競爭關係判例と實務, 民事法硏究會, 2003.

石田正泰, 知的財産としての營業秘密, 特許研究, No.42(2006.9).

小野昌延, 不正競爭防止法概說, 有斐閣, 1994.

_____, 新・註解不正競爭防止法, 靑林書院, 2000.

_____, 營業秘密の保護, 有信堂, 1968.

小野昌延 編, 「註解 不正競爭防止法」, 靑林書院, 1990.

小野昌延・松村信夫, 新・不正競爭防止法概說(第2版), 靑林書院, 2015.

松本重敏, 「實務からみた營業秘密保護立法の意義と問題點(特輯・營業秘密の保護)」ジュリスト962號(1990).

松村信夫, 不正競爭訴訟の法理と實務(第4版), 民事法硏究會, 2004.

鈴木後祐, 「米国のトレードシークレット法に関する調査研究」, 財團法人 比較法研究センター, 1988.

王瑞賀, 中華人民共和國 反不正當競爭法釋義, 法律出版社, 2017.

日本 經濟産業省, 東アジア大における不正競爭及び營業秘密に關する法制度の調査研究報告 第2編 營業秘密に關する法制度の運用實態, 2006.

日本 通産省 知的財産政策室 編著, 逐條註解不正競爭防止法(平成15年 改正), 2003.

日本 通産省 知的財産政策室 監修, 營業秘密, 有斐閣, 1990.

日本 通商産業省知的財産政策室 監修, 營業秘密－逐條解說 改正 不正競爭防止法, 有斐閣, 1991.

田村善之, 不正競爭防止法概說, 有斐閣, 1994.

_____, 不正競爭法概說(제2판), 有斐閣, 2003.

竹田稔, 知的財産權侵害要論[不正競業編](改訂版), 發明協會, 2006.

浅井敏雄, "2016 年米国連邦民事 トレードシークレット保護法の概要", パテン
ト(Vol. 69 No. 15), 2016.

Anton, James J. and Dennis A. Yao, "Little Patent and Big Secrets:
Managing Intellectual Property," *RAND Journal of Economics*, vol.35
no.1, 2004.

Aviram, Amitai & Avishalom Tor, Overcoming Impediments to Information
Sharing, *55 ALA. L. Rev.* 213(2004).

Bone, Robert G., A New Look at Trade Secret Law: Doctrine in Search of
Justification, *86 Cal. L. Rev.* 241(1988).

Easterbrook, Frank H., Intellectual Property Is Still Propery, *13 Harv. J.L. &
Pun.* Pol'y 108(1990).

Grey, Thomas C., The Malthusian Constitution, *41 U.Miami L. Rev.* 21
(1986).

Hardin, Garrett, The Tragedy of the Commons, *Science*, vol.162, No.3859,
1968.

Hill, James W., Trade Secrets, Unjust Enrichment, and the Classification of
Obligations, *4 VA.J.L. & TECH.*2(1999).

Hohfeld, Wesley N., Fundamental Legal Conceptions as Applied in Judicial
Reasoning, *26 Yale L.J.* 710(1917).

Hyde, Alan, *Working in Silicon Valley: Economic and Legal Analysis of a
High-velocity Labor Market*, 2003.

Jackson, Margaret, "Keeping Secrets: International Developments to protect
Undisclosed Business Informations and Trade Secrets", *Information
Communication and Society*, Vol.1., No.4, 1998.

Jager, Melvin F., *Trade Secrets Law*, 2007, §4:1.

Lessig, Lawrence, *The Future of Ideas: The Fate of the Commons in a
Connected World*, New York: Random House, Inc., 2001.

Morrison, James, "Comparing the Defend Trade Secrets Act and the Uniform
Trade Secrets Act", *IP Intelligence*, Baker & Hostetler LLP, 2016.

Moser, Peter, Innovation without Patents—Evidence from World Fairs, *Stanford and NBER*, April 15, 2011.

Mossoff, Adam, What Is Property? Putting the Pieces Back Together, *45 Ariz. L. Rev.* 371(2003).

Paine, Lynn Sharp, Trade Secrets and the Justification of Intellectual Property: A Comment on Hettinger, *20 Phil. & Pub. Aff.* 247(1991).

Samuelson, Pamela, Information as Property: Do Ruckelshaus and Carpenter Signal a Changing Direction in Intellectual Property? *38 Cath. U.L.Rev.* 365(1989).

Schiller, A. Arthur, Trade Secrets and the Roman Law: The Actio Servi Corrupt, *30 Colum. L. Reviw.* 837(1930).

Tyler, Lyn C., Trade Secrets in Indiana: Property vs. Relationship, *31 Ind. L.Rev.* 339(1998).

Watson, Alan, Trade Secret and Roman Law: The Myth Exploded, *Tulane European & Civil Law Forum*, Vol.11(1996).

저자약력

■ **윤선희(尹宣熙)**

東京大學 대학원 법학정치학연구과 객원교수
일본 특허청 특허제도연구회 위원
산업기술보호 전문위원회 위원장
대한상사중재원 중재인 및 국제중재인
인터넷분쟁조정위원회 조정위원
산업재산권분쟁조정위원회 조정위원
국회 입법지원위원
특허법·실용신안법·상표법·의장법·디자인보호법 개정위원
저작권법 개정위원
사법시험·군법무관시험·행정고시·입법고시·변리사·변호사 시험위원
지식재산포럼 부회장
한국산업재산법학회 회장
한국중재학회 회장
한국산업보안연구학회 회장
한국지식재산학회 회장
국무총리 산업기술보호위원회 민간위원
현, 한양대학교 법학전문대학원 교수

>>> 저 서

영업비밀개설(1991)
무체재산권법 개설(역저, 1991)
주해 특허법(공역, 1994)
지적소유권법(공저, 1996)
국제계약법 이론과 실무(1997)
산업재산권법원론(2002)
신특허법론(2005)
저작권법(역저, 2008)
로스쿨 특허법(2010)
로스쿨 지적재산권법(공저, 2010)
부정경쟁방지법(공저, 2012)
기술이전계약론(공저, 2013)
상표법(2018)
지적재산권법(2018)
특허의 이해(2019)
특허법(2019)

■ **김지영(金志榮)**

　　서울대학교 졸업
　　한양대학교 박사과정 수료
　　게이오대학교(慶應義塾) 법학부 방문연구원
　　한국지식재산연구원 선임연구원
　　광운대학교 법과대학 출강
　　현, 한국상표디자인협회 사무국장

>>> 저 서
　　부정경쟁방지법(공저, 2012)

■ **조용순(趙容珣)**

　　한양대학교 법학박사(지적재산권법 전공)
　　한국문화콘텐츠진흥원 정책개발팀 연구원
　　한국콘텐츠진흥원 산업분석실 연구원
　　한북대학교 특허법률학과 교수, 학과장
　　한세대학교 산업보안연구소장
　　변리사시험 출제 및 채점위원
　　일본 지적재산연구소(IIP) 초빙연구원
　　현, 한세대학교 산업보안학과 교수, 학과장
　　　　한국지식재산학회 출판이사
　　　　한국산업보안연구학회 총무이사

>>> 저 서
　　문화콘텐츠와 저작권(2008)
　　저작권법(공역, 2008)
　　기술이전계약론(공저, 2013)
　　연구보안론(공저, 2016)
　　산업보안학개론(공저, 2018)

영업비밀보호법 [전면개정 제3판]

1991년 3월 5일 초판 발행
2012년 6월 25일 제2판 발행
2019년 7월 20일 전면개정 제3판 1쇄발행

저 자 윤 선 희 · 김 지 영 · 조 용 순

발 행 인 배 효 선

발행처 도서
출판 法 文 社

주 소 10881 경기도 파주시 회동길 37-29
등 록 1957년 12월 12일 / 제2-76호(윤)
전 화 (031)955-6500~6 FAX (031)955-6525
E-mail (영업) bms@bobmunsa.co.kr
(편집) edit66@bobmunsa.co.kr
홈페이지 http://www.bobmunsa.co.kr

조 판 법 문 사 전 산 실

정가 29,000원 ISBN 978-89-18-09219-5